꿈꾸는 대한민국

홍준표의 **facebook** 희망편지③

꿈꾸는 대한민국

초판 1쇄 · 2020년 12월 30일
　　　2쇄 · 2021년　 1월 10일

글쓴이 · 홍준표
펴낸곳 · 봄봄스토리
등　록 · 2015년 9월 17일(No. 2015-000297호)
전　화 · 070-7740-2001
이메일 · bombomstory@daum.net

ISBN 979-11-89090-39-5(03190)
값 16,000원

홍준표의 **facebook** 희망편지③

꿈꾸는 대한민국

봄봄
스토리

프롤로그

　나는 중학교 시절부터는 늘 일기를 써왔다. 대학시절도 그랬고 검사시절도 그랬다. 정치를 시작하고 난 뒤에는 일기보다는 수첩에 메모를 하여 그 날의 나라 현상을 매일 기록 하다가 페이스북이 나오고 난 뒤부터는 페이스북에 정치일기를 늘 써왔다.

　그동안 ≪꿈꾸는 로맨티스트≫, ≪꿈꾸는 옵티미스트≫에 이어 이번에 세 번째로 그동안 페이스북에 써온 정치일기를 ≪꿈꾸는 대한민국≫이라는 타이틀로 출간하게 되었다.

　내가 페이스북에 글 쓰는 시간은 대개 아침시간이다. 그 전날까지 대한민국에 일어난 모든 정치 현상들을 분석하고 내 의견을 정리해 두어야 언제 어디서 어떤 돌발 질문을 받더라도 즉답을 할 수 있기 때문이다.

　때로는 밤늦은 시간에 쓰기도 하지만 그때는 대체로 그 날 일어난 정치 현상에 대해 참을 수 없거나 격분한 상태에서 쓰는 글이다. 다소 과격한 글 일수도 있다.

　어떤 때는 쓰고 난 뒤 한두 시간 후에 삭제하는 경우도 있는데

그것은 내 의사표시를 분명히 하기는 하나 기록으로 남기기에는
부적절 할 때 그렇게 하는 것이다.

또 내 글은 형용사나 부사를 가능하면 사용하지 않고 팩트만 강
하게 전달하는 형식으로 쓴다.

내 페이스북 글은 언제나 내 자신이 직접 쓰고 직접 고치고 직접
관리한다.

코로나19 사태로 이젠 언택트 시대가 본격화 되었다.

언택트 시대에 정치인으로서 할 수 있는 대국민 소통은 페이스북
이 유일하지만 내게는 또 하나의 대국민 소통수단인 'TV홍카콜라'
도 있기 때문에 다른 정치인들보다 비교적 대국민 소통 수단이 다
양한 편이다.

내가 꿈꾸는 대한민국은 자유·공정·서민의 가치가 차고 넘치는
활기찬 나라이다.

이 책은 그 가치를 중심으로 쓰여진 책이다.

어려운 출판시장 사정에도 불구하고 세 번째 페이스북을 기록한
≪꿈꾸는 대한민국≫ 출판을 흔쾌히 해준 봄봄스토리 출판사와
책을 디자인하고 편집해준 김대식 교수님에게 깊은 감사의 말씀을
드린다.

2020. 12.

홍 준 표 拜上

CONTENTS

chapter
01

정치 2019

탄핵, 우파, 폭정

아무런 보장 없이 영토를 양보하고 일방적인 무장 해제를 하는 것은 정권이 바뀌면 여적죄가 될 수도 있습니다. 형법 조문을 한 번 찾아보시지요. 박근혜 대통령 시절에 한 모금 운동을 제3자 뇌물로 엮은 정권이 농어촌 기금으로 대기업으로부터 1조원을 모금한다면 똑 같은 논리로 제3자를 위한 뇌물이 됩니다. 어떻게 그런 발상으로 나라를 운영할까요? 그래서 좌파 광풍시대라는 겁니다. 그래서 이제는 그 종지부를 찍고 정상적인 나라로 돌아가자는 겁니다.

내가 하고자 하는 캠페인은 네이션 리빌딩(nation rebuilding)운동입니다. 지금 소위 보수·우파 정당은 작은 웅덩이 속 올챙이들처럼 오글거리며 세상의 흐름은 외면하고 서로를 비난하며 제살 깎아 내리기에만 열중하고 있습니다. 서로 힘을 합쳐 난파선을 보수할 생각은 하지 않고, 난파선 선장 키라도 서로 차지하겠다는 허황된 욕심으로 가득합니다. 그래서 탄핵 당한 겁니다. 좌파들로부터 탄핵 당하고 국민들로부터 탄핵 당한 겁니다.

그래도 모자라서 국정 농단의 책임이 있는 이들이 작당하여 한국 보수·우파 정당을 지금 막장으로 몰아가고 있습니다. 79.10. YS 제명을 주도한 차지철의 공작에 놀아난 일부 야당 프락치들의 비참한 말로가 될 수도 있고, 85.2. 총선 때 민한당 꼴이 될 수도 있다는 것을 알아야 합니다.

이제라도 늦지 않았으니 회개하십시오. 회개하고 모두 합심하여 네이션 리빌딩에 나서십시오. 안보와 경제가 파탄에 이른 지금 대한민국을 위해 나서십시오. 그래야만이 그나마 그 동안의 잘못을 용서받을 수 있는 마지막 기회가 될 겁니다.

2018.11.23.(금) 오후 10시 40분

어느 원로 언론인이 문 대통령을 보고 목숨을 걸고 대북 정책을 한다고 합니다. 그런데 그 사안에 걸린 목숨은 대통령이 아니라 오천만 국민입니다. 문 대통령이 오천만 국민의 목숨을 대신할 수 있다고 보십니까? 헌법 제72조를 보면 국가 안위에 대한 사안은 국민투표 사안입니다. 대통령이 목숨 걸 사안이 아니고 오천만 국민의 목숨이 걸려 있는 사안이라는 겁니다.

2018.11.24.(토) 오전 08시 33분

첫눈이 펑펑 내리고 있습니다. 떠나간 첫사랑도 돌아온다는 첫눈이 내리고 있습니다. 첫눈이 내리면 놓아준다던 청와대 쇼 기획자는 어떻게 처리할지 우리 한번 지켜봅시다. 그를 놓아주게 되면 이 정권은 끝날지 모릅니다. 쇼로 시작해서 쇼로 연명하는 정권이니까요. 이제 쇼는 그만 하고 도탄에 빠진 민생을 돌보고, 북의 위장 평화에 놀아나지 말고 오천만 국민의 생명과 재산을 지키는데 전력을 다하십시오. 큰 화가 다가올 겁니다. 권력이란 모래성이라는 것을 깨달을 때는 이미 늦습니다.

2018.11.26.(월) 오전 08시 03분

이재명 경기지사가 문준용 특혜 채용 의혹을 끌고 들어가는 것을 보니 한편의 막장 드라마를 보는 기분입니다. 내분으로 문 정권도 박근혜 정권처럼 무너질 수도 있다는 신호로 보이기도 합니다.

지난 번 경남지사를 할 때 경남FC와 성남FC가 동시에 2부리그 강등 위기에 처했는데, 그때 이재명 성남시장이 과도하게 프로축구 연맹을 공격한 일로 구단주 징계 대상에 오른 일이 있었습니다. 그때 나는 이재명 성남 시장과 동병상련 하는 입장이었고 법조 후배였기 때문에 이재명 성남시장 편을 들어 프로 축구연맹을 같이 비판해 주었습니다. 그런데 징계 대상에 올랐던 이재명 성남 시장이 징계 심의 때 나를 걸고 넘어지면서 왜 홍준표는 징계하지 않고 나만 하느냐고 공개적으로 주장한 일이 있었습니다. 여당 지사는 징계 않고 야당 시장인 자기만 징계 한다고 나를 걸고 넘어지면서 자기의 징계를 피하려고 한 것이지요.

문준용 특혜 채용 의혹 운운을 보니 그때 일이 생각납니다. 자기 문제에 부닥치면 이를 피하기 위해 자기를 도와준 사람도 같이 끌고 들어가는 물귀신 행태도 서슴없이 하는 사람임을 나는 진작부터 알고 있었는데, 문 대통령은 아마 이번에 알았을 겁니다. 막장 인생의 막장 드라마를 지금 우린 보고 있습니다.

제가 정치 현장에 복귀 하겠다고 하니 제일 먼저 입에 거품 물고 막말하는 두 부류가 있습니다. 그 첫째가 좌파 매체들과 반대당 들입니다. 날더러 마치 히틀러나 무솔리니처럼 전체주의자로 단정하면서 다시 막말 운운하고 있습니다. 심지어 비정상적인 사람으로까지 매도하고 있는 것을 보니 제가 무섭긴 무서운 모양입니다.

두 번째가 양박들입니다. 주적은 밖에 있는데 지은 죄가 많아 주적에게는 달려들지 못하고 뒤탈 없는 나에게만 음해와 비난을 일삼아 온 일부 양아치 친박들이 다시 준동하고 있습니다. 한국 보수·우파 진영을 이렇게 궤멸시켜 놓고도 아직도 반성없이 당권이라도 차지하여 정치생명을 연명하려는 그들의 후안무치는 가히 놀랍습니다. 물려받은 정치 DNA가 달라서 그럴 겁니다.

내가 복귀하면 그동안 지은 죄로 정계 퇴출될 것이 자명하다는 스스로의 절박감도 작용했을 겁니다. 그러나 저는 괘념치 않습니다. 세상 민심이 이제 달라졌고 문 정권의 실체와 양박들의 실체도 국민들이 다 알게 되었다고 보기 때문입니다. 뿌린 대로 거둔다는 말이 빈말이 아니라는 것을 알 때가 올 겁니다.

2018.11.28.(수) 오전 09시 11분

내가 정치 현장에 다시 복귀하는 것은 박근혜 전 대통령 뒤치다 꺼리나 하자는 것이 아니라 내가 꿈꾸는 자유대한민국을 만들기 위해서입니다. 한국 보수·우파 진영이 이미 흘러 가버린 박근혜 전 대통령에게 계속 매몰 되어 분열하고 있으면 저들에게 환호작약할 꺼리만 만들어 줄 뿐입니다. 우리가 이기면 이명박·박근혜 전 대통령의 명예 회복은 저절로 이루어진다는 것을 왜 깨닫지 못하는지 참으로 안타깝습니다.

문 정권이 경제와 안보문제를 해결하지 못하고 무너지는 것은 이제 시간문제입니다. 국민들이 장미빛 환상에서 깨어나기 시작했고 모든 국내외 여건들도 문 정권에게 반기를 들고 있습니다. 우리가 문 정권의 대체세력으로 국민들 속에 자리 잡기 위해서는 이제 부터라도 단합해야 합니다. 진정으로 박근혜 전 대통령을 위하는 길이 무엇인지 다시 생각해야 할 때입니다. 박근혜 감성팔이로 유튜브에서 돈이나 벌고, 박근혜 감성팔이로 정치 생명을 연명하려는 이들을 보면 가련을 넘어 측은하기까지 합니다. 지금은 때를 기다리면서 내부 결속을 공고히 하고, 부국 강병한 나라 선진 강국의 내 나라를 만들기 위한 준비에 매진해야 할 때입니다.

2018.11.29.(목) 오전 04시 22분

나는 정치적 현실주의자입니다. 현재 있는 현상 그대로를 받아들이고 그것을 타개해 나갈 가장 현실적이고 타당한 방법을 찾아가는 것이 정치적 현실주의자입니다. 좌우의 극심한 혼란과 대립에서 자유민주주의를 선택하여 대한민국을 건국한 이승만 대통령이나, 민주화와 산업화의 극심한 대립에서 민주화보다 산업화를 선택하여 오천만 국민을 가난에서 구한 박정희 대통령이나, 3당 합당은 야합이라는 극심한 비난 속에서도 이를 감행하여 군정을 종식 시키고 문민정권을 탄생시킨 김영삼 대통령까지, 세 분 모두 정치적 관점에서 보면 정치적 현실주의자들입니다. 그래서 내가 그 세분을 우리 보수·우파 진영의 상징적인 인물로 보고 당사에 존영을 건 것입니다. 감성에 매몰되어 현실을 보지 못하는 우를 범하거나, 논쟁을 겁내어 현실을 회피하는 비겁함을 나는 싫어 할 뿐만 아니라 그것은 홍준표답지 않는 돌파 방법입니다.

박근혜 전 대통령에 대한 인식도 똑같습니다. 안타깝지만 그는 정치적 위기를 돌파 하지 못하고 한국 보수·우파 진영을 궤멸에 이르게 한 실패한 지도자입니다. 그 바탕 위에서 그를 구할 생각은 하지 않고 현실적으로 불가능한 방법을 감성팔이로 이용하여 사익이나 추구하려고 하는 그런 사람들을 보노라면, 나는 친북 좌파들에게 느끼는 분노를 똑 같이 느끼게 됩니다.

나는 지난 탄핵 광풍 때 일관 되게 탄핵을 반대했던 사람입니다. 그런데 지금 박근혜 감성팔이 하는 그 사람들이 그 당시 탄핵 반대를 위해 무슨 말이나 행동들을 했던가요? 내가 말한 향단이 론이나 뒤치다꺼리 론도 그런 관점에서 바라보아야 합니다. 박근혜 전 대통령을 비하하거나 반대하는 측면에서 볼 것이 아니라, 철저하게 우리가 처한 현실에서 현상을 타개할 방법을 찾아야 한다는 측면에서 바라보아야 한다는 것입니다.

다시 말씀 드리면 박근혜 전 대통령은 이제 돌이킬 수 없는 실패한 역사입니다. 그의 명예를 회복시켜 주는 길은 우리가 단합하여 집권하는 길 밖에 없습니다. 지금처럼 일부 박근혜 감성팔이들의 사익 추구적인 행태만으로는 그를 구하는 현실적인 방법이 아니라는 겁니다. 더 이상 실패한 역사를 반복하지 않기 위해서라도, 우리는 보다 냉철해지고 현실주의자가 되어야 합니다.

2018.12.02.(일) 오전 10시 07분

문준용 씨 특혜 채용이 문제된 것은 아마 2006년인가 2007.10.경 국회 환경노동위원회의 한국고용정보원 국정 감사에서 처음 제기된 것으로 기억합니다. 당시 국회 환노위원장을 내가 하고 있었는데, 당시 한나라당 경기 광주 출신 정모 의원이 그 문제를 집중적으로 제기 하면서 특혜 채용 과정을 조목조목 따졌는데, 그때 한국고용정보원 원장이 문재인 대통령 비서실장 밑에서 비서관을 했던 권모 씨였습니다. 그 당시 사안 자체는 누가 보더라도 특혜 채용이었지만 나는 그 문제를 제기했던 정모 의원과 한나라당 의원들에게 자제하도록 권유를 했습니다.

"자식 문제이고 오죽했으면 다른 좋은 공기업도 있는데 그다지 좋은 곳으로 보이지 않는 한국고용정보원에 특혜 채용이 되었겠는가. 저들은 이회창 총재 아들 병역 문제를 두 번 씩이나 공작을 하여 정권을 잡았지만 우리는 그래선 안된다. 수단 방법을 가리지 않는 좌파들 하고 다른 점이 바로 그것이다. 우리는 최소한 자식 문제를 정치에 이용하지는 말자." 그래서 그 문제는 덮어 두었던 것입니다.

최근 이재명지사가 자기 살려고 그 문제를 제기하는 것을 보고 좌파들은 참으로 후안무치하다는 생각이 들었습니다. 지난 대선 때 청년 실업이 문제가 되어 문준용 사건이 급부상하고 안철수 후보측에서 그렇게 물고 늘어 졌어도, 정작 사건 내용을 세세하게 알고 있었던 나는 당 실무자들의 거듭된 요청에도 불구하고 침묵하고 그걸 선거에 이용하지 않았습니다. 아무리 음모와 배신이 난무하는 정치판이라고 하더라도 자식을 둔 부모 입장까지 정치에 이용하는 것은 참으로 해서는 안될 짓입니다. 이재명, 문준용 씨! 둘 다 자중하십시오.

2018.12.02.(일) 오후 10시 10분

자유한국당에는 친박·비박만 있고 중립이란 의원은 없습니다. 친박은 계파이지만 친박 아닌 비박은 계파라고 볼 수도 없지요. 친박 아닌 사람들에 불과하지요. 중립이란 세가 유리한 쪽으로 이쪽에 붙었다가 저쪽에 붙었다가 하는 소신 없는 기회주의자를 이르는 것인데 자유한국당에는 그런 의원이 단 한 사람도 없습니다.

그런데 선거가 좋기는 참 좋습니다. 내내 당내 총질만 하다가 선거철이 되니 대여 전사로 나서겠다는 사람들이 나타나기 시작하니까요. 선거 끝난 후에도 부디 그 마음 변치 말고 내부 총질은 그만

하고 이제 함께 힘을 모아 대여 투쟁에 나서십시오. 친박도 불과 몇 사람 남지 않았습니다. 이젠 의원 대부분이 계파없는 비박입니다. 몰락한 친박에 붙어 봐야 정치적으로 미래가 보이지 않으니까요.

이제는 계파를 떠나 싸울 수 있는 용장을 원내 대표로 선출 하십시오. 부탁드립니다.

2018.12.08.(토) 오전 11시 13분

야당은 얼굴 하나 가지고 이미지 정치하는 데만 열중해서는 무지막지한 친북 좌파 정권을 이길 수 없습니다. 투사가 되어야 하고 전사가 되어야 합니다. 흔히들 영국의 토니 블레이어, 데이빗 캐머런, 프랑스의 에마뉘엘 마크롱을 빗대어 젊어야 한다고도 하는데, 그 사람들의 정계 입문 나이를 보면 10대 중반에 이미 정당에 가입하여 20~30여년 이상 실력과 내공을 쌓은 사람들입니다. 우리나라처럼 빨라야 40대 초반에 정계 입문하는 나라들이 아닙니다.

그 사람들의 정치 경륜은 이미 우리나라의 60대와 견줄 정도로 성숙해 있습니다. 젊고 경륜이 있다면 얼마나 좋겠습니까? 그러나 우리나라 정치풍토는 아직 그러하지 못합니다. 이미지 정치는 좌파들이 하는 국민 현혹 수단에 불과합니다. 실력과 내공, 배짱과 안목을 기른 후에 새롭게 야당을 하십시오. 얼굴 하나 가지고 소신 없이 이리저리 흔들리면서 이미지로만 정치하던 시대는 이제 갔습니다.

2018.12.08.(토) 오후 06시 24분

죄 짓고 자살하면 영웅 되고 훈장도 주는 정권입니다. 죄 없는 사람 압박하여 극단적인 선택을 하게 하면 그건 무슨 죄로 물어야 합니까? 자유당 말기 현상과 꼭 같습니다. 악업을 치를 때가 올 겁니다.

2018.12.15.(토) 오후 09시 16분

정개 특위에서 국회의원 정원을 100명 줄여 200명으로 하고, 정당이 정실로 임명하는 비례대표제도는 폐지하고 전부 미국식으로 지역구에서 국민이 직접 선출하도록 하며, 국회의원의 불체포특권, 면책특권은 폐지하는 것으로 합의하면 아마도 정치 불신이 상당수 해소될 겁니다. 그런데 이해 당사자들이 그런 합의를 할까요? 온 국민은 문 정권의 실정과 폭정에 고통을 받고 있는데, 국회의원들은 여야 할 것 없이 자기 밥그릇 챙기기에만 여념이 없으니 참 답답한 노릇입니다.

2018.12.16.(일) 오후 01시 04분

옛날부터 하명수사를 전문으로 하는 검사들은 사건을 수사하는 것이 아니라 사건을 만든다고 해 왔습니다. 실체적 진실 발견이 목적이 아니라 위에서 내린 결론에 맞추어 증거를 만들기 때문입니다.

전체 검사의 1%도 안되는 이런 주구(走狗)들 때문에 검찰이 늘 권력의 개라고 국민들로부터 폄하를 당하고 있습니다. 문 정권의 주구(走狗)들은 다음 정권에서 자신들도 똑같은 업보를 치를 수 있다는 것을 알 때가 올 겁니다. 권력은 모래시계와 같은 겁니다. 시간이 지나면 모래가 빠지고 종국에 가서는 권력은 진공상태가 됩니다. 그때가 되면 모래시계를 다시 뒤집어야 되지요. 모래시계가 뒤집히면 부역한 주구(走狗)들은 똑 같은 처지가 될 겁니다. 명심하십시오.

2018.12.19.(수) 오전 07시 09분

TV 홍카콜라가 어제 첫 방송 나간 이후 구독자수가 4만에 이르고 조회수가 60만을 넘어 섰습니다. 순조로운 첫 출발에 감사드립니다. 앞으로 구독자수 100만, 조회수 1,000만을 목표로 세상을 바꾸는 힘으로 만들겠습니다. 야당 당 대표, 대통령 후보까지 지낸 제가 그 동안 오죽 당했으면 직접 유튜브 방송이라도 해서 기울어진 언론 환경을 개선해야겠다고 생각했겠습니까? 국민과 직접 소통한다는 원칙은 앞으로 제가 정계 은퇴하는 날까지 TV홍카콜라를 통하여 계속하겠다는 약속을 드립니다.

이제 세상은 1인 미디어 시대입니다. 트럼프가 트위트 하나로 미국의 반트럼프 전 언론을 상대하듯이 저도 TV홍카콜라, 페이스북을 통하여 이 땅의 기울어진 언론 환경을 반드시 바로 잡도록 하겠습니다. 사이비 언론은 구독 금지, 시청 거부 국민 운동도 할 것입니다. 그것도 네이션 리빌딩 운동의 한 방법입니다. 자유 대한민국을 지키는 첨병이 될 것을 다시 한 번 여러분들에게 약속드립니다.

2018.12.20.(목) 오전 10시 10분

한국의 보수·우파들은 이승만 건국대통령을 출발로 박정희, 김영삼, 이명박, 박근혜로 이어지면서 이 땅에 자유 민주주의와 자유시장 경제정책을 펼쳐 폐허 속에서 대한민국을 세계 10대 경제 강국으로 성장시켜 왔습니다. 비록 지금 대한민국은 분열과 반목만 일삼던 주사파들이 집권하여 5,000만 국민의 생명과 재산을 위태롭게 하고 있지만, 국민들의 깨우침으로 나라는 곧 정상화되리라고 나는 굳게 믿습니다. 한국의 보수·우파가 지금 해야 할 일은 지난 보수·우파 궤멸의 결정적 계기가 된 탄핵 공방에 매몰될 것이 아니라 이승만, 박정희, 김영삼, 이명박, 박근혜를 이어갈 새로운 보수·우파의 축을 새롭게 세우는 일입니다. 새로운 축을 중심으로 이 나라를 다시 세우는 일에 매진해야 할 때입니다. 무너진 축으로는 다시 일어설 수가 없다는 것을 우리 모두 명심해야 합니다. 모두 합심하여 자유 대한민국을 다시 세웁시다.

2018.12.23.(일) 오전 07시 57분

경남지사로 4년 4개월 근무하다가 다시 여의도로 올라 와보니 각당에는 싸이코패스도 있고 쏘시오패스도 있었습니다. 20대 국회는 제가 이전까지 근무했던 그런 국회가 아니었습니다. 그런 국회에서 민생은 도외시하고 자기들의 밥그릇 챙기기에만 눈이 어두워, "국회의원을 증원하겠다." 어처구니 없는 "연동형 비례대표제를 도입하겠다."고 단식까지 하는 모습을 최근에 보았습니다. 국회의원은 미국처럼 모두 지역구 의원으로 선출하되 200명으로 줄이고, 정실 공천인 비례대표제는 폐지하고, 국회의원의 불체포특권, 면책특권도 이젠 폐지해야 합니다. 그렇지 않은 정치개혁은 국민들이 거부해야 합니다. 정치를 바꾸어야 합니다. 국회를 바꾸어야 합니다.

2018.12.23.(일) 오전 10시 23분

한국 보수·우파의 궤멸을 가져온 박근혜 전 대통령의 탄핵 사건 후유증은 꽤 오래 갈 것으로 봅니다. 제가 당대표 1년 동안 그토록 탄핵을 극복하고자 했으나 극복을 하지 못한 것은, 국민들 뇌리 속에 자유한국당은 박근혜 전 대통령의 탄핵을 찬성한 배신파와 박근혜 전 대통령의 탄핵을 막지 못하고 숨은 비겁파가 공존하는 탄핵 책임 정당으로 보고 있기 때문입니다. 그럼에도 불구하고 그 본질적인 문제는 제쳐둔 채 반사적 이익만으로 국회의원 한 번 더 하겠다고 지도체제 개편 운운하면서 웅덩이 속 올챙이처럼 웅알거리는 모습은, 국민들이 바라는 모습이 아닙니다.

이제 모두 하나가 되십시오. 국민들은 복당파나 잔류파나 모두 한 통속으로 보고 있습니다. 문 정권이 무너지고 있는 속도가 아주 빨라졌습니다. 대안을 담을 새로운 그릇, 떠나는 민심을 담을 새로운 그릇을 빨리 만드십시오. 그게 가장 긴급한 일입니다. 그리고 제대로 투쟁하십시오. 쇼로는 국민들의 마음을 종국적으로 잡지 못한다는 것을 문 정권을 보면 알 수 있지 않습니까?

2018.12.28.(금) 오후 09시 52분

하지도 않은 막말 했다고 막말 하더니, 이젠 정치권에 정신 장애인이 많다고 말합니다. 자기들은 야당 보고 그걸 말이라고 했는지 모르나 국민들은 그 말을 한 사람을 정신 장애인이라고들 말하고 있습니다. 참 딱 합니다. 그래서 제가 좌우를 가리는 기준을 좌파는 뻔뻔하고 우파는 비겁하다고 한 것입니다.

2019.01.03.(목) 오전 08시 22분

문 정권에서 폐지된 국정홍보처장이 유시민 노무현 재단 이사장을 통해서 부활됩니다. 국민들이 정부 발표를 불신하고 통계까지 불신하는 지경에 이르니 마지막 조치로 유시민의 궤변에 의존해서 괴벨스 공화국을 계속 하려나 봅니다. 집권 초기 쇼로 국민을 기만 하다가 이제 쇼가 통하지 않으니 대통령이 직접 나서거나 유시민 이사장을 통해 언론을 협박하여 국정을 호도할 겁니다. 수가재주 역가복주(水可載舟 亦可覆舟)라는 옛말이 헛된 말이 아니라는 것을 깨달을 때는 이미 늦습니다. 문 정권은 이제 막장으로 가고 있습니다. 야당이 분발해야 합니다. 이번 국회 운영위처럼 준비없이 레토릭으로 끝나는 대여 투쟁은 국민들을 허탈하게 만듭니다. 야무지게 하십시오.

나는 정치 입문한지 23년 동안 당내 인사들을 정적으로 생각해본 일이 단 한 번도 없습니다. 그것은 지금도 그러합니다. 나의 정적은 늘 반대편 세력이었고, 지금은 문 정권과 좌파세력들입니다. 그럼에도 불구하고 나의 정적을 자처하고 나선 당내 일부 인사들을 보노라면 한편으로는 한심 하고 한편으로는 측은하기도 합니다. 나를 정적으로 삼아야 클 수 있다고 판단하는 그 생각이 참으로 어이가 없다는 겁니다. 정적은 밖에 있는 나라 망치는 세력들입니다. 하나되는 자유한국당을 생각하십시오. 나를 보지 말고 밖에 있는 정적을 보십시오. 그래야 정치적으로 클 수 있습니다.

김태우 사건의 정점은 임종석 비서실장, 조국 민정 수석이고 신재민 사건의 정점은 김동연 전 부총리와 홍장표 전 경제수석입니다. 두 사건은 나라의 근간을 뒤 흔드는 국민 농단 사건입니다. 지난 국회 운영위에서 준비 없이 헛발질 하는 모습을 보여 국민들을 실망케 한 야당이 국민 신뢰를 회복하는 길은 사찰 국정조사와 특검을 통하여 민간인 사찰과 경제도 정략에만 이용하는 문 정권의 후안무치 국민 농단을 국민 앞에 밝히는 것입니다. 야당이 야당다움을 잃으면 국민들로부터 외면 받고 좌파정권으로부터 무시를 당하게 됩니다. 제대로 좀 하십시오.

2019.01.05.(토) 오전 10시 59분

최근 대한민국을 뒤흔들고 있는 김태우, 신재민 사건의 어용 언론들의 접근을 보면 본말이 전도되었다는 느낌을 지울 수가 없습니다.

결론적으로 말하면 김태우, 신재민의 폭로는 공익을 위한 정당 행위로 위법성 조각사유에 해당되어 죄가 되지 아니하고, 김태우 관련 조국 민정수석과 임종석 비서실장은 관여 정도에 따라 직권남용죄가 성립될 수 있고, 신재민 관련 김동연 전 부총리와 홍장표 전 경제수석은 내가 보기에는 직권남용죄가 명백합니다. 검찰이 또 본말이 전도된 수사를 한다면 이는 특검으로 갈 수밖에 없다는 것도 주지 시켜야 합니다. 야당들은 밥그릇 싸움만 하지 말고, 모양가꾸기 식의 무늬로만 투쟁하지 말고, 드루킹 사건 때 김성태 원내대표의 뚝심을 벤치마킹해서 제대로 된 가열찬 투쟁을 하십시오. 이런 엄청난 국민 농단도 제대로 대응 못한다면 야당들은 간판 내려야 합니다.

2019.01.10.(목) 오전 10시 53분

가동주졸(街童走卒)이라는 말이 있습니다. 길거리에서 노는 철없는 아이들을 이르는 말입니다. 문 정권이 이렇게 가동주졸처럼 분탕질을 쳐서 나라가 위태롭게 되어 가고 있는데, 야당들은 뭐하고 있냐고 국민들이 분기탱천(憤氣撑天) 하고 있습니다. 한 마음으로 문 정권에 대항하십시오. 밥그릇 싸움할 때가 아닙니다.

2019.01.11.(금) 오전 09시 13분

처음에는 이 정권의 이기붕이 누구인가가 참으로 궁금했습니다. 그런데 어제 대통령의 연두 기자회견을 보니 현실과 전혀 동떨어진 인식을 가지고 국정운영을 하는 사람은 대통령 자신이라는 것을 나는 뒤늦게 알았습니다. 제대로 직언할 참모라도 있으면 좋은데 참모들의 수준이나 질이 현저히 떨어지고, 어설픈 좌파 이념에 쩔은 사람들만 주변에 두고 있으니 앞으로 국정운영도 암담하기만 합니다. 이럴 때일수록 국민들은 야당만 바라봅니다. 다시 한 번 야당의 분발을 촉구합니다.

2019.01.16.(수) 오전 10시 16분

최근 우리당 현상을 두고 일각에서는 1960대 마카로니 웨스턴

석양의 무법자를 연상 시킨다고 합니다. 그 영화의 원제목은 the good, the bad, the ugly였습니다. 박근혜 전 대통령 탄핵 때 처신을 두고 한 비유인 것 같은데, 제1야당이 아직도 탄핵 프레임에서 벗어나지 못하고 허우적거리는 모습은 참으로 유감입니다. 이제 탄핵 프레임에서 벗어날 때가 되었습니다. 과거에 얽매여 미래를 놓치면 천추의 한이 될 것입니다. 탄핵 때 우왕좌왕 하다가 이 꼴이 된 것을 잊어서는 안됩니다.

2019.01.17.(목) 오전 08시 49분

황교안 전 총리 입당으로 모처럼 한국당이 활기를 되찾아 반갑습니다. 도로 친박당, 도로 탄핵당, 도로 병역비리당이 되지 않도록 한국당 관계자들과 당원들이 함께 노력해 주시기 바랍니다. 좌파 폭주를 막을수 있는 한국당이 될 수 있도록 모두 힘을 모아 주시기 바랍니다.

2019.01.18.(금) 오전 09시 50분

이 땅에 보수·우파를 궤멸시킨 2017.3. 박근혜 전 대통령 탄핵 후 4% 당의 대표로 나가 탄핵 대선을 악전고투 끝에 치루면서 24.1% 정당으로 만들어 당의 궤멸을 막고, 막말 프레임으로 온갖 음해를 받아가며 남북, 북미 위장 평화쇼의 와중에서 28% 정당까지 만들어 자유한국당을 겨우 살려 놓았습니다. 당이 존폐 기로에 섰던 지난 2년 동안 뒷짐 지거나 탄핵 때 동조 탈당하거나 숨어서 방관하던 사람들이 이제사 슬슬 나와서 당을 살리겠다고 나를 따르라고 하는 것을 보노라면 어이없다는 생각부터 듭니다. 이 당의 당원과 국민들이 그렇게 바보라고 생각하는지 한번 물어보고 싶습니다. 국민과 당원들은 레밍이 아닙니다.

지난 2년 동안 자신들의 행적부터 되돌아보고, 당원과 국민들 앞에 자신들의 행동을 사죄하고 반성하고 난 후에 이 당에서 백의종군하면서 힘을 보태겠다고 하는 것이 순서가 아닌가요?

좌파는 뻔뻔하고 우파는 비겁하다고 합니다. 그러다간 우파는 비겁하고 뻔뻔하다는 소리마저 들을 수도 있습니다. 각성하고 참회하고 반성부터 하십시오. 그리고 정치를 새로 시작하십시오.

2019.01.19.(토) 오후 04시 53분

내부 총질과 당내 검증은 엄연히 다른 문제입니다. 없는 사실도 만들어 내어 가짜뉴스로 정권을 잡은 저들입니다. 그간 발정제, 막말 등 없는 사실도 만들어 내어 지금도 인터넷상에서 나를 공격하고 있는 저들입니다. 치열한 검증 과정을 거쳐 의혹이 해소되어도 물고 늘어지는 저들을 상대하려면 우리 내부도 치열한 검증 과정을 거치지 않으면 저들을 상대할 수 없습니다.

이회창 총재 두 아들의 근거없는 병역문제로 두 번이나 대선에서 실패하고 10년 야당을 했던 경험을 잊었습니까? 그것이 본인의 문제라면 더더욱 국민이 납득할 수 있는 검증이 필요할 겁니다. 단순히 사과 문제로 끝날 일은 아니지요. 국민들은 우리 편들처럼 너 그렇게 이해해 주지 않습니다. 앞으로 전대 과정에서 주자들은 혹독한 검증 과정을 거쳐 국민들이 납득할 수 있는 사람이 야당 지도자가 되기를 기대합니다. 그길 만이 야당이 총선에서 이기고 정권을 되찾아 올 수 있는 길이 될 겁니다.

2019.01.19.(토) 오후 09시 45분

법무장관, 총리때 검증 받았다고 정치판에서 병역면제 문제가 그대로 통하리라고 생각 하십니까? 이회창 총리시절 이 총리는 검증 받지 않고 총리가 되었습니까? 정치판은 국민 감성이 판가름하는 판입니다. 진흙탕 판입니다.

총리 검증을 통과한 검증 받은 이회창 총리께서도 정치판에 들어 와서 근거 없던 두 아들 병역 면제 문제로 두 번이나 대선에서 실패했습니다. 2002년부터 2012년 10년 동안 두드러기로 병역이 면제 된 사람은 신검 받은 3,650,000명 중 단 4명이라고 합니다.

임명직은 할 수 있으나 선출직을 하려면 3,650,000분의 4를 국민들이 납득해야 합니다. 좌파들의 먹잇감이 되지 않으려면 국민들이 납득을 해야 합니다. 국민들이 납득하지 않으면 국정 농단당, 탄핵당에 이어 두드러기 당으로 조롱받을 수도 있습니다. 철저한 검증을 통과해야만 야당 지도자가 될 수 있습니다. 검증과 당내 총질은 구분해야 합니다.

　97.7. 신한국당 9룡 대통령후보 당내 경선 때 이미 이회창 후보의 자녀 병역 문제가 잠깐 거론된 적이 있었습니다. 그러나 우리끼리 경선이어서 그냥 묻고 넘어 가자는 것이 대세였기 때문에 타 후보들은 점잖케 그 문제를 거론치 않았습니다. 당내 경선이 끝나고 그해 7월 20경 여론조사에서 이회창 총재는 DJ와 맞대결 여론 조사에서 52대 18로 압도적 우위에 있었습니다. 그렇지만 그때 아마도 97.7.28일로 기억합니다만 제가 이총재의 자택인 풍림빌라로 가서 두 아들 중 한명을 소록도 자원봉사 보내고 국민들에게 사과하자고 제안을 했는데 이 총재께서는 위법사항이 없다고 단호하게 거부했습니다. 국민감정의 문제인데 합법 여부만 판단한 것이지요.

　그러다가 그 해 10월초 지지율이 10% 초반으로 추락하자 추석 전날 장남을 소록도로 보냈으나 악화된 국민감정을 추스릴 수가 없었습니다. 결국 그것이 빌미가 되어 우리는 두 번 대선에서 패하고 10년 야당의 길로 갔지요. 병역 문제는 국민감정의 문제이고 한국 보수·우파의 가장 기본적인 가치의 문제입니다.

　더 이상 자유한국당이 병역 비리당이라는 오해를 받지 말아야 합니다. 자녀 문제만 해도 그러 했는데 본인 문제라면 더욱더 심각한 문제지요. 집요한 좌파들의 먹잇감이 되어선 안됩니다. 그래서 철저한 내부 검증이 필요하다는 겁니다.

2019.01.20.(일) 오후 01시 33분

손혜원이 국비 훑어 내는 기술 보니 최순실은 양반이었다. 최순실보다 징역 더 살아야겠다.

2019.01.20.(일) 오후 10시 12분

그동안 언론지상에 보도된 내용이 사실이라면 손혜원은 직권 남용, 부패방지법위반, 특경법상 업무상 배임죄 등이 될 가능성이 있습니다. 특히 특경법상 업무상 배임죄는 배임 금액이 50억이 넘으면 징역 5년 이상 무기징역에 해당하는 중죄입니다. 국회의원이 상임위업무와 관련하여 부동산 투기를 위하여 국비를 배정받은 사례는 내기억으로는 처음인 것으로 보입니다. 국회의원 사퇴가 아니라 엄중처벌해야 합니다. 그래서 최순실 보다 더한 범죄라고 한 것입니다.

2019.01.22.(화) 오전 09시 59분

지방선거 패배를 두고 나를 비난하는 분에게 나는 묻고자 하는 것이 그 어려운 지방선거 와중에서 그 분은 어디에서 무엇을 하고 있었는지 되묻고자 합니다. 통진당 해산은 박근혜 전 대통령의 정치 업적인데 단지 정부의 소송대리인으로 나섰던 분이 그걸 자신의 업적으로 포장하면서 대여 투쟁력을 과시 하는 것은 참으로 의

아합니다. 그 분은 국가적 위기였던 탄핵과정에서 무엇을 했는지, 촛불 불법시위가 광화문을 뒤덮을 때 질서 유지 책임자로서 무얼 했는지 곰곰 생각해 보시기 바랍니다.

집안이 망해갈 때 혼자 살기 위해 가출해 버렸던 사람, 뒷방에 앉아 대통령 놀이를 즐겼던 사람이 집안이 살아날 기미가 보이자 이제사 들어와 안방차지 하겠다는 것이 정의와 형평에 맞는지 다시 한 번 생각해 보시기 바랍니다. 손혜원 사태에도 보듯이 좌파는 뻔뻔하고, 탄핵 과정에서 보듯이 우파는 비겁하다고 내가 말한 일이 있습니다. 그러나 지금 우리당 당권 주자들의 현 모습은 비겁하기도 하고 뻔뻔스럽기도 하다는 비난을 면하기 어렵습니다. 국민과 당원들을 일시적으로 속일 수는 있어도 영구히 속일 수는 없다는 것을 아셔야 합니다. 압도적 지지율을 자랑하던 고건 전 대통령 권한대행도 5.18때 우유부단한 행적으로 대선 출마가 좌절되었다는 것을 알아야 합니다.

나는 지방선거 패배를 나 홀로 책임지고 당 대표직을 물러나 외곽에서 보수·우파 승리를 위해서 지금도 고군분투하고 있는 사람입니다. 자신들이 이 당을 위해 어떤 헌신을 했는지 다시 한 번 생각해 보고 깊이 반성을 한 후에 정치를 시작하시기 바랍니다.

2019.01.23.(수) 오후 06시 01분

국회의원 정수를 100명으로 축소하여 지역구 출신 200명으로만 하자고 일전에 제안한 바가 있습니다. 그런데 자유한국당을 제외한 타당들이 연합하여 국회의원 정수를 330명에서 360명으로 하자는 것은 후안무치하기 이를 데 없는 주장입니다.

게임의 룰에 관한 선거법을 날치기로 처리한 일이 국회 사상 단한 번도 없는데 제1야당을 제외하고 자기들끼리 날치기 하려는 시도는 그야 말로 독재시대에도 없었던 일입니다. 자유한국당은 본회의장을 점거해서라도 이런 후안무치는 막아야 합니다. 절대 용납해서는 안됩니다.

2019.01.24.(목) 오전 08시 31분

대법원의 법적 판단은 개념법학적 판단에 그치는 것이 아니라합목적성, 사회정책성, 국가 목적성 등을 종합적으로 고려하여 내리는 판결입니다. 대법원의 정책, 판결을 두고도 사법 적폐라고 몰아붙여 전직 대법원장을 구속하는 촛불 혁명정권이 되었습니다.

보수·우파 출신 전직 두 대통령을 인민재판식으로 몰아붙여 구속, 영어의 몸이 되게 한 정권이 아직도 성이 차지 않았는지 전직사법부의 수장도 적폐로 몰아 인민재판을 하고 있습니다. 민생은간 데 없고 피의 정치보복만 남은 정권의 말로는 어떠할지 나라의장래가 심히 우려 됩니다. 막장으로 가는 대한민국 그 끝은 어디인가요? 북과 연합하여 우리끼리의 세상만 만들어 가는 저들의 마지막 종착역은 과연 어디일까요? 나는 예외일 것이라고 방관하던 순간 나라가 여기까지 와 버렸습니다. 깨어있는 국민만이 자유 대한민국을 지킵니다.

2019.01.24.(목) 오전 11시 50분

문재인 대통령 생일 축하가 청와대 청원 게시판에 올라갔다고 합니다. 자기들 밴드에 올리면 될 것을 청와대 청원게시판에 올렸다고 합니다. 이승만 대통령 말기 현상을 보는 느낌입니다. 순실이나 갑순이는 같은 행동을 했는데 다만 다른 점은 하나는 죽은 권력을 등에 업었고 하나는 시퍼렇게 살아 있는 권력을 등에 업고 기세 등등하게 아직 설치고 있다는 겁니다. 이 땅에 사법정의가 아직 살아 있는지 검찰의 수사를 두 눈 부릅뜨고 지켜봅시다.

2019.01.24.(목) 오후 01시 41분

그런데 갑순이 뒤 봐주는 갑돌이는 도대체 누구냐?

2019.01.25.(금) 오전 08시 51분

정치판은 국민 앞에 발가벗고 서는 곳입니다. 비밀이 없는 곳이지요. 47년 전 학교 앞 하숙집에서 내가 하지도 않았던 것도 덮어쓰는 판이 정치판입니다. 이럴 때는 적극적으로 해명을 하여 의혹을 해소하든지, 아니면 좌파들처럼 뻔뻔하게 무시하고 뭉게든지, 둘 중 하나가 정치판의 선택입니다. 조직의 보호를 받던 공무원 시절과는 전혀 다르다는 것을 숙지하시고 잘 대처하시기 바랍니다.

나는 지난 35년 동안 검사, 국회의원, 광역단체장, 당대표, 대통령 후보를 지내면서 샅샅이 탈탈 다 털리고 앞으로는 더 털릴게 없습니다. 광야에서 나 홀로 헤쳐 가는 곳이 정치판이라는 것을 명심하시기 바랍니다.

2019.01.25.(금) 오전 11시 01분

당헌은 당의 헌법입니다. 헌법이 잘못되었다면 헌법 개정절차를 거쳐야 합니다. 그 절차 개정없이 당헌을 어긴다면 위헌 정당이 됩니다. 그 문제에는 정치적 판단이 개입할 여지는 없습니다.

2019.01.26.(토) 오전 11시 37분

탄핵 이후에 자유한국당이 이렇게 국민적 관심을 받아본 적이 있었는지 감회가 새롭습니다. 최근 당의 활기찬 모습들은 세상 민심의 변화가 참으로 조변석개함을 느끼게 합니다. 이럴 때일수록 더욱 겸허하고 단합하여 국민 속으로 들어가 대안 정당이 될 수 있도록 노력해야 합니다. 다 함께 갑시다.

　2007.7. 대선후보 경선 때 나는 단신으로 이명박.박근혜 양 후보의 아성에 도전해 본 일이 있었습니다. 그때 느꼈던 것은 아버지의 후광을 업은 분과 정계 들어오기 전에 이미 레디메이드 된 분을 상대하기에는 이 당의 정치 문화가 너무 특권 보수에 젖어 있다는 생각이 들었습니다. 마치 100미터 달리기를 하는데 두 분은 이미 80미터 앞서 가면서 슬슬 걸어가도 되는 후광과 스펙을 가졌고, 나는 스타트라인에서 모래 주머니를 양발에 차고 뛰는 그런 경선이었습니다. 이 당은 민주당처럼 사람을 키워 지도자를 만드는 풍토보다 부모의 후광이나 레디메이드 된 사람을 들여서 써먹고 버리는 잘못된 정치 풍토가 지배하는 특권 보수당이라는 생각이 늘 들었습니다.

　2011.12. 내 책임도 아닌 디도스 사태로 당 대표직을 사퇴할 때 강용석 전의원이 "부모 잘 만나 가만히 앉아 있어도 박근혜는 알아주는데 홍준표는 아무리 똑똑하면 뭐하냐. 부모 잘못 만나 불쌍한 처지가 되었는데."라고 말을 한 일이 있었습니다.

　그때 나는 이렇게 말했습니다. "무지렁이 같은 내 부모이지만 나는 부모님 은덕으로 지금의 내가 있다고 생각한다."

　결국 특권 보수당의 끝은 탄핵과 보수 궤멸이었습니다. 2006.3. 서울시장 경선 때도 지금과 유사한 상황이 있었고, 나는 원칙을 고수하다가 당내 선거가 아닌 서울시장 후보를 뽑는 선거이기에 원칙을 양보한 일이 있었습니다. 그 결과 서울시장을 10년간 내어주는 특권 보수당의 서울시 궤멸도 현재 진행 중에 있습니다. 자유한국당의 정치 풍토가 바뀌어야 합니다. 당내에서 당과 나라에 헌신해온 사람들이 당을 이끌고, 그런 사람들이 국회의원으로 공천되어 당을 이끌고, 특권 보수가 아닌 국민 보수, 서민 보수가 당을 이끌어 가는 당이 되어야 합니다.

왜 이 당을 국민들이 웰빙당이라는 치욕스런 별칭을 붙이고 있는지 혹독하게 자성해야 할 때입니다. 또다시 겉만 보고 특권 보수에 매몰되면 당은 이제 영영 몰락할 겁니다.

2019.01.28.(월) 오전 08시 37분

누명 쓰고 쫓겨난 조강지처를 누명이 벗겨지면 다시 들이는 게 도리가 아닌가요?

2019.01.28.(월) 오후 12시 34분

조강지처란 어려울 때 온갖 고생을 같이 한 아내라는 말인데 그것과 성평등과 무슨 관계가 있다고 일부에서 여성비하 운운 하는지 참 어이가 없네요.

2019.01.28.(월) 오후 03시 04분

지난해 지방선거를 앞두고 연초부터 연말이 되면 경제가 폭망하고 안보 위기가 온다고 강하게 주장을 했습니다. 그래서 지방선거 구호로 "나라를 통째로 넘기시겠습니까? 경제를 통째로 망치시겠습니까?"로 정하였으나, 국민은 물론 당내에서도 조차 막말한다고 저를 비난하고 유세도 못다니게 하여 우리는 선거에서 패배했습니다. 1년이 지난 지금 제가 한 그 말이 과연 틀렸습니까? 경제는 나락으로 떨어지고 북핵은 폐기는커녕 인정하는 방향으로 가고 있지 않습니까? 이제 새로운 대비책이 필요한 국가적 위기 상황이 도래했습니다. 국민 여러분들이나 자유한국당 당원 여러분들이 이제 하나가 되어 국난에 대처해야 할 때입니다. 문 정권의 친북 행각과 좌파 경제 정책을 막아야 할 때입니다. 더 이상 문 정권에 속아서는 안됩니다.

2019.01.28.(월) 오후 08시 00분

"규정이야 고치면 되지." 당권 후보로 출마할 분의 말입니다. 어느 한 분을 위해서 원칙에 어긋나게 당헌·당규까지 고치는 정당이라면 그 당은 민주 정당이 아닙니다.

당내 선거도 공직선거법의 적용을 받습니다. 공직선거법과 당헌에는 선거인을 확정 짓는 선거인 명부 폐쇄와 당원 명부 폐쇄가 있습니다. 선거인을 확정하기 위해 섭니다. 이미 확정된 선거인 명부에 등재 되지 않아 선거권이 없는 분을 피선거권 자격 운운하는 것은 넌센스 중 넌센스입니다. 선거권을 가진자 중에서 피선거권자가 되기 때문입니다. 마치 선거권이 없는 외국인에게 피선거권을 줄 수 없는 것과 같은 이치입니다.

혹자는 제가 대선후보가 되는 과정을 선례로 든다고 합니다만, 저의 경우는 이미 있는 선거권, 피선거권이 잠정적으로 정지가 된 상태에서 2심판결 무죄가 되자 당의 요청으로 해제 신청을 하여 그 정지된 선거권.피선거권이 일시 해제되어 출마한 것이고, 이번 경우는 아예 선거권, 피선거권 자체가 없는 경우이기 때문에 없는 그 권리를 창설적으로 부여할 수는 없습니다.

더구나 공정한 선거관리를 담당한 분이나 관련자들이 미리 언론에 불공정한 결론을 내리는 일은 더 더욱 문제가 됩니다. 국회의원들이 가부를 결정하는 것도 잘못된 것입니다. 당헌·당규는 전국위원회나 전당대회 소관이기 때문입니다. 특정계파가 총궐기하여 전대를 혼탁하게 몰고 가는 것도 참으로 우려되는 그들만의 리그입니다. 지켜보겠습니다. 이 당이 민주 정당으로 당헌·당규를 지키는 정당 인지를 지켜보겠습니다.

2019.01.29.(화) 오전 09시 04분

이 당은 제가 탄핵의 폐허 위에서 당원들과 합심하여 일구어 낸 당입니다. 이 당이 다시 도로 탄핵당, 도로 국정농단당, 도로 친박당, 도로 특권당, 도로 병역 비리당으로 회귀하게 방치하는 것은 당과 한국 보수·우파 세력에게 죄를 짓는 일입니다. 숙고에 숙고

를 거듭하여 국민보수, 서민보수당으로 거듭나게 하여 자유 대한
민국을 지키겠습니다.

2019.01.30.(수) 오후 03시 34분

〈다시 전장에 서겠습니다〉

국민여러분 그리고 당원동지 여러분! 저는 오늘 무거운 책임감으
로 이 자리에 섰습니다. 지방선거 패배의 책임을 지고 물러난 후 이
나라와 당을 위해 무엇을 할 것인가 깊이 고민했습니다. 2022년을
준비하며 스스로를 돌아보고 성찰하는 소중한 시간이었습니다.

하지만 지금 내 나라는 통째로 무너지고 있습니다. 북핵 위기는
현실화되었고, 민생경제는 파탄에 이르고 있습니다. 좌파 정권의
정치 보복과 국정 비리는 극한으로 치닫고 있습니다. 이제는 온 국
민이 문재인 정권에 속았다고 합니다.

우리당은 또 다른 위기를 맞고 있습니다. 대여투쟁 능력을 잃고,
수권정당으로 자리매김 하지 못하고 있습니다. 오히려 무기력한 대
처로 정권에 면죄부만 주고 있습니다. 안보위기, 민생경제 파탄, 신
재민·김태우·손혜원·서영교 사건 등으로 총체적 국정난맥의 상황
인데도 야당으로써의 역할을 제대로 하지 못하고 있습니다. 문재인
정권에 맞서 싸워야 할 우리당이 여전히 특권 의식과 이미지 정치에
빠져 '도로 병역비리당' '도로 탄핵당' '도로 웰빙당'이 되려 합니다.

제가 정치생명을 걸고 당원들과 함께 악전고투할 때 차갑게 외면
하던 분들이 이제 와서 당을 또 다시 수렁으로 몰아가고 있습니다.

당원동지 여러분!

위기상황을 당원동지들과 힘을 합쳐 이겨내었습니다. 탄핵의 폐허 속에서 지지율 4%에 불과한 궤멸 직전 정당의 대선 후보로 출마하여 24.1%의 지지를 얻었습니다. 탄핵의 여파, 여당의 위장평화 공세가 전국을 휩쓸고 있는 최악의 상황에서 치러진 지방선거에서, 비록 패하긴 했지만 28%에 달하는 득표를 했습니다. 지방선거 결과에 책임지고 당을 떠나면서 '홍준표가 옳았다'라는 국민의 믿음이 있을 때 돌아오겠다고 여러분과 약속했습니다. 지난 7개월 동안 '페이스북'과 'TV홍카콜라'를 통해 국민, 당원들과 직접 소통해 왔습니다. 막말, 거친 말로 매도되었던 저의 주장들이 민생경제 파탄, 북핵위기 등의 현실로 나타나고 있습니다.

이 현실을 반영하듯, 지난 11월 9일자 세계일보 기사를 비롯하여 온라인 댓글 민심은 적게는 61%에서 많게는 94%에 달하는 국민들이 저의 주장에 공감하고 있습니다. '홍준표가 옳았다'라는 말이 유행처럼 번지고 있습니다. 이제 저는 국민과 당원여러분들의 엄숙한 부름을 겸허히 받들겠습니다.

당원동지 여러분!

지금 우리는 좌파 정권과 치열하게 싸워야 할 때입니다. 지금 문재인 정권의 폭주를 막지 못하면 내년 총선의 승리는 멀어집니다. 총선 압승을 통해 좌파 개헌을 막고, 대선 승리의 발판을 만들어야 합니다.

첫째, 강력한 리더십으로 당을 정예화 하겠습니다. 보수우파 이념으로 무장된 능력 있고, 대여투쟁력 있는 인사를 중용하겠습니다.

둘째, 당의 변화와 혁신을 이어나가겠습니다. 당의 혁신기구를 상설화하고, 이념·조직·정책의 3대 혁신을 치열하게 추진해 나갈 것입니다. 당풍 개조를 통해 고질적 계파주의, 웰빙과 특권을 타파하고 진정한 서민중심주의, 가치중심 국민정당으로 거듭나겠습니다. 아울러 유튜브와 SNS 채널을 활성화하여 국민과 더욱 밀접하게 소통하겠습니다.

셋째, '자유대한민국 건설'은 자유한국당이 만들어 가야 할 핵심 과제입니다. 우리 당과 보수우파의 모든 인적자산을 모아 '네이션 리빌딩' 운동에 즉시 착수하겠습니다. 이를 통해 총선과 대선의 압도적 승리를 착실히 준비해 나가겠습니다.

존경하는 국민여러분!

사랑하는 당원동지 여러분!

저는 24년간 당에 몸담으며 네 번의 국회의원, 두 번의 상임위원장, 원내대표, 두 번의 당대표, 경남 도지사를 거쳐 대선 후보까지, 당으로부터 말할 수 없이 많은 은혜를 입었습니다. 이제 그 은혜를 갚겠습니다. 제 남은 모든 것을 던져 당의 재건과 정권탈환에 앞장서겠습니다. 홍준표는 숨지 않습니다. 홍준표는 피하지 않습니다. 홍준표는 비겁하지 않습니다. 언제나 당당하게 승부합니다. 저 홍준표가 다시 한 번 전장에 서겠습니다. 자유한국당의 조강지처 홍준표가 당원여러분과 함께 하겠습니다.

감사합니다.

2019. 1. 30.

홍 준 표 올림

2019.01.30.(수) 오후 09시 17분

철저한 검증 과정을 거치지 않으면 당의 자산이 당의 시한폭탄이 됩니다. 검증과 내부 총질은 구분되어야 합니다. 싸우는 것이 아니라 당의 앞날을 위해서 철저한 검증은 반드시 필요합니다.

2019.01.31.(목) 오전 09시 34분

당 선관위에서 정한 잠정적인 TV토론 일정을 보니 특정후보를 위해 TV토론을 최소화하여 검증 기회를 안주려고 하는 것으로 보입니다. 이미 특정후보에 줄선 선관위에 관여하는 실무자급 국회의원의 작품이라고 들었습니다. 전당대회는 국민적 축제입니다. 중립적으로 관리하시고 투표 며칠 전까지 3회 이상 본선 TV토론을 마치도록 해야지 투표 당일 TV토론을 추진하는 것은 선거 사상한 번도 없는 일입니다. TV토론 일정은 후보자측 대리인과 합의하에 정하는 것이 관례입니다. 만약 그렇게 진행된다면 선거 하지 말고 그냥 추대하십시오. 명심하십시오. 세상에 비밀은 없습니다.

2019.01.31.(목) 오전 11시 13분

곽상도 의원이 밝혀낸 대통령 딸 가족 동남아 이주 의혹과 구기동 빌라 매각 사건은 앞으로 전대미문의 사건으로 번질 수 있습니다. 조속히 청와대에서는 의혹이 확산되기 전에 이에 대한 명확한 해명을 해 줄 것을 강력히 촉구합니다.

2019.01.31.(목) 오후 12시 10분

청와대 청원 게시판의 폐쇄를 촉구합니다. 이 게시판은 좌파들의 놀이터가 된지 이미 오래 되었습니다. 어제도 김경수 사건 재판부를 사퇴하라고 청원을 했다고 합니다. 사법부도 코드화 되니 이제 대통령이 판사도 멋대로 하는 것으로 착각하고 있습니다. 온 세상이 좌파 광풍시대입니다. 깨어 있는 국민만이 자유 대한민국을 지킵니다.

2019.02.01.(금) 오전 09시 10분

당 선관위에서 전대 일정을 모바일 투표 하는 날 TV토론 한 번, 지역현장 투표 하는 날 한번, 이렇게 본선 TV토론을 두 번 한다고 잠정적으로 정했다고 합니다. 나는 정치 24년을 하면서 수 없는 선거를 치렀지만 선거 당일 TV토론을 하는 것은 처음 보았습니다. 후보자의 정견과 정책 검증, 신상 검증 없이 깜깜이 선거를 하라는 것인데 이런 류의 선거는 TV토론이 도입 되고 난 이후 처음 보는 일입니다. 지금 우리당은 탄핵이후 처음으로 국민적 관심을 받으면서 전대가 치러지는 바람에 당 지지율이 현저히 상승세에 와 있습니다.

특정후보의 정책·인물검증을 피하기 위해 깜깜이 전대를 추진하는 것은 모처럼 호기를 맞은 당 지지율 상승에 찬물을 끼얹는 일입니다. TV토론은 적어도 4회 이상, 모바일 투표 이틀 전까지 실시하여 국민과 당원들이 여론조사와 투표를 통해서 올바른 선택을 할 수 있도록 해야 합니다. 후보자가 참석하고 안하고는 후보자의 권리이나 적어도 선거관리는 공정하게 진행하는 것이 당 선관위의 책무라는 것을 잊지 마십시오.

2019.02.02.(금) 오후 08시 13분

탄핵 이후 모처럼 전대 경선으로 당 지지율도 올라가고 당이 활기차졌습니다. 이 상승 분위기를 이어가기 위하여 구시대 유물인 동원 지역 연설회는 생략하고, 부산, 대구, 대전, 광주, 경기강원, 인천, 서울2회 등 바른미래당처럼 8회의 TV경선 토론회를 제안합니다. 철저한 후보자 정책검증, 인물 검증을 통하여 국민여론조사 자료를 제공 하고 당원들의 판단을 구하기 위해 구시대 유물인 동원 연설회를 폐지하고 모두가 가정에서 편안하게 판단할 수 있는 순회 TV토론을 제안합니다. 당원 연설회는 전당대회장에서 파이널로 하면 됩니다. 국민과 당원들의 축제의 장을 마련하기 위하여 거듭 TV토론 경선을 제안합니다.

2019.02.03.(일) 오후 09시 40분

내가 페이스리프트 한 쏘나타라면 새로 등장한 인물은 펠리세이드라고 볼 수 있습니다. 세간의 이목이 신차에 쏠릴 수밖에 없는 것은 당연한 이치입니다. 그러나 신차의 결함은 곧 드러날 수도 있습니다. 차분하게 바라보겠습니다. 결함없는 신차라면 나도 적극 환영합니다.

2019.02.03.(일) 오전 10시 06분

나는 문 대통령 부부가 연루된 지난 대선 여론 조작을 근거로 대선 무효를 주장하지는 않습니다. 다만 김경수 지사의 윗선은 특검으로 반드시 조사하여 밝혀야 합니다.

사실 지금 단계에서도 문 대통령께서는 대국민 사과를 해야 합니다. 지난 대선 때 한 몸 같이 다니던 김경수 지사가 여론 조작으로 법정 구속되었고, 문후보의 지시를 받은 기사의 좌표를 찍어 드루킹이 조작했고, 경선시 경인선 가자고 한 퍼스트 레이디의 동영상만으로도 사과 사유는 넘치고 넘칩니다. 지난 대선 때 드루킹의 여론 조작으로 패륜, 막말, 발정으로 나를 몹쓸 사람으로 몰아간 것은 앞으로 반드시 사과를 받을 겁니다. 더 이상 재발 방지를 위해서라도 반드시 사과를 받을 겁니다. 댓글로 잡은 정권 댓글로 망할 수 있다는 것을 보여 줘야 합니다.

여론조작으로 진행된 불법 대선을 다시 무효로 한다면 엄청난 정국 혼란이 오기 때문에 나는 대선 무효는 주장하지 않겠습니다. 그러나 이에 대한 대국민 사과와 이명박·박근혜 두분 전직 대통령은 이제 석방할 때가 되었습니다. 쿠테타로 집권 했다고 재판을 받은 전두환·노태우 두 분 전직 대통령도 박근혜 전 대통령처럼 이렇게 오랫동안 구금하지 않았습니다. 자신의 불법 대선은 눈을 감고, 죄없는 두 전직 대통령만 정치보복으로 계속 탄압한다면, 설연휴가 지난 후에는 국민적 저항이 일어납니다. 민생은 파탄나고 북핵은 인정하고, 자신의 불법대선은 묵살한다면, 야당은 거리로 나갈 수밖에 없습니다.

다시 여의도로 돌아가면 전국 300만 당원과 함께 불법대선 사과와 이명박·박근혜 두분 전직 대통령 석방을 위해 전국을 순회하면서 국민 저항 운동을 전개할 것입니다. 촛불보다 더 무서운 횃불을 들 수도 있다는 것을 명심 하십시오.

우리는 너무나 오랫동안 위축되고 엎드려 있었습니다. 사상 초유의 대통령 탄핵으로 국정농단의 누명(陋名)을 쓰고 대선에 패배하고, 김정은·문재인·트럼프가 합세한 위장 평화로 지방선거도 패배했습니다. 그러나 지난해 연말부터 김태우·신재민 사건, 서영교·손혜원 사건에 이어 김경수 대선 여론조작이 확인되었고, 급기야 대통령 딸 동남아 이주 사건도 터졌습니다. 청와대 직권남용 민간인 사찰, 국가채무 고의 증액, 사법 농단, 국가 예산 1,100억을 동원한 목포 투기, 대통령 딸도 살기 싫어 한국을 떠나는 전대미문의 사건들이 바로 문 정권의 민낯입니다.

이제 우리가 일어서야 할 때입니다. 나라를 위해 분연히 일어서야 할 때입니다. 이제 명분이 축적 되었습니다. 우선 제일 먼저 이명박·박근혜 두분의 전직 대통령 석방 운동을 장외 투쟁으로 전국적으로 시작해야 합니다. 태극기 세력의 장외투쟁을 이제 우리당이 앞장서 나서야 할 때입니다. 둘째, 불법 대선 여론 조작의 상선을 특검 추진하고, 대통령으로부터 사과를 받아내야 합니다. 셋째, 도탄에 빠진 민생을 구해야 하고, 넷째, 북핵폐기 국민 운동을 시작해야 합니다. 사법부 조차도 협박하는 저들의 뻔뻔함을 국민 저항 운동으로 단죄해야 합니다. 다시 여의도로 돌아가게 되면 네 가지 국민 저항 운동 장외 투쟁을 국민들과 당원들 함께 시작하겠습니다. 모두 함께 힘을 모아 자유 대한민국을 지킵시다.

2019.02.04.(월) 오전 09시 32분

영국을 구한 세계 제2차 대전의 영웅 윈스턴 처칠도 체임벌린의 위장평화 정책을 비판 했다가 영국 국민들의 미움을 받고 굴욕의 세월을 보낸 때가 있었습니다. 제가 1년 전 경제폭망, 남북정상회담은 위장 평화라고 주장했다가 악담과 막말로 매도되어 국민들의 미움을 받은 것도 국민들의 뜻입니다. 국민들의 마음 속은 알다가다 모를 일입니다. 그러나 국민들의 뜻을 따를 수밖에 없는 것이 민주주의입니다. 탄핵도 국민들의 뜻이고, 용서도 국민들의 뜻입니다.

이제 용서해야 할 때라고 봅니다. 왜 이제 와서 국민저항 운동이냐고 질책하는 것도 일리가 있지만, 모든 일이 시와 때가 있다는 것입니다. 태극기의 장외투쟁은 언론에서 늘 외면했지만 제1 야당의 장외투쟁은 언론이 외면하기 어려울 겁니다. 이제 국민 저항운동을 시작해도 될 시점이 되었습니다.

저는 정치권에서 보기 드물게 여·야 시절 두 번이나 당대표를 역임했던 사람입니다. 제가 무슨 당대표를 다시 하겠다고 나왔겠습니까? 지금은 문 정권의 판을 뒤집어엎을 사람이 필요한 때입니다 올봄 여의도에 다시 돌아가게 되면 300만 당원들과 함께 범국민 저항운동을 시작하겠습니다. 나라를 바로 잡겠습니다.

2019.02.05.(화) 오후 12시 06분

이미지 정치의 참극을 몸서리치게 경험한 분들이 또다시 이미지 정치에 현혹되어 있는 것은 참으로 유감스러운 일입니다. 파탄 난 민생을 돌볼 생각은 하지 않고 도시락 배달로 서민 코스프레 하는 모습은 이미지 정치의 끝판입니다. 이젠 당내에도 이미지 정치는 버려야 합니다. 콘텐츠 정치로 돌아오십시오. 무엇이 국가와 당과 국민과 당원들을 위한 길인지 숙고해야 할 때입니다.

2019.02.05.(화) 오후 04시 32분

나는 이회창 총재 두 아드님 병역 면제 의혹으로 10년간 앞장서서 투쟁했으나 우린 대선에서 두 번이나 실패했습니다. 병역문제는 국민감정의 문제이기 때문에 묵과하기 어려워 지적하는 것을 내부 총질 운운 하는 비난은 가당치 않습니다.

두 번이나 당대표를 했던 제가 무슨 욕심으로 또 당대표를 하겠다고 나왔겠습니까? 만약 병역문제에 그치지 않는다면 당으로서는 모처럼 맞은 대여 투쟁의 시점에 수렁에 빠져 수비에만 급급하는 정치를 할 수밖에 없습니다. 그건 다년간 정치 경험에서 우러난 당에 대한 충정입니다. 우리끼리는 양해가 될지 모르나 국민들은 그냥 넘어가지 않습니다. 국민이 납득할 때까지 철저하게 검증해야 합니다. 검증 없는 인재 영입은 당의 시한폭탄이 될 수도 있다는 것을 명심하십시오.

2019.02.05.(화) 오후 07시 35분

보수·우파들은 점잖아서 치열한 경선을 원하지 않는 줄 잘 알고 있습니다. 제가 황 전 총리 검증 문제를 계속 제기하는 것이 우리 당 정서상 제게는 마이너스가 된다는 것도 잘 알고 있습니다.

그러나 중대한 흠이 있는 사람을 당 대표로 내세우게 되면 당이 입을 크나큰 상처가 올 것인데, 이를 방기하는 것은 당원들에게 죄를 짓는 일이기 때문에 저는 병역 문제를 포함한 모든 검증 문제를 눈감고 넘어갈 수가 없습니다. 이회창 총재가 당 총재로 복귀한 1998.8.부터 총풍·세풍·안풍 사건이 연이어 터져, 우리는 두 번째 대선까지 공세적인 선거 운동을 하지 못하고 수비에 급급할 수밖에 없었고, 97.12월 대선에서 문제 되었던 병역문제가 2002.3.부터 다시 터져 우리는 10년 야당 생활을 해야 했습니다. 그 수비의 중심에 제가 있었습니다.

더 이상 우리 끼리 양해하고 넘어갈 문제가 아니라 국민 앞에 당당히 검증을 받아야 합니다. 그렇게 하지 않으면 좌파 정권 20년이라는 저들의 술책에 넘어갈 수밖에 없습니다. 명심 하십시오.

2019.02.08.(금) 오후 08시 01분

언제는 흥행을 위해서 원칙까지 바꾸며 책임당원 자격을 부여하더니, 이제 와서는 공당의 원칙 운운하면서 전대를 강행하겠다고 하는 것을 보노라면 참 어이가 없습니다. 당이 왜 그러는지 짐작은 가지만 말하지는 않겠습니다. 모처럼의 호기를 특정인들의 농간으로 무산 되는 것 같아 걱정스럽습니다.

2019.02.09.(토) 오전 09시 41분

당이 하나가 될 수 있는 절호의 기회를 세 갈래로 재분열 하는 계기로 만들어 버릴 수 있는 조치가 참으로 이해하기 어렵습니다. 세간의 소문처럼 특정인의 아들 공천 때문에 무리에 무리를 범하고 있다는 말이 사실이 아니길 바라지만, 그런 소문과 비대위의 무책임이 파행 전당대회로 몰고 가고 있는 것은 참으로 유감입니다. 검증을 피하면 당의 자산이 아니라 당의 시한폭탄이 될 수도 있다는 것을 다시 한 번 말씀드리고, 문 정권의 의도대로 당이 끌려가는 모습을 보니 당의 미래가 암담하여 드리는 말씀입니다.

이대로 전대가 진행된다면 화합 전대가 아니라 배박, 구박의 친목대회가 될 뿐입니다. 참으로 안타까운 일입니다.

2019.02.09.(토) 오후 12시 52분

진작 청산되었어야 할 일부 부패·무능 보수들을 모두 데리고 정치하기가 참으로 힘들다.

2019.02.09.(토) 오후 03시 40분

당을 소도(蘇塗)로 생각하는 것은 버려야 한다.

2019.02.10.(일) 오전 09시 10분

나는 전대후보 6명과 함께 전대 보이콧에 동참한 바 있고, 그 이유도 이미 밝혔기 때문에 더 이상 드릴 말씀이 없습니다. 이제 SNS 상에서 지지자 분들끼리 찬반 논쟁은 하지 않았으면 합니다. 아쉬운 것은 이미 철 지난 공안검사의 시대가 시대를 역류하여 다시 우리당에서 시작 된다는 겁니다. 나라와 국민을 위해서 현실 정치로 다시 돌아 왔고, 그 마지막 헌신을 위한 준비를 하고 있다는 말씀으로 이를 대신 하고자 합니다. 더 이상 전대 관련으로 내 이름이 거론되지 않도록 부탁드립니다.

2019.02.10.(일) 오후 12시 15분

지금 전대를 둘러싸고 벌어지고 있는 당내 현상은 좀비(zombie) 정치입니다. 모두가 힘을 합쳐 문 정권의 폭정에 대항해야 할 때 좀비 정치나 하고 있는 자유한국당을 바라보니 참담하기 이를 데 없습니다. 저는 궤멸상태의 이 당을 재건한 전직 당 대표로서 이제 한발 물러서서, 당 관계자들이 모두 힘을 합쳐 정상적인 방법으로 전대를 치르고, 나아가 도탄에 빠진 국민들을 위해 문 정권의 폭정에 대항하는 국민 저항 운동에 나설 것을 촉구합니다. 민주당이 한때 당명이 1년에 8번이나 바뀌고 당대표가 4번이나 바뀐 일이 있었습니다. 이번 전대가 혼란의 시작이 되지 않도록 모두 유념해 주시기 바랍니다.

2019.02.11.(월) 오전 11시 42분

탄핵의 정당성 여부는 이제 역사에 맡기고 새롭게 시작하는 정당이 아니라, 탄핵 뒤치다꺼리 정당으로 계속 머문다면 이 당의 미래는 없습니다. 그래서 제가 대표시절 박근혜 전 대통령을 넘어서는 신보수주의 정당을 주창한 것입니다.

2019.02.27.(수) 오전 09시 23분

과정은 험난했지만 결과가 좋아 새 지도부 앞날이 밝을 것으로 기대됩니다. 모두 한마음으로 뭉쳐 문 정권의 폭주를 막아내고 민생 살리기에 전력을 다해 주실 것을 기대합니다. 당선된 분들이나 아깝게 낙선하신 분들 모두 수고하셨습니다. 하나 되는 자유한국당이 됩시다.

2019.03.06.(수) 오후 1시 59분

죄없는 MB를 1년 동안 구금하다가 오늘 석방한다고 합니다. 석방 조건을 보니 통상 보석은 주거 제한만 하는데 외출, 통신, 접견 제한까지 붙인 자택 연금입니다. 이런 보석 조건을 나는 단 한 번도 본 일이 없지만, 재판부도 오직 고심했으면 그런 보석 조건을 붙였겠느냐고 이해를 하기로 했습니다.

만시지탄이지만 올바른 결정을 해준 재판부에 감사드립니다. 앞으로 재판절차도 공정하고 정의롭게 이루어져 노무현 투신 사건에 대한 사적 보복이라는 정치 보복 재판이 안되기를 국민과 함께 기대합니다. 아울러 2년간 장기 구금 되어 있는 박근혜 전 대통령의 석방도 기대합니다.

2019.03.09.(토) 오후 12시 21분

나는 지난 36년간 대한민국 검사, 국회의원, 원내대표, 경남지사, 대통령후보, 당대표를 하면서 세평에 신경을 쓰지 않고 내 나라 내 국민을 위한 일에만 몰두하고 살았습니다. 세상이 나를 알아주지 않아도 세상이 나를 오해해도 이를 불식시키려고 하거나 변명하지 않고, 묵묵히 내 할일만 하고 살면 된다고 생각했습니다.

그런데 최근에 만난 어느 정치 컨설턴트의 조언을 들어보면, 대한민국의 지도자가 되기 위해서는 업적과 비전 그리고 이미지라고 합니다. 업적과 비전까지는 이해가 되는데 이미지가 중요하다는 말에 나는 동의하기가 어려웠습니다.

한 나라의 지도자를 선택하는 기준이 이미지라면 국민들을 얼마나 가볍게 보고 그런 말을 하느냐? 국민들을 얼마나 감성적이고 충동적으로 보고 그런 말을 하느냐?

그러나 곰곰 생각을 해보면, 문재인 대통령의 최근 모습과 탁현민 행정관의 이미지 관리 기술을 보면서, 나는 비로소 이미지 정치도 중요한 것이구나 하고 뒤늦게 알았습니다. 국민들이 오해하지 않도록 하는 것도 중요한 정치 기술 중 하나가 될 수도 있겠다는 생각이 들었습니다. 주위 분들이 일치해서 조언하는 말이 이미지 개선이라는 말에는 안타깝지만 동의하지 않을 수 없다는 생각이 드는 주말입니다.

나라가 이렇게 망가져 가도, 야당이 이렇게 무기력해도, 나라는 그럭저럭 굴러가는 것을 보면서 앞으로 내가 해야 할일을 깊이 생각해야 하는 주말입니다. 편안한 주말 보내십시오.

2019.03.09.(토) 오후 12시 45분

MB시절 MB를 쥐박이라고 조롱하고, 박근혜시절 박근혜를 닭근혜라고 조롱하고, 문재인시절 문재인을 문재앙이라고 조롱하는 것을 보면서, 이 나라는 대통령 당선되면 한 달만 좋고 나머지 세월은 국민적 조롱 속에서 세월을 보내야 하는데, 그런 대통령을 왜 하려고 기를 쓰고 하는지 나는 이해하기가 어렵습니다. 깜도 되지도 않은 논리로 나를 비난하고 터무니없는 말로 나를 폄하할 때는, 내가 저런 사람들에게 이유없는 욕설을 들어가면서까지 정치를 해야 하는 이유를 찾기가 어려울 때가 있기도 합니다.

그러나 그 사람도 내 나라 국민이기에 들어주고 넘어갈 수밖에 없지 않느냐는 주변 분들의 조언과, 어차피 그 사람들은 배배 꼬여서 무슨 말을 해도 반응이 그러니 무신경으로 넘어가는 것이 맞다고 조언할 때는, 그러려니 하고 넘어가기도 합니다. 지도자를 패러디 하는 것이 아니라 경멸하고 조롱하면 자신도 그 대접 밖에 못받는다는 것을 알게 되면, 세상 사람들이 달라질까요?

2019.03.21.(목) 오전 05시 59분

　지난 연말부터 김태우·신재민 폭로, 서영교·손혜원사건, 문 대통령 딸 해외이주사건, 김경수 지난 대선 여론 조작으로 법정구속 등과 연이은 안보 실정에 민생 파탄까지 겹쳐 데드록 상태였던 문 정권을 제대로 공략하지 못하고 5.18 폄하논란 한방으로 수세에 몰렸던 자유한국당입니다. 최근에 와서는 또다시 저들의 김학의·장자연 사건 특검 역공에 일방적으로 수세에 몰리는 것은 참으로 안타까운 일입니다. 정치는 타협입니다. 도저히 타협할수 있는 것이 아니라면 서로 주고받는 것이 의회 정치입니다. 김학의 특검, 장자연 특검과 김태우 신재민 사건 특검과 김경수 윗선 특검 2대2 특검으로 타협해서 문제를 풀어 나가시기를 부탁드립니다. 자유한국당이 김학의·장자연 사건과 무슨 관련이 있습니까? 마치 그들을 옹호하는 듯한 자세를 보이는 것은 영화 내부자들의 어느 장면을 국민들에게 잘못 각인시키는 우(愚)를 범하게 됩니다.

　당당하게 대처 하십시오. 이제 본 궤도에 오르는 총선 레이스에 수세로 일관해 밀리지 말고 육참골단(肉斬骨斷) 하는 자세로 임하십시오. 그것이 구국의 길입니다.

2019.03.22.(금) 오후 12시 15분

　나라를 바로 세워 선진 대국으로 갈 생각은 하지 않고 허구한 날 김정은만 바라보면서 그간 대한민국이 이루어낸 업적과 국가 기반시설을 파괴하는 일에만 열중하는 문 정권은 국민의 준엄한 심판을 받을 겁니다. 원전을 파괴 하더니 강은 흘러야 한다고 홍수와 한해를 막고 4대강 정화를 위해 세운 보를 파괴한다고 합니다.

그러면 소양강도 흘러야 하고, 북한강도 흘러야 하고, 남한강도 흘러야 합니다. 소양댐·청평댐·충주댐도 파괴할 건가요? 마치 콜로라도 강은 흘러야 한다고 후버댐을 파괴 하자는 논리와 다를 바 없지요. 임기 내 국가를 위해 무슨 업적을 낼 수 있을지 의아스럽습니다. 오로지 북한만 바라보면서 여론을 조작하여 국가 기반시설 파괴에만 열중하고 있습니다. 그런 정권이 아직도 3년이나 남았습니다.

2019.03.26.(화) 오후 10시 12분

서슬 퍼렇던 박정희 대통령 시절이었던 71년 검찰이 이범열 부장판사 등 그 재판부를 변호사로부터 향응을 받았다고 부당하게 구속영장을 청구하자, 전국 법관들이 사법부 독립 침해라면서 들고 일어나 이를 저지시킨 일이 있었습니다. 그 후 2·3·4차 사법파동을 거치면서 사법부는 제자리를 찾아 갔고 헌법상 사법부 독립을 굳건히 지켰습니다.

그런데 촛불정권에 들어와서 사법부 전체를 뒤 흔드는 양승태 대법원장 사건을 만들어도, 터무니없는 법관 탄핵운운 하면서 재판 협박을 당해도, 계엄하의 군사 재판 같은 일주일에 두세 번 날치기 재판을 하는 전직 대통령 재판을 강행해도, 사법부는 숨죽이고, 일부 극소수 이것이 부끄러운 법관들만 소리없이 사표내고, 10%도 안되는 이념 판사들에 의해 사법부가 지배되고 있습니다.

전 정권에 의해 자행되었다는 블랙리스트 사건이 문 정권에 의해서 자행되어도, 전 정권은 엄단하고 문 정권은 판사가 정무적 판단으로 구속 영장을 기각하는 기괴한 모습도 연출되고 있습니다. 사법부의 이러한 현실이 의기의 부족인지 개체주의의 탓인지 가늠하기 어렵지만, 일부 검찰의 정치화를 넘어서 사법부의 정치화까지 의심 받는 부끄러운 현실이 되었습니다. 더 이상 국가가 망가지기 전에 네이션 리빌딩 운동에 나서야 합니다. 나라 전체가 무너지고 있습니다. 정치가 무너지고, 경제가 무너지고, 외교가 무너지고, 국방이 무너지고, 사정기관들이 무너지고, 사법부도 붕괴되고 있습니다. 힘 모아 야당 역할을 제대로 하는 새로운 길을 찾아 나서야 할 때입니다.

2019.03.30.(토) 오전 11시 59분

김학의 사건을 둘러싸고 역공에 당하고 있는 자유한국당을 보노라면 참으로 어처구니없다는 생각이 듭니다. 그중 곽상도 의원의 경우는 어이가 없다는 생각도 듭니다. 곽 의원은 박근혜 정권 초기 6개월간 잠깐 민정 수석을 한 사람입니다. 김학의 차관 한사람 검증 실수를 했는지 여부는 알 수 없으나 김 차관은 동영상 파동으로 일주일 만에 바로 경질되었고, 곽 의원은 정권 초기 바른 말 하다가 미움 받아 6개월 만에 민정수석 자리를 내놓고 경질된 사람으로 나는 듣고 있습니다. 지금 민정 수석을 2년째 하고 있는 조국과 한번 비교해 보십시오. 김학의 사건 검증 실수 하나로 과연 곽상도 의원을 그렇게 비난할 수가 있습니까? 경찰 수뇌부를 질타하고 경질했다고도 하는데 경찰은 민정수석 관할이 아니라 정무 수석 관할입니다. 김학의 사건 무혐의 처리는 곽상도 의원과 채동욱 총장이 경질된 후 그해 11.11 검찰 총장 직무대행이었던 길태기 대검 차장 때의 일입니다.

그 사건의 본질은 경찰청장이 국회에서 증언했듯이, 육안으로도 명백히 식별이 가능했다는 2013.5.에 송치한 동영상 원본이 있었는데도, 왜 2013.3.에 송치한 흐릿한 사본을 근거로 2013.11.에 무혐의 처분을 했느냐가 핵심일 겁니다. 지금 저들의 목표는 김학의 혐의 여부가 아니라, 어떤 이유를 붙여서라도 김학의를 구속하고 2013.11.11 김학의를 무혐의 처분한 과정과 2014.12. 김학의 무혐의 2차 처분한 과정에서 부당한 결정이 있었는지 또 그 과정에서 법무부 장관과 청와대, 최순실의 역할이 무엇이었는지에 대해 초점을 맞출 겁니다. 곽상도 의원은 문다혜 사건을 건드린 보복으로 보입니다.

2019.04.01.(월) 오전 09시 10분

지난 탄핵 대선과 위장평화 지선은 모욕과 멸시, 조롱 속에서 치러졌고, 극심한 내부분열 속에서 치러져 우리는 국민들로부터 정당한 평가를 받지 못했습니다. 이제 저들의 본질을 국민들이 알기 시작했고 세상에 비밀이 없다는 것도 알기 시작했습니다.

이번 PK지역 보궐 선거의 승패는 대 반격의 출발점이 될 겁니다.

며칠 남지 않은 보선에 모두 힘 모아 집중해 주시기 바랍니다. 정상 국가로 가는 첫 걸음입니다.

2019.04.02.(화) 오전 08시 15분

문 정권이 적폐청산을 내세우면서 내세우는 전가의 보도는 직권 남용죄입니다. 그러나 최근 조국 수석 경질문제를 보면서 조 수석을 이렇게 두둔만 하다가는, 직권남용죄가 아니라 직권악용죄를 범할 수도 있다는 생각이 듭니다. 이제 그만 더 이상 오기 부리지 마시고 더 큰 어려움에 처하기 전에 경질하십시오. 그것이 권력 운용의 순리입니다.

2019.04.03.(수) 오전 11시 09분

비록 보궐선거이지만 통영·고성에서는 압승하였고, 창원 성산에서는 박빙 승부를 펼친 이번 보궐 선거를 보니, 대선과 지선 이후에 얼마 만에 선전해 보는 선거입니까? 황교안 대표님을 비롯한 당 지도부 여러분! 국회의원님들! 당협 위원장님들! 당원 동지 여러분! 정말 고생하셨습니다. 당선되신 분에게도 진심으로 축하드리고 감사드립니다. 이제부터 다시 시작입니다.

2019.04.04.(목) 오후 07시 28분

김학의 사건의 본질은 2013.11.11.과 2014.12.31. 두 번의 무혐의 처분의 당부가 쟁점인데 그걸 잘못되었다고 검찰의 잘못을 수사하려고 하니, 공수처 추진의 명분을 줄 것 같고 그래서 그걸 피하고 김학의 임명 과정의 문제점에 집중하여, 문다혜 사건을 건드린 곽상도 의원을 잡아서 문 대통령에게 아부를 하려고 지금 특별수사단에서 작업을 하고 있는 것으로 보입니다.

군이 그렇게 하지 않더라도 공수처는 민변 검찰청 설립이라서 우리당에서 당의 명운을 걸고 막을 것인데, 이것을 이유로 두 번에 걸친 잘못된 검찰의 무혐의 처분을 놓아두고 관련없는 곽상도 의원을 얽어매려고 하고 있습니다. 경찰인사는 정무수석 소관이고 그 당시 경찰청의 부당 인사를 했다면 정무수석에게 그 책임을 물어야 하는데, 군이 소관도 아닌 당시 민정수석 곽상도를 걸고 넘어지는 것은 헛발질입니다. 제가 곽상도 의원을 같은 당이라고 감싸는 것이 아니라, 대통령 친인척을 담당했던 전직 민정 수석으로서 문다혜 사건의 문제점을 정당하게 제기하고도, 당으로부터 별다른 지원이나 보호를 받지 못하고 있기 때문입니다.

지난번 정진석 의원이 노무현 전 대통령의 사자 명예훼손으로 몰렸을 때, 당이 나서서 640만불 뇌물수수로 맞고발 하여 관련 사건으로 만듦으로써, 정진석의원에 대한 핍박을 할 수 없도록 한 적이 있었습니다. 검찰이 이번에는 제대로 수사를 하도록 당이 나서서 제대로 대처하시기 바랍니다.

2019.04.08.(월) 오전 11시 30분

대한민국 해방 이후 70여년간 11명의 전직 대통령 중 퇴임 후 행복한 노후를 보낸 사람은 DJ가 유일합니다. DJ시절에 대한 공과에 대해 말은 많지만 그는 재임 중 정치보복을 하지 않았다는 겁니다. 자신을 사형 선고까지 한 전두환 전 대통령에 대해서도 정치 보복을 하지 않았습니다. 노무현 전 대통령의 투신에 대한 증오심으로 집권한 문 정권은 지난 70년 보수·우파 정권의 성취를 지우기 위해 가까이는 이명박·박근혜 전 대통령에게 정치 보복을 무자비하게 하고 있고, 해방 70년 동안 집권한 정권 중 DJ,노무현 정권을 제외하고는 모두 친일 정권으로 몰아 이를 청산하려고 하고 있습니다. 그 권력의 끝이 걱정스럽습니다. 권력을 쥐고 있을 때는 그 권력이 모래성에 불과하다는 것을 알지 못하지만, 권력을 놓고 내려오는 순간 그 권력이 얼마나 허망한 것인가를 깨닫게 될 겁니다.

그때는 이미 늦었습니다. 만시지탄이라는 말이 그래서 있는 겁니다. 이명박·박근혜 두 전직 대통령을 이제 그만 석방하고 국민 대화합으로 나가고, 기업인들을 억압하는 각종 갑질은 이제 그만 하십시오. 그동안 많이 묵었지 않습니까?

2019.04.17.(수) 오후 07시 19분

예상대로 김경수 도지사 보석이 허용 되었네요. 1심 법정구속 된 피고인이 항소심에서 보석이 허용된 전례는 아주 드문 일인데, 이명박 보석 허용될 때 이것은 김경수 석방을 위한 여론 무마용으로 보았는데 그것이 사실이 아니기를 빕니다. 보석 조건도 이명박을 의식해서인지 재판 관련자들과 만나서는 안된다고 했는데 그 조건 자체가 증거 인멸 우려가 있다는 것이 아닌가요? 증거 인멸 우려가 있다는 자체가 보석 불허 사유인데 참 딱한 법원입니다.

그러나 선고는 당당하게 하시기 바랍니다. 그나저나 자유한국당은 김경수 윗선 특검 추진은 하고 있는 건가요?

2019.04.18.(목) 오전 07시 55분

차명진·정진석 두 분의 세월호 관련 발언이 윤리위 회부감이라면, 작년 지방선거 앞두고 제가 한 경제폭망과 위장평화 발언도 윤리위 회부감이지요. 막말과 악담이라고 언론에서 난리쳤으니까요.

500여명의 억울한 사망자를 낸 삼풍백화점 사건도 정치적으로 이용하지 않았고, 190여명의 억울한 사망자를 낸 서해페리호 사건도 정치적으로 이용된 적이 없었습니다. 잘못된 시류에 영합하는 것은 지도자의 자세가 아닙니다. 현재의 잘못된 시류에 핍박을 받더라도 바른 길을 가는 것이 지도자입니다.

2019.04.19.(금) 오전 08시 28분

보수의 본질은 자유에 있고 진보의 본질은 평등에 있습니다. 그

런데 최근 자유우파라는 용어를 사용하는 사람들을 보면서 실소를
금할 수가 없는 것이 이것은 마치 역전앞(驛前)이라는 말과 다름이
없다는 것입니다. 아무리 보수라는 말에 대해 인식이 나빠졌다고
해도 자유우파라는 말은 어색하기 그지 없습니다. 꼭 그렇다면 보
수우파라는 말을 사용하는 것이 어떻습니까?

2019.04.24.(수) 오전 10시 54분

국가의 근본이 무너져 내리고 있고 국가 제도와 국가 시설 파괴가
무자비하게 자행되고 있는데도, 야당이 이에 대항할 별다른 방책이
나 힘이 없음을 한탄합니다. 얼마나 깔보였으면 게임의 룰인 선거법
도 저렇게 끌려 다니고, 민변검찰청도 신설하게 방치하고 있습니까?
국정농단, 탄핵프레임에 아직도 벗어나지 못하고 허우적대는 동안
저들은 관제 야당들과 야합하여 사회주의 개헌선 확보와 남북연방제
를 향해 달려가고 있습니다. 암담한 대한민국으로 가고 있습니다. 대
통령 놀이보다 더 중요한 것은 야당 본연의 역할을 다하는 것입니다.

2019.04.25.(목) 오전 10시 24분

우리는 우리의 잘못으로 정권을 잃어 빈손이지만, 그 빈손을 꼭 쥐
면 주먹이 된다는 것을 이제부터라도 알아야 합니다. 5월 2일 14시
서울역에서 4대강 보 파괴 국민저지대회에서 새롭게 출발합시다.

2019.04.25.(목) 오후 04시 48분

개가 짖어도 기차는 간다. 같은 말도 내가 하면 막말이고 좌파가 하면 기막힌 비유라고 한다. 현재 한국 언론 상황입니다. 이런 나라에서 살고 있습니다.

2019.04.26.(금) 오전 11시 01분

탄핵 때 하나가 되어 저렇게 투쟁을 하였으면 나라가 이 꼴이 되었을까? 늦었지만 투쟁력이 되살아난 것은 다행스런 일입니다. 지도부가 앞장서서 더 가열찬 투쟁을 해 주시기 바랍니다. 민생에 대해서도 동귀어진(同歸於盡)의 각오로 투쟁하십시오. 그것이 야당 역할입니다.

2019.04.26.(금) 오전 12시 35분

개도 자기 밥그릇을 뺏으면 주인이라도 문다. 정치인들에게 선거법은 바로 그런 겁니다. 선거법을 일방처리 하겠다는 발상을 한 자체가 어이없는 짓입니다. 이것을 출발로 해서 민생도 강력하게 대여투쟁 하십시오. 그것이 야당의 존재이유입니다.

2006. 노무현 정권 당시 박근혜 한나라당 대표를 중심으로 사학법 반대투쟁이 국회를 거부하고 장외집회로 4개월 이상 계속 열린 적이 있었습니다. 그 당시 그 법의 정당성 여부는 불문하고 그 투쟁으로 한나라당은 국정주도권을 되찾았고 종국에 가서는 집권의 길을 열었습니다. 이번 선거법 투쟁은 당시 사학법 투쟁과는 비교가 안되는 악법 항거 투쟁입니다. 내년 총선에서 터무니없는 연동형 비례대표제로 좌파 연합이 개헌선을 돌파하고, 사회주의 개헌과 낮은 단계 연방제 개헌으로 나라를 통째로 김정은에 바치려는 저의가 있다고 아니할 수 없습니다.

지금도 잘하고 계시지만 자유한국당 의원들이 하나로 뭉쳐서 문정권과 좌파연합의 이러한 음험한 책동을 반드시 분쇄해 줄 것으로 나는 굳게 믿습니다. 나아가 이번 투쟁을 시발로 민생을 위한 투쟁도 가열차게 해 주십시오. 자유한국당 당원·동지 여러분!

감사하고 고맙습니다.

최근 국회에서 대여투쟁을 주도하고 있는 나경원 원내대표를 비하하면서, 관종정치를 한다고 민주당 김민석 전의원이 비난하고 있습니다. 관종정치란 인터넷상 관심을 끌기위해서 무리한 행동을 하는 관심병 종자를 줄인 말이라고 합니다.

이 사람이 말하는 관종정치는 자세히 보면 자기 자신 스스로를 이르는 말인 줄 잘 알고 있을 텐데, 왜 나경원 원내대표를 지목하여 비난하고 있는지 나는 이해하기 어렵습니다. 관종정치를 하다가 나락으로 떨어진 경험이 있는 사람이 나 대표를 관종정치한다고 비난하는 것은 참으로 우스운 일입니다. 그런 논리라면 집권이후 대국민 쇼로만 일관한 문 대통령이 대표적인 관종정치가입니다.

잘하고 있는 야당 원내대표의 사기를 떨어뜨리기 위해 사용한 치졸한 용어가 부메랑이 되어 자신에게 돌아 갈수도 있다는 것을 명심하십시오. 나경원 원내대표는 기죽지 말고 더욱 더 투쟁하십시오. 반대당에서 비난이 집중될수록 잘하고 있다는 증거입니다.

2019.04.29.(월) 오전 11시 58분

관종정치로 서울시장 후보까지 올랐다가 밑천이 들통 나 몰락의 길로 가다가, 관심을 끌어 보기 위해 나를 공천헌금 500만원 받았다고 민주당 사무총장을 시켜 검찰에 고발까지 했던 사람입니다. 그 직후 내가 나를 음해한 사람은 반드시 그 업을 치룰 것이라고 말했는데, 우연의 일치 인지는 모르나 그로부터 두 달 뒤 자신이 7억여원 불법정치자금을 받은 혐의로 여비서가 고발하여 구속되었고 대법원까지 가서 유죄관결을 받았지요.

국회의원 공천대가로 내가 받았다는 공천헌금 500만원은 터무니없는 모함으로 밝혀졌고, 본인은 5년간 정치를 하지 못했지요. 관종정치의 대명사 같은 사람이 자신의 행적은 망각하고, 다시 관종

정치로 일어서 보려고 야당 원내대표를 비난하는 것은 또 다른 몰락을 가져올 겁니다. 정치를 다시 하고 싶다면 과거를 뉘우치고 진실해지십시오. 그렇지 않다면 한국정치판에서 영영 도태될 겁니다.

2019.04.30.(화) 오전 08시 32분

선거법과 공수처법을 날치기로 정개특위를 통과시켰다고 합니다. 청와대 청원게시판에는 자유한국당 해산 청원이 100만에 이른다고 합니다. 역시 좌파들의 동원력과 결집력은 참으로 놀랍습니다. 그에 반해 우파들의 안이함과 방관은 예나 지금이나 달라지지 않았습니다. 얼마나 우파나 자유한국당을 깔보면 정국운영을 저렇게 할 수도 있습니까? 이제 의회정치는 조종을 고했으니 나경원 원내대표의 공언대로 자유한국당 의원들은 국회의원직을 총사퇴하고 20대 국회를 마감하십시오. 지도부도 대통령 놀이는 이제 그만하고 국민과 함께 문 정권 불복종 운동에 나서십시오. 황교안 대표가 말하는 결사항전이라는 말은 이때 하는 겁니다. 투쟁의 진정성이 보여야 국민들이 움직입니다. 공안검사 출신의 정국 분석력과 정국 대처능력을 보여줘야 할 때입니다.

2019.04.30.(화) 오후 05시 26분

독재·반독재 프레임으로는 국민들을 설득하기 어렵다. 우리 보수·우파들은 근대화 과정에서 국력 결집을 위해 독재정치를 해본 경험이 있고 아직도 우리 당에는 군사정권시절의 공직자 출신이 있기 때문이다. 지금 저들이 하고 있는 짓은 국가 제도파괴와 국가시설 파괴를 획책하고 있다. 이 전쟁의 본질은 독재·반독재가 아니라 이 파괴를 막고 국가를 정상화시키는 것이 본질이다.

국가제도 파괴는 한·미·일 동맹파괴로 외교질서 파괴, 좌파정책으로 국민경제 파괴, 코드인사로 공직사회 파괴, 민의에 반하는 선거제도 도입으로 선거제도 파괴, 공수처 도입으로 사정질서 파괴 등이 있다. 국가시설 파괴로는 DMZ GP시설 등 파괴로 국가 안보 파괴, 원전 건설 중단으로 국가에너지 체계 파괴, 4대강 보 해체로 국가 수리대책 파괴 등이 있다.

이러한 비정상적인 국가제도 파괴와 국가시설 파괴를 막고, 국가를 정상화하는 것이 지금 우리가 해야 할 일이다. 프레임을 바꾸어야 국민들을 설득할 수 있다.

2019.05.01.(수) 오후 06시 39분

여당대표가 제1야당을 도둑놈들이라고 입에 담지도 못하는 막말을 해도 이를 비난하는 언론도 없고, 사퇴를 요구하거나 정계은퇴를 요구하는 제1야당 사람들도 없습니다. 대변인 비난 논평과 모욕죄 고발이라는 형식적인 반발만 하고 있습니다. 한때는 내가 맞는 말을 해도 막말이라고 벌떼처럼 달려들던 언론들은 모두 어디로 갔는지, 이에 부화뇌동하여 보수의 품위 운운하던 제1야당의 중진들은 다 어디로 숨었는지, 이런 판이니 자유한국당이 깔보일 수밖에 없지요.

내부 총질은 개혁으로 포장하고, 외부 저격은 겁이 나서 못하고, 이런 사람들이 모여서 무슨 투쟁을 하겠다고 참 딱합니다. 명예도 분노도 모르는 집단은 대접을 받을 자격이 없습니다.

2019.05.02.(목) 오후 04시 07분

정권이 무너지는 징조는 첫째 내부 분열이 일어나고, 둘째 오만으로 민심이 떠나고, 셋째 공직사회의 이반이 결정적인 원인이 됩니다. 박근혜 정권의 경우는 20대 총선 때 진박 논쟁으로 내부 분열이 극심하여 총선에서 참패하였음에도 불구하고 오만으로 계속 당을 장악하려고 억압하였고, 세월호 사태 수습에 실패하여 정국의 혼란이 계속되었음에도 무책임과 방관으로 안이한 나라 운영을 함으로써 공직사회 이반을 가져와 탄핵을 당했습니다.

지금 문 정권도 같은 길을 가고 있습니다. 총선을 친문패거리들로 채움으로서 내부 분열이 일어나고 있고, 최근 선거법과 공수처법 날치기처리를 시도함으로써 정권의 오만이 극에 다다르고 있으며, 코드인사로 머지않아 공직사회 이반도 심각해질 겁니다. 큰 권력은 모래성과 같습니다. 무너질 때는 일시에 수습할 겨를 없이 무너집니다. 권력을 쥐고 있을 때는 그것을 실감하지 못합니다. 권력에서 내려 와야 세상이 보입니다. 그것이 권력의 본질입니다.

1년 전 지방선거를 앞두고 나는 대북정책을 위장평화정책으로, 좌파 경제정책을 경제 폭망정책으로 비판하면서 국민들을 설득하기 위해서 고군분투했습니다. 그러나 신문·방송 그 어느 언론에서도 이에 동조해주지 않았고, 심지어 나를 막말·악담하는 나쁜 사람으로 몰아붙이기조차 했습니다. 최근 아침마다 조간신문을 읽어 보면서 1년 전 내가 예측했던 대로 대북·경제에 대한 언론 논조가 바뀐 것을 보고 참으로 격세지감을 느낍니다. 1년 전에는 그렇게 나를 조롱하고 무시하고 비웃던 사람들이 이제 와서 사설과 칼럼에서조차 1년 전 내 생각을 그대로 전하고 있는 것을 보고, 사후약방문에 그치는 것이 한국 언론의 역할인지 되묻지 않을 수 없습니다.

그것이 한국 언론의 한계인지는 모르지만 세상이 변해 지사적(志士的) 언론의 시대는 이제 기대하기 어렵다는 것이 오늘날 한국의 언론 현실인 것으로 보입니다. 37년 공직생활을 언론과 함께한 나로서는 참으로 유감스러운 지금의 언론 현실입니다. 만시지탄이지만 지금이라도 정론직필로 돌아온 것은 다행스런 일입니다.

검찰개혁은 어느 정권이나 정권초기에는 부르짖는 구호입니다. 그러나 검찰을 이용한 정적숙청을 한번 해보고는 검찰이 정권유지의 가장 유효적절한 수단인 것을 알게 되면서 검찰 개혁이라는 목표는 사라집니다. 이것을 잘 아는 검찰은 문 정권 출범부터 지금까지 충견으로 견마지로를 다해 왔습니다. 그러나 다른 정권과는 달리 문 정권은 검찰을 철저히 이용해 먹고 이제는 버리려고 하고 있습니다. 언제나 검찰은 정권 중반기에 들어서면 칼을 거꾸로 들이댄다는 속성을 잘 알고 있기 때문이지요.

최근 검찰 총장이 수사권 조정에 반발하고 있는 것도 이러한 이유에서입니다. 충견으로 견마지로를 다했는데 기대를 배신하고 있으니까요. 공수처로 중요 수사권한은 다 빼앗기고 경찰에 대한 수사지휘권 마저 상실하게 생겼으니까요. 당당하지 못해서 그런 일을 당하는 겁니다. 검찰 스스로 자초한 일입니다. 그래서 최근 검찰의 반발은 참으로 측은합니다. 문 정권은 철저하게 준비된 좌파 정권입니다. 노무현 정권처럼 얼치기 좌파들이 아닙니다.

2019.05.06(월) 오전 07시 46분

좌파들은 자기들 지지자끼리는 어떤 일이 있어도 서로 싸우지 않는다. 그러나 탄핵이후 자칭 우파들끼리는 한줌도 안되는 세력으로 몰락했음에도 불구하고 좌파들하고 투쟁할 생각은 하지 않고 자기들끼리 서로 비난하고 음해한다. 그래서 좌파 광풍시대가 계속되고 있는지도 모르고, 탄핵 때 모두 장막 뒤에 숨었던 비겁함도 망각하고, 서로 헐뜯는 데만 열중하고 있다. 탄핵은 안이하고 비겁했던 보수·우파가 자초했던 일이다. 아직도 탄핵에 매몰되어 서로 헐뜯거나 서로 비난하는 행태를 버리지 않는다면 박근혜 탄핵을 넘어서지 않는다면 자유 대한민국을 다시 세울 수가 없다. 그렇게 당하고도 아직도 정신 못 차리는 사람들을 보면 참으로 답답하다.

2019.05.06.(월) 오후 01시 18분

거리에서 돈 통 놓고 박근혜 팔아 정치생명 이어가려는 양아치 같은 사람들을 보면, 대한민국 보수·우파들은 참으로 순진하다는 생각을 지울 수 없다. 그러니 탄핵 당하고, 구속당하고, 아직도 핍박을 받는 것이다. 미몽에서 깨어나야 한다.

2019.05.07.(화) 오전 11시 00분

잘못된 세상을 바로잡는 것이 지도자의 길이지, 잘못된 세상과 영합하는 것이 지도자의 길은 아니다. 욕먹는 것을 두려워하는 것은 소인배나 할 짓이고, 지도자는 세간의 비난을 두려워해서는 안 된다.

2019.05.13.(월) 오전 08시 07분

10여 년 전에 내가 한 아방궁 발언을 두고 아직도 시비를 걸고 있는 것을 보고, 참 뒤끝 있는 사람이라는 느낌을 지울 수가 없습니다.

정치권의 상호 공격은 서로 가장 아픈 데를 건드려 최대의 효과를 거두는데 있습니다. 여야 대변인들의 매일 하는 논평들이 바로 그 것이지요. 아방궁 발언은 노대통령 봉하 집 자체가 아니라, 집 주위 정화와 정비 비용으로 국비와 지방비가 1,000억 가량 들었다는 보고를 듣고 내가 한 말입니다. 이미 유감 표명을 한 바가 있고 그 말의 배경도 설명을 했는데, 아직도 그러고 있는 것을 보면 아프긴 아팠던 모양입니다.

김영춘 전 해수부장관이 맞는 말을 해도 참 싸가지 없게 한다는 말을 한 일이 있습니다. 얼마나 당 내외에 남의 폐부를 후벼 파는 말들을 많이 하고 다녔으면 그런 말을 듣습니까? 자신의 행적을 되돌아보고 남을 비난하시기 바랍니다. 세월이 지났으니 보다 성숙해 진 줄 알았는데, 최근 심재철 의원과의 상호 비방과 아방궁 운운을 보니 옛날 버릇 그대로 입니다. 다시 정치하시려면 싸가지 없다라는 이미지는 벗어나야 합니다. 유시민 이사장의 새로운 모습을 기대합니다.

2019.05.13.(월) 오후 01시 30분

작년 지방선거를 앞두고 당대표를 공격한 일이 있었습니다.

암덩어리, 바퀴벌레, 위장평화를 막말이라고 하면서, 보수의 품위를 지키라고 한 일이 있었습니다. 그런데 장외투쟁 하면서 무심결에 내뱉은 달창이라는 그 말이 지금 보수의 품위를 심각하게 훼손하고 있습니다. 나도 그 말을 인터넷에 찾아보고 그 뜻을 알았을 정도로 참으로 저질스럽고 혐오스러운 말이었습니다. 그 뜻도 모르고 그 말을 사용했다면 더욱 더 큰 문제 일수 있고 그 뜻을 알고도 사용했다면 극히 부적절한 처사입니다. 문 정권의 실정이 한껏 고조되었던 시점에 5.18망언 하나로 전세가 역전되었듯이, 장외 투쟁이라는 큰 목표를 달창 시비 하나로 희석시킬 수 있습니다. 잘 대처하십시오.

2019.05.14.(화) 오전 11시 43분

내가 임종석 전 비서실장의 주임검사였습니다. 민생투쟁과정에서 부산 어느 아파트 부녀회에서 황대표가 한 말이라고 합니다. 그런데 30년 전에 국사범이 세상이 바뀌어 대한민국 2인자가 되었고, 대한민국의 주류도 바뀌었습니다. 세상의 민심도 바뀌고 시각도 바뀌었습니다. 5공 공안 검사의 시각으로는 바뀐 세상을 대처하기 어렵습니다. 하물며 국민들이 30년 전으로 되돌아가려고 하겠습니까? 자랑스러울 것 없는 5공 공안검사의 시각은 훌훌 털어버리고 새로운 야당 정치 지도자상을 세우십시오. 한국 정치판이 그렇게 만만하지 않습니다.

이미지 정치로 성공한 사람은 이미지가 망가지는 순간 몰락합니다. 박근혜 전 대통령이 그랬습니다. 장외투쟁은 시작할 때 이미 돌아갈 명분과 시기를 예측하고 나갔어야 합니다. 그래서 야당의 장외투쟁은 참 어렵습니다. 그러나 어렵게 시작한 이번 장외투쟁이 결실을 맺을 수 있도록 지도부가 총력을 기울여 주시기 바랍니다.
야당 대표 정치력의 첫 시험대입니다.

2019.05.14.(화) 오후 07시 53분

이제는 진영논리에서 벗어나 일반 국민들의 눈높이로 세상을 봐야겠다.

2019.05.15.(수) 오전 08시 00분

비판을 분열로 매도하는 레밍 근성 때문에 박근혜 정권이 붕괴되고 보수·우파가 궤멸 되었던 것이다. 참 딱하다. 24년간 당을 위해 흔들림 없이 헌신했던 나를 당권 차지하려고 노무현 정책실장을 앞세워 제명운운 했던 사람들이 나를 비난할 자격이 있나. 내 참 어이가 없다. 더 이상 당하지 않으려면 모두 정신 차려야 한다.

2019.05.18.(토) 오후 09시 13분

나라가 좌우로 갈라지더니, 친박과 비박이 갈라지고, 친문과 비문이 갈라졌다. 바야흐로 증오의 대한민국 시대가 개막되었다. 국민 통합을 해야 할 대통령도 앞장서서 편 가르기 하는 암울한 시대가 되어 버렸다. 분열과 증오의 시대가 되어 버렸다. 만인에 대한 만인의 투쟁 시대가 된 것이다.

2019.05.20.(월) 오전 09시 50분

내가 당을 맡았던 시기는 탄핵으로 당 지지율이 4%도 안되었던 궤멸직전의 당을 이끌고 대선을 치렀고, 문 정권 초기 국민지지가 80%에 이르렀던 때에 트럼프까지 가담했던 위장평화 시점에 지방선거를 치렀습니다. 대선 때는 대선공약도 당에서 만들어 주지 않았고, 패배주의에 젖어 유세차 탄 국회의원들 보기가 드물 정도로 원맨쇼 대선을 치를 수밖에 없었으며, 선거비용 보전 못 받는다고 방송홍보비도 타 후보의 절반도 쓰지 않았고, 선거비용도 100억 이상 적게 썼습니다. 탄핵대선 후 나는 당의 궤멸을 막았다는 것에 만족하였고, 지방선거 때는 가까스로 TK라도 지켰다는데 만족했습니다. 탄핵의 여파는 국민들은 벗어나고 있지만, 보수·우파 진영에는 아직도 심각하게 그 여파가 남아 있습니다. 아직도 박근혜 팔이로 거리에 돈 통이 나돌고, 유튜브에는 박근혜 팔이로 연명하는 정치 장사치들이 넘쳐 납니다. 보수는 부패로 망하고 진보는 분열로 망한다고 했는데, 이제 보수는 부패뿐만 아니라 무능과 분열까지도 덮어 쓰고 있습니다. 이제 그 질곡의 터널에서 벗어날 때가 되지 않았습니까? 모두 이성을 되찾고 자성할 때가 되지 않았습니까?

2019.05.22.(수) 오후 12시 21분

한국 우파들이 박근혜 프레임에 갇혀 빠져 나오지 못하고 허우적대듯이, 한국 좌파들은 노무현 프레임에 갇혀 좌파 광풍시대를 열고 있습니다. 이것이 작금의 한국 정치의 현실입니다. 나라야 어찌 되던 말던 자기들 프레임에 빠져, 대통령까지 나서서 진영 논리로 서로 삿대질 하는 것이 한국 정치의 현실입니다. 안보가 파탄나고, 경제가 폭망해 국민들이 도탄에 빠져도 오로지 내년에 국회의원 한 번 더 하는데 목숨을 건 그들입니다.

국민들은 이 암담한 현실을 직시하고 있는데, 그들만 그들만의 리그로 정치 게임을 하고 있습니다. 곧 더위가 닥칠 것인데, 좌우 프레임 정치에 빠진 한국 정치를 보면 올 여름은 더욱 더 더운 여름이 될 것으로 보입니다.

2019.05.22.(수) 오후 01시 55분

자유한국당이 선거법 패스트트랙을 막지 못하면 내년 선거후에는 본격적인 다당제 시대가 옵니다. 연동형 비례대표제는 소수정당에게만 유리한 선거제도라서 이 제도가 채택되면 좌파들은 분화되고 우파들도 분화되어 선거를 치를 수밖에 없습니다. 그것이 비례대표 배분에 유리하니까요.

좌파들은 분화되어 선거를 치러도 선거 후 좌파 연합으로 대선을 치를 수 있지만, 우파들은 지금도 서로 삿대질로 밤을 새우는데 총선 후 단합이 될 리가 없지요. 결국 좌파 연합 장기집권시대를 열어준다는 겁니다. 공수처법도 마찬가집니다. 민변 출신들을 대거 공수처 검사로 임명을 해서, 국가 사정기구도 제도적으로 장악하겠다는 겁니다. 그걸 노리고 좌파 연대에서 무리를 하고 있는데 자유한국당의 대처는 너무 안이합니다. 때 이른 대권 놀이에 심취하지 말고 정치 생명을 걸고 막으십시오. 국가 체제를 수호하는 일입니다.

2019.05.23.(목) 오전 11시 07분

한국 정치사에서 관료출신이 대권을 쟁취하지 못한 이유가 무엇인지 분석해 본 일이 있습니까? 대권을 눈앞에 두고 좌절했던 고건, 이회창 두 분의 정치 패턴을 분석해 본 일이 있습니까? 나는 그것을 다음과 같은 이유로 봅니다. 첫째, 두 분 모두 병역의무로부터 자유스럽지 못했다. 국민들은 지도자의 병역의무 일탈은 절대 용서치 않는다. 둘째, 관료적 타성은 안전한 길로만 가지 모험은 절대 하지 않는다. 정치판은 high risk high return의 세계인줄 그들은 모른다. 셋째, 변화와 개혁을 싫어한다. 관료적 타성이 원래 그렇다. 넷째, 보고받는 데만 익숙하고 국민들에게 보고할 줄은 모른다. 군림하는데 익숙한 분들이라서 대개 그렇다. 다섯째, 지나친 엘리트 의식으로 내가 국민들을 위해 존재한다고 생각하지 않고 국민들이 나를 위해 존재한다고 생각한다. 관료출신들이 큰 정치에서 실패하는 이유는 대개 이 다섯 가지라고 나는 봅니다.

정치인 출신들이 그 숱한 모함과 비난에도 대권에 성공하는 것은 위 다섯 가지를 극복했기 때문입니다. 혼돈에 쌓인 한국 정치판에서 중요한 것은, 내가 무엇이 되느냐가 아니고, 내가 대한민국을 위해서 무엇을 해야 하느냐가 더 큰 문제입니다.

2019.05.23.(목) 오후 02시 41분

박정희 대통령이 산업화의 상징이라면, YS는 DJ와 함께 이 땅의 민주화의 상징입니다. 나는 96.1.26.YS가 총재로 있던 신한국당에서 정치를 시작한 것이지, 군사 독재의 상징인 민정당에서 정치를 시작한 것이 아닙니다. 내가 입당할 당시 신한국당은 하나회척결, 문민 사정, 금융실명제 실시 등 한국사회의 고질적인 병폐를 뿌리 뽑는 대 개혁을 하고 있었고, YS의 지지는 하늘을 찔렀습니다. 비록 임기 말에 외환위기 초래로 비난을 받기도 했지만, 5.18특별법제정, 역사 바로세우기에 따른 전·노 구속으로 군사독재와 절연한 당이 바로 우리당입니다. 지금의 자유한국당의 뿌리는 이승만, 박정희, 김영삼에 있고, 군사독재는 그 뿌리가 아니라고 나는 생각합니다.

그래서 당대표시절 그 세분의 존영을 당사에 걸어 우리당이 자랑스러운 산업화와 민주화를 동시에 이룬 정당이라고 표방을 했습니다. 더 이상 대통령까지 나서서 제1야당을 독재의 후예 운운하는 극언을 삼가 주시기 바랍니다. 남로당 출신들을 애국자로 추앙하는 세상이 되다보니, 우리가 민주당을 남로당의 후예라고 하면 그 당에서는 납득이 됩니까?

2019.05.23.(목) 오후 06시 00분

강효상 의원의 한미 정상 간의 대화 내용을 공개한 것을 두고 기밀 유출 논란을 벌이고 있는 문 정권을 보고 나는 실소를 금할 수 없습니다. 국회의원이 정부를 감시·통제하는 것은 헌법상 의무이자 권리입니다. 문 정권이 한미 정상회담을 구걸하는 현장을 관계 공무원으로부터 제보 받아 발표한 것을 마치 범죄인양 취급하는 것은 참으로 어이없는 반 헌법적인 발상입니다.

그러면 대한민국 정보통인 박지원 의원은 매일 범죄를 저지르는 것이 되는데, 박지원 의원이 대북 관계·한미관계·검경관계·국정원관계 기밀을 발표할 때마다, 문 정권은 왜 그동안 침묵하고 있었는지 해명을 해야 합니다. 국회의원의 헌법상 활동을 법률 위반 운운 하는 것도 바람직스럽지 못한 발상입니다. 수단의 상당성만 있으면 국회의원의 헌법상 활동은 면책이 되는 것이 우리 헌법의 정신입니다. 관계 공무원의 징계 여부를 논할 때 공익제보에 해당되는지 여부를 논할 일이지, 관계 공무원의 형사책임이라던지 국회의원의 활동을 두고 공익제보 운운할 일도 아니라고 봅니다. 아프긴 아팠던 모양입니다다만, 문 정권은 그만 자중하십시오. 계속 떠들면 자기 얼굴에 침 뱉기에 불과합니다. 도대체 야당이 내부 제보가 없으면 어떻게 정부를 감시·비판할 자료를 얻을 수 있겠습니까?

2019.05.24.(금) 오전 07시 36분

같은 당 동료의원의 정당한 의정활동을 국익 운운하며 비난하는 행태는 정상적이지 않습니다. 은닉이 국익이라면, 국민들에게 실상을 알리는 폭로는 더 큰 국익입니다. 다시 한 번 생각해 보시고 도와주기 싫으면 자중이라도 하시기 바랍니다.

2019.05.24.(금) 오전 10시 57분

아무리 두 손을 꼭 쥐고 모래를 잡고 있어도 모래는 손가락 사이로 빠져 나갑니다. 그것이 권력의 생리입니다. 드루킹사건, 신재민·김태우사건, 외교부 공무원 사건 등 일련의 사건에서 보듯이 딥스로트가 줄지어 나오고 있습니다. 의외로 빨리 레임덕이 오는 겁니다. 나라를 정상으로 운영하면 레임덕이 멈추겠지만 지금처럼 비정상 국가로 계속 가게 되면, 민생은 도탄에 빠지고 레임덕은 가속도가 붙을 겁니다. 정권은 유한하나 대한민국은 영원하다는 것을 알았을 때는 이미 늦은 겁니다. 나라를 정상적인 국가로 되돌리십시오.

2019.05.25.(토) 오후 01시 34분

정권이 바뀐 직후부터 지난 2년 동안 문 정권은 내 경남지사 4년 4개월 뒷조사와 주변조사를 샅샅이 했다. 박근혜 전 대통령에게 2012.12.대선에서 패하고 정치보복을 피하기 위해 위장 정계 은퇴 선언까지 하더만, 자신은 집권 하자마자 두 전직 대통령을 감옥에 보내고 주변 인물들은 모두 적폐로 몰아 구속했고, 같이 경쟁했던 나에 대해서도 샅샅이 주변을 털었다. 대선 때 십시 일반 지원했던 1,000만원 이상 후원자는 모조리 조사해서 압박했고, 일부 중소기업 하는 분들은 폐업까지 하게 하였다. 경남도 공직자들은 아직도 조사를 계속하고 있고, 심지어 대법원에서 세 번이나 승소한 진주의료원 폐업 과정 조사도 한다고 한다. 그래 너희들 마음대로 계속해 봐라.

잘 나가던 사천 KAI는 나를 잡는다고 애꿎은 하사장을 나와 대학 동문이라는 이유로 억지 수사를 감행하여 무너지게 하였고, 나와 일했던 경남도 공무원들은 죄다 좌천시키거나 한직으로 물러나게 하였다. 급기야 오늘 경남도에서 정무부지사·정무특보·경남개발공사 사장을 했던 조진래 전 국회의원이 2년에 걸친 하지도 않은 채용비리 수사 압박을 견디지 못하고 극단적인 선택을 했다고 한다. 10일전 창녕에서 만났을 때도 채용비리 수사 압박을 호소했는데, 참고 견디어 나가자는 말밖에 할 수 없었던 나는 한없이 무력하고 부끄러웠다.

참으로 못되고 몹쓸 정권이다. 정치보복에만 혈안이 되어 보복 수사로 그 사이 수사 압박으로 자살을 한 사람이 과연 몇인가? 정권의 충견이 된 검·경을 더 이상 국민들이 믿겠는가? 그래 계속 그렇게 정치보복만 계속해 봐라. 국민들이 용서치 않을 것이다. 날 잡기 위해 내 주변을 아무리 조작해 털어 봐도 나오는 게 없을 거다. 나는 너희들처럼 살지 않았다. 보복의 악순환으로 초래될 대한민국의 장래가 참으로 두렵다.

2019.05.26.(일) 오후 09시 15분

며칠 전 녹화하여 어제 방영한 TV홍카콜라 영상이 마치 조진래 정무부지사의 참극을 예고한 듯한 영상이 되어 버렸다. 마산 청아병원에 문상 갔다 왔다. 좌파는 돈 받고 자살하면 영웅되고, 우파는 근거없이 시달리다가 자진하면 침묵해야 하는 이상한 세상이 되어 버렸다. 우리가 정권을 반드시 다시 잡아야 할 이유가 하나 더 생겼다.

MB정권 때 국정원사찰을 주장하던 동료의원에게 나는 그렇게 말한 일이 있다. "고위공직자는 늘 사찰 대상이 된다. 그걸 두고 섭섭해 하지 마라. 사찰해도 걸릴게 없으면 그만 두게 된다. 고위 공직자는 유리병 속에서 사는 거다." 울산지청 형사부에서 현대중공업 노사분쟁사건 수사에 투입되면서 대검 공안부의 지시에 불복했다고 공안 부적격자로 낙인 찍혀도, 남부지청에서 노량진 수산시장 강탈 사건을 수사하면서 대검 지시를 거부했다고 특수부 4개월 만에 쫓겨나 형사부로 전출 되고 특수 부적격자로 낙인 찍혔을 때도, 슬롯머신 사건 수사 때 검찰 내부 고검장들 수사로 외톨이가 되어 검찰에서 배제되었을 때도, 나는 이에 불복하거나 저항하지 않았다. 칼 쥔 자들의 논리이기 때문이다.

DJ저격수, 노무현 저격수를 하면서 국정원 직원들이 미행, 도청을 해도 나는 이를 폭로하거나 위축되거나 대여 공격을 멈춘 일이 없었다. 당당했기 때문이다. 정권의 반격으로 위기에 처했을 때, 나는 언제나 당의 도움없이 스스로 헤쳐 나갔다. 박근혜 정권 시절 진주의료원 폐업을 감행했을 때 같은 당 소속임에도 불구하고 폐업 철회를 하라고 강요하고, 새누리당에서 제명한다고 위협하고, 국정조사까지 벌여 나를 검찰에 고발해도, 나는 저항하지 않고 묵묵히 내 길을 갔다. 때로는 의원직을 상실하기도 했고, 법정에 서기도 했고, 고발당하기도 했다. 그럴 때마다 당은 나를 도와주거나 지원해 주지 않았다. 그래도 나는 서운해 하지 않았다. 그것이 비겁한 보수들의 특징이기 때문이다. '좌파는 뻔뻔하고 우파는 비겁하다.'고 내가 말 한 일이 있다. 그것은 아직까지도 유효하다. 곽상도 의원이 문다혜 사건을 폭로하고 반격을 당해도, 김성태 의원이 정치보복 수사를 당하고, 강효상 의원이 굴욕 대미 외교를 폭로해 곤경에 처해도, 당이 나서서 보호해 주지 않는 것은 한국 보수 정당의 비겁함 때문이다. 작년 지방선거를 앞두고 울산경찰청의 부당수사 행태를 극렬한 용어로 반박한 장제원 대변인을 교체하라고 당내에서조차 비난해도 나는 장제원 대변인을 보호했다.

　결과적으로 그것이 맞았지 않은가? 보수 정당은 이념도 없고 동지 애도 없다. 오로지 자기들의 이익만 있을 뿐이다. 그래서 패션 우파 라는 말이 나오는 거다. 그래서 탄핵 때도 서로 자기만 살려고 우왕 좌왕 하다가 당한 거다. 그래서 짓밟히는 거다. 조진래 정무부지사가 2년 동안 당하는 것을 보면서, 힘이 되어 주지 못한 나의 무기력과 무능함이 참으로 한탄스러웠다. 이제 갈등 없는 세상에서 편히 쉬시기 바란다. 정권을 꼭 잡아야 하는 절실한 이유가 하나 더 생겼다.

2019.05.27.(월) 오후 01시 16분

　조진래 수사의뢰는 홍준표와 같이 일한 홍준표 사람인 한경호 권한대행이 했다? 민주당 수석대변인이 발표했다고 합니다.

　그래서 좌파들은 뻔뻔한 거짓말도 태연하게 한다는 겁니다. 한경호 권한대행은 나하고는 같이 일 한일 없고 문 정권이 2017.8.에 임명한 문 정권 사람이고, 임명되고 난 뒤 그 자가 1년 동안 무엇을 했는지 경남 공무원들에게 물어 보십시오. 팩트도 거짓말하는 뻔뻔한 거짓말 당이고 거짓말 정권입니다.

2019.05.28.(화) 오전 09시 02분

어제 조진래 정무부지사를 화장하고 납골당에 안치했다고 합니다. 그렇게 허망하게 갈 것이었다면 왜 그리 아둥바둥 살았는지 참 인생 허무합니다. 나머지는 살아남은 사람들의 몫입니다. 이제 그만 해라. 남의 눈에 피눈물 나게 하면 너희들도 피눈물 나는 날이 올 거다. 열심히 운동해서 몸과 마음부터 건강하게 만들어야겠다.

2019.05.29.(수) 오후 12시 31분

지금 한국 정치판은 친노·친박이 10년 전쟁을 벌이고 있다. 그런 와중에 우파는 탄핵 책임으로 친박·비박·중도로 갈라져 서로 비방만 일삼고 있고, 좌파는 굳건하게 좌파 연대를 구축하고 있다. 합리적인 우파가 들어갈 틈새가 없다. 그렇게 해서 총선·대선을 치를 수 있겠나? 탄핵에 책임있는 사람들이 서로 손가락질이나 하면서 좌파 연합을 이길 수 있겠나? 참 딱하다.

2019.06.05.(수) 오전 10시 32분

패스트 트랙의 입법취지는 민생법안이 정쟁에 휩싸여 합의 통과되기 어려울 때 하는 절차입니다. 선거법이나 공수처 법안 등 정치 관련 법안은 그 대상이 아닙니다. 문 정권은 입법 취지대로 패스트 트랙을 철회하고 국회를 정상화하기 바랍니다.

2019.06.05.(목) 오후 12시 38분

입만 열면 박근혜 전 대통령 출당을 비난하는 사람들이 지금 자유한 국당 당권은 박근혜 정권의 2인자인 총리가 당대표를 하고 있고 친박들이 당권을 잡고 있는데 거기 몰려가서 왜 박근혜 복당 운동은 안 하고 있나? 앞으로는 박근혜 전 대통령 출당 문제로 나를 더 이상 비난하지 마라. 입만 열면 박근혜 전 대통령 타령하는 애국당은 왜 박근혜 영입 운동은 안하나? 박근혜 팔이 계속하려거든 꼭 그 당에 입당시켜라. 참 불가사의한 사람들이다. 이미 끝난 박근혜 시대를 넘어서야 보수·우파가 새롭게 태어 날수 있다는 것을 자각치 못하고 아직도 미몽에 빠져 꿈길을 헤매고 있는가. 그러니 보수·우파가 무너지는 거다.

2019.06.07.(금) 오전 10시 47분

좌파들보다 더 경계해야 할 대상은 우파들의 좀비 정치입니다.

2019.06.09.(일) 오전 10시 31분

  탄핵을 전후해서 한국의 보수·우파들은 영혼없이 떠돌아다니는 좀비가 되어 버린 느낌이다. 피아도 구분 못하고, 옳고 그름도 구분 못하고, 각자 서로 살기 위해 몸 사리고, 잘못된 여론에도 맞서지 못하고, 좌파에 동조하는 것이 살 길인 양 하루살이 정치만 일삼고 있다. 그건 지난해 이문열 선생을 방문했을 때 서로 일치된 생각이었다. 아직도 자유한국당은 변한 것이 없다. 탄핵 책임론으로 내년 공천 물갈이를 한다고 한다. 지금 자유한국당 지도부, 국회의원들 중에서 박근혜 탄핵으로부터 자유로운 사람이 단 한명이라도 있는가? 탄핵 프레임으로부터 벗어나는 길 만이 한국의 보수·우파가 살길인데, 내년 총선도 탄핵프레임 속에서 허우적대려 하는가?

2019.06.10.(월) 오후 08시 40분

  야당 대변인의 말을 막말로 몰아 부치는 집권당을 보니 야당 대변인의 말이 맞기는 맞는 모양이다. 너들이 야당 할 때 어떻게 했는지 한번 돌아봐라.

2019.06.11.(화) 오후 09시 32분

  지난 2년 동안 내 비리조사 한다고 통신 조회하고 친구·동창·후배 뒤지고, 경남지사 시절 4년 4개월 다 샅샅이 뒤져도 나오는 것이 없으니, 강성노조를 중심으로 좌파 연합이 합세하여 진주의료원 폐업시 내가 직권 남용했다고 발표했다고 합니다. 직권 남용죄 구성요건도 모르는 자들이 너희들 세상 만났다고 온 세상을 인민재판으로 재단하려고 해도 불가능한 벽이 있다는 것을 보여 줄 테니 어디 한번 덤벼 보아라. '개가 짖어도 기차는 간다.'는 그 말이 무슨 말인가 알게 해 줄 테니.

2019.06.12.(수) 오전 07시 50분

정당한 도지사의 당당한 직무집행을 직권남용이라고 인민재판하려는 좌파 광풍시대를 만든 문 정권이 지금 통치권 남용을 하고 있다. 민생은 도탄에 빠지게 하고, 안보는 친북 합작으로 가고 있고, 경제는 총체적 몰락으로 가고 있는 문재인 대통령이 지금 통치권 남용을 하고 있는 것이다. 쯔쯔쯔. 나를 직권 남용 운운 하지 말고 문 대통령의 통치권 남용을 앞으로 어떻게 감당할 것인지나 고민해라.

2019.07.03.(수) 오전 11시 29분

기득권 집착, 부패, 탐욕, 무책임, 비겁과 나태로 몰락한 한국의 보수주의를 새롭게 정립할 때가 되었다. 더 이상 물러설 곳도, 머뭇거릴 시간도 없다. 나라가 허물어지고 있는데 새로운 대안없이 포기하고 끌려갈 수만은 없지 않는가?

2019.07.06.(토) 오전 10시 36분

검사의 덕목 중 그 첫째는 정의감과 소신입니다. 그 다음 중요한 것은 기개입니다. 기개가 사라지고 눈치만 남은 검찰 현실을 보면서 제가 검사를 했다는 것이 참으로 부끄러운 요즘입니다. 마지막으로 중요한 것은 중용지도입니다. 그것이 정치일 수도 있고 인생관일 수도 있으나, 외눈으로 세상을 보는 검사에게 쥐어준 사정의 칼날은 흉기일 뿐입니다. 검찰총장 인사청문회를 앞두고 있습니다. 정쟁이 아닌 검찰총장 인사청문회가 되기를 기대합니다.

2019.07.10.(수) 오전 09시 04분

윤석열 청문회가 본질인 검찰의 정치적 중립성 확보가 아닌 변호사 소개 행위에 대한 거짓말 논쟁으로 비화되어 난항을 겪고 있습니다. 원래 변호사법에서 소개 행위를 처벌하는 이유는 법원·검찰에 근무하는 직원들이 변호사들로부터 소개료를 받고 변호사를 소개·알선·유인하는 관행을 엄단하고자 함에 있습니다. 윤 후보자가 거짓말 여부에 휘말린 것은 뒤늦게 이 조항을 알고 허둥대다가 답변이 꼬인 것으로 보입니다.

그러나 그 변호사법은 수임에 관해 소개·알선·유인하는 행위를 처벌하는 조항인데, 수임에 관여하지 않고 단순한 정보제공에 관여한 정도라면 별 문제가 되지 않습니다. 그래서 그런 경우 소개료를 받고 관여 했느냐 여부가 중요한 판단 자료가 되는 이유입니다.

통상 법조계 종사하는 사람들은 지인들이 사건에 연루 되었을 때는 누가 적절하고 실력있는 변호사인지 소개해 달라는 부탁을 종종 받습니다. 그런 경우까지 범죄라고 볼 수는 없지요. 사안이 어떤 경우에 해당되는지 좀 더 명확해진 후에 판단하는 것이 바른 길로 보입니다.

2019.07.10.(수) 오전 11시 28분

지난 몇 년 동안 좌파들은 마녀사냥 식으로 세상을 혼탁하게 해 왔습니다. 그러나 우리는 그렇게 해서는 안됩니다. 윤석열을 감쌀 이유도 없고 감쌀 생각도 없지만, 사안을 국민들에게 정확하게 알리고 판단을 구하는 것이 옳다는 것이 내 생각입니다. 윤석열에 대한 내 판단은 정무적 판단이 아닌 법률적 판단입니다.

2019.07.11.(목) 오전 11시 18분

국회 내에서 국회 운영 과정에서 벌어진 사건들은 국회의 자율권에 속하는 사항으로 사법심사의 대상이 되지도 않고 수사대상이 되지도 않는 정치문제입니다. 정치 문제를 정치로 풀지 않고 고소·고발로 사법기관에 의뢰한 여야도 한심하지만, 그것을 공정한 수사문제로 바라보는 야당 지도부의 인식은 참으로 한심하기 이를 데 없습니다. 의원들을 투쟁의 전면에 내 세우고 독려했다면 그 결과에 대해서도 책임지는 것이 지도자의 자세입니다. 문제의 본질을 제대로 알고 국회선진화법 위반으로 수사 중인 사건을 당력을 총동원해서 대응해서 투쟁에 앞장 선 국회의원들을 보호하십시오. 책임지고 보호하겠다고 한 그 말에 대해 책임 있게 대응하십시오.

2019.07.12.(금) 오전 10시 03분

나는 자유한국당의 틀 속에서만 세상을 보는 것이 아니라 대한민국의 틀 속에서 세상을 봅니다. 최근 내가 하는 말들이 마치 당권을 겨냥한 듯한 보도 내용을 보고 참 빈약한 상상력을 갖고 기사를 쓰고 있다고 생각했습니다. 나는 계파없이 내 힘으로 당대표를 두 번이나 했던 사람입니다. 주해를 마음대로 달지 마시고 있는 그대로 봐 주시기를 기대합니다.

2019.07.13.(토) 오후 12시 43분

소위 국회선진화법은 박근혜 전 비대위원장 시절에 박근혜 의원이 주도해서 만든 법입니다. 그런데 아이로니컬하게도 이번 패스트트랙 사건 때 자유한국당 의원들이 그 법 위반으로 50여명이 고발되었습니다. 정치문제를 정치로 풀지 않고 스스로 사법기관에 예속되는 길을 선택한 정치권도 한심하지만, 그걸 이용해 자유한국당의 내분과 붕괴를 노리는 세력들도 비열하기는 마찬 가지입니다. 다시 한 번 말씀 드리면 그 문제는 국회의 자율권에 속하는 문제이고 수사 대상이나 재판 대상이 아닙니다. 공정한 수사가 핵심이라는 자유한국당 지도부의 발언은 아주 부적절한 대처방법입니다. 공정한 수사가 보장되면 모두 수사받고 재판받을 겁니까?

책임진다고 호언장담하면서 의원들을 앞세워 놓고 이제 와서 발을 뺄 수 있습니까? 그 법 위반은 정치인에게 사형선고를 내릴 수 있도록 제정 당시부터 예고되었던 법입니다. 정치적 해결만이 최선책입니다. 잘 대처 하십시오.

2019.07.17.(수) 오전 10시 20분

충고를 내부총질로 비난하는 구태 보수 수준의 사람들과 3류 유튜버들이 모여 장막을 치고 몰락한 구세력들이 주도하는 모습으로 총선·대선이 되겠나? 문재인 정권이 싫은 만큼 몰락한 구세력들도 싫다는 것이 국민정서인데, 이를 애써 외면해서야 나라를 바로 세우는 대안 세력이 될 수 있겠나? 제헌절 아침에 나라의 체제를 변경하려는 세력들의 음험한 책략을 바라보면서 무더운 하루가 또 시작됩니다.

2019.07.17.(수) 오전 11시 00분

검찰이 권력의 주구가 된 것은 출세 지향적인 정치 검사들이 공안부·특수부에 차고 앉아 공안부는 정치 사건을, 특수부는 하명 사건을 정권의 입맛에 맞게 수사해서 갖다 바쳤기 때문입니다. 검사의 3%도 안되는 그들이 검찰을 망친 겁니다. 그들은 검찰조직을 망친 대신 자신들은 정치권력의 비호 아래 승승장구 했습니다. 정치검사의 상징이었던 검찰 공안부 시대가 막을 내린다고 합니다. 아울러 정치검사의 또 다른 상징인 특수부의 하명사건도 이제 막을 내려야 합니다. 참고로 저는 87.8 울산 현대조선소 노사분쟁 사건 수사로 공안 부적격자가 되었고, 88.12.노량진 수산시장 강탈사건 수사로 남부지청 특수부 4달 만에 형사부로 쫓겨 나면서 특수부 부적격자가 된 후 검사생활 내내 형사부와 강력부에서만 근무했습니다. 검찰이 정의로운 검찰로 거듭나기 위해서는 정치권력으로부터 독립이 되지 않으면 앞으로의 검찰도 권력의 주구라는 오명을 벗기 어려울 겁니다.

2019.07.22.(월) 오후 06시 33분

나는 당대표 시절부터 줄곧 탄핵당한 구태보수를 탈피하고 새롭게 열린보수, 신보수로 나가고자 노력했으나, 리더십의 한계로 현실적으로 당을 지배한 친박의 틀을 깨지 못하고 그들과 논쟁만 하다가 지방선거에서 패배했다. 그들은 자신들의 선거가 아니었기 때문에 대선과 지선에서는 방관자에 불과했지만, 그러나 내년 총선은 자신들의 명운이 걸린 선거이기 때문에 그러지는 못할 것이다.

자유한국당이 다시는 그런 전철을 밟지 말고 한마음으로 뭉쳐, 내년 총선에서는 반드시 승리했으면 좋겠다.

2019.07.23.(화) 오전 10시 52분

3김시대 이후 한국의 정치판에서 1인 보스 정치시대는 끝이 났습니다. 그 시대적 흐름을 망각하고 1인 보스 정치시대를 계속하려고 시도했던 박근혜 전 대통령의 진박정치가 지난 총선에서 폭망했던 이유이기도 합니다. 이제 한국 정치판도 미국식 정당제도를 도입해야 할 시점에 와 있습니다. 요즘 여야에서 논의 되고 있는 공천제도도 결국은 1인 보스 정치시대를 계속 이어가려는 시도로 밖에 보이지 않습니다. 야당의 보수 통합도 바뀐 시대의 흐름에 따라가지 않으면 성공하기 어렵습니다.

이젠 여·야 모두 절대 강자가 없는 시대입니다. 그 누구도 패자 (覇者)가 될 수 없다는 것을 자각하지 않고는 야권 통합은 무망합니다. 공천은 미국식으로 국민과 당원에게 돌려주고 원내대표만 있는 원내 정당 체제로 가고 구시대의 잔재인 당 대표체제는 이제 종식되어야 합니다. 5.16 쿠데타 이후 창당한 민주 공화당도 북한 노동당을 모델로 한 것입니다. 이제는 바꾸어야 할 때입니다. 그것이 국민을 위한 정치 개혁입니다.

2019.07.26.(금) 오후 10시 13분

문재인 대통령께서는 윤석열 검찰총장 임명식 때 한 말들이 진심이라면 야당 김성태 전 원내대표 사건부터 공소 취소하십시오. 쯔쯔쯔. 국민 상대로 쇼할 생각만 하지 마시고 김성태 사건부터 환지본처(還至本處) 하십시오. 아무런 증거없이 드루킹 사건 보복으로 불법 기소한 김성태 전 원내대표에 대한 정치 탄압부터 반성하십시오. 세상 그리 만만하지 않습니다.

2019.07.30.(화) 오전 10시 54분

모든 기득권을 내려놓고 모두가 힘을 합쳐 보수 빅텐트를 만들어도 좌파 연합을 이기기 어려운 판인데, 극우만 바라보면서 나날이 도로 친박당으로 쪼그라들고 있으니 국민들이 점점 외면할 수밖에 없지 않나?

2019.08.06.(화) 오전 09시 22분

선거 한번 잘못해 나라꼴이 이렇게 되어 버렸다. 문 대통령 말대로 한 번도 경험해 보지 못한 나라로 가고 있다. 무얼 노리고 무슨 생각으로 나라를 이렇게 망가뜨리는가? 선조와 고종을 합친 것보다 더 무책임하고 무능하다. 두 전직 대통령을 감옥 보내 놓고 복수에 혈안이 된 금삼(錦衫)의 피를 연상시키는 여름날 아침이다.

2019.08.07.(수) 오후 12시 40분

미·중이 충돌하고, 한·일이 충돌하고, 북핵은 계속 증강되는데, 문 정권은 내년 총선 전략에만 몰두하고 있다. 야당은 웰빙으로 반사적 이익만 노리고 국민들은 영문도 모르고 도탄에 빠지고 있다. 나라가 구한말 혼돈의 고종시대로 돌아가고 있다.

2019.08.08.(목) 오전 11시 15분

오상방위(誤想防衛)파동이 있었다는 사람이 법무장관에 내정되고, 반미 친북 성향의 사람이 주미 대사에 내정되는 세상이 되면, 이 나라가 정상적으로 갈 것 같은가? 가뜩이나 자유당 신성모 비슷한 사람이 국방을 맡고 있고, 통역관 출신이 외교를 맡고 얼치기 좌파 학자가 경제를 맡아 안보파탄, 외교파탄, 경제파탄이 왔다. 이제 법무파탄, 대미외교 파탄이 올 날도 멀지 않았다. 대한민국 70년을 불과 3년 만에 말아 먹는다. 다음 선거는 잘 합시다.

2019.08.10.(토) 오전 11시 36분

법조인도 아닌 사람이 사법개혁 하겠다? 개혁 당하는 법조인들 꼴 좋다. 너들은 자존심도 없냐?

2019.08.11.(일) 오전 10시 05분

책임정치는 민주주의 국가의 국민에 대한 기본 예의입니다. 나는 계파 없이 당대표를 두 번이나 하면서 2011.12. 디도스 사태 때 친이·친박의 합작으로 디도스 사태와 아무런 관련없던 나를 끌어내리려고 했을 때 나는 정국 혼란에 대한 결과 책임을 안고 당대표를 사퇴한 일이 있었고, 2018.6.에는 지방선거 패배 책임을 지고 당대표직을 사퇴한 일도 있었습니다. 정치는 사법책임과는 달리 행위책임이 아니라 결과책임입니다. 결과가 잘못되면 자기 잘못이 아니더라도 책임을 져야 하는 것이 정치 책임이지요.

문 정권도 이대로 가면 내년 총선은 국민들이 그 책임을 반드시 물을 겁니다. 그 전에 한국의 보수 정당은 탄핵정국과 좌파 광풍시대를 초래한 그 정치책임을 진 사람이 있습니까? 감옥에 있는 박근혜 전대통령 외에 정치책임을 진 사람이 있습니까? 기소된 다른 사람들이야 정치책임이라기 보다 비리 책임이지요. 그래서 책임 안지고 남아 있는 사람들을 잔반(殘班)이라는 겁니다. 잔반들이 숨죽이고 있다가 다시 권력을 쥐려고 하면 국민들이 그걸 용납하리라고 봅니까? 당이 책임지는 신보수주의가 아닌 잔반들의 재기

무대가 되면, 그 당은 국민들의 신뢰를 얻기 어렵습니다. 국민들은 우파가 말아 먹은 나라를 지금은 좌파가 말아 먹고 있다고 보고 있습니다. 나라 말아 먹은 책임을 지워야 할 사람은 책임을 지워야 좌파들의 나라 말아 먹는 책임을 물을 수 있습니다.

당을 새롭게 혁신하십시오. 그래야 총선도 대선도 희망이 있습니다.

2019.08.11.(일) 오전 10시 31분

나는 친박도 아니지만 비박으로도 부르지 않았으면 합니다. 박근혜를 반대한 사람들을 총칭하여 비박으로 부르지만, 나는 박근혜 정권 때 정권 차원에서 두 번에 걸친 경남지사 경선과 진주의료원 사건 때 그렇게 모질게 나를 핍박하고 낙선시키려고 했어도, 영남권 신공항 파동 수습 등 나는 박근혜 정권을 지지하고 도왔던 사람입니다. 지난 탄핵 대선 때 친박들이 숨죽이고 있을 때도 탄핵도 반대하고 분당도 반대했던 사람입니다. 탄핵재판의 부당성도 조목조목 열거하면서 대국민 호소까지 했습니다. 보수 붕괴 책임을 물어 책임 정치 차원에서 박근혜 전대통령을 출당시킨 일은 있지만 나를 비박이라고 하는 것은 적절치 않습니다.

나는 언제나 내 자신이 내 정치의 축이었지 특정인을 축으로 하는 정치를 해본 일이 없습니다. 나는 친박도 비박도 아닌 홍준표로 정치해 온 사람입니다.

2019.08.12.(월) 오전 07시 52분

나는 계파없이 여당 때 한번, 야당 때 한번, 당대표를 두 번씩이나 한 사람입니다. 당에 애정 어린 충고를 하면 잔반(殘班)들이 나서서 당을 흔들어 당대표로 복귀하겠다는 음모라고 나를 비방합니다. 지난번에는 탄핵총리 복귀를 막기 위해서 나서 보려고 했으나, 지금은 당 대표에 다시 나설 생각이 전혀 없습니다. 그러니 그런 오해는 안해도 됩니다. 그러나 지금처럼 허수아비 당 지도부 앉혀 놓고 잔반들이 준동하는 당의 모습으로는 당의 미래가 없다는 것만은 알아야 합니다. 국민들이 모르는 것 같아도 다 알고 있습니다.

그러니 지지율이 바닥이지요. 혁신없는 당은 과거 어용 야당처럼 한순간에 소멸될 수도 있다는 것을 알아야 합니다. 이미지 정치만으로는 야당을 할 수 없습니다. 환골탈태가 무엇이고, 분골쇄신이 무엇인지 보여 주지 않으면 국민들은 더 이상 기회를 주지 않을 겁니다. 마지막 기회입니다.

2019.08.13.(화) 오전 07시 40분

어제 차마 해선 안되는 말을 해 버렸다. 쪼다라는 말이다. 막말이라면 막말 일수도 있다. 그러나 요즘 상황이 찜통 날씨보다 더 화나고 짜증스럽다. 안보파탄에 경제파탄에 외교파탄까지 겹치니 도대체 문 정권은 이 나라를 어디로 끌고 가는지, 트럼프의 천박성과 김정은의 기만술이 서로 손 맞추고 있는데 자칭 운전자는 도대체 무엇을 하고 있는가? 그래서 지금의 한반도 상황이 쪼다라는 말밖에 나올 수가 없었던 거다. 쪼다짓 하지마라. 국민들은 지금 울고 있다.

2019.08.13.(화) 오전 09시 56분

내일 16시 창녕·함안보 해체 반대 국민 궐기대회에 당대표직 사퇴 이후 1년 2개월 만에 참석합니다. 96.2. 처음 정치를 시작하면서 신한국당에 입당할 때 그 마음으로, 내 정치 인생 마무리 작업을 시작합니다. 진충보국(盡忠報國)의 기치를 걸고 대한민국이 저에게 베풀어준 은혜에 보답하겠습니다.

2019.08.13.(화) 오후 06시 00분

황대표의 조국 후보자에 대한 발언을 두고 공안검사 시각이라고 폄하하려고 시도하고 있으나, 나는 황대표의 발언이 아주 적절한 멘트였다고 봅니다. 하기사 공산주의자로 공격 받던 사람이 대통령이 되고, 광화문에서 김일성 만세를 외쳐도 처벌 받지 않는 나라가 자유민주주의 나라라고 주장하는 사람이 서울시장을 하는 판입니다.

체제 전복을 주장하던 사람이 법무장관을 하던 말던 무슨 상관이 있느냐고 반박할 수도 있으나, 법무장관은 자유민주주의 질서 수호의 최후 보루인데 법무장관까지 그런 사람이 가면 이 나라는 갈 데까지 가는 겁니다.

야무지게 청문회 해서 낙마시킬 자신이 없으면, 지난번 윤석열 청문회처럼 어설프게 대처하려면, 조국 청문회를 정당화 시켜 주는 그런 청문회는 하지 말고 아예 보이콧 하십시오. 청문회와 상관없이 임명한 사람이 이미 16명입니다.

청문회를 아예 거치지 않고 임명한 최초의 장관이 되도록 하고, 모든 국회 법무부 일정은 거부하십시오. 그것도 한 방법입니다.

2019.08.14.(수) 오전 07시 51분

탄핵 프레임을 벗어나기 위해 박근혜 출당을 시켰더니, 우리 측 내부 분열만 가속되면서 탄핵 프레임에 계속 빠져 들었습니다. 마찬가지로 친일 프레임을 벗어나기 위해 '반일 종족주의 논쟁'에 뛰어 들었더니, 오히려 친일 프레임만 더욱더 가속화되고 있습니다. 더 이상 특정교수의 논문 주장에 언급치 않겠습니다. 참 유감스러운 일입니다.

2019.08.18.(일) 오후 01시 04분

'좌파는 뻔뻔하고 우파는 비겁하다.' 조국후보자를 보면 그 말이 명언이라는 것을 알게 됩니다. 어디 조국 한 사람뿐이겠습니까? 권력자의 친인척이 재임 중 해외이주 의혹에 자녀의 권력을 이용한 사업 의혹도 전혀 해명이 되지 않고 있습니다. 한 번도 경험해

보지 않은 뻔뻔한 대한민국에 우린 살고 있습니다.

2019.08.19.(월) 오전 08시 15분

윤석열 청문회처럼 헛발질 하지 말고, 주광덕 의원처럼 팩트로 공격하십시오. 방송에 미리 나와 괜히 기대만 잔뜩 부풀려 놓고, 블러핑 청문회로 귀결되는 어리석은 짓은 하지 마십시오. 주광덕 의원처럼 준비하면 여론이 움직입니다. 드루킹 특검 이후 야당의 원내 전략이 성공해 본 일 없이 끌려만 다니고 무기력 했습니다. 오랫만에 보는 주광덕의원의 신선한 투혼입니다. 그리고 이번 장외투쟁은 동원하지 말고 레드카펫 깔지 말고 국민과 함께 하는 서민투쟁을 하십시오.

2019.08.20.(화) 오전 09시 11분

저런 짓을 해놓고 어떻게 서울법대 형법 교수를 했나? 서울법대 생들에게 법망 피하는 방법과 들켰을 때 이에 대처하는 뻔뻔함만 가르쳤나? 대한민국 검사들아, 니들은 자존심도 없냐? 저렇게 부패하고 위선적이고 검사를 주머니 속 공깃돌 취급하는 사람이 법무장관이 된다면 저런 사람 밑에서도 검사 계속 하냐? 임명 강행하면 총사직해라. 그리고 이를 막지 못하면 자유한국당 의원들은 모두 한강으로 가라.

2019.08.20.(화) 오전 11시 40분

1970년대 초 사법 파동이 있었다. 국가배상법 2중 배상 금지 조항을 대법원에서 위헌판결하자, 서울형사지법 이범열 부장판사 일행을 뇌물죄로 엮어 구속 영장을 청구하는 정치 탄압을 하였다. 이에 판사들은 정원의 1/3에 해당하는 사람들이 총사퇴로 대항하였고, 박정희 정권은 이에 굴복하였다.

그러나 지난번 소위 사법 농단 때 보인 판사들의 태도는 참으로 비겁했다. 이번 조국파동에 대한 검사들의 태도를 한번 지켜보겠다. 니들이 대한민국 검사인지 샐러리맨에 불과한지를.

2019.08.20.(화) 오후 06시 49분

김성태 원내대표일 때 문재인 대통령 지지율은 무려 80%를 상회했었다. 그 압도적인 시절에도 김성태 원내대표의 깡은 참으로 대단했다. 헌법재판소장 후보자 김이수를 보냈고, 김기식을 보냈고, 김경수를 보냈다. 그때보다 문 대통령 지지율이 절반이나 떨어진 호시절인 지금, 자유한국당 원내대표는 과연 비리백화점 조국을 보낼 수 있는지 우리 한번 눈여겨보자. 릴레이 단식쇼, 맹탕 추경, 패스트 트랙 무대책 대처 등의 실책을 만회할 기회는 이번 뿐이다. 못 보내면 이제 그만 내려오는 것이 당을 위해 좋겠다. 정치 책임은 결과 책임이다.

2019.08.21.(수) 오전 07시 54분

시시하게 굴지마라. 인생은 짧다. 정의를 향한 일념으로 살자. 검사는 장흥지청 쫓겨가도 서기가 되는 것이 아니라 검사다. 나는 검사시절 이것을 화두로 삼고 살았다. 초임 검사 시절부터 상관의 부당한 압박에 저항해서 이겨 냈고, 검찰 내 잘못된 분파주의 문화에 빠져 들지 않았다. 대한민국 검사라는 자존심 하나로 살았다. 5공 시절에도 저런 법무장관 후보를 내세운 적이 없다. 자격이 안되는 것은 차치하고서라도, 어찌 저런 사람에게 니들이 수술 당해야 하는가? 쪽 팔리지도 않느냐? 무면허 돌팔이 의사가 들어와서 의사집단을 수술하겠다는데, 그걸 수용하면 과연 의사라고 할 수 있겠는가? 분연히 거부해라. 니들은 대한민국 검사다.

2019.08.21.(수) 오전 08시 43분

작년 6월 미북회담을 앞두고 야당의 동의를 구하기 위해 대통령과 단독회담을 했을 때, 대통령은 나에게 김성태 원내대표의 강경투쟁을 완화시켜 줄 것을 요구했다. 김성태의 원내 투쟁이 너무 힘들게 하고 부담스럽다는 뜻이었다. 그 정도로 김성태는 대통령도 겁을 냈던 야당 원내대표였다. 원내대표의 역할은 원내 운영이고 원내 투쟁인 반면, 당 대표는 원내를 포함한 정국 전체를 아우르는 역할을 한다. 조국 같은 사람을 법무장관에 지명할 정도로 지금 야당 원내대표를 깔보고 자기들 마음대로 국회운영을 하는 저들이다. 그동안 패스트 트랙, 맹탕 추경 등에서 보지 않았는가? 야당 원내대표가 존재감이 있었던가? 그런데 야당 원내대표가 본연의 역할은 제대로 하지 않고 세미나나 돌아다니면서 당 대표의 영역까지 넘보는 것은 주제 넘는 행동이다. 제 역할에 충실해라. 김성태처럼 대통령도 겁을 내는 원내대표가 되어야 야당이 산다.

2019.08.21.(수) 오후 12시 02분

김문수 전 지사가 김무성 의원을 면전에서 저주하는 것을 보고, 김문수도 손학규처럼 저렇게 망가지는구나 라는 생각이 들었습니다. 비판과 비난이라는 말도 차이가 있는데, 하물며 비난과 저주라는 말은 그 차이가 극명한 말이지요. MB때는 이재오의원과 함께 친이계의 중심이었다가, 박근혜 때 대구로 내려가면서 느닷없이 친박으로 행세하더니, 이제는 탄핵무효의 전사가 되었습니다. 2016.11.20. 그 당시 비상시국회의에서 김무성·나경원 등과 함께 적극적으로 탄핵 찬성을 하지 않았던가요?

그런데 우리 헌법체제하에서 쿠데타 이외에 탄핵을 무효로 하는 방법이 있습니까? 한때는 제가 쓴 책에서 '영혼이 맑은 남자 김문수'라고 극찬을 했던 사람인데, 갑자기 왜 저렇게 돌변했는지 참 안타깝습니다. 나는 일관되게 탄핵을 반대했던 사람입니다. 그러나 지금은 탄핵 찬반이 문제가 아니라 모두가 하나 되어 문재인 폭주를 막아야 할 때입니다.

2019.08.22.(목) 오전 10시 35분

Breaking Bad 라는 말이 있다. 미국 남부지방 속어로 막가는 인생이라는 뜻이다. 조국 후보자의 인생 역정을 보니 문득 그 단어가 생각났다. 청문회란 참 좋은 제도다. 거짓과 위선 속에서 Breaking Bad 인생을 살던 사람도 저렇게 적나라하게 드러나고 있으니 말이다. 오상방위(誤想防衛)를 법전에서 뒤적거렸다는 말이 있는 사람인데, 서울법대 형법교수 되는 과정은 정상적이었는지 그것도 한번 알아봐야겠다. 청문회를 하던 말던 조국은 이제 막장 인생이 된 거다.

2019.08.22.(목) 오후 07시 40분

조국 하나 살리려고 한·미·일 삼각 동맹의 한축인 지소미아 파기하고, 조선일보 수사 시작하고, 부랴부랴 박근혜 선고 일정 잡고, 아마 다음 주에는 패스트트랙 강행 통과 시키고, 문 대통령은 국내정치와 관련 없다고 홍보하기 위해 긴급히 해외 일정 만들고, 그 다음은 자유한국당 의원들이 타킷이 될 거다. 쪼다들 하는 짓이 뻔히 속 보이는 수법인데, 이번에도 국민들이 속을까요?

2019.08.24(토) 오후 07시 06분

나라가 문 대통령이 말한대로 한 번도 경험해보지 않은 나라가 되었다. 도덕적·윤리적 기준조차도 좌파·우파가 서로 다른 기막힌 나라가 되어 버렸다. 비록 그사이 기득권층 행세를 해 오던 자유한국당의 비판이라서 내키지는 않겠지만 조국의 행태가 최순실과 무엇이 다른가? 최소한 이에 대한 국민적 분노는 같은 잣대여야 하지 않은가? 정유라는 그렇게 모질게 산산 조각 내더니, 조유라는 보호하자는 것이 니들만의 윤리이고 도덕인가?

2019.08.25(일) 오전 08시 01분

판이 커져 버렸다. 법무장관 청문회가 아닌 문 정권 청문회가 되어 버렸다. 문 정권이 밀리면 바로 레임덕으로 가고, 야당이 밀리면 저런 호재에도 밀어붙이지 못하는 무늬만 야당, 무기력한 야당으로 간주되어 야당도 무너진다. 국민은 분노하고 있는데 그 분노를 해소할 방법을 찾을 생각은 하지 않고, 서로 살기 위해 니전투구(泥田鬪狗)하는 형국이다. 그래도 나는 야당이 이기는 것이 국익에 맞다는 생각으로 오늘도 "야당 이겨라!" 라고 외친다.

2019.08.25(일) 오전 11시 43분

아직도 좌파 진영에서는 조국이 직접 한 게 아니지 않느냐? 가족들 문제 아니냐? 라고 쉴드치는 것을 보니 참 기가 막힐 노릇이다. 그 잘난 조국이 그 집 가족 공동체의 의사 결정 주체가 아니었던가? 딸이 자기 역량으로 논문저자가 되고, 편법으로 외고 입학하고, 고대 입학하고, 서울대 환경대학원 입학하고, 부산대 의전에 입학할 수 있었다고 보는가? 웅동학원 사학비리도 비록 얼치기 법학교수이지만 법률을 안다는 그의 작품이 아닌가? 아들의 병역회피도 국적법을 잘 아는 그의 작품이 아닌가? 펀드 사기도 부동산 투기, 위장전입도 본인의 작품 아닌가? 모든 의혹의 핵심에 조국이 있는데 그가 직접 한 것이 아니라서 괜찮다고 한다.

바보들아, 눈 가리고 아웅이라는 말은 이때 하는 것이다. '영구없다'라는 코메디가 생각나는 일요일 아침이다. 내가 검사로 다시 돌아갈 수 있다면 한 시간 안에 모두 자백 받는다. 요즘 검사들은 정의는 어디 가고 눈치만 보고 있으니, 검사들이 이 꼴이니 세상이 이렇게 혼란스럽게 된 거다.

2019.08.26(월) 오전 07시 51분

8월22일 페북에서 내가 예측한대로 문 대통령은 9.1~6까지 해외로 여행 간다고 한다. 국내정치 책임회피 겸 전자결재를 위해서 간다고 봐도 좋다. 묘하게도 이번에는 딸이 있는 태국으로 간다고 한다. 옛날 DJ정권시절 이 여사가 미국 LA 아들 만나러 갈 때, 이 여사가 가져간 트렁크 40개에 무엇이 들었나? 집요하게 추궁하여 트렁크 40개 가져간 사실은 밝히고 그 내용물은 못 밝혔는데, 이번에 태국 갈 때 외교 행낭(파우치)에 무엇이 들었는지 조사해 볼 용감한 야당 국회의원은 어디 없나?

2019.08.26(월) 오전 08시 55분

공천에 목매서 눈치나 보는 정치하지 마라. 이미 강남도 넘어 갔고 대구도 지난번 그 호시절에도 공천 받고 떨어지지 않더냐. 문 정권이 밉지만 자유한국당은 더 밉다고 한다. 공천이 문제가 아니라 당선이 문제인 것이다. 자위행위에 불과한 장외투쟁도 좋지만 문제의 본질은 원내 투쟁에 있다. 내가 당대표일 때는 정권초기이고, 전국민이 위장평화 환상에 젖어 있을 때라 문 대통령 지지율이 80%에 달했었다. 언론도 눈치 볼 때라 야당의 주장이 먹혀들지 않았다.

그러나 지금은 다르다. 문 대통령 지지율이 절반으로 꺾였고, 조국사태로 급전직하하고 있다. 야당이 만회하고 일어설 절호의 기회다. 의전이나 찾지 말고, 모양이나 찾지 말고, 그대로 밀어 붙여라. 무슨 약점이 있어서 그렇게 주저하는가? 여기가 바로 승부처다. 이 절호의 기회를 또다시 놓친다면 자유한국당은 영원히 희망 없는 정당이 된다.

2019.08.26(월) 오후 12시 59분

8/22 페이스북에서 이렇게 예측했습니다. 조국 사태 덮기 위해 지소미야 파기하고, 박근혜 선고 일정 부랴부랴 잡고, 전자결재 위해 문 대통령은 급하게 해외 일정 잡고, 선거법 날치기 할 것이라고 했습니다. 오늘까지 저들은 그 순서대로 했습니다. 뭐 쪼다들 하는 짓이니 뻔합니다만, 마지막으로 야당의원들 비리수사나 패스트트랙

수사도 본격적으로 한다고 예측했는데, 오늘 민갑룡 경찰청장 발표를 보니 그것도 맞아 떨어졌습니다. 청와대·국회·법원·검찰·경찰이 일심동체가 되어 그들은 움직이고 있는데, 야당은 도대체 무엇을 하고 있습니까? 말잔치 할 때가 아니고 행동할 때입니다. 분연히 일어서십시오. 여러분들 뒤에는 분노하는 국민들이 있습니다.

2019.08.26(월) 오후 04시 32분

조국은 청문대상도 안되는 사람인데, 자유한국당이 특검을 포기하고 9월 2~3일 청문회 개최에 합의해 주었다고 합니다. 그러려면 지난 주말 그 많은 돈 들여 장외집회는 왜 했습니까? 그날 나왔다는 10만 명이 이런 협상을 보려고 그 더운 날 땡볕에서 땀을 흘렸습니까? 그래 좋습니다. 그러나 이번에도 이를 막지 못하고 조국 법무장관 임명에 들러리 노릇한다면 그땐 각오해야 합니다. 국민들의 분노가 하늘을 찌를 것입니다. 자유한국당 무용론도 나올 것입니다. 무슨 일이 있어도 문 정권의 비리·부패 표상이 대한민국 법무장관 되는 것은 정치 생명을 걸고 막으십시오. 우리 모두 두 눈 부릅뜨고 지켜보겠습니다.

2019.08.31.(토) 오후 11시 22분

검사는 정의(正義), 명예(名譽)와 자존(自尊)에 산다. 어찌 대한민국 검사가 저런 비리덩어리 밑에서 검사를 하려고 하느냐? 권력은 한 순간이고 검사는 영원하다. 니들이 검사인지 일제시대 순사에 불과한지 한번 지켜보겠다.

2019.09.01.(일) 오후 12시 48분

'좌파는 뻔뻔하고 우파는 비겁하다.' 총출동해서 조국을 쉴드치는 유시민·이외수·공지영·이재명·박원순을 보니 그 말이 명언인 것 같네요. 조국 쉴드치는 사람들의 상식과 윤리적 판단 기준은 조국과 같은 수준인 모양입니다. 그 정도는 해 먹어도 된다는 겁니까? 그 정도 해먹을 자격이라도 있다는 겁니까? 비겁한 우파가 되지 않기 위해서 야당은 분발하십시오. 이런 국민적 공분을 사고 있는 비리덩어리 못 막으면 야당은 존재이유가 없는 겁니다.

2019.09.01.(일) 오후 08시 09분

문 대통령은 참으로 편리한 사고방식을 갖고 있다. 상대방 잘못은 적폐라고 하고, 자기들 비리는 정쟁이라고 한다. 그래 마음대로 한번 해 보세요. 그 후폭풍을 감당할 수 있는지. 야당은 무기력 하여 깔볼 수 있을지 모르나 국민들의 분노는 감당하기 어려울 것이다.

2019.09.02.(월) 오전 11시 22분

압수·수색까지 당한 수사 중인 피의자를 인사 청문회에 세운 일이 단 한번이라도 있었나? 청문회를 구걸해야 하는 쪽은 저쪽인데 공수가 뒤바뀌어 뭐가 아쉬워 야당이 구걸하는 형국으로 만드나? 그런 원내전략으로 국회 선진화법 위반 의원들 보호할 수 있겠나? 우왕좌왕, 갈팡질팡 취권 전략으로 치밀한 좌파들 상대할 수 있겠나? 참 딱하다.

2019.09.02.(월) 오후 03시 37분

개혁은 깨끗한 손으로 하는 것이다. 더러운 손으로 하는 개혁은 개혁이 아니라 개악이다. 국민과 야당을 얼마나 깔보면 저런 오만방자한 행동을 하겠나? 그걸 제지 하지도 않고 그대로 진행시키니 웰빙 정당이라고 하는 거다. 몸으로 막는 것은 이 때 하는 것이다. 신성한 국회 인사청문회 장소가 범죄피의자의 변명 장소냐? 뒷북이나 치고 있으니 한심한 원내전략이라고 하는 것이다. 지금이라도 외쳐라. 껍데기 좌파 조국은 이제 그만 가라.

2019.09.03.(화) 오전 09시 17분

조국을 보면서 참 딱한 처지에 놓였다고 생각했다. 마치 시퍼런 작두 위에서 춤추는 선무당처럼 내려올 수도 없고 앞으로 나갈 수도 없는 진퇴양난의 처지가 되어 버렸다. 믿을 곳은 문 대통령밖에 없는데 권력의 변심은 그 누구도 알 수 없다는 것을 조국은 알고 있을까? 내려오면 검찰에 의해 죽고 계속 내 달리면 국민의 손에 죽을 수도 있다는 것을 조국은 알까? 원래 자기 것이 아닌 것을 탐하면 그렇게 된다.

2019.09.03.(화) 오후 12시 47분

이젠 무기력한 야당에 대해 기대를 접었다. 이 잘못된 상황을 바로 잡아 줄 곳은 검찰 뿐이다. 윤석열 검찰이 정말로 살아있는 권력도 잡을 수 있는지, 검찰의 사정기능이 살아 있는지 두 눈 부릅뜨고 지켜보자.

2019.09.04.(수) 오후 04시 08분

오늘 야당 원내대표의 행동을 보니 여당 2중대를 자처하는 괴이한 합의입니다. 무슨 약점이 많아서 그런 합의를 했는지 이해하기 어렵습니다. 마치 조국 임명의 정당성을 확보해 줄려는 사꾸라 합의 같습니다. 기가 막히는 야당 원내대표의 행동입니다. 정치판에서 원내대표의 임기는 아무런 의미가 없습니다. 더 이상 야당 망치지 말고 사퇴하세요.

2019.09.04.(수) 오후 05시 12분

연동형비례대표제를 김성태가 거부를 하고 퇴임한 후, 나경원 원내대표가 들어오면서 아무런 제동장치도 없이 5당 원내대표 합의를 해 주는 바람에 연동형 비례대표제도 라는 기이한 선거법이 오늘에 이르게 된 것으로서 전적으로 야당 원내대표의 무지에서 비롯된 잘못이 있다. 거기에 친박에 얹혀서 국회직 인선을 함으로써 당을 도로친박당으로 만들었고, 장외투쟁을 하다가 아무런 성과없이 원내로 복귀해서 맹탕 추경으로 국민들을 허탈하게 만들었다. 패스트트랙 때는 아무런 대책없이 일부 국회의원들이 반발 함에도 불구하고 몸싸움에 내몰아 58명의 정치 생명을 위태롭게 만들었고 자신이 변호사라면서 모든 책임을 지겠다고 했지만 과연 그 사건에서 나 변호사의 역할이 있는지 나는 의문을 갖는다. 조국청문회도 오락가락, 갈팡질팡 청문회로 만들더니 드디어 여당 2중대 역할이나 다름없는 합의를 해 주었다. 청문회를 거치고 나면 무슨 명분으로 국조·특검을 주장하려는가? 이제 야당 그만 망치고 즉시 내려오는 것이 야당을 바로 세우는 길이다. 좀 더 공부하고 좀 더 내공이 있어야 야당 원내 대표를 할 수 있었는데 너무 일찍 등판했다. 폐일언하고 당의 내일을 위해 그만 사퇴 하는 것이 옳다. 품위있게 사퇴해라.

2019.09.04.(수) 오후 08시 34분

만약 들러리 청문회 참가 후에도 조국을 낙마시키지 못하면, 그때는 야당이 조국 임명을 정당화시켜준 겁니다. 원내대표뿐만 아니라 청문회 참여한 법사위원들 모두 여당 2중대 들러리의원이 됩니다. 그 후로는 국조·특검도 할 명분도 없습니다. 임명 강행을 하면 국조·특검을 내걸고 정기국회 의사일정 협상을 했어야 하는데 바보같은 짓을 했지요. 그때는 모두 의원직 사퇴할 각오하십시오. 국민적 분노가 여러분들의 행태를 용납치 않을 겁니다.

2019.09.05.(목) 오전 06시 52분

조국사태가 문 정권과 야당 모두에게 정국 향방의 분수령이 될 것이다. 문 정권에 대한 분노는 임계점을 넘었고, 야당의 무지.무기력과 무능에 대한 분노도 한계점에 와 있다. 차라리 청문회 없이 국민무시 임명강행으로 국민들의 분노를 더 사게 해, 가사 임명 되더라도 그것을 기화로 정기국회 의사일정 협의를 조국 국조와 특검을 연계 시켰으면 야당이 정국의 주도권을 계속 잡을 수 있었는데, 야당의 무지·무기력·무능으로 이런 절호의 기회도 놓쳐 버렸다. 무슨 이유로 야당이 이런 통과의례에 불과한 증인도 없는 들러리 맹탕 청문회의 장을 만들어 주었는가? 무슨 지은 죄가 많길래 문 정권 2중대를 자처하는가? 이젠 문 정권과 야당도 동시에 국민 분노의 대상이 되어 버렸다. 문 정권보다 야당에 대해 더 화가 치미는 목요일 아침이다.

2019.09.05.(목) 오후 08시 47분

실권 없는 마담 총리가 감히 검사를 능멸하느냐? 대한민국 역사 이래 총리가 현재 수사 중인 검찰을 비난한 일이 있느냐? 좌파들이 떼거리로 나서서 스스로 부정과 비리와 한 패거리라고 자복하고 있고, 총리까지 나선 것을 보니 문 정권이 위기이기는 위기인갑다. 총리가 분수 넘게 검찰을 비난하는 것을 보니 조국 사건 수사검사들이 제대로 일을 하기는 하는 갑다. 대한민국 검사들아 시시하게 살지 말자. 인생은 짧다.

2019.09.05.(목) 오후 08시 22분

야당이 검사들보다 배짱과 결기 없이 바람 앞에 수양버들처럼 흔들리니 국민들이 야당을 믿겠나? 이런 국민적 분노 속에서도 조국 낙마 못시키면 야당의원들 모두 뺏지 떼라.

2019.09.06.(금) 오후 06시 59분

기대도 하지 않았지만, 맹탕인 야당이 맹탕 면죄부 청문회를 열어줘 맹탕인 조국을 법무장관 시켜주는구나. 닭 쫓던 개 지붕 쳐다본들 이미 올라가 버린 닭이 내려 올 리 있나. 비리 덩어리를 장관 시켜 주었으니 그간의 우리 비리도 이제 덮어 주세요. 특검·국조는 야당 입장도 있고 하니 계속 주장할 테니 그냥 양해해 주세요. 언론 청문회보다 한참 질이 떨어진 인사 청문회를 보다가 화가 치밀어 오르는 오늘, 참 기분 더러운 하루다.

2019.09.07.(토) 오전 07시 19분

태풍 링링이 오는 날, 한국은 또 하나의 검찰발 태풍이 오고 있다. 맹탕 국회 인사청문회를 보다가 화가 치민 날, 검찰발 혁명으로 가슴 쓸어 내렸다. 그래 지금부터 시작이다. 조국 수사를 통해 대한민국 기득권층들의 위선과 민낯을 샅샅이 수사해서 국민들의 울분을 풀어 주어라. 그대들은 어찌 되었건 현직이나 다름없는 대통령도 구속한 전력이 있다. 일개 법무부 장관 후보자가 대수냐? 그래도 법무부 장관으로 임명할 테냐? 그래 막장으로 가보자. 막장 전투에서 불의가 정의를 이길 수 있다고 보느냐? 공판중심주의 아래서 피의자 소환조사 없이도 기소 할 수도 있다는 것도 모르는 오상방위(誤想防衛)가 어찌 대한민국 검찰을 지휘할 수 있는가?

이제 무기력, 무지, 무능한 야당은 숟가락이나 얹질 생각 말고 빠져라. 반칙, 불법, 무능, 담합, 위선이 판치는 여의도 정치판을 쓸어 버려라. 시시하게 살지 말자. 인생은 짧다.

2019.09.07.(토) 오후 12시 49분

그래도 임명을 강행한다면 조국을 향한 분노는 문재인을 향한 분노로 바뀌고, 10월 3일 개천절 광화문집회에 나도 태극기 들고 나간다. 반 문재인 진영의 모든 제 정당·사회단체와 연합하여, 10월3일 광화문 대집회는 100만 인파가 모일 것이다. 그때 우리는 촛불 아닌 횃불을 들자.

2019.09.08.(일) 오전 11시 01분

내가 맹탕청문회를 열어준 것을 비판한 것은 문재인 정권의 생리를 야당이 전혀 모르고 안이하게 대처하고 있다고 보았기 때문이다.

문 정권은 철저하게 divide and rule 정책으로 정권을 유지하는 집단이다. 아무리 욕을 먹더라도 아군 결집만 되면 무너지지 않는다는 확신으로 정치를 하는 집단들이다. 그것은 베네수엘라 마두로 정권을 빼 닮았다. 아무리 나라가 나락으로 떨어져도 세금 퍼주기 복지정책으로 내편들이 있고, 대깨문들이 있기 때문에 정권은 유지된다는 거다. 인사 청문회에서 조국이 직접 범죄를 저지른 것이 없기 때문에, 야당의 임명절차 협조를 바탕으로 조국은 법무장관에 임명될 것으로 나는 본다. 박근혜·최순실은 경제공동체라는 논리로 공격을 한 그들이 조국과 그 가족들은 혈연 공동체라는 것을 모르고 조국을 감싸고 있는 것일까?

여기서도 좌파는 뻔뻔하고 우파는 비겁하다는 말이 그대로 작동하고 있다. 내 예측이 틀리기를 바라지만 워낙 비상식적인 정권이라서 아마도 뻔뻔 정권의 이 모습은 무능 야당의 협찬으로 이번 정기 국회도 말짱 황(慌)이 될 것으로 보인다.

2019.09.09.(월) 오전 11시 51분

예측한대로 문 정권은 조국을 임명했다. 야당은 들러리만 섰다는 것이 확인된 것이다. 얼마나 지은 죄가 많으면 들러리 섰겠나? 얼마나 야당이 깔보이면 저런 행패를 부리겠나? 무슨 명분으로 판다 깔아준 뒤에 국조.특검을 외치냐? 보여주기식 하는 쇼는 문 정권을 빼 닮았다. 곧 패스트 트랙 수사가 본격화 될 것이다.

지휘에 충실히 따른 애꿎은 의원들에게 법적책임 돌리지 말고 지도자답게 지휘한 지도부만 책임지고 나머지 의원들은 해방시켜 주어라. 그게 지도자의 자세다. 이제 야당에 대한 기대는 접는다. 이젠 재야가 힘을 합쳐 국민 탄핵으로 가는 수밖에 10월 3일 광화문에서 모이자. 우리도 100만이 모여서 문재인 아웃을 외쳐 보자.

2019.09.10.(화) 오후 09시 41분

야당은 왜 존재 하는가? 집권세력의 폭정을 막기 위해서 존재한다. 무기력·무능·무지로 야당이 제 역할을 하지 못할 때 어떻게 해야 하는가? 우리는 광장으로 나갈 수밖에 없다. 국민은 좌파정권의 독선 만큼이나 야당의 보여주기식 패션 정치에 분노하고 있다. 그래서 이런 판에도 야당 지지율이 정체 되거나 폭락하는 거다. 더 이상 기대할 것 없는 패션 야당에 기대지 말고 광장으로 광장으로 우리 모두 가자. 그리하여 100만 군중의 힘으로 문재인 아웃을 외쳐 보자.

2019.09.11.(수) 오전 09시 05분

조국 사태로 문 정권의 국가 비정상 운영이 임계점을 넘었습니다. 친북 정책으로 안보를 허물더니 좌파 정책으로 경제를 망치고, 망나니 외교정책으로 국제적 고립을 초래하고, 분열과 이간정책으로 나라를 둘로 갈라지게 하였습니다.

더 이상 두고 볼 수가 없어 우리는 광장으로 뛰쳐나가기로 했습니다. 야당들은 힘모아 국회에서 투쟁하고 재야는 힘모아 광장에서 투쟁합시다. 더이상 나라가 망가지기 전에 네이션 리빌딩(nation rebuilding) 운동을 시작해야 합니다. 한가위 편안하게 보내십시오.

2019.09.11.(수) 오후 07시 17분

자기 상관의 비리를 수사한 경험이 있는 나로서는 지금 윤석열 총장이 얼마나 곤혹스러운지 잘 안다.

그러나 그대들은 대한민국 검사다. 오상방위(誤想防衛)하나 수사 못하면 그대들은 검사도 아니다. 그대들이 살아있는 권력도 처단한다면 검찰의 기개는 국민들이 알아준다. 그것으로 검찰이 개혁된 것이다.

내가 수사할 때는 일개 평검사의 오기에 불과했지만, 일개 평검사도 대통령을 두려워하지 않았다. 하물며 그대는 대한민국의 정의를 수호하는 검찰총장이다. 그대들에게는 대한민국 검찰의 명예가 걸렸다. 비굴하게 살지 말자. 인생은 짧다.

2019.09.12.(목) 오전 09시 06분

조국 사건 전개 과정을 보니 단순한 조국 게이트가 아니라, 이건 청와대·법무부·법원조차 연관된 문 정권 게이트로 번지는 제2의 최순실 사건이 될 가능성이 커 보인다. 그래 조금만 참자. 고름은 살이 되지 않는다. 반드시 곪아 터질 날이 온다. 지금은 그렇게 니들 마음대로 할수 있을지 모르나 2년 후 보자. 지금은 모든 의혹을 은폐하더라도 2년 후면 반드시 밝혀진다. 니들은 박근혜 수사할 때처럼 똑같이 당할 것이다. 세상에 비밀은 없다. 조국사건을 시발로 문 정권은 무너진다.

2019.09.12.(목) 오후 07시 46분

참 하기 힘든 말을 오늘은 하지 않을 수 없어서 부득이 하게 한다. 정치 책임은 결과책임이다. 그래서 나는 2011.12. 나뿐만 아니라 우리당과 아무런 관련 없던 최구식의원 운전비서가 나경원 서울시장 후보를 돕기 위해 한 디도스 파동때 그 책임을 지고 당대표를 사퇴했었고, 문재인 지지율 80%에 남북정상회담 쇼로 지방선거에 졌을 때도 책임을 지고 당대표를 사퇴했다.

원내대표가 되자마자 5당 회담에서 연동형 비례대표제의 길을 열어주어 괴이한 선거제도가 도입될 수 있도록 오늘에 이르게 하였고, 장외투쟁 하다가 아무런 명분없이 빈손으로 회군하여 맹탕 추경을 해 주면서 민주당에 협조하였고, 여당이 쳐놓은 덫에 걸려 패스트트랙 전략실패로 국회의원 59명의 정치생명을 위태롭게 하고도 아무런 대책없이 면피하기 급급하고, 국민적 분노에 쌓인 조국 청문회에서도 갈팡질팡, 오락가락하다가 조국을 임명하는데 정당성을 확보해 주는 맹탕 청문회까지 열어 주어 민주당에 협조하였다.

그러고도 아직도 미련이 남아 황대표가 낙마하기 기다리며 직무대행이나 해 보려고 그 자리에 연연하는가? 사실이 아니길 바라지만 아직도 구설수가 계속되고 있고, 아무런 실효성 없는 국조.특검까지 거론 하면서 자리 보전하기에 급급하다. 비리덩어리 조국 임명 하나 못막으면서 국조.특검 한다고 현혹하면 국민들이 믿는다고 생각하는가? 이대로 가면 정기 국회도 말짱 慌이 된다. 야당 원내대표는 자리에 연연해서는 안된다. 더 이상 참고 볼 수가 없어 충고한다. 이제 그만 그간의 과오를 인정하고 내려오는 것이 책임정치를 실현하고 야당을 살리는 길이다. 더 이상 버티면 추해진다.

내가 나경원 사퇴를 촉구한 것을 마치 당내 비주류 투쟁으로 보도하면서 마치 개인적인 감정 운운하는 어느 보수 언론을 보니 참 어이가 없다. 내가 개인적인 감정으로 움직이는 사람이냐? 나는 대한민국을 보고 정치하는 사람이다. 한국 최고 언론을 자부하는 신문이 고작 그 수준이냐? 나는 한국 보수·우파 정당의 주류이지 비주류가 아니다. 계파를 만들면 주류가 되고 헌법원칙에 입각해 계파를 만들지 않으면 비주류냐? 보수·우파 기득권 연대에 합류하지 않으면 비주류냐? 일천한 경험의 기자를 내세워 정치적 식견 없이 함부로 써대는 글은 그 언론의 수준을 떨어트린다는 것을 알아야 한다. 아무리 나와 과거 악연이 있는 언론이지만 이제부터라도 품위를 지켜라. 니들은 2006. 서울시장 경선 때부터 늘 나한테 그렇게 해도, 그래도 나는 그 신문 40년 구독자다.

전쟁중에 장수를 바꾸면 안된다? 전투에 실패한 장수는 전쟁중에 참(斬)하기도 한다. 그래서 읍참마속(泣斬馬謖)이라는 고사성어도 있는 거다. 새로운 전투를 준비하기 위해서 무능한 장수를 바꾸라는 거다. 그걸 계파적 시각에서 바라보는 것이 잘못된 거다. 참 딱한 사람들이다.

2019.09.14.(토) 오후 09시 22분

나는 당을 위한 논쟁이라면 격을 따지지 않는다. 그게 요즘 달라진 정치풍토이기 때문이다. 비록 그가 친박핵심·초선이라도 그 논쟁을 받아 준다. 대신 예의는 지켜라. 내부 충고를 적이라고 하는 것은 오버해도 한참 오버한 거다. 오버액션 때문에 당대변인도 물러난 거라는 것을 아직도 깨닫지 못했나?

2019.09.16.(월) 오전 10시 02분

추석 민심의 핵심은 무당층이 40%까지 치솟았다는 것에 있다. 더불어 민주당에는 민주가 없고, 바른 미래당에는 미래가 없다. 정의당에는 정의가 없고, 자유한국당에는 자유가 없다. 그래서 무당층이 더 늘어나는 것이다. 무엇이 문제인지 늦었지만 지금부터라도 야당은 특단의 대책을 세웠으면 좋겠다.

2019.09.16.(월) 오후 06시 08분

황대표의 삭발투쟁을 적극 지지합니다. 이번처럼 제1 야당대표의 결기를 계속 보여 주시기 바랍니다. 원내전략도 적극적으로 주도하여 실효성 있는 원내 투쟁이 되도록 부탁드립니다. 야당을 깔보면 어떻게 된다는 것을 꼭 보여 주시기 바랍니다. 수고하셨습니다.

2019.09.16.(화) 오전 09시 26분

　검찰의 용맹정진을 보면서 그래도 이 땅에 정의가 살아 있다는 생각이 들었습니다. 비록 그간의 검찰이 정권의 칼로 이용되어 국민의 신뢰를 상실했지만, 이번 조국 수사만큼은 국민들의 전폭적인 지지로 수사가 진행되고 있다는 것은, 이 땅에 정의가 아직 살아 있다는 겁니다. 윤석열 검찰을 응원합니다. 정권에 이용당하고, 무시당하고, 팽 당하는 바보같은 검찰이 되지 마시고 국민과 정의만 바라보고 가는 당당한 검찰이 되십시오. 헌법과 형사소송법이 부여한 검사의 권한을 청와대, 여야 정치꾼들의 협박에 휘둘리지 않는 것이 검찰의 정치적 중립성을 확보하는 길입니다.

　검사는 비굴하지 않아야 합니다. 검사는 당당해야 합니다. 지금처럼 수사하면 대한민국 검찰의 위상을 되찾을 수 있을 것으로 나는 확신합니다. 검찰이 바로 서야 나라가 바로 섭니다. 당신들을 비난하는 어느 소설가의 책 제목처럼 무소의 뿔처럼 혼자서 가라. 윤석열 검찰! 화이팅입니다!

2019.09.16.(화) 오후 07시 06분

　당대표가 결연한 의지로 삭발했다면 그 비장한 후속 조치가 어떤 건지 국민들이 잔뜩 기대를 걸고 있습니다. 정교하게 프로세스를 밟아 이번만큼은 1회용 퍼포먼스가 되지 않도록 잘 해 주십시오. 국민적 공감대를 넓히고 문 정권을 최대한 압박하여 친북 좌파

정책이 종식되도록 야당은 가일층 투쟁 하십시오. 우리 모두 하나 되어 이번 기회에 친북 좌파 정권을 종식시킵시다.

2019.09.18(수) 오전 10시 08분

당대표가 비장한 결의를 하고 삭발까지 했는데 이를 희화화하고 게리올드만, 율브리너 운운하는 것은 천부당만부당하다. 어찌 당이 이렇게 새털처럼 가벼운 처신을 하는가? 그러니 문재인도 싫지만 자유한국당은 더 싫다는 말이 나오는 거다. 진중해라. 이를 조롱하는 국민들도 있다는 것을 명심해라. 당대표의 결의가 1회성 퍼포먼스가 안 되려면, 비상 의원총회라도 열어서 당대표의 결연한 의지를 뒷받침하는 비장한 후속 대책이나 빨리 마련해라.

2019.09.18(수) 오후 02시 59분

홍그리버드를 만들 때 그때 내가 당 대표였나? 그것을 만들 때는 총선 전 홍보 영상을 만든다고 당에서 요구해서 부득이하게 응해 주었다. 당의 요구로 망가져 준 것하고 스스로 엄중한 시기에 결기를 보인 것하고 어떻게 같냐? 황대표가 그때 나처럼 망가질려고 삭발했냐? 지금 당대표의 엄중한 결기를 패러디나 할 때냐? 누가 제공해 줬는지는 모르나 제대로 된 기자라면 상황이나 좀 알고 비난해라. 꼭 하는 짓 하고는.

2019.09.19(목) 오전 09시 07분

93.4. 슬롯머신 사건이 절정에 이르렀을 때, 임시 국회가 열렸어도 상임위 성원이 안되었을 정도로 국회는 개점휴업이었습니다. 박철언 의원 이외에 슬롯 머신사건 추가 연루자가 있다는 소문 때문이었지요. 그러나 그때는 뇌물이 아닌 단순 정치자금 수사는 하지 않을 때였고, 정치자금 수수는 여야에 다수 있었지만 뇌물로 연결이 되지 않아 수사를 하지 않았습니다. 다만 그해 10월 서울지검 국정조사 때 그 사건 질문을 하면 정치자금 수수를 다 밝히겠다고 역공을 하니, 어느 국회의원도 그해 최대사건에 대해 언급조차 하지 못했습니다. 정치권은 그런 곳입니다.

검사가 사심없이 정의를 향한 일념으로 수사를 하면, 여야 정치권들은 서로들 약점이 많아 침묵합니다. 지금 윤석열 검찰은 청와대, 여의도 어느 곳도 눈치 보지 않고 검찰 본연의 모습대로 잘하고 있습니다. 그렇게 당당한 것이 검찰입니다. 그렇게 해야 후세도 칭송하는 검찰이 됩니다. 시시하게 살지 마십시오. 그러기엔 인생은 짧습니다.

2019.09.20(금) 오전 10시 10분

중앙일보 전영기 국장이 쓴 〈과유불급(過猶不及) 대한민국〉이라는 책을 읽으면서, 과연 이 시점에 광화문 집회에 나가서 문재인 아웃을 외치는 것이 과(過)한 것 아니냐 라는 자문을 수없이 해봤습니다.

그러나 9.13.유튜브 방송에서 천명했듯이, 문 대통령이 국민의 뜻에 역행하여 조국임명을 강행한다면 정권에 대한 국민적 분노가 임계점에 다다를 것이라고 보았고, 실제로 문 대통령은 조국 임명을 강행하여 전 국민의 분노가 들끓고 있습니다. 조국 임명을 강행하면 정권이 무너질 수도 있다고까지 경고했습니다.

그래서 오늘 저는 10.3.광화문에 나가서 문재인 아웃을 외치는 것이 결코 과(過)한 일이 아니라는 결론에 이르렀습니다. 10.3. 광화문에 모인 100만 군중집회에서 우리 이제 문재인 정권을 국민탄핵 하도록 합시다. 그리하여 정말로 나라다운 나라, 새로운 대한민국을 만듭시다.

2019.09.21(토) 오전 10시 29분

나는 82년 공적생활을 시작한 이래 38년 동안 항상 내가 한 말과 행동에 책임지는 자세로 살아 왔다. 지금도 유튜브를 통해서 하는 말이나 행동, SNS를 통해서 하는 말들이 나중에 부메랑이 되어 돌아올 것을 전제로 말하고 행동한다. 한때 막말로 매도당할 때도 내 말에 대해 늘 책임진다고 생각하면서 살았다. 그래서 그들이 막말이라고 몰아붙여도 그게 무슨 막말이냐고 자신있게 대답할 수 있었다. 최근 한국 사회의 가장 큰 병폐는 자기가 바라는 바를 팩트로 포장해서 말하는 사람들이 참 많이 늘었다는 것이다. 특히 유튜브 열풍으로 이런 현상이 더욱더 심각하게 진행되고 있다는 것이다. 사실과 단순한 의견이 혼재되어 떠도는 유령사회가 되어 간다는 것이다. 언론의 바른 기능이 지난 박근혜 탄핵 때부터 이런 역기능으로 흐르더니, 문 정권 들어와서 더욱더 극심해졌다. 올바른 메신저가 사라져 가는 시대가 되었다. 비정상적인 국가가 되어 가는 것이다. 통탄할 일이다.

2019.09.21(토) 오후 08시 22분

야당 원내대표에 대한 여권의 공격이 마치 2011.10. 서울시장 보선 때 1억 피부과 파동을 연상시킵니다. 그때는 명확한 해명없이 논쟁만으로 큰 상처를 입고 우리가 서울시장 보선에서 참패 했지만, 이번 논쟁은 검찰에 고발까지 되었고 조국 자녀에 대한 강도 높은 수사가 진행되고 있어 형평상 그냥 넘어 갈수 없는 사건이 되었습니다. 핵심은 다른 사항도 있지만 원정출산 여부입니다. 서울에서 출생했다고 말로만 하는 것보다 이에 대한 해법은 의외로 간단합니다. 예일대 재학 중인 아들이 이중 국적인지 여부만 밝히면 그 논쟁은 끝납니다.

나는 야당 원내대표의 아들이 이중 국적이 아니라고 굳게 믿습니다. 분명히 천명하시고 여권의 조국 물타기에서 본인 및 당이 수렁에 빠지지 않도록 조속한 대처를 하시기를 기대합니다. 저들은 조작된 자료라도 가지고 때를 기다리고 있습니다. 한방에 역전 시키십시오.

2019.09.22(일) 오후 08시 44분

　당을 위한 충고를 내부총질로 호도하고 있는 작금의 당 현실을 감안하지 못한 것은 아니지만 참 어이없는 요즘입니다. 이제 한 술 더 떠서 3류평론가까지 동원해서 내부총질 운운하는 것을 보니, 더 이상 당을 위한 고언(苦言)은 이제 그만 두어야 할 때가 아닌가 생각됩니다. 나는 좌우를 막론하고 잘못된 것은 묵과하지 않습니다. 그러나 좌파는 이것을 내분으로 이용하고 우파는 이것을 총질이라고 철없는 비난을 하니 이제 당 문제는 거론을 그만 둡니다. 내가 존재감 높이려고 그런다? 이름 석자 알리려고 그런다? 내가 지금 그럴 군번입니까? 그런 치졸한 시각으로 정치를 해 왔으니 탄핵 당하고, 지금도 민주당에 무시당하고 있는 겁니다. 그래 이제부터는 당에 대해서는 한마디도 안할 테니 잘 대처하십시오. 험난할 겁니다.

2019.09.23(월) 오전 10시 48분

　이중국적이 아니라고 선언한 야당 원내대표의 발언을 환영한다. 처음부터 그랬으면 아무런 의혹없이 대여 공격을 할 수 있었을 것인데, 늦었지만 진실을 밝혔으니 다행이다. 이제 원정출산 의혹을 말끔히 씻었으니 지금부터라도 머뭇거리지 말고 자신 있게 밀어붙여라. 네 사람 자녀 특검이라도 해서 누명 벗고 문 정권을 타도해야 한다. 그렇게 당당해야 좌파들을 상대할 힘이 생긴다.

2019.09.24(화) 오전 08시 58분

비록 텅 빈 광장에서 나홀로 부르는 노래가 될지라도, 그것이 우리들의 노래가 되고 전 국민의 노래가 될 때까지 나는 부르고 또 부를 것이다. 자유 대한민국 만세! 10월 3일 광화문에서 시작합시다.

2019.09.26(목) 오전 08시 00분

조국 사태로 인해 문재인 정권에 대한 국민적 분노가 임계점을 넘었습니다. 안보는 북의 수중에 들어가고, 외교는 국제적 왕따가 되고, 경제는 폭망하고, 민생은 파탄나도 문 정권은 분열과 이간 정책으로 나라를 둘로 쪼개고 있습니다. 이제 국민이 나서서 문 정권을 탄핵해야 할 때입니다. 10월 3일 광화문 교보빌딩 앞에서 만납시다. 100만 군중이 문재인 아웃을 외쳐 봅시다. 그날 서울시청 앞, 동화면세점 앞, 세종문화회관 앞, 서울역 등지에서 문재인 탄핵집회가 모두 동시에 열릴 겁니다. 모두가 한뜻입니다. 저는 광화문 교보문고 앞에 갑니다.

2019.09.27(금) 오전 10시 29분

나는 진영논리에 매몰되지 않고 항상 상식적인 기준으로 사안을 판단해 왔다. YS 대통령 시절에도 그랬고, 이회창 총재시절에도 이

총재의 잘못을 지적했고, 이명박 대통령 시절에도 박근혜 대통령 시절에도 늘 그랬다. 최근 반일종족주의 책 내용을 비판할 때도, 나경원 원내대표 아들 이중국적 여부를 확실히 밝히는 것이 옳은 대처 방법이라고 말을 할 때도, 건전한 상식을 기준으로 사안을 판단하지 진영 논리에 매몰되지 않았다. 비록 진영으로 부터 철없는 비난을 받을지라도 그것을 겁내거나 두려워하지 않는다. 최근 조국 사태를 두고 건전한 상식으로 판단하지 않고 오로지 진영논리로만 조국을 감싸는 천박한 좌파들의 행태를 보노라면 참 측은 하다는 생각이 든다. 견강부회(牽强附會)라는 말은 이때 하는 것이다. 상식이 매몰되고 진영논리만 판을 치는 혼돈의 세상이 되어 버렸다. 세상이 둘로 쪼개졌다. 문 대통령은 철저하게 분할 통치를 하고 있는 것이다.

2019.09.27(금) 오후 10시 19분

대통령까지 나서서 수사 중인 검찰을 겁박하고 범죄혐의자를 비호하는 나라가 나라다운 나라이고 한 번도 경험해보지 않은 나라인가? 그러니 국민탄핵을 추진할 수밖에 없다. 내 공적생활 38년 동안 8명의 대통령을 봐 왔지만 이런 어처구니없는 대통령은 처음본다. 그래서 10월 3일 광화문 교보문고 앞에서 100만이 모여 문재인 아웃을 외쳐 보자는 거다. 국민의 나라를 마치 자기 왕국인 것처럼 헌법위에 군림하면 문 대통령도 탄핵될 수 있다는 것을 알아야 한다. 남의 눈에 피눈물 나게 하고 잡은 정권은 그 정권도 같은 처지가 될 수도 있다는 것을 왜 모르는가?

서초구 서리풀축제에 끼어들어 자기들 참여 군중인양 거짓 선전하고, 좌파 민변검찰청 하나 더 만드는 것에 불과한 공수처를 검찰개혁이라고 허위 선전하고, 재판도 수사도 인민재판식으로 생각하는 저들은 과연 어떤 생각으로 대한민국에 살고 있는가? 박근혜 탄핵 때도 저랬는데 그때와 다른 점은 좌파 언론 외에는 이에 부화뇌동하는 언론들이 이제는 없다는 거다. 범죄는 검사가 수사 하고 재판은 판사가 하는 거다. 그게 자유 민주주의다. 니들이 하고 있는 짓은 6.25.때 인민군이나 하던 인민재판이다. 이번에도 그게 통할지 지켜보겠다. 10월 3일 우리는 광화문 100만 집회를 추진하고 있으니 니들도 좌파들의 성지에 가서 100만 집회나 준비하거라. 문 대통령과 합작하여 윤석열 검찰을 협박할 생각 말고.

지금 대한민국에서 조국사태를 두고 벌어지고 있는 현 상황은 마치 90년대초 범죄와의 전쟁 당시 조폭세계를 연상시키는 상황과 다를 바 없다. 대통령이 나서고 좌파들이 거리에 무리지어 나서서, 자기편 중범죄 혐의자를 두둔하는 양태는 아무리 양보해서 보더라도 조폭적 의리 이상도 이하도 아니다. 불과 3년 만에 대한민국이 어쩌다가 이 지경에 이르렀나? 부끄러움도 모르는 후안무치한 얼굴로 조폭잡는 정의로운 검사들을 협박하고, 인형으로 저주하고,

행동대장 하나 옹호하기 위해 대통령, 총리, 국회의원들이 총출동하는 작태는 아무리 좋게 보아주려고 해도 조직폭력배들의 행태를 그대로 닮았다. 그래서 한 번도 경험해보지 않은 나라인가? 더이상 정치권에 기대할 것이 없으니 이제 국민들이라도 나서서 탄핵을 해야 하는 거다. 10월 3일 태풍이 불고 비바람 몰아쳐도 우리 모두 광화문에 모여 문재인 아웃을 외쳐 보자.

2019.10.01(화) 오후 02시 50분

가족 범죄단을 옹호하기 위해 대통령 권력을 남용하여, 법률로 설치된 국가기관의 기능을 무력화시키려고 검찰을 겁박하고, 촛불난동을 지령한 것으로 보이는 문 대통령의 죄목은 국헌 문란죄에 해당됩니다. 수사 당하는 피의자가 큰소리치면서 수사 검사 에게 압력을 가하고 인사조치하겠다고 협박하는 조폭 집단이 운영하는 나라. 이게 나라입니까? 아프리카 미개한 나라도 나라 운영을 이렇게 후안무치 하게 하지 않습니다. 좌파는 뻔뻔하고, 우파는 비겁하다고 내 일찍이 말한 바 있습니다.

두 번 당하지 않기 위해서 10.3.태풍이 불어오고, 비바람이 몰아쳐도 광화문에서 100만 군중이 모여 문재인 탄핵을 외쳐봅시다. 그날 대통령 문재인 국민 탄핵 결정문을 공개합니다.

2019.10.02(수) 오전 11시 53분

지난 탄핵대선 때 국민들은 박근혜 정권에 분노한 나머지 정권 교체를 열망하면서 문 정권을 선택했습니다. 김대중·노무현정권 때도 별일 없었는데 문 정권이 들어와 본들 세상이 더 나빠지겠느냐 정도로만 우리 국민들은 문재인 정권을 대수롭지 않게 여겼습니다. 그러나 2년 반이 지난 지금의 대한민국은 어디로 가고 있습니까? 안보는 북핵의 인질이 되었고, 경제는 폭망하여 민생은 도탄에 빠졌고, 외교는 국제적 고립을 자초 하고 있고, 나라는 조폭집단처럼 친북 좌파들만의 나라로 만들어 가고 있습니다.

이전의 좌파 정권들은 보수·우파와 타협으로 나라를 경영했지만 문 정권은 철저하게 친북좌파들 만으로 나라를 혼란으로 몰고 가고 있습니다. 대한민국이 이런 나라였습니까? 이런 조폭집단이 나라를 더 망가트리기 전에 이들을 제압하고, 나라를 바로 세워야 합니다. 그 출발이 바로 내일 13시 광화문 광장입니다. 100만 군중의 힘으로 나라를 바로 세웁시다. 국민들의 힘이 무섭다는 것을 꼭 보여 줍시다.

2019.10.02(수) 오후 05시 50분

내일은 하늘이 처음 열린 날 개천절입니다. 한국에서는 대통령 문재인에 대한 국민탄핵 절차가 시작되는 첫날이기도 합니다. 남의 눈에 피눈물 나게 하고 집권한 문 정권도 조폭집단처럼 나라를 운영하면 자신들도 그렇게 된다는 것을 보여주는 날이기도 합니다. 태풍이 거세게 몰아쳐도 좋습니다. 비바람이 거세게 몰아치면 더더욱 좋습니다. 성난 민심이 어떤 것인지 우리 한번 보여 줍시다. 100만 군중의 힘으로 자유 대한민국을 지킵시다. 내일 광화문의 100만 함성이 대한민국의 미래를 지킵니다.

2019.10.03(목) 오후 04시 12분

국민 탄핵 결정문

사   건 : 2019 대통령(문재인) 탄핵

청구인   : 대한민국 국민

피청구인 : 대통령 문재인

선고일시 : 2019년 10월 3일 15시

주 문

피청구인 대통령 문재인을 파면한다.

이 유

1. 판단

대통령 문재인의 직무 집행에 있어서 헌법과 법률 위배 행위에 대해 국민의 이름으로 심판한다.

(1) 내란의 죄 (형법 제87조~91조, 내란)

제87조(내란) 국토를 참절하거나 국헌을 문란할 목적으로 폭동한 자는 다음의 구별에 의하여 처단한다.

1. 수괴는 사형, 무기징역 또는 무기금고에 처한다.

2. 모의에 참여하거나 지휘하거나 기타 중요한 임무에 종사한 자는 사형, 무기 또는 5년 이상의 징역이나 금고에 처한다. 살상, 파괴 또는 약탈의 행위를 실행한 자도 같다.

3. 부화수행하거나 단순히 폭동에만 관여한 자는 5년 이하의 징역 또는 금고에 처한다.

제91조(국헌문란의 정의) 본장에서 국헌을 문란할 목적이라 함은 다음 각호의 1에 해당함을 말한다.

1. 헌법 또는 법률에 정한 절차에 의하지 아니하고 헌법 또는 법률의 기능을 소멸시키는 것

2. 헌법에 의하여 설치된 국가기관을 강압에 의하여 전복 또는 그 권능 행사를 불가능하게 하는 것

① 한반도 유일 합법정부 지위와 정통성을 포기

- 문재인은 2019년9월15일 인터뷰에서 사상 처음으로 북한을 정부로 인정(남쪽정부/북쪽정부 언급)하는 발언을 했다.

- 상해 임정 건국론 등으로 남북이 대등한 지위와 권능을 인정 하고 '남북 연방제'를 시도하고 있다.

- 이는 헌법 제3조(대한민국의 영토는 한반도와 그 부속도서로 한다)를 위반하여 국헌을 문란하게 한 것이다.

② 사회주의 개헌시도 – 자유민주주의 체제 부정

- 2018년 좌파 개헌을 통해 자유민주주의 → 민주주의로 바꾸어 자유를 삭제하려다 미수에 그쳤다.

- 이는 헌법전문(자유민주적 기본질서를 더욱 확고히 하여)과 헌법4조(자유민주적 기본질서에 입각한 평화적 통일 정책 수립)를 정면으로 위반하여 국헌을 문란하게 하였다.

③ 국가기관 겁박 – 조국 일가의 불의와 불법에 대한 검찰의 정당한
   수사를 방해하고 다중의 위력 동원을 교사하여 협박을 자행했다.

 – 2019년 9월 28일 검찰청 앞에서 개최된 '조국 수호' 관제 집회는
   다중의 위력으로 자행한 일종의 폭동으로 검찰을 압박하여 조
   국 일가의 수사를 저지하려고 했다.

 – 이는 폭동과 협박으로 국가기관인 검찰을 억압하고 그 권능행
   사를 불가능하게 하여 국헌을 문란하게 한 것이다.

(2) 외환유치죄 (형법 제92조, 외환유치)

제92조(외환유치) 외국과 통모하여 대한민국에 대하여 전단을 열
게 하거나 외국인과 통모하여 대한민국에 항적한 자는 사형 또는
무기징역에 처한다.

① 북·중·러 사회주의 동맹 편입

 – 한미동맹 해체, 한일관계 악화 등 반미 반일 정책으로, 대한민
   국 70년 안녕과 번영을 가져온 한미일 동맹 와해시키고 있다.

 – 종북·친중 노선으로 북·중·러 사회주의 동맹에 편입을 시도
   하여 국가를 쇠퇴와 낙후의 길로 이끌고, 국민의 행복과 안녕을
   위태롭게 하고 있다.

② '과거사'를 이유로 한일 경제전쟁을 유발하고, 한일 지소미아를
   파기하여 북한 핵미사일 도발의 사전 탐지·대응을 어렵게 했다.

③ 외국의 영토침범 대응 미흡 : 중·러의 한국방공식별구역(KADIZ)
   과 영공 침탈에 대한 무대응으로 국가수호 책무를 소홀히 했다.

④ 민족해방운동 노선으로 반미운동을 유도하고, 한미동맹 약화로
   미국의 안보지원을 현금거래로 전락시켜 국민 부담을 높이고
   있다. 전시작전통제권의 조기 반환 강행으로 안보태세 검증과

대비를 소홀히 하여 국가안보를 위태롭게 하고 있다.

이는 북한과 통모하여 대한민국에 항적한 자에 해당된다.

(3) 여적죄 (형법 제93조, 여적)

제93조(여적) 적국과 합세하여 대한민국에 항적한 자는 사형에 처한다.

① 2018년 남북정상회담과 9.19 군사 합의

- 남북간 군사합의는 충분한 상호신뢰와 북한의 체제전환이 선행된 후 추진되어야 함에도 불구하고 우리를 위협하는 적과 합의하여 나라의 안녕과 국민의 안위를 위태롭게 하고 있다.

- 북한은 계속해서 핵탄두 숫자를 늘리고 10여 차례의 발사실험을 통해 핵탄두를 장착하여 한반도 전역을 타격할 수 있는 신형 3종 미사일을 전력화하고 잠수함발사탄도미사일(SLBM)을 포함 대륙간탄도미사일(ICBM) 개발로 미 본토까지 위협하고 있다. 그럼에도 군사합의를 통해 북방한계선(NLL)과 군사분계선(MDL)의 감시정찰을 제한하고 GP를 폭파했으며 교통로를 열어 국가안보를 위험에 빠뜨리고 주적개념을 삭제하여 국방력을 무장해제했다.

② 함박도 점령과 군사기지 설치 허용 : 2018년 9.19 군사합의 직전 군사용 레이더가 설치되어 인천공항과 해군 작전을 위험에 빠뜨렸음에도 어떤 조치도 취하지 못한 채 묵인과 옹호로 일관하고 있다.

③ 북한산 석탄 수입, 대북 유류 환적 등 대북 지원과 책임있는 조사방기 등으로 유엔 안보리와 국제사회의 대북 제제의 무력화를 주도했다.

이는 북한과 합세하여 대한민국에 항적한 자에 해당된다.

(4) 민생파탄죄

① 남미 베네수엘라의 길

- 베네수엘라의 차베스-마두로 좌파독재정권은 입법·사법·행정 등 국가기구 장악과 저소득 빈민층의 선심성 보조금 지급을 통한 매표 행위로 장기 집권을 하고 있다.
- 문재인 정권은 베네수엘라 좌파독재 노선을 추종하여 선관위 대법원, 헌법재판소 등 사법을 장악하고 연동형 비례대표제 도입으로 좌파연대의 입법부 장악을 기도하여 20년 장기독재를 획책 중에 있다.
- 베네수엘라가 국민의 50%이상이 정부 보조금으로 연명하는 것처럼 우리도 하위 20%(1천만 명)는 이미 이전소득이 근로소득을 추월했다. 이는 퍼주기 복지를 가장한 좌파정권의 매표행위로 '경제 폭망에도 선거 승리를 기도'하는 베네수엘라식 수법이며 문재인 정권은 이를 충실히 따르고 있다.

② 반 자유시장 정책

- 탈원전, 4대강 보 해체 등 국가 기간산업과 시설의 중단과 파괴를 시도하면서 대한민국 산업과 미래 성장 기반을 와해시켰다.
- 집권 2년여 만에 재정여력을 대부분 소진했고, 실업은 사상 최대를 기록하고 있다. 고용 불안, 경기후퇴에 대한 대응 능력 부재로 장기불황과 디플레이션의 늪으로 나라 경제를 몰아가고 있다.
- 세금폭탄과 빚폭탄이 될 채권 발행으로 가계와 기업을 가렴주구하고 후대와 미래세대의 부담을 늘려 민생을 도탄에 빠지게 했다.
- 개인과 시장에 대한 정부의 규제와 개입을 확대하여 자유와 창의를 짓밟고, 성장과 번영, 국부확충을 방해하면서 '사회주의

경제'로 나라를 이끌어 가고 있다.

(5) 국민분열죄

① 탄핵과 적폐 청산을 명분으로 철저한 진영중심과 좌파우선 정치를 자행하고 국민분열과 분할통치를 시도함으로써 국가역량 결집과 국민통합을 저해하여 나라의 안위를 위태롭게 하고 있다.

② 반시장적 분배정책으로 중산층의 몰락과 '빈익빈 부익부' 현상을 확대했고 민노총과 전교조 중심의 신기득권 우선 체제로 계층과 세대 갈등을 심화시켰다.

③ 광장의 촛불을 내세워 정권의 실정을 감추고 불의와 불공정을 정당화하고 왜곡된 여론과 친문 진영을 동원하여 겁박하는 '조폭정치'를 자행하고 있다.

- 조국 사태처럼, 자기편이면 범법자도 옹호함으로써 대한민국을 도덕과 염치를 저버린 반문명·봉건과 야만의 나라로 전락시키고, '국민의 대통령'이 아니라 단순한 '좌파 진영의 수장', '당신들의 보스'에 불과해졌다.

④ 언론과 문화의 기울어진 운동장을 활용하여 반헌법적 사상과 사조를 퍼뜨리고 협동조합과 공유의 사회주의 경제 가치를 강조하며 자유와 경쟁의 가치를 소홀히 했다. 드루킹과 같은 조직적 여론조작을 자행하고 편향된 여론조사로 국민 여론을 호도하여 이 나라를 '괴벨스 공화국'으로 끌고 가고 있다.

2. 피청구인 파면 여부

(1) 대통령 문재인은 재임 2년여 동안 북핵 해결을 명분으로 이른바 한반도 조정자 역을 자임했으나, 북한은 핵개발을 지속했고 신형 미사일을 발사하는 등 대남 도발과 위협을 계속해 왔다.

그럼에도 반미친북 노선을 일관되게 견지하면서 북한을 이롭게 하는 데만 골몰하고, 특히 유엔과 국제사회에서 일관되게 북한의 입장과 이익을 옹호함으로써 '북한 대변인'의 평가를 받아 국격과 나라의 존엄을 훼손했다.

국가이익을 방기하고 국민의 생명과 재산을 지키는데 게을리 하여 나라의 안위를 위태롭게 만들었으며, 내부적으로 좌파 사회주의 체제로의 전환을 시도하는 등으로 헌법 준수와 국가보위 책무를 소홀히 하고 형법의 내란·외환·여적의 죄를 저지른 것이 넉넉히 인정된다.

(2) 자유시장경제 원칙을 우선으로 하는 헌법에 반하여 반시장적 반자본주의 경제요소를 강제적으로 도입하고 철저한 진영중심과 '좌파세력 우선' 정치를 통해 국민 분열을 조장하고 분할통치를 시도함으로써 국민통합을 저해하여 나라의 안위를 위태롭게 한 사실도 분명히 인정된다.

(3) 현행 자유민주주의 헌법의 가치와 이념을 버리고 전면적인 헌법 개정을 통해 좌파적 사회주의의 나라로 만들려는 의도가 공공연하기에 자유민주 헌법의 수호자로서 부적격하고 '자유인의 공화국'인 대한민국의 정체와 국체를 위험에 빠뜨리게 하여 대통령직에 적합하지 않다. 또 국정 운영과 미래 대비 능력은 물론 G20국가, 세계적 경제 강국의 국격과 역량 증진에 그 능력에 미치지 못함은 자명한 사실로 판명되었다.

3. 결론

이상의 사정을 종합하여 보면, 대통령 문재인의 헌법과 법률 위배 행위는 국민의 기대와 신임을 배반한 것으로서, 헌법 수호 관점에서 용납될 수 없는 중대한 범죄 행위이다.

피청구인을 파면함으로써 얻는 헌법 수호의 이익이 대통령 파면에 따르는 국가적 손실을 압도할 정도로 크다고 넉넉히 인정된다.

이에 국민의 이름으로 주문과 같이 판결한다.

피청구인 대통령 문재인을 파면한다.

2019.10.03(목) 오후 08시 38분

광화문에서 서울역까지 간선도로, 골목길조차 꽉 메운 300만 국민 여러분! 정말 고맙고 감사합니다. 해방이후 최대 인파가 몰렸다는 이번 광화문 대첩은 친북좌파 정권에 대한 국민적 분노가 얼마나 하늘을 찌르고 있는지 가늠해 볼 수 있는 절호의 기회가 되었고, 자유 대한민국을 지켜야 한다는 국민적 열망이 얼마나 큰지 확인해 볼 수 있는 좋은 계기가 되었다고 볼 수 있습니다. 이번 광화문 대첩을 출발로 이젠 하나가 되어야 합니다. 탄핵의 여진은 깨끗이 씻어 버리고 모두 하나가 되어 자유 대한민국을 다시 일으켜 세웁시다. 존경하는 국민 여러분! 정말 감사하고 고맙습니다. 거듭 고개 숙여 감사드립니다.

2019.10.05(토) 오후 12시 16분

남의 편을 모질게 수사하면 정의로운 검찰이고, 자기 편을 제대로 수사하면 정치 검찰이라는 좌파들의 논리는 조폭식 사고 방식이다. 조폭들은 자기 편이면 무슨 짓을 해도 감싸 안는다.

그래서 10.3. 광화문 대첩에서 일반 국민들도 분노한 것이다. 권력이란 모래성에 불과하다는 것을 알았을 때는 이미 늦었다. 조폭들끼리 오늘도 서초동에서 단합대회를 해본들 그것은 마지막 발악일 뿐이다. 청와대에 앉아 있는 사람이나 서초동에 동원된 사람들을 보면, 허망한 권력 주변의 부나방 같다는 생각이 들어 참 측은하다.

2019.10.05(토) 오후 04시 58분

나는 늘 한참 앞질러 갔기 때문에 국민들로부터 내 주장을 인정받지 못했다. 대선 때 "자유대한민국을 지킵시다!"라는 구호가 인정받기에는 2년이라는 세월이 걸렸고, 지선 때 "나라를 통째로 바치시겠습니까? 경제를 통째로 망치시겠습니까?"라는 구호를 인정받기에도 1년이라는 세월이 걸렸다. 이번에 국민탄핵으로 "대통령 문재인을 파면한다!"라는 구호가 국민들로부터 인정받기에도 앞으로 상당한 시간이 필요할 것이다. 그러나 저들이 나라를 망치는 것을 더 이상 묵과하기에는 대한민국의 현실이 너무 절박하다. 더이상 박근혜 전대통령 탄핵을 두고 서로 편 가르기 하기에는 우리 대한민국의 현실이 너무 절박하다는 것이다.

지난 박근혜 탄핵이 우파들의 분열에서 비롯되었는데, 총선을 앞두고 또다시 분열하면 대한민국이 망한다. 하나가 되어야 한다. 그래야 대한민국을 다시 세울 수 있다. 지난 허물은 나라를 바로 세운 후에 따지기로 하고 지금은 모두 뭉쳐 하나가 되어야 한다.

2019.10.06(일) 오전 11시 29분

범죄자를 옹호하는 집회는 나는 처음 본다. 옛날에 정치범으로 억울하게 몰린 DJ를 옹호하는 집회는 수없이 봐 왔지만, 가족 범죄단으로 조사 받고 있는 형사 범죄자를 옹호하는 파렴치한 집회는 처음 보았다. 그만큼 한국사회가 타락했다는 증거일 뿐만 아니라, 집권세력의 본질이 조폭집단이나 다름없다는 것을 보여주는 증좌이기도 하다. 갈 데까지 간 거다.

이제 무너질 날만 남았다. 민심을 떠난 정권은 유지하기 어렵다는 것을 잘 알고 있을 텐데. 그렇게 까지 할 수 있는 것은 오만과 야당 무시에서 비롯된 것이다. 무시당하지 말자. 우리 모두 힘을 합쳐 정상적인 나라 만들자.

2019.10.08(화) 오전 11시 25분

생각은 달랐어도 DJ, 노무현 대통령 시절에는 그래도 참고 견딜만했다. 그러나 나라가 두 쪽으로 갈라져 거덜 나고 있는 데도 자기 진영만의 우두머리나 하겠다는 대통령은 더 이상 두고 보기 어렵다. 뭔가 비장한 국민적 대책이 있어야 하는데 묘책이 떠오르지 않으니 가슴 답답하기만 하다. 이럴 때는 우리라도 한마음이 되어야 하는데, 그것도 여의치 않으니 더 답답한 요즘이다. 더 높은 가을 하늘은 깊어만 가는데 우리 마음은 더 빠르게 겨울로 가고 있다.

2019.10.09(수) 오전 07시 46분

문 대통령이 나라를 베네수엘라로 만들고 있다. 입법부는 연동형비례대표제로 좌파연대가 지배하는 베네수엘라 국회로 만들고 있고, 사법부는 대법원장이 정권에 충성 선언을 할 정도로 차베스·마두르 정권에 예속되어 있는데, 오늘 상식에 어긋난 조국 동생의 영장 기각을 보니 법원, 헌재, 선관위도 베네수엘라처럼 이미 문 정권에 장악이 되었다. 행정부는 이미 장악이 되어 있고, 방송은 민노총을 통하여 장악하고, 좌파언론을 선봉에 내세워 괴벨스 공화국을 만들고 있다. 베네수엘라는 국민의 50%에 달하는 하층민들에게 식품과 휘발류가 공짜인 애국카드를 지급해 사회주의 배급제도로 지지층을 확보했다.

우리도 이미 국민의 20%인 천만 명이 근로소득보다 이전소득이 더 많은 사회주의 배급제도의 수혜계층이 되었고, 올해도 530조 초수퍼 적자예산을 편성해 퍼주기 복지로 수혜계층 늘리기에 혈안이 되어 있다. 경제가 망해도, 나라가 부패해도 정권유지가 되는 베네수엘라처럼 그렇게 해서 20년 집권을 하겠다는 거다. 2006.한때 좌파 교육감들이 베네수엘라를 찬양하고 배우자는 운동을 한 일이 있었다. 그것이 현실화 되어가고 있는 지금, 요즘 대한민국을 코네수엘라로 부른다고들 한다.

그래서 오늘도 국민의 10%가 해외로 탈출한 베네수엘라처럼, 대한민국을 탈출하고자 하는 기업과 이민자들이 줄을 이어 이민상담소를 찾고 있다고 한다. 갈 곳 없는 우리는 어찌 해야 하는가? 베네수엘라로 가고 있는 암담한 대한민국을 바라보면서, 갑자기 추워진 한글날 아침에 청와대 앞에서 노숙투쟁 중인 여러분들의 건강을 빕니다. 부디 건강 하십시오. 마지막에 이기는 자가 승리자입니다.

2019.10.09(수) 오후 11시 39분

야당이 반대함에도 불구하고 문 대통령이 조국을 임명, 강행했을 때, 문 대통령은 그간 15명의 장관을 야당 반대에도 불구하고 임명해도 야당에게는 별다른 수단이 없었다. 여론의 저항도 없었으니 이번에도 그냥 흐지부지 넘어갈 줄 알았을 거다. 그러나 조국 문제는 다른 장관들과는 달리 좌파 특권층의 입시비리, 공직비리, 사학비리 등 강남좌파의 민낯을 그대로 보여준 충격적인 사건이었고 검찰이 조국을 그렇게 샅샅이 수사할 줄은 몰랐을 거다. 그러기에 내가 조국에게는 나대면 칼 맞는다고 미리 경고를 했고, 문 대통령에게는 조국 임명을 강행하면 문 대통령은 바로 레임덕으로 가고, 문 정권은 망하는 길로 간다고 미리 경고한 바 있었다.

정치 24년을 하면서 정권의 붕괴 과정을 수차례 봐 온 나로서는 조국 임명 여부가 문 정권의 분수령으로 보았다. 조국사태는 절대로 그냥 넘어 가지 않는다. 이번 조국 동생의 어처구니없는 구속영장 기각과 같이, 정경심의 구속 영장도 기각 시킨다면 광화문이 마비되는 국민적 분노로 문 정권은 수습하기 어려운 혼란에 빠질 것이다. 야당은 깔봐도 될지 모르나 국민을 무시하면 정권은 바로 무너진다는 것을 알아야 한다. 야누스의 얼굴을 한 조국 하나로 나라를 더 이상 혼란에 빠지게 하지 마라.

2019.10.10(목) 오전 08시 15분

두 번에 걸친 광화문의 분노는 소시민들의 분노다. 니들처럼 민노총·전교조에 의해 조직화된 좌파들의 부추김이 아니라, 참다 참다 폭발한 대한민국 소시민들의 분노다. 그걸 보고 동원집회니 내란죄니 운운하는 것은 그만큼 민심을 모른다는 거다. 야당은 국회에서 니들 마음대로 조롱하고 농락할 수 있을지 모르나, 분노한 소시민들의 민심은 니들이 감당할 수 없을 거다.

민심을 이기려고 하면 정권은 망한다. 그사이 대통령의 가족이 해외로 도피하고, 영부인이 준동하고, 아들이 준동해도 국민들은 참고 참았다. 대한민국 소시민들은 조국의 뻔뻔스러움, 정권의 뻔뻔스러움을 보고 더 이상 참지 못해 광화문으로 나간 거다. 이제 그만 수습하거라. 죄지은 자는 장관실이 아니라 구치소로 보내고, 가족들 문제도 국민 앞에 밝히고 사죄해라. 좌파들의 우두머리에서 국민의 대통령으로 돌아 오라. 그래야 대통령을 계속할 수 있을 거다. 명심해라. 정권은 그렇게 해서 망하는 거다.

2019.10.12(토) 오전 08시 21분

패스트트랙 제도 도입은 민생법안이 정치적 이해관계로 표류하고 있을 때, 이를 타개하기 위해서 채택된 제도이지 선거법,공수처법,검경수사권 조정과 같은 정치 관련법을 처리하기 위해서 채택한 제도는 절대 아니다. 민주당·정의당 좌파연대의 국회 횡포는 이제 그 도를 넘어 의회쿠데타에 가까운 작태를 벌리고 있다. 문희상의장은 합리적인 분으로 봤는데 이를 강행하려고 시도하는 것을 보니, 지역구 세습을 보장 받기 위해 문 정권의 시녀로 자처 하려는가 보다. 조국 사건에서 상식이 무너지더니 조국 수사를 방해하는 사법부의 영장 기각 사태에서 사법 민주주의가 무너지고 문희상 사태에서 이젠 의회도 몰락하는구나.

어쩌다 대한민국이 3년 만에 이렇게 무너졌나? 어쩌다 대한민국이 불과 3년 만에 이 지경에 까지 오게 되었나? 암담한 대한민국의 추락하는 모습을 보는 우울한 가을날 아침이다.

2019.10.14(월) 오후 05시 56분

결국 조국은 사퇴했습니다. 두 달 동안 한국사회를 둘로 갈라놓고 버티다가 결국은 사퇴했습니다. 애초부터 깜이 안되어 나대면 칼 맞는다고 경고를 했는데도, 가족 범죄단이라는 처참한 평가를 받고 결국 사퇴했습니다. 조국을 통하여 우리 국민들은 정의·공정을 외치던 좌파들의 민낯을 생생하게 경험 했고, 그들의 비상식적인 진영 논리는 대통령·총리·민주당·친문집단까지 가세했어도 국민을 이기지는 못했습니다.

이제부터 나라 바로 세우기의 출발입니다. 모두가 하나 되어 좌파 정권을 타도하여 정상국가 만들기에 합심합시다. 국민 여러분! 정말 수고하셨고 고맙습니다.

2019.10.14(월) 오후 09시 49분

검찰은 조국 사퇴에도 불구하고 실체적 진실을 추상같이 수사해서 그간의 조국 일가 범죄 수법을 국민에게 알려야 한다. 만약 그렇지 않고 흐지부지 덮는다면 나중에 윤석열과 수사팀은 직무유기 혐의로 특검을 통해서 단죄될 것이다. 아울러 동남은행 파산 관재인이었던 '법무법인 부산'이 웅동학원 채권 65억을 못찾은 웅동학원의 소송 사기 담합 여부도 철저히 수사해서 명명백백히 밝혀야 한다. 그래야 특검 시비가 없어진다. 그간 검찰의 수사에 경외감을 표하면서 검찰의 마지막 스퍼트를 촉구한다.

2019.10.15(화) 오전 08시 01분

독일 히틀러 시대의 게슈타포 조직 하나 만드는 것을 검찰 개혁이라고, 문 대통령은 지금 국민을 현혹하면서 마치 조국처럼 행동하고 있다. 공수처가 바로 그것이다. 히틀러 독재가 등장하자, 히틀러는 유태인 학살과 반 히틀러 조직 색출을 위해 친위대인 게슈타포를 만들어 공포정치를 해 왔다. 그 결과 세계는 1000만 명 이상이 학살되는 전쟁이 일어났고 수백만의 유태인이 학살 당하는 참극이 있었다. 공수처가 2년 전 처음 저들이 제기하였을 때, 나는 민변검찰청은 절대 불가라고 한방에 일축한 일이 있었다.

그 후 그것은 포기되었다가 내가 당대표를 사퇴한 이후에 다시 들고 나온 것이다. 그 민변검찰청을 게슈타포처럼 좌파 친위부대로 만들어 정적을 숙청하고, 만약 정권이 넘어가도 민변출신 변호사를 공수처에 임명해서 사정기관은 계속 장악하겠다는 것이 공수처의 목적이다. 이걸 바로 잡지 못한다면 야당은 그 역할을 포기한 것이다. 그러나 무력한 야당을 무시하고 공수처를 친북좌파 친위부대로 강제로 만들더라도 정권이 바뀌면 그 기관은 당연히 폐지될 것이다. 히틀러가 사라지면서 없어진 게슈타포처럼 말이다. 공수처의 목적과 해독을 국민들에게 바로 알려야 한다.

2019.10.16(수) 오후 12시 46분

검찰 개혁은 검찰의 힘을 빼는 것이 개혁이 아니라 검찰의 정치적 중립성 확보와 동시에 검찰 수사의 독립성 확보가 검찰 개혁의 핵심이다. 자기편을 수사하면 정치검찰이라고 비난하고, 상대편을 수사하면 정의로운 검찰이라고 칭찬하는 문 정권의 시각으로는 검찰 개혁을 말할 자격이 없다. 유사한 권력 기관인 국세청과 경찰청은 인사와 예산의 독립이 사실상 보장되어 있는데, 검찰만 유독 예산과 인사가 법무부에 예속되어 있다. 검찰 예산의 독립과 검찰 인사의 독립이 이루어질 때, 검찰의 정치적 중립성 확보와 검찰 수사의 독립이 이루어지고 나라가 정상적인 나라가 되는 것이다. 게슈타포 같은 공수처 설립은 검찰 개혁이 아니다.

2019.10.19(토) 오전 09시 44분

　문 대통령이 법무차관, 검찰국장을 불러 비리로 퇴임한 조국의 검찰 개혁안을 빨리 처리 하라고 독려했다고 한다. 조국 사태로 나라를 두 쪽으로 쪼갠 자신의 책임은 언급하지 않고, 비리덩어리 조국이 제안한 엉터리 검찰 개혁안을 빨리 처리하라고 독촉한 것이다. 이게 대통령으로서 맞는 태도인가? 검찰 개혁의 본질은 검찰의 정치적 중립성 확보와 검찰 수사의 독립성 보장인데, 그것은 도외시 하고 검찰 무력화와 게슈타포 같은 좌파 민변검찰청인 공수처 설립을 독촉하는 것이 자유민주국가인 대한민국 대통령으로서 할 짓인가? 세상 민심이 어떻게 돌아가는지도 모르고 구중궁궐에 숨어 살던 하야 직전의 이승만 대통령을 연상시키는 문 대통령의 요즘 처신이다.

　대선 때 한 약속대로 광화문으로 나와서 국민의 목소리를 들어라. 광적인 지지자의 목소리만 듣고 국정 운용하는 좌파들의 수장이 아닌, 국민의 대통령으로 돌아오라. 나라의 앞날이 심히 걱정스럽다.

2019.10.21(월) 오전 10시 45분

문 대통령이 이걸 알고도 주장하는지 모르지만, 문 대통령이 검찰개혁으로 내세우는 공수처는 세계에서 중국과 북한에만 정적제거용으로 있는 제도라고 한다. 자신의 퇴임 후를 대비하고 정적제거와 장기집권을 목적으로 민변출신 변호사들로 구성된 공수처를 만들어 안전판을 만들려는 것이 소위 공수처라는 것인데, 베네수엘라 사법제도도 이것과 비슷하게 운영하면서 차베스·마두로정권 20년을 이어가고 있다.

민주당이 베네수엘라를 모델로 말하는 좌파정권 20년의 완성은, 사회주의 체제로의 개헌과 공수처 도입이라는 것을 국민들이 제대로 안다면, 검찰개혁이라는 문 대통령의 허울 좋은 주장에 동조할 국민이 과연 몇이나 될까? 언론도 방송도 장악한 괴벨스 공화국이 된 지금, 이 나라는 어디로 가고 있는가?

2019.10.23(수) 오후 10시 06분

10.25. 19시 광화문 집회에 다시 참가하기로 했습니다. 조국사태 이후에도 문 대통령이 달라질 기미가 전혀 보이지 않고, 야당도 별다른 대책을 세우지 못 하고 있기에 믿을 곳은 분노한 민심 밖에 없어 보입니다. 그래서 다시 한 번 광화문의 함성으로 나라를 바로 세우는 기회를 우리는 가져야 합니다. 10.25. 19시 퇴근 후 불금의 밤을 다시 광화문 광장에서 외쳐 봅시다. 자유 대한민국을 위하여!

2019.10.24(목) 오후 11시 16분

저는 정치를 처칠처럼 유머가 있고, 작고하신 JP처럼 여유와 낭만이 있어야 한다고 늘 생각해 왔습니다. 누구하고도 소통과 대화를 할 수 있고 어려운 상황도 쉬운 말로 국민들에게 전달해야 국민적 동의를 받을 수 있다고 믿는 사람입니다. 그러다 보니 상스런 말도 스스럼없이 할 때도 있고, 억쎈 경상도 사투리도 섞어 말할 때도 있습니다. 그것이 막말로 매도당해도, 품격 없다고 패션 우파들이 비난해도, 저는 개의치 않습니다. 그것은 저의 정치 철학의 한 부분이니까요. 이번 유시민 전 장관과의 100분 토론도 그런 취지에서 한 것입니다. 서로 지향점은 다르지만 그래도 유시민 전 장관은 서로 이야기가 되는 사람입니다. 각 진영에서는 진영 논리로만 두 사람을 비난하지 마시고, 있는 그대로 봐 주시기 바랍니다. 이번 MBC 100분 토론을 최고의 시청률로 만들어 주신 국민 여러분들께 진심으로 감사드립니다. 국민여러분! 고맙습니다.

2019.10.25(금) 오전 09시 43분

조국 파동이 마지막으로 치닫는 지금 윤석열의 칼날이 야당으로 향하고 있는데 이에 대해 대비는 하지 않고 자축파티나 하는 것은 적절치 않다. 우리가 주도해서 만든 국회 선진화법상 회의 방해죄로 기소되면 공천을 받더라도 당선되기가 어렵고, 당선 되더라도 벌금 500만 원 이상 선고 확정되면 당선무효가 된다.

야당 일각에서는 벌금 500만 원 이상 받더라도 당선 무효가 되지 않고 그 다음 국회의원 출마만 제한된다고 엉터리 법해석을 하면서 국회의원들을 안심시킨다고 말하는 것을 듣고 참 어이없는 무대책이라고 생각했다. 그러니 국민은 안중에 없고 우리끼리 파티 한다고 비난을 받는 것이다. 지도부만 책임지고 지휘에 따른 국회의원들은 모두 구제하도록 해야 한다. 또 어설프게 민주당과 협상하여 패스트트랙 양보하고, 가능하지도 않는 검찰수사를 무마하려고 시도하면서, 자기가 빠져 나갈 생각만 함으로써 나라 망치게 하는 짓은 하지 마라. 패스트 트랙은 협상의 대상이 아닌 분쇄의 대상이란 것을 명심해야 한다.

2019.10.27(일) 오후 12시 13분

남의 당 일이기 때문에 조심스럽지만 개인적인 인연으로 보기가 하도 딱해 한마디 안할 수가 없습니다. 손학규 바른 미래당 대표 이야깁니다. 2007.1. 탈당을 앞두고 손학규 선배와 인사동 밥집에서 두 사람이 만나, 5시간 동안 시국 의견을 주고받으며 통음을 한 일이 있었습니다.

1999.5.야인 때 워싱턴에서 이명박, 손학규 선배와 함께 워싱턴 오리알 3인방이라는 말을 들으면서 쌓아온 우정과 의리도 있었고, 존경하는 정치인중 한 명이었기 때문에 그의 방황이 참으로 안타까워 나는 이인제 선배를 예로 들면서 탈당을 만류했고, 손학규 선배는 동반 탈당하자고 권유하는 자리였습니다. 결국 손학규 선배

는 홀로 탈당하여 민주당으로 갔으나, 민주당 대선후보가 되지 못하고 정치 방랑자의 길로 들어섰습니다.

그러나 나는 그러한 손학규 선배를 지금까지 단 한 번도 비난한 일이 없습니다. 민주당에서 국민의당으로 다시 바른정당으로 전전할 때도 철새 정치인으로 비난하지 않았습니다. 그러나 최근 손학규 선배의 행보는 실망스럽기 그지없습니다. 그의 정치 노마드(nomad)행각은 차치하고라도 사퇴 약속을 수없이 하고도 지키지 않은 그의 잘못된 정치 행보 때문입니다. 선배들로부터 약속 정치를 배웠던 나는 국민과 한 약속대로 두 번이나 당 대표를 사퇴한 일이 있습니다. 존경 받는 정치인으로 돌아오십시오. 그 사람의 평가는 말년의 정치 행보에서 결정됩니다. 이제 그만 사퇴하십시오. 더 이상 버티면 추해집니다.

2019.10.28(월) 오전 07시 45분

지난번 패스트트랙을 강행처리 할 때 그 법이 종국적으로 통과되려면 국회의원 정원을 10%늘려 330명으로 해야 될 것이고, 그렇게 해야 지역구에 영향이 없기 때문에 국회의원들이 찬성할 것이라고 예측한 바가 있었습니다. 그 예측대로 그 법을 추진하고 있는 정의당 심상정 의원이 의원 정수 10% 확대를 지금 주장하고 있습니다.

또 한국당 일각에서는 비례대표 수를 더 줄인다면 야합해 줄 수도 있다는 보도도 나오고 있습니다. 정의당이 선거법 패스트트랙에 목을 매는 것은 그렇게 해야 만이 내년에 자신들이 교섭단체를 만들 수가 있기 때문이라는 것은 삼척동자도 다 알고 있는 것입니다. 한국당이 야합에 동조하려는 하는 것은 그게 가능할지는 모르나 패스트 트랙 수사와 맞바꾸려는 시도로 볼 수밖에 없습니다.

소위 연동형 비례대표제는 베네수엘라형 선거 제도로서 민의에 반하는 비례대표 분배 방식이어서 도저히 우리가 도입해서는 안되는 제도이고, 국회의원 정수 확대는 후안무치의 극치입니다. 4선 국회의원을 지내면서 나는 대한민국 국회의원은 200명이면 충분하다는 것이 내 일관된 주장이었고, 비례대표제는 미국처럼 폐지하고 전원 지역구 의원으로 하자는 것이 내 주장입니다.

소위 민의에 반하는 듣보잡 선거제도 도입도 어처구니없는데, 국민 원성의 대상인 국회의원을 30명이나 더 늘리자는 정의도 아닌 부정의(不正義)정당 의원의 주장에 분노하는 가을날 아침입니다. 정도로 대처하는 강력한 야당이 되어야 국민들의 신뢰를 회복합니다. 민의를 배신하면 야당도 버림 받습니다. 명심하십시오.

2019.10.29(화) 오전 08시 05분

우리가 의회정치의 모델로 삼는 미국은 상원의원 100명, 하원의원 435명 도합 535명으로 상원, 하원을 구성해서 나라를 운영한다. 이 의원정수는 미국 인구가 9,000만 명이던 1911년에 확정되어 현재 3억3,000만 명으로 인구가 늘어도 의원 정수는 변동이 없다.

우리나라의 인구가 5,000만 명이기 때문에 미국을 기준으로 하면 우리나라의 국회의원은 81명 정도 밖에 안된다. 거기에 미국은 대통령제라서 건국 당시부터 주민 직선 의원만 있지 정당이 임명하는 비례대표제라는 것이 없다. 민의에 반하게 좌파연대 승리를 위해 듣보잡 선거제도인 베네수엘라형 연동형 비례대표제 도입도 모자라서 이젠 후안무치 하게 국회의원도 10%나 증원하려고 한다. 내가 4선 국회의원을 해 보았지만 대한민국 국회의원들은 자기 할일은 제대로 하지 않고 권리와 특권만 주장하는 수준 미달 여야 국회의원들이 참 많았다.

그래서 나는 국회의원 정수는 200명으로 하고 미국 의회처럼 비례대표는 폐지하고 전원 주민 직선으로 하자는 것이다. 최근 위헌적인 게슈타포 조직인 공수처 통과를 위해 국회의원 증원법과 연동형 비례대표제를 통과시키려고 하는 좌파 연대의 망국적인 책동은 어떤 희생을 치르더라도 막아야 한다. 이를 저지하지 못하면 야당은 역사의 죄인이 될 것이다. 의원직 총사퇴, 총선거부 투쟁을 벌여서라도 반드시 막아라. 그것 못 막으면 웰빙 야당은 모두 한강으로 가거라. 더 이상 웰빙 야당의 존재 이유가 없다는 것이다.

2019.10.30(수) 오후 07시 20분

국회를 통과하는 모든 법은 법사위의 체제, 자구심사를 거쳐 본회의 표결을 통하여 시행이 됩니다. 특별위원회라고 하더라도 법사위를 거치지 않는 법은 국회법 위반일 뿐만 아니라 법체제의 이상이 있을 경우 고칠 수가 없기 때문에 그러합니다.

문희상 의장이 그것을 모를 리 없고, 또 전문가 자문에서도 압도적으로 법사위를 거쳐야 한다고 자문 했음에도 불구하고 법사위를 배제하고 본회의에 바로 부의 하겠다고 우기는 것은 패스트트랙 법안 들이 위헌적인 요소가 있고 법사위원장이 야당이기 때문에 그런 무리수를 둔다고 보입니다.

그러나 그보다 더 큰 이유는 자기 아들을 의정부에 세습 공천해 달라고 문 대통령에게 청탁하기 위해서라고 아니 볼 수 없습니다. 자식을 세습 국회의원으로 만들기 위해 나라의 근간을 뒤 흔드는 위헌 법률을 강행 처리하려는 문희상 의장의 노욕을 엄중히 꾸짖고 규탄합니다. 정치 24년을 거치면서 이런 후안무치한 의장은 처음 봅니다.

2019.11.01(금) 오전 11시 19분

조국사태에서 국민들이 분노한 공정과 정의를 야당에서는 찾아볼 수 있는가? 야당은 부모찬스를 이용한 일이 없고, 특권과 기득권을 이용해서 한국사회를 혼탁하게 한 일은 없는가? 지금 국민들은 조국에게 들이댄 잣대를 야당에게도 똑 같이 들이대고 있는데, 야당은 그들만의 리그로 폭주하고 있으니 국민들이 야당에 동의할 수가 있겠는가? 원내대표는 자기 과오는 인정하지 않고 자리보전에만 연연하고, 당의 지도부는 오락가락 갈팡질팡 하면서 당이 혼돈 상태로 가고 있다. 패스트트랙 수사의 칼끝이 다가 오고 있는데 이를 책임지고 해결할 사람은 아무도 없고 모두가 자기 잘못은 회피하면서 내년 총선에서 공천에만 목메고 있다. 문제는 공천이 아니라 당선이 목적인데 보수신문 여론조사에서도 이런 국정 난맥상에도 불구하고 15%밖에 안되는 지지율로 내년 선거가 되겠나? 대오 각성해라. 고인 물은 썩는 법이다.

2019.11.02(토) 오전 08시 39분

전직 당대표를 아무런 이유없이 뜨내기 보따리상을 꼬드겨 제명하자고 선동하고 험지 출마시켜 낙선케 하여 정계 퇴출시켜 버리자고 작당하고 탄핵대선과 위장평화 지선 때는 손끝 하나 움직이지 않고 방관 하면서 당의 참패를 기다리던 사람들입니다. 그래야 자기들 총선 때는 국민들이 균형 맞추기 위해 또 다시 당선시켜줄 것이라고 믿던 얄팍한 계산으로 정치하는 사람들, 그들이 주도하는 야당으로는 총선에서 이길 수 없습니다. 박근혜 정권을 망하게 하고도 아무런 책임감 없이 숨죽이고 있다가, 이제야 나서서 야당의 주류로 행세하는 그들로는 총선 치루기 어렵습니다. 절반은 쇄신하고 정리하십시오. 그래야 야당이 살아납니다. 인재 영입은 공천을 앞둔 시점에 하면 됩니다.

문제의 본질은 인적 쇄신과 혁신입니다. 인적 쇄신과 혁신 없이 반사적 이익만으로 총선을 치른다는 발상은 정치사상 처음으로 대선·지선·총선 3연패를 가져 오게 되고, 이 나라는 친북 좌파들의 사회주의 공화국으로 가게 되면서 야당은 역사에 죄를 짓게 된다는 것을 명심해야 합니다. 내 말이 틀렸다면 또 친위부대 철부지들

동원하여 내부 총질 운운하면서 징계 추진을 하시던지 해 보십시오. 그런 기본적인 예의도 없는 철부지들이 당을 망치고 있습니다.

그리고 섹소폰은 총선 이기고 난 뒤 마음껏 부십시오. 여태 황교안 대표에게는 직접적으로 한마디도 하지 않았지만 최근 헛발질이 계속되어 답답한 마음에 오늘 처음으로 포스팅 합니다. 새겨 들으십시오.

2019.11.02(토) 오후 01시 14분

박근혜 대통령 탄핵이후 궤멸 직전의 4%짜리 당을 맡아 친박 당직자들의 철저한 방관 하에 나 홀로 대선을 치렀습니다. 주위의 성화로 부득이 하게 당 대표를 또 맡아 당 개혁과 혁신을 추진 하고자 하였으나, 나 자신의 부족함과 70%에 이르는 친박들의 집단 저항으로 실패했습니다. 그리고 언론의 기울어진 운동장, 친북좌파 정권의 위장평화 공세로 지선에서도 참패했습니다. 지난 당대표 시절 어느 보수 진영 대표적인 언론사 경영자가 "그런 상황이 아니고 정상적인 상황이었으면 홍대표 같은 한국 보수 세력의 비주류가 대통령 후보가 되고 또다시 당대표가 되었겠느냐."고 말을 한 일이 있었습니다. 말하자면 정상적인 상황이면 자기들이 다 차지하고 다 해먹지 나 같은 비주류에게 그런 기회를 주었겠느냐가 요지였습니다. 나는 그 말을 들을 때 전혀 불쾌하거나 기분 나쁘지 않았고 당연한 것으로 받아 들였습니다. 내가 경험한 이 당의 전통이 그러했으니까요.

장관·총리·판사·검사장 등 고관대작 하면서 누릴 것 다 누리고 정치는 아르바이트나 노후 대책 정도로 생각하는 사람들을 인재라고 영입하니 국민정서에 동떨어지고 웰빙 정당이라는 소리를 듣는 겁니다. 주변에 당을 위해 헌신한 당직자들도 있고, 국회의원들보다 더 뛰어난 보좌관들도 있고, 재야에 있는 운동가, 이론가들도 즐비합니다. 민주당은 그 사람들을 인재라고 생각하는데 이 당은 그 사람들을 머슴 정도로만 인식합니다. 지금도 그 인식은 변하지 않고 있습니다. 그래서 지금 야당은 투쟁력이 없는 겁니다. 그래서 반나절 단식이라는 기상천외한 엉터리 투쟁도 한 겁니다. 이런 풍토가 바뀌지 않으면 총선도 이길 수 없고 정권교체는 더욱더 무망합니다. 참으로 암담함으로 보내는 가을날 주말입니다.

2019.11.03(일) 오후 08시 40분

내가 이 당에 들어 와서 가장 소속감을 갖고 행복하게 정당 생활을 한 것은 2002.12. 대선을 앞두고 김대업 병풍공작을 분쇄하기 위해서 조직한 통칭 나바론 특공대 시절이었다. 이재오·정형근·김문수·홍준표를 축으로 민주당의 김대업 병풍 공작에 대응하기 위해 조직한 4인 특공대였는데, 나는 이때 그 선배들과 한 팀이 되어 물불 가리지 않고 대여 투쟁을 한 덕분에 우리 당은 모두 한마음이 될 수 있었다.

그 후 김대중·노무현 정권을 거치면서 친이·친박으로 쪼개지고, 이 당은 친이·친박 계파정치에 휩싸이게 되면서 계파 없는 나는 외톨이 정치를 하지 않을 수 없게 되었다. 양 진영에 몸담지 않으면 공천이 보장되지 않으니 모두가 레밍처럼 어느 한쪽 진영에 가담해서 무조건 맹목적으로 수장을 따라 가는 무뇌정치(無腦政治) 시대가 된 것이다.

지금도 그 현상은 변하지 않고 있다. 친박이 친황으로 말을 갈아 타면서 박근혜 때 하던 주류 행세를 다시 하고 비박은 뭉칠 곳이 없어 눈치나 보는 천덕꾸러기 신세가 되어 버렸다. 그래 이런 레밍 정치, 계파정치를 타파 하지 않고 국민들에게 표 달라고 할 수 있겠나? 정치 초년생 데리고 와서 그 밑에서 딸랑 거리면서 그렇게도 국회의원 한 번 더 하고 싶으냐? 이명박·박근혜 시절에는 그럭저럭 당을 꾸려 왔으나, 이제 그 카리스마조차도 없어진 마당에 계파정치가 계속될 것 같으냐? 국회의원이라도 한 번 더 하고 싶다면 자성하고 참회하고 최소한 국회의원으로서 소신과 품격은 갖추어라. 그렇지 않으면 레밍으로 비난 받을 수밖에 없다. 이 당이 가장 먼저 탈피해야 하는 것은 바로 레밍(Lemming)정치다.

2019.11.03(일) 오후 01시 43분

왜 우리당을 탈당했다가 복당한 사람들은 비난과 원성의 대상이 되고, 원조 탈당 복당한 분은 존경의 대상이 되는가? 박근혜 전 대통령은 2002.5.17. 한나라당을 탈당하여 한국 미래연합을 창당하고, 그해 6. 지방선거에서 전국에 한국미래연합 후보자를 내어 지방선거를 치렀으나 참패한 일이 있었다. 대선을 앞둔 그해 11.월 복당하여 이회창 대선후보를 도왔으나 이회창 후보는 또다시 낙선하였다.

그런데 박근혜 전 대통령의 탈당, 복당에는 아무런 말도 하지 못하면서 왜 지금 우리당의 탈당, 복당파만 당내에서 유독 비난과 원성의 대상이 되고 있나? 탈당과 복당은 자신의 정치적 소신에 따른 것이고 비난의 대상은 아니다. 그것은 모두 유권자들의 선택에 맡겨야 한다. 한나라당에 있다가 이념과 정책이 맞지 않아 탈당한 손학규, 김부겸, 김영춘 등을 지금까지도 내가 비난하지 않는 것은 그 이유 때문이다. 그런데 유독 우리당 복당파들만 비난의 대상이 되는 것은 그래서 이해하기 어렵다는 것이다. 물론 자기당 대통령을 탄핵한 그들의 정치적 선택은 비난을 받아도 마땅하지만, 그러면 무기력하게 남아 있던 소위 친박들은 박근혜 대통령 탄핵때 이를 적극 저지했는가? 지금 당 대표도 탄핵 때 국정을 총괄하던 국무총리가 아니었나? 더 이상 탄핵 문제로 서로 손가락질 하는 비열한 작태는 이제 버려야 한다. 탄핵 문제는 역사적 평가에 맡기면 된다. 더 이상 탄핵 문제로 이 땅의 보수·우파들이 분열되어서는 안된다. 그것은 자멸로 가는 길이기 때문이다.

2019.11.06(수) 오전 07시 37분

십상시가 활개치던 박근혜 정권 시절, 나는 경남지사로 내려 가 있었지만 그들의 패악질과 정치 난맥상은 지방에서도 생생하게 볼 수 있을 정도로 자심했다. 20대 국회의원 공천을 앞두고 박대통령의 진실한 친박 한마디에 진박 감별사가 등장 하고, 최모 의원을 정점으로 서울·경기는 S와 H가, 인천은 Y가, 충남·대전은 K와 L 이, 대구·경북은 K가, 부산·경남은 Y·P가 공공연히 진박 감별사를 자처하면서 십상시(十常侍)정치를 하였다.

20대 국회가 개원 되고 난 뒤 의총이 열리기만 하면 당내 분란의 중심이 된 소위 친위대 재선 4인방의 횡포에 의원들은 할 말도 못 하고 눈치보기 바빴고 오히려 그들이 막말과 고성으로 당을 장악해 나갔다. 김무성 대표는 허수아비 대표로 전락했고 당의 기강은 무너져 내렸다. 박근혜 탄핵은 이렇게 해서 시작된 것이다. 또다시 공천의 계절이 왔다. 이제 친박에서 말을 갈아탄 그들이 개혁을 포장해서 벌이는 정치쇼를 국민 여러분들은 또다시 보게 될 것이다. 황대표를 비롯한 지도부는 이를 제압하고 물갈이 할 힘이 없다.

2019.11.07(목) 오전 11시 43분

자유 우파란 프레임을 보면서 참으로 비겁한 프레임이라고 생각했다. 원래 우파는 자유를 최우선 가치를 두고 좌파는 평등을 최우선 가치를 두는 집단이다. 프랑스 혁명에서 유래된 급진 좌파인 자코방 당과 온건 우파인 지롱드 당에서 유래된 좌·우파 개념은 그 후 한국에 들어오면서 좌·우익 개념으로 해방 직후부터 잘못 인식되었다. 그러다 5.16 쿠데타 이후 우익 정권이 들어오면서 좌익은 공산주의 북을 추종하는 세력으로 치부되는 바람에 사라졌던 개념이었다. 그리고 한동안 한국은 우익만이 존재하는 우익 천국시대를 구가하다가 전교조, 민노총 등 급진좌파들의 탄핵 활동으로 좌파들이 정권을 잡고, 진보 좌파라는 그럴듯한 구호로 이젠 그들의 세상으로 변해 버렸다. 그리고 지금 한국에서 벌어지고 있는 체제 전쟁은 해방 직후 좌·우익 혼란상에 버금가는 문제로 등장하였다.

보수는 꼰대, 기득권, 특권의 상징으로 전락하였고, 진보는 신선, 미래, 평등, 공정의 상징으로 날조되었다. 기득권, 특권, 꼰대로부터 탈피하고자 하는 노력 없이 보수·우파라고 하기가 부끄러우니 지금 자유 우파라고 우기는 것이 아니냐? 그래서 비겁하다는 것이다. 지금 이 나라에 진보가 어디 있느냐? 친북 좌파, 극좌파가 진보의 탈을 쓰고 국민들을 현혹하고 있을 뿐이지 진정한 진보가 어디에 있느냐? 진보의 상징이라던 조국을 보지 않았느냐?

그것이 그들의 민낯인데 그걸 제대로 알리지 못 하고 우리 내부 문제도 자꾸 제기되고 있으니, 우리도 조국 아류라고 지금 국민들이 보고 있는 것 아니냐? 보수라는 개념이 그렇게도 부끄러운데 어떻게 보수 정당에서 정치를 하고 있느냐? 진정한 보수는 나라를 먼저 생각하고 노블리스 오블리제를 스스로 실천하며, 서민정신이 충만한 세력들이 추구하는 정치적 가치다. 지금부터라도 정치 사전에도 없는 자유·우파라는 용어를 사용하지 말고 당당하게 보수·우파라는 말을 사용해라. 보수·우파라는 정치적 용어를 사용할 자신이 없으면 보수정당에서 정치할 자격 없다.

2019.11.07(목) 오후 01시 03분

황대표가 추진하는 보수 대통합은 자세히 살펴보면 TK통합에 불과하다. 지금 현 시점에서 논의되어야 할 통합은 국민 대통합이라고 나는 생각한다. 문재인 친북 좌파에 대항하고 나라 바로 세우기를 추진하려면, 모두가 원 오브 뎀(one of them)으로 참여하는 국민 대통합이 필요한 시점이다. 황대표의 보수 대통합은 그 출발점이 되어야 하고 그 끝은 친북 좌파가 아닌 진보 좌파도 포함하는 모두가 기득권을 내려놓고 수평적 관계로 참여하는 국민 대통합이 절실한 시점이다.

2019.11.07(목) 오후 06시 24분

충고와 해당행위도 구분 못하는 측근들 데리고 정치를 하니 십상시 정치를 한다는 말을 듣습니다. 널리 국민들을 보고 폭 넓게 정치하십시오. 청주 초임 검사 시절에는 그렇게 명석하게 일을 잘 하셨는데, 초심으로 돌아 가셔서 편 가르기 하지 말고 과감하게 당을 쇄신하십시오. 지켜보는 국민들의 눈이 참 많습니다.

2019.11.07(목) 오후 09시 25분

너희들 듣기에 거친 입이지 국민들 듣기에는 속 시원한 입이다. 박근혜 때 그렇게 아부해서 박근혜 망치더니 또다시 M모 중심으로 친박 초재선 모임 만들어 아부해서 국회의원 공천 한 번 더 받으려고 하냐? 내가 너희들 상대냐? 국민들 공감받는 사람들이나 당당하게 대표가 나서라. 참 어이없는 하루다.

2019.11.08(금) 오후 01시 20분

당이 걱정이 되어 충고를 하면 그걸 내부 총질이라고 펄펄 뛴다. 총질이나 한번 해보고 그런 말해라. 총질은 적을 보고 하는 것이지 내부 총질이라는 것은 없다. 나는 신검 때 4급 판정을 받아 방위 소집 14개월을 복무했어도, 군부대 방위로 복무하는 바람에 M1, 카빈, 식스틴 소총도 쏴 봤고, 국회 정보위 시절에는 국정원 사격장에서 리볼버 권총도 쏴 보았다. 내부 총질과 충고도 구분 못하는 사람들이 어떻게 내부 총질 운운하느냐? 다시는 그런 말로 언로를 차단하지 마라. 나는 검사시절부터 지난 38년간 자유로운 영혼으로 살았던 사람이다. 언로를 차단하는 문재인 정권과 똑 같은 짓은 다시는 하지 마라.

2019.11.09(토) 오전 09시 57분

혹자는 당대표를 두 번이나 하고 대통령 후보까지 한 사람이 아랫사람하고 논쟁하고 당을 비판하는 것이 맞느냐고 비난하기도 한다. 그러나 나 이외에 당의 문제점을 지적하고 시정을 요구하는 국회의원이 이 당에 단 한사람이라도 있느냐? 공천을 앞두고 모두 눈치 10단이 된 마당에 나 조차 침묵하면 이 당이 살아날 것 같으냐? 내가 그걸 모르고 당의 잘못을 지적 한다고 보느냐?

좌파는 뻔뻔하고 우파는 비겁 하다고 내가 한 말이 있다. 요즘 말 갈아탄 이 당의 일부 세력들은 비겁하기도 하고 뻔뻔하기도 해서 참다못해 그걸 지적하는 것이다. 조국의 특권, 기득권, 불공정을 그렇게 비난하면서 우리는 그런 사례가 없었느냐? 박근혜 망치는 데 앞장섰던 사람들이 쇄신을 표방하고 개혁파를 자처하는 뻔뻔함을 그냥 두고 보라는 말이냐? 얼마 전 〈개그 콘서트〉에서 어느 개그맨이 일등만 기억하는 더러운 세상이라고 패러디 한 일이 있었다. 그 말이 딱 들어맞는 요즘이다.

자기가 한 일을 반성하고 참회 하거라. 그리고 박근혜 탄핵 가지고 이젠 그만 왈가왈부해라. 박근혜 탄핵으로부터 자유스러운 사람은 이 당에서 나뿐이다. 모두 반성하고 참회해라. 그래야 새로운 당으로 거듭날 수 있다. 얼치기 유튜버들의 3류 정치 논평이나 보고 정치할 생각 말고, 양심과 양식을 갖고 상식으로 정치를 해라.

2019.11.09(토) 오전 11시 55분

큰 파도가 올 때 우리는 마치 그 파도에 휩쓸려 갈 것 같은 두려움에 몸을 움추리고 그 파도를 피하는 데만 급급하게 된다. 그러나 그렇게 대처하면 그 파도를 피하지도 못 하고 그 파도에 휩쓸려 실종이 될 수밖에 없다. 해법은 그 파도 중심으로 뛰어 들어가 헤쳐 나가는 것만이 살길이다. 그러나 그 파도를 헤쳐 나가서 앞을 쳐다보면 앞에는 더 큰 파도가 온다. 끝없이 몰려오는 파도와 부딪쳐 돌파해 나가는 것이 인생이고 정치다. 나는 언제나 혼돈과 논란을 피하지 않고 그 중심에서 당당함으로 살아 왔다고 자부한다. 야당도 그런 자세로 난관을 돌파 해야만 생존할 수 있다고 나는 본다.

회피하지 마라. 두려워하지 마라. 당당하게 대처해라.

2019.11.11(월) 오전 08시 36분

이판에 청와대 회동도 부적절 했지만 할 수 없이 갔다면 정국 혼란의 주범인 문 대통령과 담판하고 뛰쳐나왔어야 했다. 아무런 의미 없는 민주당 2중대 노릇 하는 사람과 다투고, 주범인 대통령이 말리는 연출을 하게 하였으니 참으로 부적절한 처신을 하였다. 선거법 개악의 주범은 제쳐 두고 야당 끼리 다투는 모양새를 연출하게 했으니 지극히 잘못된 처신을 한 것이다. 원래 야권 통합이란 물밑에서 다 합의된 후에 전격적으로 공개하여 싸인을 하는 것인데, 아무런 준비없이 이를 공개 하는 쇼를 연출함으로써 다 죽어가는 유승민만 통합의 핵으로 부상하게 하여 유승민만 살려 주었다. 노련한 유승민이 정치초년생을 데리고 즐기는 형국이 되었으니 장차 이 일을 어떻게 풀어갈 것인가? 가을은 점점 깊어만 가는데 패스트트랙, 검찰수사, 보수통합 등 어느 하나 풀리는 것은 없고 우리만 점점 수렁에 빠진다.

2019.11.11(월) 오전 10시 40분

부득이 하게 청와대 만찬에 갔으면 제1야당 대표가 범여권 군소정당 대표와 논쟁할 것이 아니라, 당론대로 조국사태에 대한 대통령의 대국민 사과와 패스트트랙 철회, 패스트트랙 수사 중지, 고발

철회를 요구하면서 문 대통령과 담판을 했어야 한다는 것입니다.

그런 기개와 결기 없이 어떻게 무지막지한 문 정권을 타도할 수 있겠습니까? 국민들로부터 야당을 대안세력, 수권세력으로 인정받으려면 그런 강단과 결기가 있어야 한다는 것입니다. 참 좋은 기회를 놓쳐 안타까워서 하는 말이니 고깝게 듣지 말고 향후 당 대책이나 잘 세워 주기 바랍니다.

2019.11.12(화) 오후 02시 51분

패스트트랙을 막는 방편으로 정기국회 후 야당이 국회의원 총사퇴를 논의한다고 합니다. 참 어이없는 웰빙 투쟁입니다. 정기국회 끝나면 총선까지 국회의원들이 할 일이 무엇이 있을까요? 지금 당장 문의장 상대로 합의되지 않으면 본회의 부의하지 않는다는 약속을 받아 내기 위해 즉시 국회의원 총 사퇴하면서 정기국회를 거부하고, 그래도 안되면 총선 거부 투쟁도 해야 합니다.

그러지 않고 정기국회 예산, 법안 다 넘겨주고 내년 총선까지 할 일도 없는 국회의원들이 그때 가서 사퇴한다고 해서 문 정권이 들어 줄 것 같나요? 그건 반나절 단식투쟁과 같은 코메디입니다. 오히려 그때 사퇴하면 잘 됐다고 할 것입니다. 그러니 웰빙 야당이라는 비난을 받는 것입니다. 이미지로 정치하는 사람들의 한계가 바로 그런 겁니다.

2019.11.20.(수) 오전 08시 06분

충분한 물밑 대화로 통합 조율없이 아니면 말고 식으로 불쑥 통합 카드 내 던지고, 받아줄 리 없는 여야 영수 회담을 뜬금없이 제안하고, 준비없이 청년과의 대화에 나섰다가 청년들로부터 질타당하고... 최근 일어난 야당의 헛발질들입니다.

이렇게 당 대표가 여론으로부터 조롱을 받기 시작하면 당이 회복하기 힘든 수렁의 늪으로 빠지게 됩니다. 좀 더 길고 넓게 숙고하고 몰고 올 파장을 검토한 후에 국민 앞에 나서십시오.

당풍 쇄신을 위해 당직자들은 개혁적인 인사로 전면 교체하고 박근혜 정권 때 청와대,정부 고위직 출신들은 탄핵 당한 책임을 져야할 사람들이므로 전부 쇄신하십시오. 그래야 당의 활로가 열릴 겁니다. 그런 혁신적인 조치 없이 탄핵 이전 기득권 지키기 현 체제로는 내년 총선은 어렵습니다.

2019.11.20.(수) 오후 01시 46분

야당은 격렬한 노선 투쟁을 통해서 결론이 모아 지면 한 방향으로 가야 쇄신이 이루어 지는 것이지, 나를 따르라는 식의 당 운영으로는 아무런 쇄신을 이루지 못한다. 그것은 소위 3김 시대나 이회창 총재 시절에나 가능했던 방식이다. 공동묘지의 평화는 공멸을 가져 온다는 것이다. 좀 더 치열한 내부 논쟁이 있어야 하는데 어디로 가는 지도 모르는데 단합만을 외치는 것은 기득권을 지키려는 무책임한 발상에 불과하다. 김세연 의원이 쏘아 올린 쇄신의 깃발을 외면하거나 폄하하지 말고, 의원 총회를 통해서 좀 더 치열하게 논쟁을 하도록 충고 드린다.

나는 황대표의 단식투쟁에 대해 문 대통령의 반응을 예측했을 뿐이지 이를 비판하거나 폄하한 일은 전혀 없습니다. 내가 말한 것은 김세연 의원이 제기한 중지를 모아 당쇄신을 해달라는 것뿐이었습니다. 그래서 야당은 공동묘지의 평화를 추구해서는 안된다는 말도 했습니다. 일부 언론에서 내가 하지도 않은 말을 마치 황대표 단식을 비판하는 논조로 쓴 것을 보고 그것은 잘못된 해석이고 오해라고 다시 밝히는 바입니다. 오죽 답답했으면 단식이라도 하겠다는 생각을 했겠습니까? 다만 이 중차대한 시기에 한 달 이상 당무 공백이 걱정입니다.

도대체 나도 뭐가 뭔지 모르겠다. 당대표는 목숨을 걸고 문 정권과 단식하는 첫날 원내대표는 3당 대표와 나란히 손잡고 워싱턴으로 날아가고, 도무지 이해가 안되는 야당의 행태다.

당대표가 문 정권과 극한투쟁을 예고하는 단식을 시작한다면 의원직 총사퇴, 정기국회 거부로 당 대표의 단식에 힘을 실어줄 생각은 하지 않고 의원총회 한 번 안 열고 손에 손잡고 미국 가는 투톱이라는 원내 대표의 저의가 뭔지 도저히 모르겠다.

2019.11.22.(금) 오후 08시 28분

지난 12일 대구 서문시장 방문 기자 간담회를 할 때, 당쇄신은 절반은 해야 한다고 말한 바가 있습니다. 오늘 황대표가 현역 절반을 쇄신한다고 발표를 하긴 했습니다만, 걱정스러운 점이 한두 가지가 아닙니다. 쇄신은 원심력을 가중 시키는 쇄신과 구심력을 가중 시키는 쇄신이 있습니다.

전자는 망하는 쇄신이고 후자는 흥하는 쇄신입니다. 흥하는 쇄신이 되기 위해서는 쇄신의 주체가 도덕적 정당성과 카리스마가 있어야 하는데 과연 그걸 갖춘 쇄신의 주체가 지금 야당 내부에 있는지 의문이고, 쇄신은 측근부터 쳐내는 자기희생 쇄신이 되어야 쇄신 대상들로부터 승복을 요구할 수 있는데 과연 지금 야당에서 그럴 생각으로 쇄신을 추진하고 있는지 의문스럽습니다.

쇄신은 중립적인 외부 인사들이 주체가 되어 쇄신해야 국민들로부터 인정받는 쇄신이 될 겁니다. 쇄신 대상이 쇄신 주체가 되는 어처구니없는 일이 생기지 않도록 황대표는 유의해 주시기 바랍니다.

2019.11.29.(금) 오전 09시 08분

지난 지방 선거 때 울산 시장 사건은 우리가 그렇게 물고 늘어져도 이슈가 되지 못했다. 뒤늦게 최근 부정선거 이슈로 등장해서 수사를 하고는 있지만, 소잃고 외양간 고치는 격이 될 수밖에 없는 현실이 참으로 안타깝다. 그 당시 억울하게 공작으로 낙선하고 자살한 사람도 있었다. 당시 광역단체장 중에서 가장 잘했다는 평가를 받던 김기현 시장은 지금 백수가 되어 허송세월을 보내고, 현 울산 시장은 평가가 전국 꼴찌권이라고 한다.

이것이 대한민국 선거의 현실이다. 하기사 국민이 선택한 문 대통령도 나라를 저리도 망치고 있으니, 내년 선거라도 이제 헛다리 짚지 말고 정신 차리고 잘 하자. 국민이 주인인 세상이면 국민이 선택을 잘 해야 한다.

2019.11.29.(금) 오후 08시 53분

내가 단식하는 황대표를 찾아가서 패스트트랙을 타협하라고 한 것은, 선거법을 막지 못하면 강성노조를 지지기반으로 하는 정의당이 21대 국회에서는 교섭단체가 되고, 우리는 개헌저지선 확보도 어려워집니다. 지금 6석을 가지고도 국회를 좌지우지 하고 있는데 교섭단체가 되면 국회는 강성노조가 지배하는 국회가 되고 나라는 마비가 될 겁니다. 공수처법이야 다음 정권에서 폐지할 수 있지만 선거법은 절대 변경할 수가 없을 겁니다. 아울러 지금 기소 대기 중인 당내 의원들은 지도부의 잘못된 판단에 따랐다는 이유만으로 정치생명이 걸려 있습니다. 전적으로 지도부 책임이지요.

그러나 그 사건의 원인이 된 패스트 트랙이 정치적으로 타결이 되면 검찰의 기소 명분도 없어집니다. 막을 자신도 없으면서 수십 명의 정치 생명을 걸고 도박하는 것은 동귀어진 하자는 것과 다름 없습니다. 당을 이 지경으로 어렵게 만든 임기가 다 된 원내대표는 이제 그만 교체하고 새롭게 전열을 정비하여 당을 혼란에서 구하고 총선 준비에 만전을 기하시기 바랍니다. 시간이 얼마 없습니다. 잘 생각해 보십시오.

2019.11.30.(토) 오전 11시 12분

필리버스터란 합법적인 의사진행 방해 행위로서 소수당의 법안 저지 투쟁의 마지막 수단입니다. 그러나 이것도 종국적인 저지 대책이 될 수 없는 것이 민주당이 예산안과 민생법안을 12월 3일 먼저 상정해서 처리하고, 마지막 안건으로 패스트트랙 안건을 상정해서 필리버스터로 저지하면 정기국회 종료 후 바로 임시회를 소집할 겁니다. 그러면 그 다음 소집되는 임시회에서는 필리버스터 없이 바로 표결 절차에 들어갑니다.

결국 야당은 민심의 악화를 각오하고 예산과 민생법안도 필리버스터로 막아야 하는데 예산은 12월 3일까지 통과되지 않으면 정부 원안으로 확정이 되어 버리고 남는 것은 민생 법안인데, 그것을 필리버스터로 계속 막을 수 있을지 악화되는 여론을 어떻게 감당할지 그것을 판단해야 할 겁니다. 여야 모두 진퇴양난에 빠졌지만 민주당이 더 많은 선택의 카드를 쥔 셈이 되었습니다. 야당의 정치력과 지도력이 어느 때보다 절실한 시점입니다. 면피 정치가 아닌 책임 정치를 하십시오.

2019.12.04.(수) 오후 02시 51분

원내대표까지 소위 친박이 되면 이 당은 탄핵 잔당이 되고 국민들로부터 외면을 받을 것이다. 극심한 내부 분열이 일어나고 보수 통합은커녕 분당 사태까지 올 수도 있다. 균형을 맞추어라. 그게 마지막 남은 희망이다. 쇄신은 선수별이 아니라 박근혜 정권이 망한데 대한 책임이 있는 사람들 정리가 바로 국민이 원하는 쇄신이다. 쇄신 대상이 쇄신 주체가 되는 어처구니없는 일이 일어나서는 안된다.

2019.12.05.(목) 오후 12시 24분

나경원 의원의 연임 불가 결정에 대한 당내 반발의 본질은 줄줄이 고발되어 있는 나경원 의원에 대한 지지가 아니라 황대표의 과도한 전횡에 대한 경고이고 그것은 이제 시작에 불과하다. 원내대표 선거에서 그것이 폭발할 수도 있다. 그 다음이 공천이다. 박근혜 전대통령이 진박 공천을 할 때도 끝까지 자기 마음대로는 하지 못했다. 자기 마음대로 하려다가 당이 폭망했다. 탄핵 당한 야당의 공천 핵심 방향은 탄핵 책임이 있는 박근혜 정권의 장차관, 청와대 수석, 새누리당 요직에 있던 사람들을 정리하는 쇄신 공천이 되어야 한다.

그런데 그 사람들이 주류를 이루고 있으니 그럴 가능성은 전무해보인다. 그 다음에 올 후폭풍은 당이 더욱더 쪼그라들고 공천 과정에서 분당 사태까지 올 수도 있다. 지난 지방선거 때 당 대표를 하면서 광역단체장과 그에 준하는 100만 도시 단체장만 중앙에서 결정하고, 나머지 모든 기초단체장과 기초·광역의원들 공천은 모두 국회의원들과 당협위원장들에게 책임공천을 하도록 했다.

그리고 선거 결과에 대해서 광역은 대표가, 기초는 국회의원과 당협위원장이 책임지자고 약속 했으나 선거 패배 후 책임진 사람은 당대표 밖에 없었다. 그런 사람들이 공천 때 배제되면 가만히 있겠나? 그런 것을 잠재울 카리스마가 황대표에게 있나? 태국 탁신 총리 동생 잉락 총리는 당 쇄신없이 부패한 당으로 재집권에 성공 했으나 민도가 훨씬 높은 한국에서도 탄핵에 대한 책임과 쇄신 없이 탄핵 당한 정당이 재집권할 수 있을까? 그것은 무망한 뜬 구름이다. 아무튼 당의 최대 현안인 패스트 트랙 수사와 선거법과 공수처법을 황대표와 나경원 의원이 책임지고 막는다고 했으니 우선 그것부터 지켜 볼 수밖에.

정치 2020

이치대란(以治待亂), 빅텐트

2020.01.07.(화) 오전 11시 19분

아직도 sein과 sollen을 구별하지 못하고 sollen이 sein인 양 착각하고 있으니, 참으로 안타깝습니다. 당위의 정치가 아닌 현실 정치를 해야 진정성이 보이고 설득력이 있다는 것을 언제 알게 될까요? 현실 정치는 냉혹합니다.

2020.01.07.(화) 오후 01시 56분

윤석열 검찰총장이라는 분은 참으로 대단한 사람입니다. 검사시절에는 박근혜정권의 비리와 부정을 조사하면서 두 번이나 좌천당해도 굴하지 않았고, 검찰총장이 된 문재인 정권에 들어와서는 조국일가 비리를 수사하면서 정권의 온갖 핍박과 좌파들의 비난에도 불구하고 굴하지 않고 검사의 길을 가고 있는 그대는 진정 대한민국의 검사입니다. 한번 사는 인생 그렇게 살고 가면 훗날 검사들의 표상이 되고 귀감이 될 겁니다. 해방 이후 이런 검사를 나는 본 일이 없습니다.

사나이 윤석열! 무소의 뿔처럼 혼자서 가라. 새해를 맞으면서 윤석열 검찰총장을 통해서 나는 그래도 이 나라에 아직 의인(義人)이 있다는 희망을 갖습니다. 새해 복 많이 받으십시오.

2020.01.09.(목) 오후 02시 50분

자기가 임명한 검찰총장을 압박하기 위해 현역 의원을 법무부 장관에 임명하고 검찰인사로 검찰총장을 허수아비로 만들려는 정권은 내 정치 25년 동안 처음 본 옹졸한 대통령입니다. 검심만 떠난 것이 아니라 민심도 이미 떠났습니다. 관제 여론조사로 정권의 명맥을 유지하고는 있으나, 그것도 4월 총선에서 결판이 날 것입니다. 그러나 민심을 담을 야당이 통합하지 못하고 소탐대실하고 있으니, 오히려 국민들이 야당을 더 걱정하고 있습니다. 모두들 내려놓고 나라를 위해 대통합의 길로 가십시오. 그것만이 대한민국을 위한 길입니다.

2020.01.09.(목) 오후 08시 10분

1988.12. 초 나는 노량진수산시장 강탈사건을 수사하다가 수사 막바지에 남부지청 특수부에서 쫓겨나 형사부로 전보되었고, 그 사건 기록은 대검찰청으로 뺏어가 끈 떨어진 전 민정수석 한명 달랑 구속하고 실세들은 은폐하고 그 사건은 종결된 일이 있었습니다. 최근 검찰에서 벌어지고 있는 불법 인사파동은 30년 전의 노량진수산시장 강탈 사건을 다시 보는 것 같아 화가 치밀어 오릅니다.

법무부 장관의 이런 인사권 행사는 살아있는 권력을 수사하고 있는 윤석열 검찰을 막기 위한 직권 남용 임에도 이를 막지 못하는 야당의 무기력도 참으로 안타깝습니다.

세상의 여론에도 뻔뻔하게 눈감고 장악된 사법부를 이용해 검찰의 정당한 수사를 방해하고 종국에 가서는 수사 검찰팀을 해체하는 이들의 만행은 꼭 처벌받을 겁니다. 선인선과(善人善果) 악인악과(惡人惡果)를 나는 아직도 굳게 믿습니다.

2020.01.22.(수) 오후 02시 15분

마치 시험 앞둔 수험생이 여태 놀다가 허겁지겁 벼락치기 공부를 하는 것처럼 유승민당과 소통합에 몰두하는 모습은 바람직스럽지도 않고 오히려 역풍만 초래할 겁니다. 우리공화당, 전진당, 재야 단체 등을 포함해서 대통합을 추구 해야지 유승민당에만 집착하는 모습은 노련한 정치인이 초보 정치인을 데리고 즐기는 형국으로 비추어질 수 있습니다. wag the dog가 되지 않도록 차분하게 하십시오. 서둘면 당합니다.

2020.01.22.(수) 오후 11시 08분

정권과 공개적으로 대결하는 정의로운 검찰도 나는 처음 봤고, 이를 공개적으로 탄압하는 대통령과 법무장관도 처음 봤다. 자기편 수사한다고 정의로운 검찰을 음해하는 대깨문 집단들도 처음 봤고, 이런 호기를 놓치는 무기력한 야당도 처음 봤다. 세상이 인세인 소사이어티(insane society)로 가고 있다.

2020.01.25.(토) 오후 10시 36분

민족의 명절인데도 전혀 즐겁지 않는 것은 나라가 누란지위(累卵之危)에 처해 있다는 절박감 때문입니다. 주사파들의 정치 놀음으로 외교는 왕따, 경제는 폭망, 안보는 북핵의 노예로 전락했고 우한의 신종코로나 바이러스가 창궐하는데도 중국 관광객에 대한 방역대책은 말 뿐이고, 야당은 지리멸렬하고, 좌파들은 기승을 부리고 있으니, 설날이라고 해도 전혀 명절 같지 않은 설날입니다. 하기사 6.25 난리통에도 선거는 했으니 선거는 치러야 하겠지만, 이렇게 혼란스러운 명절을 보내기도 처음입니다.

'바람과 함께 사라지다'의 스칼렛 오하라로 나온 비비안 리가 남북전쟁으로 폐허가 된 들판을 처연하게 바라보면서 "내일은 내일의 해가 뜬다."라는 명대사가 생각나는 설날 밤입니다. 참으로 곤혹스러운 설날 밤입니다. 그러나 명절은 명절입니다. 명절만이라도 즐겁게 보내시기 바랍니다.

2020.01.30.(목) 오전 08시 27분

정권교체의 1등 공신이었는데도 불구하고 공수처설립, 검경수사권 조정으로 팽 당한 검찰이 분기탱천하여 울산 시장 선거개입 사건으로 청와대 수석 등 13명을 무더기로 기소하였습니다. 드루킹 사건에서 김경수 경남지사의 배후에 누가 있는지 상선(上線) 특검을 추진하지 않고 방치하면서 눈감아준 야당이 이번 울산시장

사건에서도 배후에 누가 있는지 또 방치하고 눈감아 줄 건가요?

청와대 정무수석까지 기소된 사안인데 '내 친구 송철호'라고 하는 분은 과연 관여한 사실이 없습니까? 그 두 사건 만으로 대통령의 탄핵사유는 차고 넘칩니다. 저들이었다면 이미 광화문은 촛불로 뒤덮혀 대 혼란을 초래했을 겁니다. 그러나 이미지 정치만 하는 이렇게 무기력하고 전투능력 없는 야당은 오늘도 딴짓만 하고 있습니다.

장외집회는 조국사건 때와 마찬가지로 이런 사건으로 국민적 감정이 격해질 때 하는 겁니다. 때를 놓치면 아무리 좋은 정책도 헛방이 되듯이 지금이 무르익은 정권 심판론의 최적기인데, 딴 곳에만 정신이 팔려 있으니 참으로 딱합니다. 그러니 야당 심판론이라는 듣보잡 구호가 나오는 겁니다. 참 답답합니다.

2020.02.08.(토) 오전 08시 46분

추미애 법무장관이 판사출신 맞나? 피의사실 공표죄는 있어도 피고사실 공표죄는 없다는 것도 모르고 공소사실 내용을 꼭꼭 숨기고, 법원도 이에 동조해서 총선 후 재판을 시작한다고 합니다. 이젠 법무부와 법원이 짜고 재판도 하는 듣보잡 나라가 되어 갑니다.

2020.02.15.(토) 오후 04시 04분

깡패를 제압하려면 더 깡패처럼 굴어야 합니다. 검사시절 깡패

수사를 할 때 나는 늘 그렇게 했습니다. 나보고 막말 한다고 프레임 씌워 비난하는 사람들에게 나는 이렇게 깡패 다루는 법을 이야기 하면서 내가 하는 말은 쎈말이지 절대 막말은 아니라고 대답합니다. 패악스런 문 정권을 상대하면서 어찌 고운말, 점잖은 말로 상대를 제압할 수 있습니까? 앞으로도 나는 문 정권과 쎈말로 투쟁할 수밖에 없습니다. 그러나 이제부터는 좀 더 세련되게 하겠습니다. 국민 여러분들께서 잘 헤아려 주시기 바랍니다.

2020.02.19.(수) 오후 08시 11분

전직 대통령 두 분에 대한 정치보복이 끝이 없습니다. 옛날에는 왕이 즉위를 하면 옥문을 열어 대사면을 한다는데, 유독 한국만 정권이 교체되면 보복으로만 날을 지세우고 있는 서글픈 정치 현실을 오늘 MB재구속에서 다시 봅니다. 팔순에 이르는 전직 대통령을 꼭 그렇게 해야만 직성이 풀리겠습니까? 이제 그만들 하십시오. 칼로 흥한 자 칼로 망한다고 했습니다.

2020.02.29.(토) 오전 08시 46분

작고하신 JP께서 평생한 정치를 허업(虛業)이라고 정의를 했습니다. 그 말씀이 불현듯 떠오르는 요즘입니다. 코로나 사태 같은 미증유의 국가 재앙 사태에서 내가 할 일이 뚜렷이 보이지 않는다는 자괴감과 25년 헌신한 이 당이 통합이라는 명분아래 혼돈으로 흘러가는 것을 보면서 정치는 허업(虛業)이라는 JP의 말씀이 다시금 떠오르는 요즘입니다. 그래도 나는 가야 합니다. 그래도 나는 정치를 계속할 수밖에 없는 숙명을 받아 들여야 합니다. 국민들의 분노투표를 확신하면서 문 정권의 심판을 오늘도 나는 촉구합니다.

2020.04.17(금) 오전 07시 29분

아이돌 게릴라 콘서트도 아니고 단지 페이스북에 하루 전 공지했을 뿐인데도 전국에서 수많은 군중이 세찬 바람 부는 광장에 모였습니다. 선거유세도 아닌 당선자 보고 대회에 불과한데도 이렇게 많은 국민들이 모여든 것은 그만큼 나라 걱정이 앞서고 홍준표에 대한 기대가 크다는 것으로 저는 받아들입니다.

마지막으로 나라와 국민들에게 제가 이 나라에서 받은 많은 혜택을 돌려주어야 한다는 각오로 감연히 대장정에 나서겠습니다. 국민 여러분! 대구 시민 여러분! 수성을 주민 여러분! 정말 고맙고 감사합니다.

2020.04.17(금) 오후 03시 36분

국민의 심판을 받은 당지도부가 비대위 구성하고 총사퇴해야지, 대표는 책임지고 사퇴했는데 국민의 심판을 받아 낙선한 사람들이 권한대행 운운하면서 당의 운명을 좌지 우지 하려고 하는 것은 어치구니 없는 정치 코메디 같습니다. 전당 대회가 급한 것이 아니라 비대위에 전권 주고 비대위 주도로 전당대회를 준비해야지, 총선을 폭망케 한 당 지도부가 전당대회 운운하는 것은 어불성설입니다. 그만 물러나는 것이 정치적 순리입니다. 300만 당원과 국민들이 지켜보고 있습니다. 한줌도 되지 않는 야당 권력에 그만 집착하시고 총사퇴 하십시오.

2020.04.18.(토) 오전 08시 01분

아직도 분이 풀리지 않지만 지난 총선에서 막천을 자행한 김형오, 최모 교수, 조모 여 검사장의 무례와 방자함은 이제 잊겠습니다. 황 대표와 그 측근들의 무도함과 횡포도 잊겠습니다. 어제 찾아온 이인선 통합당 후보가 선거 때 보여준 날선 감정도 잊겠습니다. 마찬가지로 선거 때 이인선 후보를 도우러 수차례 내 선거구에 이인선 후보 지원유세를 온 곽상도 의원의 방문도 고맙게 생각합니다.

이제 모두 잊고 나라의 장래와 보수우파의 미래만 생각하겠습니다. 오늘은 창녕 부모님 산소에 갔다 오겠습니다.

2020.04.18.(토) 오전 09시 34분

나는 등소평처럼 오뚜기 인생을 살아온 사람입니다. 1996.4. 모래시계 드라마의 도움으로 화려하게 정계 데뷔했다가, DJ 저격수를 하는 바람에 1999.3. 정계로부터 퇴출 되었습니다. 2001.10. 동대문을 보선에서 또다시 DJ잡는 특별검사로 정계 복귀를 했으나, 2012.4. 총선에서 낙선하여 또다시 정계 퇴출 되었습니다.

그러나 그해 12월 경남지사 보선에서 다시 정계 복귀했으나 2015.4. 아무런 관련없는 성완종 리스트에 연루되어 정계 퇴출 위기를 맞았고, 2017.2. 서울 고등법원 항소심에서 무죄선고를 받음으로써 또다시 부활하여, 탄핵 대선에 우리당 후보로 대통령선거에 나갈 수 있었고, 무너진 당 재건을 위해 두 번째 당대표가 되었습니다.

그러나 2018.6. 위장평화 남북 정상회담으로 문 정권에 사기 당하여, 지방선거에서 패배한 책임을 지고 당대표를 물러나 다시 정계 퇴출 위기를 맞았으나, 이번 총선에서 황대표와 김형오의 집요한 방해 공작에도 불구하고, 무소속으로 대구 수성을에서 부활했습니다. 나는 온실 속의 화초가 아닌 산야의 들꽃처럼 살았습니다. 더 이상 쓰러지는 일 없이 마지막 피날레를 장식할 것을 오늘 부모님 산소에서 다짐합니다. 이제 다시는 쓰러지지 않겠습니다.

2020.04.20.(월) 오전 07시 12분

저는 일찍부터 보수·진보 이분법적인 대립 구도를 떠나 국익우선 주의를 추구해 왔습니다. 제가 추진했던 반값아파트 정책, 국적법 정책 등은 대표적인 좌파 정책으로 국익우선 주의(NATIONAL PROFIT)에 기반을 둔 정책이었습니다. 박정희 대통령의 의료보험

정책, 계획 경제 정책도 국익 우선에 바탕을 둔 일종의 좌파 정책입니다. 지금 한국 사회가 보수·진보 이분법적인 대립에 갇혀 아직도 갈등과 반목을 계속하고 있다는 것은 참으로 유감입니다.

세계는 트럼프, 아베, 푸틴의 정책에서 보듯이 보수·진보를 떠나 철저하게 자국 이익 우선주의로 나가고 있는 것도 앞으로 우리가 나갈 방향을 시사하고 있습니다. 더 이상 한국사회가 보수·진보·중도실용 등 이념적 갈등에 갇혀 서로 반목하고 분열하는 일이 없어졌으면 참 좋겠습니다.

2020.04.21.(화) 오전 09시 45분

제가 어제 언급한 국익 우선주의는 우리 헌법 제 46조 제2항에 근거를 둔 헌법적 가치입니다. 저는 초선의원 시절인 96.5.월부터 지금까지 헌법 정신에 충실하기 위하여 계파에 들어가지도 않았고 계파를 만든 일도 없습니다. 그런 저를 독불장군이라고 매도하는 사람들 보고 참 어이없는 사람들이라고 저는 생각 했습니다. 내용을 모르는 일부 언론에서는 이를 마치 외연 확장 운운 하고 있는데, 그것은 헌법 정신을 깜박하고 잘못 쓴 기사라고 보여집니다.

앞으로도 저는 좌·우에 매몰 되지 않고 국익을 최우선 가치를 두고 마지막 의정생활을 할 것을 국민 여러분들 앞에 다짐합니다. 잘 지켜 봐 주시기 바랍니다.

오거돈 전 부산시장의 사퇴로 PK 3인방 광역 단체장들이 모두 보선 대상이 되었습니다. 김경수 경남 지사는 이미 기소되어 항소심 선고를 앞두고 있고, 송철호 울산 시장도 기소되어 재판 중이고 이번에 오거돈 전 부산시장도 미투 사건으로 사퇴 했습니다. 안희정, 민병두 두 사람도 미투 사건으로 복역 중이거나 정계퇴출 되었고 박원순 서울시장 여비서였던 분은 같이 근무했던 서울시 공무원에게 성폭행을 당했다고 합니다.

왜 좌파 진영에서만 이런 일이 끊이지 않고 일어나는지 그들 스스로 자문해 보아야 합니다. 참으로 유감스런 일입니다.

친박과 일부 세력들이 옹립한 당 대표가 함량 미달로 국민들로부터 인정 받지 못하고 총선에 참패한 마당에 똑 같은 절차로 그 세력들이 또 다른 비리 비대위원장을 옹립 하려고 시도하는 것은 당을 막장으로 몰고 갈수도 있습니다. 이제 그만 정신들 차렸으면 합니다. 한줌도 안되는 야당권력 이라도 놓치고 싶지 않은 허욕은 이해하지만, 추합니다.

낙선한 지도부는 모두 깨끗하게 물러나시고 당선자들 중에서 최다선 의원을 좌장으로 하여 당선자 총회에서 당내 고문님들 중에서 원로분을 찾아 비대위 맡기십시오. 헛된 노욕으로 당을 이끌면 그 파열음은 걷잡을 수 없이 더 커집니다. 93.4. 동화은행 비자금 사건의 부정과 비리에 얼룩진 사람에게 무기한 무제한 권한을 주는 비대 위원장은 당의 앞날을 위해 나는 반대합니다.

2020.04.25.(토) 오전 09시 33분

당내 문제에는 전혀 끼어들고 싶지 않지만 이건 너무 심하다고 판단되어 추가로 몇 자 적어 올립니다. 지난 2012.4.총선을 앞두고 김종인 새누리당 비대위원이 동대문을 내 공천 문제를 거론 하면서 당대표를 사퇴한 사람을 공천 주면 안된다고 발언한 기사를 봤습니다. 내가 93.4. 동화은행 비자금 사건 때 함승희 주임검사의 요청으로 함 검사님을 대신해서 내가 검사실로 들어가 20분 만에 김종인 전 경제수석의 뇌물 사건 자백을 받은 일이 있었습니다.

그때 나는 슬롯머신 사건 내부 고검장들 연루 사건 수사를 위해 일시 대검찰청으로 파견 나가 있을 때입니다. 나는 아무리 정치판이지만 내가 조사한 뇌물사건 피의자에게 공천심사 받을 생각이 전혀 없다고 천명하면서 공천신청을 아예 하지 않았습니다.

그런데 당에서는 공천신청을 하지 않았던 나를 적절한 출마자가 없어서 동대문을에 전략 공천을 하는 바람에 낙선할 줄 알면서도 부득이하게 출마한 겁니다. 세월이 지났지만 나는 이것을 묻어 두고 싶었는데, 최근 그분의 잇단 노욕에 찬 발언들을 보면서 당이 이러다가 풍비박산 날수도 있다는 위기감에 부득이 하게 지난 일을 밝힐 수밖에 없다고 판단했습니다.

이제 그만 공적 생활을 정리 하시고 정계에 기웃거리지 마십시오. 그만 하면 오래도 했습니다.

차떼기 정당 경력을 가진 우리당 대표를 뇌물 경력 있는 사람으로 채운다? 그게 이치에 맞는 일이라고 보는가? 대안이 없다는 생각으로 일시 착각을 일으키곤 했지만, 최근 노욕에 찬 발언 내용을 보니 당을 수렁으로 몰고 가는 것 같아 그 사람은 절대 용인하기 어렵다는 생각이 들었다. 처음부터 다시 시작해야 한다. 지도부 총사퇴 하고 당선자 대회에서 당내 고문들 중심으로 비대위를 짜는 것이 좋겠다.

처음에는 김종인 씨만큼 카리스마 있고 혼란한 당을 수습할 경험이 있는 사람이 없다고 생각되어 그가 되어도 무방하다는 생각을 했습니다. 그러나 그 후 그분이 보인 태도는 당원 무시, 당소속 국회의원 무시, 당헌 당규 무시로 일관했습니다. 마치 자신이 황제라도 된 듯이 당원, 대의원 국민들이 정하는 대선후보도 자신이 지명 한다는 태도를 보일 때, 이런 오만 방자한 사람이 당에 들어오면 우리당이 망하겠다는 생각이 들었습니다. 그 분은 뇌물 전과자이고 노태우 수천억 비자금 사건 때 무슨 역할을 했는지도 규명 되어야 합니다. 만약 본인이 부인 한다면 동화은행 비자금 사건 때 수사 비화를 더 밝힐 용의도 있습니다. 이제 그만 하시고 더 이상 정치권에 기웃거리지 마십시오. 단순한 정치 기술자에 불과한 사람에 기대지 말고 힘모아 자생력 있는 정당으로 갑시다. 부패 인사에 더 이상 기대지 맙시다.

2020.04.26.(일) 오전 05시 30분

더 이상 이전투구(泥田鬪狗)의 장(場)에 들어가기가 싫지만 당의 앞날을 위해서 부득이 하다는 판단을 했습니다. 방관하는 자는 지도자가 되지 못한다는 충고도 한몫 했습니다. 실의에 빠진 야당 지지층들에게 이 혼란한 상황을 정리해 주어야 한다는 사명감도 작용했습니다. 정체불명의 부패 인사가 더 이상 당을 농단 하는 것은 단연코 반대합니다. 전국위원회 개최여부를 지켜보고 다시 대책을 세우도록 하겠습니다. 한국 정통 보수우파 야당이 그렇게 만만해 보였다면 그건 크나큰 오산이 될 것입니다. 더 이상 노욕으로 찌든 부패 인사가 당 언저리에 맴돌면서 개혁 운운하는 몰염치한 작태는 방치하지 않겠습니다.

2020.04.26.(일) 오전 08시 39분

김종인 전 경제수석의 주임검사는 함승희 검사였습니다. 함 검사는 내 검사 2년 선배 검사로 강단과 실력을 갖춘 특수통 검사였습니다. 당시 나는 슬롯머신 연루 검찰 고검장들 수사를 위해 대검에 파견 나가 있었는데 김종인 전 수석을 소환해서 밤샘 수사를 했어도 자백하지 않는 그에게 함 검사가 아침에 조사실을 나오면서 "홍준표가 대검 파견 나와 있다. 홍 검사가 조사하러 올 것이다. 그는 조폭수사 전문이라서 거칠게 수사한다."라고 겁을 주었다고 하면서 내보고 들어가 보라고 했습니다. 들어가 보니 김수석은 상당히 긴장해 있었고 나는 긴장하고 있는 그에게 "가인 김병로 선생 손자가 이런 짓을 하고도 거짓말 하는 것이 부끄럽지 않느냐? 더 이상 뻗대면 뇌물 액수가 더 크게 늘어 날 건데 지금까지 추적한 것으로 끝내는 것이 어떠냐?" 단 두 마디에 밤새 뻗대던 그는 잠시 생각하더니 그렇게 하자고 했습니다. 함 선배에게 바로 보고하고 입회 계장이 즉시 자백 조서를 받은 것이 동화은행 비자금 사건의 전말입니다. 내가 그 사건 주임 검사라고 한 적이 나는 한 번도 없습니다.

2012.2. 박근혜 비대위에 김종인 전 경제수석이 나의 공천문제 시비를 걸때도 똑 같은 말을 한 일이 있습니다. 의심나면 검색해 보면 됩니다. 이제 와서 말을 할 수밖에 없는 것은 그런 사람이 정치판에서 개혁 운운하며 노욕을 채우는 것은 더 이상 용납할 수가 없기 때문입니다. 부끄러움을 안다면 이제 우리당 언저리에 더 이상 기웃거리지 마시기 바랍니다 더 이상 뇌물 전과자로 개혁 대상자인 분이 지금까지 개혁 팔이로 한국 정치판에서 이당 저당 오가면서 전무후무할 비례대표 5선을 했으면 그만 만족하고 그만둘 때가 되지 않았습니까?

2020.04.26.(일) 오후 01시 07분

국민의 심판을 받아 낙선한 지도부들이 모여서 비대위원장을 추천한다는 것은 정치 상식에도 맞지 않고 옳지도 않습니다. 더구나 뇌물전과자를 당헌까지 개정해 무소불위한 권한을 주면서 비대 위원장으로 데리고 온다는 것 또한 상식에 맞지 않습니다. 전국위를 연기하던지 열더라도 부결될 것인데 그렇게 되면 어차피 낙선 지도부는 총사퇴해야 할 것입니다. 당선자중 최다선 연장자가 주관하여 당선자 대회에서 새로운 비대 위원장 선임하고 비대위가 10월 국감 전까지 전당대회를 준비해야 합니다. 당이 총선 때처럼 또다시 갈팡질팡 오락가락 하고 있어 참으로 유감입니다.

2020.04.26.(일) 오후 02시 10분

김종인 씨의 뇌물 전과는 93.4. 동화은행 뇌물 사건에 그치지 않습니다. 1995.11월 노태우 수천억 비자금 사건에서 재계 인사들로부터 경제수석이라는 직함을 이용하여 뇌물 브로커 행세를 한 혐의로 특가법상 뇌물죄로 기소되어 유죄 판결 받고 항소 포기한 전력도 있습니다. 두 번에 걸친 권력을 이용한 파렴치한 뇌물 전과는 그 후 사면되어 국민들의 뇌리에서 사라지고 망각 된 관계로 그 분의 그러한 부패 전력은 지금 국민들이 대부분 모르고 있고 기자들도 대부분 모르고 있을 겁니다.

경제수석이 아니라 2년 동안 뇌물 브로커를 한 것입니다. 지금은 본인이 마치 개혁의 전도사인 양 자처하고 있는 것만 국민들이 알고 있을 뿐입니다. 그만큼 대한민국이 어둡다는 증거입니다. 이제라도 실체가 다 드러났으니 이제부터라도 정계 언저리에 어슬렁거리지 마시고 사라지는 것이 대한민국을 위하는 길입니다. 우리당 근처에도 오지 마십시오. 우리는 부패한 비대 위원장을 받을 수 없습니다.

2020.04.27.(월) 오후 12시 35분

국민의 심판을 받아 낙선한 사람들이 막무가내로 밀어붙이는 김종인 비대위를 그냥 추인 한다면 이 당은 미래가 없습니다. 당선자 총회에서 중지를 모아 향후 당의 진로와 방향을 논의하는 것이 순리입니다. 퇴장하는 사람들이 당의 진로와 방향을 정하는 것은 어불성설이 아닐 수 없습니다. 모든 결정권을 당선자 총회에 넘겨주고 총선 망친 낙선 지도부는 이제 그만 총사퇴 하십시오.

2020.04.28.(화) 오후 05시 27분

우여곡절 끝에 상임 전국위도 정족수 못 채워 무산되었고, 상임 전국위가 무산되었으면 전국위도 연기를 해야 하는데, 이를 강행하여 이례적인 공개 기립투표로 전국위원 639명중 177명이 찬성하여, 겨우 27.7% 지지로 비대위원장을 선출하였지만, 김종인 씨가 이를 거부했다고 합니다. 하기사 비대위원장은 만장일치로 추대되는 것이 관례인데, 27.7% 찬성으로 억지 취임을 해 본들 당무 집행을 할 수 있겠습니까? 참고로 빅데이터 분석을 하는 빅터뉴스 보도를 보면 김종인 비대위 긍정이 14.5% 부정은 79.9%였습니다.

그럼에도 이를 임명 강행한 당 지도부는 마땅히 총사퇴해야 합니다. 총선 망친 당 지도부가 비대위 조차도 부끄럽게 했으니 당연히 물러나고, 당선자 총회가 전권을 갖고 비대위를 구성하십시오. 더 이상 추해 지지 말고 오해 받지도 말고 당 지도부는 그만 모두 물러나십시오. 그래야 다음이라도 기약할 수 있습니다.

> ※ 마이닝 솔루션 : 펄스K
> ※ 조사 기간 : 2020.4.16 ~ 2020.4.27
> ※ 수집 버즈 : 54,804건 (네이버 기사 및 댓글)
> ※ 분석 : 빅버즈코리아

2020.04.28.(화) 오후 10시 16분

대선이 2년이나 남았고 100석이 넘는 제1야당이 80 넘은 부패 노정객에게 저렇게 매달리는 것을 보면서, 이 당은 자존심도 없고 배알도 없는 허깨비 정당으로 전락한 것은 아닌지 참으로 안타깝습니다. 이제 그 추한 모습들 거두시고 물러들 나십시오. 당선자 총회에 모든 권한 위임하고 총사퇴 하십시오. 당선자들이 원내대표 선출하고 비대위를 하던지 조기 전대를 하던지 할 겁니다.

2020.04.29.(수) 오전 09시 27분

김종인 비대위 무산은 장기적으로 보면 참 잘한 결정입니다. 낙선 지도부들이 자기들 연명책으로 억지로 시도한 김종인 비대위 체제가 들어 왔다면 당은 바람 잘 날 없는 혼란이 지속 되었을 것이고, 김종인 씨는 자신의 부패 전력을 숨기기 위해 끝없이 개혁으로 포장하면서 당의 정체성 혼란을 가져 왔을 겁니다.

또 김종인 비대위 체제 마감 시점에 가서 버티기를 시작하면 또 다시 당은 혼란으로 갔을 겁니다. 당선자 총회에서 치열하게 논쟁하여 당의 자생력을 보여 주시기 바랍니다. 더 이상 외부 부패 전력자나 정치 기술자에 의존하지 말고 새로운 사람들이 모여서 논의하고 숙의하여 올바른 당의 방향을 설정해 주시기 바랍니다.

더 이상 뜨내기들이 분탕 치는 당이 아닌 진정으로 우리 당원들이 주인이 되는 우리들의 당으로 만들어 주시기 바랍니다.

2020.05.01.(금) 오전 08시 01분

제가 상처를 입을 것을 각오하고 김종인 비대위를 반대한 것은 제2의 황교안 사태를 막기 위함이었습니다. 작년에 황교안 체제가 들어 올 당시 검증 없이 들어오면 시한폭탄이 될 수도 있다고 제가 말을 한 일이 있었습니다. 그럼에도 불구하고 박관용 전 의장께서 무리하게 전당대회를 강행하여 사실상 철저 검증 기회를 없애 버림으로써 황체제가 무혈 입성하여 지난 1년 동안 당을 관료화 하고 무능하고 무기력하게 만듦으로써 총선에서 우리는 참패하였습니다. 그러나 김종인체제가 들어오면 황체제보다 더 정체성이 모호해지고, 지금 미래통합당이 안고 있는 계파 분열은 더 심해 질 것으로 보였고, 나아가 김종인의 오만과 독선은 당의 원심력을 더욱 더 키울 것으로 보았습니다. 그래서 반대하지 않을 수 없었습니다. 그런데 특정 언론에서는 무슨 이유에서 인지 김종인 체제를 계속 밀어붙이고 있는지 알수 없는 노릇입니다. 지금 미래통합당은 당명부터 무엇을 추구하는 정당인지 불확실하고 황대표의 무능과 박형준의 몽상이 만들어낸 잡탕당에 불과합니다. 부디 당선자들이 치열한 노선 논쟁과 당의 정체성을 확실하게 정리하여, 자유 민주주의와 시장 경제, 튼튼한 안보를 지키는 마지막 파수꾼이 될 수 있도록 당을 혁신해 주시기 바랍니다.

2020.05.03.(일) 오전 10시 45분

지지율이라는 것에 정치인들은 목을 매지만 지지율은 사실상 뜬구름에 불과합니다. 박근혜 전 대통령 시절 압도적 지지율 1위는 김무성 대표였고 야권 지지율 1위는 박원순 서울 시장이었습니다.

그런데 김무성 대표가 추락하고 덩달아 박원순 서울 시장도 추락하고 난 뒤 최종 승자는 문재인 대통령이었습니다. 작년까지 지지율 1위는 황교안 대표였습니다. 그런 황대표가 추락하면서 이낙연 당선자에게 밀리기 시작하더니, 지금은 아예 야권에서도 밀려버리는 양상으로 변했습니다. 지지율이라는 것은 이같이 뜬구름이고 허상에 불과합니다. 지금부터 2년 동안 한국 정치는 요동치고 부침이 더욱더 심화될 겁니다. 다이나믹한 것이 다른 나라에서 볼 수 없는 한국 정치의 특성입니다.

대선은 새로운 패러다임 전쟁입니다. 총선 결과가 반드시 대선으로 이어지지 않습니다. 야권에서 와각지쟁(蝸角之爭)을 멈추고 대의(大義)를 중심으로 뭉친다면 또 다른 세상이 보일 겁니다. 그래도 개헌 저지선은 확보하지 않았습니까?

2020.05.08.(금) 오전 08시 23분

통합당과 한국당의 합당은 국민의 뜻입니다. 미래한국당에서 3석 짜리 안철수당과 교섭단체 구성을 시도하려고 한다면 그것은 민의에 반하는 또 다른 배신입니다. 원유철 한국당 대표님은 오늘 통합당 원내대표가 선출되면 즉시 합당 절차를 개시해 주시기 바랍니다. 원 의원님은 아직 젊습니다. 원 의원님이 일시 국회를 떠나야 하는 아픔은 이해 하지만 떠날 때 뒤가 깨끗해야 다시 돌아올 명분이 생기는 겁니다. 합당 당명은 정체불명의 미래 통합당보다 미래한국당이 훨씬 선명하고 좋지 않습니까? 원 의원님께서는 부디 손학규 선배님의 전철은 밟지 마시기 바랍니다.

2020.05.09.(토) 오후 01시 35분

이번 총선을 계기로 네 번 쓰러졌다가 다시 일어난 관계로 등소평처럼 부도옹(不倒翁)이라는 별명도 얻었습니다. 등소평이 흑묘백묘론으로 중국을 개혁, 개방시켜 세계 2위의 강성대국으로 만들었듯이 저도 등소평처럼 국익 우선주의로 좌우를 넘어서는 새로운 정치를 해 볼 생각입니다. 그리하여 좌우 진영 싸움으로 도탄에 빠진 대한민국을 다시 일으켜 세우는데 전력을 다 해볼 생각입니다.

돌아보면 파란 만장한 공적생활을 보냈고 저를 둘러싼 논란도 참 많았습니다. 그럼에도 불구하고 아직도 건재한 것은 제가 살아온 길이 옳았다는 것임을 증명하는 것이라고 감히 말씀 드립니다. 늘 하던 대로 항심(恒心)으로 세상을 보고 항심(恒心)으로 세상을 판단하는 항심(恒心)정치를 할 것을 거듭 다짐합니다.

2020.05.09.(토) 오후 04시 40분

김종인씨는 문재인을 폄하하면서 절대 대통령 될 수 없는 사람이라고 하였고, 민주당을 탈당하기까지 했지만 문재인 후보는 대통령이 되었습니다. 그때 그는 이미 정치적 판단에 개인감정이 이입되면서 오판하는 바람에 정치 설계사로서 그의 수명은 그때 다한 것입니다. 또다시 그가 터무니없는 개인감정을 앞세워 통합당을 수렁으로 몰고 가는 것은 더 이상 볼 수가 없어서 나는 김종인씨를 반대하는 것입니다.

주호영 원내대표가 직무대행으로서 당을 추스려 자강론으로 나가십시오. 더 이상 노욕과 감정을 주체하지 못하는 80넘은 노정객에게 매달리는 우를 범하지 마십시오. 이젠 당이 창피해집니다.

2020.05.10.(일) 오전 10시 48분

5월4일 국민일보 쿠키뉴스 여론조사를 보면 김종인 비대위 찬성이 19% 반대가 42.3%에 이르고 미래 통합당 지지자 중에서는 무려 51.3%가 반대를 하고 있습니다. 그럼에도 불구하고 김종인 비대위에 미련을 갖는다는 것은 당을 더욱 더 수렁에 빠지게 하고 가까스로 출범한 주호영체제를 또다시 논란의 중심으로 몰고 갈수도 있습니다. 거듭 말씀드리지만 주호영 직무대행이 중심이 되어 혁신 비대위를 꾸려 당이 중심이 되어 새로운 길을 찾으십시오. 그 정도 역량이 안된다면 당을 해체 할 수밖에 없을 겁니다. 아직도 많은 국민들이 나라를 걱정하면서 미래통합당의 단합과 혁신을 기대하고 있습니다. 미래 한국당과 합당하면서 당명도 바꾸시고 새로운 중도 보수 정당으로 거듭 나십시오. 그것이 국민들의 바램입니다.

2020.05.12.(화) 오후 12시 08분

초재선 때는 우리를 위한 정치를 하느라 DJ 저격수, 노무현 저격수를 마다하지 않았습니다. 3선이 되고서야 비로소 내 나라를 위한 정치를 하고자 했으나 양 진영의 극심한 대립 속에서 그것도 여의치 못했습니다. 어느덧 국회의원 5선, 광역 자치단체장 2선 도합 7선이 되는 은혜를 입었습니다. 그러나 박근혜 전 대통령 탄핵이후 한국의 정치 지형은 진영 논리가 더욱 더 심화되어 진영 논리를 조금이라도 벗어나면 피아를 구분하지 않고 이지메를 해 버리는 극단적인 이분법 정치가 세상을 뒤덮고 있습니다. 참 안타깝고 정치하기가 두려운 요즘입니다. 각자 내 팔 흔들기 정치에만 몰두 한다면 국민들은 누가 돌봅니까?

제게 마지막 기회를 준 국민들의 뜻을 찬찬히 되새겨 보는 요즘입니다. 치국평천하(治國平天下)의 길은 이렇게도 험난하고 힘든 길이라는 것을 새삼 깨닫는 요즘입니다.

2020.05.16.(토) 오후 06시 55분

나는 진중권 씨를 좌파의 부처로 봅니다. 부처님 눈에는 모든 사람이 모두 부처로 보이고 ×개 눈에는 모든 사람이 모두 ×개로 보이는 법이지요. 이번이 두 번째로 한 모욕입니다. 진중권 씨 말대로 고향에서 출마하는 사람들이 모두 ×개라면 각자 고향에서 출마한 대한민국 국회의원 200여 명 모두 ×개이고 목포에서 출마한 김대중 전 대통령, 부산에서 출마한 김영삼 전 대통령 두 분도 그러하지요. 좌파에서 배척당하고 아무리 갈 곳이 없다지만 우파 쪽에 기웃거리는 것은 참으로 보기 딱합니다. 그만 자중하십시오. 분수 모르고 자꾸 떠들면 자신이 ×개로 취급당할 수도 있습니다.

2020.05.22.(금) 오전 07시 57분

하늘이 내게 마지막 기회를 주었습니다. 대구 시민들과 수성을 주민들이 내게 마지막 기회를 주었습니다. 숱하게 쓰러지고 넘어져도 다시 일어났지만 이번처럼 내부 일부 세력들의 작당으로 어려움을 당한 일은 없었습니다.

그러나 냉엄한 국민들은 작당 세력들을 퇴출시키고 저를 선택해 주었습니다. 하늘과 대구시민들과 수성을 주민들이 내게 준 마지막 기회를 놓치지 않도록 좀 더 심사숙고하고 좀 더 치밀하고 좀 더 촘촘하게 문제를 풀어 나가도록 하겠습니다. 개원이 되면 전국적으로 대 국민 정치 버스킹에 나서겠습니다. 제가 과연 국가를 운영할 자질이 되는지 국민들에게 직접 물어 보는 기회를 갖겠습니다.

2020.05.22.(금) 오후 09시 51분

8년 만에 국회로 돌아갑니다. 어쩌면 마지막이 될지도 모르는 여의도 국회를 앞두고 새로운 여의도 풍습에 익숙해지려면 또 많은 시간이 소요되어야 할 것으로 봅니다. 180석의 거대 여당 앞에서 한없이 무력한 야당 소속도 아닌 더 무력한 무소속 국회의원으로 내가 무엇을 할 수 있을지 의구심 속에서 이 좋은 봄날은 갑니다. 와각지쟁(蝸角之爭)을 벗어나고자 합니다. 그래서 국민들과 직접 만나 보기로 한 겁니다. 주유천하(周遊天下) 하면서 세상 민심을 온 몸으로 체험하겠습니다.

2020.05.25.(월) 오전 11시 34분

선거에는 완승, 완패가 있어도 정치적 논쟁이나 투쟁에는 완승, 완패라는 것은 없습니다. 언제나 자신이 입을 정치적 상처를 각오하고 정치적 논쟁을 시작하거나 정치적 투쟁을 시작해야 합니다. 그래서 육참골단(肉斬骨斷)이라는 목표가 정치적 논쟁이나 투쟁의 최종 기착점이 될 수밖에 없고 그만큼 이기더라도 자신도 상처를 입기 마련입니다. 그러나 가장 최선의 방책은 싸우지 않고 이기는 길을 찾는 겁니다. 손자병법에는 그렇게 나와 있지만 그 길은 정말로 쉽지 않는 길입니다.

2020.05.25.(월) 오후 09시 33분

윤미향 사건을 보면서 parasite라는 단어가 떠올랐습니다. 얼마 전에 아카데미 상까지 받았던 동명의 영화도 있었지요. 좌파는 뻔뻔하고 우파는 비겁하다. 작년에 제가 한 말입니다. 최근의 일련의 사태를 보면서 정말 그 말이 맞다는 느낌을 지울 수가 없네요.

2020.05.29.(금) 오전 08시 13분

10.26. 박정희 전 대통령 시해사건의 원인(遠因)은 김영삼 의원의 국회의원 제명에서 출발하였습니다. 김영삼 의원의 외신 상대 발

언을 이유로 폭압적인 제명을 하자 부마항쟁이 발발하였고, 이를 진압하는 과정에서 강온파의 대립이 결국 10.26. 박정희 전 대통령 시해 사건으로 이어집니다. 광주 5.18.민주화 항쟁의 원인(原因)은 김대중 선생의 불법적인 체포 구금에서 출발합니다. 80년 3월 서울의 봄은 신군부에 의해 그렇게 핏빛 항쟁으로 끝이 났고 다시 대한민국은 청동시대(靑銅時代)로 돌아갔습니다.

그러나 끝없이 민주화를 내세우며 항쟁한 결과 93.3. 진정한 김영삼 문민정부의 탄생으로 산업화,민주화 시대는 완성이 되었습니다. 이제 우리는 더 이상 잘못된 역사의 인질이 되어선 안 됩니다. 보수·우파의 오만과 폭압에서 비롯된 비극의 역사를 되풀이해서도 안되고 폄하해서도 안됩니다. 인정할 것은 인정하고 새로운 세상을 만들어 가야할 역사적 책무가 우리에게 있다는 것을 명심해야 합니다. 압축 성장기에 있었던 보수·우파 진영의 과(過)만 들추어내는 것이 역사가 아니듯이 한국 사회의 현재가 있기 까지 보수·우파의 공(功)도 제대로 평가를 받아야 합니다. 한국 보수·우파의 개혁은 이러한 역사적 인식에서 출발을 해야지 좌파 2중대 흉내내기를 개혁으로 포장해서는 우리는 좌파 정당의 위성정당이 될 뿐입니다. 보수·우파의 진정한 가치는 자유·공정·서민에 있습니다. 새롭게 출발하는 한국 보수·우파 정당에 대한 기대를 걸어 보는 만춘(晩春)의 아침입니다.

2020.05.29.(금) 오후 10시 45분

화려하게 조명 받고 정계로 들어와 공천권 쥐고 절대 권력을 누렸지만 총선 결과 국민들의 손에 한방에 훅 가는 것을 보지 않았습니까? 그 앞에서 곡학아세(曲學阿世)하던 일부 언론인들과 유튜버들 호가호위(狐假虎威) 하던 정치인들 모두 어디로 갔습니까? 뿌리 없는 정치의 결말이 다 그렇습니다. 내공 없고 뿌리 없는 정치 기술로 일부 사람들을 현혹할 수는 있으나 종국적으로 국민들을 속일 수는 없다는 것을 알아야 합니다. 눈앞에 보이는 권력보다 눈에 잘 보이지 않는 국민들이 더 무섭다는 것을 알았을 때는 이미 늦은 겁니다. 이제 제 21대 국회가 새롭게 열립니다. 헌법 제46조 제2항대로 좌우를 떠나 당파 이익을 떠나 국익 우선주의를 실천할 것을 다시 한 번 다짐합니다.

2020.06.01(월) 오전 09시 55분

어느덧 세월이 흘러 국회 최고참이 되었습니다. 국회 학번이 96학번이고 15대 국회의원 출신은 이제 저 외에 김민석 의원, 설훈 의원 밖에 남지 않았습니다. 국회의장님으로 내정되신 박병석의장님도 16대 00학번 출신이시니 부끄럽게도 제가 최고참이 되었네요. 41세 때 혈기 방장하던 시절 첫 여의도 국회를 출근 하던 때는 들뜬 가슴으로 국회의원 직무를 시작하였으나, 어느덧 25년이 흘러 저도 60대 중반이 되었네요. 차분하게 서두르지 않고 하나하나 짚어 나가겠습니다. 어쩌면 마지막이 될지도 모르는 여의도 생활을 후회 없이 보냈으면 합니다.

2020.06.03(수) 오전 11시 23분

차기대선과 지방선거를 동시에 추진하자는 여당 발 기사를 봤습니다. 국가를 위해 참 좋은 정책 제안이라고 봅니다. 어차피 차기 정권 탄생 후 3개월 만에 또 선거 열풍에 휩싸이는 것보다 한 번에 승부하고 승복 하는 것이 국가를 위해서 참 다행스럽다고 생각합니다. 국가 예산 절감도 될 뿐만 아니라 국론 분열도 한 번에 종식시킬 수가 있어 참 좋은 제안입니다. 당리당략을 떠나 21대 국회는 이처럼 국익을 위한 국회가 되었으면 합니다.

2020.06.07(일) 오전 08시 08분

국회의원은 입법부의 독립기관이고 모든 것은 입법으로 말해야 합니다. 그래서 이번 국회에서 저는 잘못된 국정을 입법으로 고치기 위하여 국정 전반에 좋은 세상 만들기 입법 활동을 추진하기로 했습니다. 정치, 경제, 사회, 문화, 외교, 대북, 국방등 국정전반에 걸쳐 좋은 세상 만들기 입법 활동을 추진하겠습니다. 홍준표가 꿈꾸는 대한민국을 만들기 위해 추진하는 좋은 세상 만들기 입법 운동에 많은 동참을 기대합니다.

저는 국정을 좌우의 시각에서 운영하는 것은 바람직하지 않고, 헌법 제46조 제2항에 명시된 국익의 시각에서 운영하는 것이 헌법 정신에 맞다고 말한 바 있습니다. 앞으로 제가 나아갈 입법 추진 방향도 국익의 시각에서 추진하는 것이지, 일부 언론에서 제기하는 보수 강화 입법은 아닙니다. 국익을 추구하다 보면 좌파 법안도 낼 수 있고 우파 법안도 낼 수가 있습니다. 저는 김종인 비대위원장과 당권 경쟁할 관계도 아니고, 대권 경쟁할 관계도 아니기 때문에 그분과 대척점에 설 아무런 이유도 없고, 그가 추진하는 일에는 관심도 없습니다. 나는 내 길을 갈 뿐입니다. 좌우에 얽매이지 않고, 당파에 얽매이지 않고, 오로지 국익을 위해 국회의원으로서 활동할 것입니다. 그것이 국민들이 저에게 바라는 바일 겁니다.

대선은 400미터 허들 경기와 유사합니다. 트랙 위에 설치된 10개의 허들을 넘어서 1등으로 안착해야 승리할 수 있는 게임이 바로 한국이나 미국이나 마찬가지인 대선 게임이지요. YS는 반대 진영과 합당이라는 파천황(破天荒)의 결단으로 허들을 뛰어 넘어 승리할 수 있었고, DJ는 30년 빨갱이 프레임이라는 허들을 DJP연합과 IMF위기를 이용해 극복할 수 있었습니다. 이명박은 BBK 허들을 경제 대통령으로 극복할 수 있었고, 박근혜는 별다른 허들을 만나지 않고 박정희 아우라가 결정적 승리 요인이었습니다. 문재인도 박근혜의 실축을 틈타 허들을 만나지 않고 어부지리로 대선 승리를 했지만, 이회창은 병역 비리 허들에 걸려 넘어졌고 지난 탄핵 대선때 보수 우파 진영의 후보들은 탄핵과 드루킹의 여론 조작의 허들에 걸려 힘 한번 써 보지 못하고 넘어졌습니다.

우리 앞에는 지금부터 많은 허들이 놓여져 있고 우리는 그 허들을 피하지 않고 뛰어 넘어야 정권을 다시 가져올 수 있습니다. 이번 총선을 시작으로 대선 허들 경기는 시작 되었습니다. 용수철은 눌린 만큼 뛰어 오릅니다. 좌파 정권의 나라 허물기에 대항해서 다시 뛰는 대한민국을 만들기 위해 우리는 지금부터 신발끈을 다시 꽉 조여 매어야 합니다.

2020.06.15(월) 오전 07시 24분

처음에는 수성을 지역 재건축, 재개발 지원을 위해 무소속에 배정되는 국토 교통위에 지원하기로 결정했으나, 대구 통합 신공항 건설과 남북 관계 경색에 대한 대비가 더 시급 하다는 판단 아래, 국방위로 상임위를 변경하여 지원하기로 하였습니다.

국방위는 대표적인 비인기 상임위이지만 국방위로 가서 대구 통합 신공항 문제 해결을 지원하고 남북 문제 해결에 진력을 다하도록 하겠습니다.

이번 사상 유례없는 국회 폭거를 당한 것은 민주당의 오만에서 비롯되었지만 보다 근본적인 원인은 야당이 깔보였고 야당이 무기력했기 때문입니다. 무기한 권한을 달라! 무제한 권한을 달라!

대선후보는 내가 정한다고 당을 얕보고 덤벼도 아무도 저항하지 않고 받아들이는 야당을 보고 앞으로 우리 마음대로 해도 되겠다는 자만심이 생긴 겁니다. 강한 야당이 아니라 길들여진 야당을 만나 신난 것은 민주당입니다. 앞으로 이런 상태는 계속될 겁니다.

협상하는 척만 하고 종국에 가서는 자기들 마음대로 하는 일당 독주 국회를 만들 겁니다. 내년 부산시장 보궐선거 이외에는 2년 뒤 대선만 있기 때문에 민주당은 당분간 국민들 눈치를 볼 하등의 이유가 없습니다. 강한 야당으로 거듭 나는 길만이 살 길입니다. 더 이상 모양 갖추기에만 급급한 패션 야당은 5공 시절 민한당이 될 뿐입니다. 부디 야당 인사들은 이런 현실을 숙지하시고 잘 대처하십시오.

김종인 비대위원장께서 미통당의 당명을 바꾼다고 했을 때 참 적절한 결정이라고 나는 생각을 했습니다. 처음 우리당의 당명을 미통당으로 한다고 했을 때 나는 하필 왜 미통당이냐고 반문한 일이 있었습니다. 미통이란 법조에서는 미결통산(未決通算)의 약자로, 형사 판결을 선고하면서 판결문마다 미결통산 일수 며칠이라고 표

기할 때 쓰는 용어로 구속 기소된 피고인이 미결수로 있을 때 복역한 날짜를 본형(本刑)에 산입해 주는 제도를 말합니다.

그래서 미통당이라면 마치 우리 모두 구속 기소된 피고인이 된 듯한 착각을 일으키게 할 수도 있는데 검사출신 당 대표나 우리당 법조인들이 왜 그런 당명에 동의를 해 주었는지 의아스럽게 생각하기도 했습니다. 선거를 앞둔 시점이라서 경황이 없을 수도 있었을 겁니다만 늦었지만 지금이라도 당명을 변경한다니 참으로 다행입니다.

2020.06.27(토) 오후 04시 02분

검찰 개혁의 일환으로 기소의 적정성을 보장하기 위해 대검찰청에 수사 심의위원회를 만들고 그에 따라 결정까지 했다면 그에 따르는 것이 검찰권의 올바른 행사이지 특정인을 증오하고 무리한 처벌을 강요하는 것이 올바른 검찰권 행사인가? 내 편은 대법원까지 유죄 확정난 사건도 재조사 하라고 억지를 부리는 세력들이 이젠 무고하다는 판명이 난 부자를 증오하면서 억지 기소하라고 부추기는 것을 보면서 나라가 어디로 가고 있는지 참으로 통탄을 하지 않을 수 없다. 나는 어릴 때부터 그렇게 가난하게 살았어도 단 한 번도 부자를 증오해 본 일이 없다. 세금 제대로 내고 범죄 혐의 없다면 누릴 자유를 주어야 하는 것이 대한민국이 아닌가? 그래서 지난 대선 때 나는 구호를 부자에게 자유를 서민에게 기회를 주자고 역설한 바도 있었다. 김경수 사건도 무죄 만들기에 온갖 짓을 다하고 있는 너희들이 추구하는 사법질서는 내 편은 무죄, 네 편은 유죄라는 뻔뻔함의 극치인가?

김경수 드루킹 대선 여론조작 사건을 수단 방법 가리지 않고 무죄 만들기에 혈안이 된 것은 김경수가 유죄가 되면 지난 대선이 여론조작 대선이라는 것을 사법적으로 인정 하는 것이고, 상선(上線)인 문재인후보, 김정숙 여사가 바로 여론의 표적이 되고 지난 대선의 정당성이 문제 되기 때문입니다.

그래서 1심에서 유죄판결을 선고한 성창호 부장판사를 사법농단으로 뒤집어 씌워 억지 기소를 하였고, 유죄 심증을 갖고 있던 항소심 부장 판사를 교체하고, 새로운 재판부를 구성해 무리한 무죄 만들기를 획책 하고 있다고 보는 것입니다. 이런 사법질서가 정상적이라고 보십니까? 그래서 내가 오늘 작심하고 한명숙 사건, 이재용 사건을 빗대어 내편 무죄, 상대편 유죄라는 희얀한 사법질서를 만들어 가고 있다고 질타하는 것입니다. 야당은 겁이나 이를 쟁점으로 삼고 있지 않을지 모르나 국민들은 현명합니다. 다 알고 있습니다. 때가 되면 민심이 폭발할 겁니다.

작년 11월 패스트트랙 사건으로 여야가 극한대치를 할 때 황교안 대표 단식장을 찾아가 민주당과 합의를 종용했습니다. 공수처법은 정부조직법이고 우리가 집권할 때 폐지하면 되니 넘겨주고 기괴한 선거법은 막으라고 했습니다. 그렇게 조언한 가장 큰 이유는 기히 고발된 국회의원들 보호 때문이었습니다. 원인이 된 패스트트랙이 합의 되면 고발 취소가 되고 검찰도 기소 명분이 없어지기 때문입니다.

그런데 둘다 막는다고 큰 소리 치면서 심지어 의총장에서 나중에 법적문제가 생기면 황대표와 나경원 원내대표가 변호사이니 모든 것을 책임진다고 호언장담까지 했습니다. 나아가 나경원 원내대표는 공천 가산점 운운까지 하면서 극한투쟁을 부추겼습니다. 그 후 어떻게 되었습니까? 두 법은 강행통과 되었고 공천 가산점은 주지 않고 많은 의원들을 낙천시켰으며 그나마 재공천 되어 당선된 9명의 현역의원들은 지금 사법절차의 족쇄를 찼습니다.

개헌저지선이 무너질 수도 있습니다. 그런데 2회에 걸친 공판 준비절차에서 당을 대표한 두 분 변호인들의 변호 내용은 기가 막힐 지경입니다. 의원들이 자발적으로 나섰다고 진술해 달라는 말을 들었을 때 나는 내 귀를 의심했습니다.

그 당시 의원들은 공천권을 틀어쥔 지도부의 지휘를 거역할 수 있었겠습니까? 그건 어이없는 무책임 변론입니다. 지금이라도 당선된 9명의 의원들을 구하려면 "모든 책임은 지도부인 우리 두 사람에게 있다. 의원들은 지휘에 따라준 잘못 밖에 없다. 의원들은 선처해 달라." 이렇게 변론을 해야지 지도자의 모습이지 나 살겠다고 의원들을 끌고 들어가는 모습은 그건 정말 아닙니다. 일본에 핵폭탄을 투하 결정한 트루만 대통령의 집무실에는 The buck stops here!(모든 책임은 나에게 있다)라는 문구가 쓰여 있었다고 합니다.

2020.07.08.(수) 오후 10시 37분

추법무와 윤총장의 밀당이 점입가경입니다. 한 분은 정치권에서 문 정권의 탄생의 최대 공로자로서 당대표, 법무장관에 이르렀고 다른 한 분은 박영수 특검의 수사팀장으로 탄핵 대선을 이끌어 내어 문 정권 탄생의 최대 사법적 공로자였던 덕분에 파격적 승진을 거듭하여 검찰총장까지 된 사람인데, 문 정권 아래서 두 사람이 벌리고 있는 지금의 밀당은 참으로 가관입니다.

마치 삼국지에 나오는 조식의 칠보시(七步詩)처럼 어찌 한 콩깍지에서 나와 서로 민생과 아무런 상관없는 측근 봐주기 수사를 두고 서로 기싸움을 하고 있는가요? 본질은 영역 싸움에 불과 한데 서로 정의와 형평을 내세우고 있으니 보는 국민들만 짜증납니다. 그만들 하십시오. 국민들이 그리 무지하지 않습니다.

2020.07.12.(일) 오후 08시 20분

노무현 전대통령의 경우는 전직대통령 예우에 관한 법률이 있어서 국장도 하고 사후 예우도 했지만 자진(自盡)한 전직 시장은 무슨 근거로 서울특별시장(葬)을 하는지 이해가 되지 않습니다.

자신의 과오를 죽음으로 사죄한 부분에 대해서는 우리가 받아들일 수 있으나 이를 미화하거나 그 뜻을 이어 받는다는 말은 선뜻 이해하기 어렵습니다. 조용히 고인의 유지대로 화장을 하고 끝냈으면 더욱 좋았을 것을 자진한 죽음을 두고 양 진영이 갈라져 서로 다투는 모습은 아무래도 그건 아닙니다. 참 이상한 나라가 되어 갑니다.

2020.07.20.(월) 오전 09시 16분

사람은 늘 시행착오 끝에 바른길을 찾습니다. 60대 중반에 이른 저도 매일 시행착오를 겪습니다. 그러나 나라를 책임진 대통령은 시행착오를 겪어서도 안되고 잘못을 알았으면 즉각 시정 하여야 합니다. 위장평화 정책에 속은 것을 알면서도 잘못된 대북정책을 고집하고 규제일변도의 경제 정책과 부동산 정책이 잘못된 것임을 알면서도 오로지 좌파 이념에 충실하기 위해서 이를 고집하는 것은 나라를 좌파 이념의 실험장으로 몰고 갈려는 음모에서 비롯된 것입니다. 한 번도 경험해 보지 않는 나라를 만든다고 한 번도 경험해 보지 않은 망가진 나라를 만들어서야 되겠습니까?

2020.07.24.(금) 오전 11시 42분

통일부 장관 인사청문회의 가장 핵심적인 의제는 사상검증입니다. 그 대상자가 친북활동의 전력이 있었다면 더욱더 그러합니다.

그런데 어제 인사청문회에서 청문 대상자에게 주체사상을 가진 적이 있느냐? 전향을 한적 있느냐? 라는 질문을 두고 색깔론 운운 하는 것은 천부당만부당한 공격입니다. 색깔론과 본질론을 구분도 못하는 지력(知力)을 가지고 어찌 대한민국 국회의원이라고 할 수 있습니까? 질문을 질문 그대로 이해하고 답변 내용은 국민들의 판단에 맡기면 될 일을 5공 시대에나 통했을 색깔론을 들이대면서 본질을 피해 가는 것은 참으로 뻔뻔한 대응입니다. 차라리 한때는 주체사상에 심취했지만 지금은 그렇지 않다라고 답변했다면 훨씬 돋보였을 겁니다.

2020.07.25.(토) 오전 09시 00분

사흘간 국회 본회의장 대정부 질문 현장에서 느낀 것은 아무리 잘못해도 그들은 당당했고 이제 그들이 대한민국의 주류라는 것은 엄연한 사실이었습니다. 깜도 안되는 각료들이 국회 본회의장에서 질타하는 야당의원을 노려보고 객석에서는 질문하는 야당 의원을 야유까지 하면서 여론이야 어찌 되었던 아랑곳 하지 않고 그들 국회는 그렇게 오만하게 흘러가고 있었습니다.

그들이 야당일 때는 똘똘 뭉쳐 하나가 되어 우리에게 대항해 정권을 빼앗아 갔건만 우리는 아직도 느슨한 연대에 일부 패션 우파들이 설치는 야당의 이런 전력으로 과연 정권을 되찾아 올수 있을까 하는 의구심이 불쑥 불쑥 드는 것은 이번 개원 국회에서 느끼는 저만의 생각일까요? 곧 장마가 끝나고 MB의 4대강 보 덕분에 해마다 겪는 4대강 주변 홍수 피해도 사라진 대한민국은 찐한 무더위가 찾아올 겁니다. 덥더라도 에어컨 감기 조심하십시오. 요즘은 감기 걸리면 코로나로 오해 받기 때문입니다.

2020.07.29.(수) 오후 12시 17분

야당은 투사가 필요하지 온화한 패셔니스트론 안됩니다. 최근 반헌법적인 부동산 관계법을 반의회적인 방법으로 처리하는 좌파 정권의 민생 입법 폭주를 보면서, 대한민국의 국민들은 지난 대선.지선.총선 때 문재인 정권에 속아 투표한 결과가 이렇게 참담한 현실로 돌아온다는 것을 과연 예상했고 알았을까요?

막가는 정권입니다. 이럴 때 야당은 어찌해야 합니까? YS, DJ는 지금보다 더한 소수의 국회의원을 갖고도 거대 여당의 폭주를 막아냈습니다. 과거 그분들이 야당일 때 어떻게 투쟁했는지 다시 한 번 돌아볼 때입니다. 이제 광화문에서 부동산 횃불이라도 들어야 합니까?

2020.08.03.(월) 오후 07시 56분

물난리에, 부동산 난리, 코로나 난리, 대북 난리, 국방 난리, 외교 난리에 검란(檢亂)까지 겹치니 나라가 온통 난리 통으로 대혼란에 빠졌습니다. 사람이 먼저라고 하더니 내편이 먼저인 세상이 되었고 사람 사는 세상을 외치더니 사람 잡는 세상을 만들고 있습니다. 어쩌다가 나라가 이 꼴이 되었습니까? 나라가 니꺼냐 라는 국민들의 외침이 문 대통령은 들리지 않는지 참으로 답답한 요즘입니다. 어차피 나라를 맡았으니 남은 임기 동안 만이라도 나라와 국민을 위한 정치를 해야 하지 않겠습니까? 이대로 계속 나라 망치는 일만 하시겠습니까?

2020.08.04.(화) 오후 05시 42분

개원국회 본회의장에서 느낀 점은 25년 정치 생활 중 이렇게 무도한 여당을 본 일도 없고 이렇게 무기력한 야당을 본 일도 없다는 것입니다. 본회의장은 각 진영의 여흥 놀이 무대가 되어 버렸고, 아무런 감흥없고 내용없는 연설에도 자기들끼리만 웃으면서 박수 치는 것이 일상화되어 버려 엄숙해야 할 본회의장이 난전(亂廛)처럼 되어 버렸습니다. 국회의장의 장내 질서 유지도 되지 않고 중구난방 박수부대 국회가 되어 버려 참으로 유감입니다. 다가오는 정기국회 모습도 오만 여당 무기력 야당, 이렇게 된다면 대한민국은 암담합니다. 오늘 개원국회가 끝남에 따라 보름 정도 휴회를 하고 결산 국회로 들어갑니다. 당분간 쉬면서 책도 읽고 운동도 하고 등산도 가고 지인들도 많이 만나 보겠습니다. 4대강 보로 인해 4대강 유역의 홍수는 사라졌으나 지류, 지천의 홍수와 내수가 차는 도심의 비 피해는 여전합니다. 모두들 비 피해 입지 않도록 조심하십시오. 휴가 잘 보내십시오.

2020.08.08.(토) 오전 07시 44분

총선 압승에 취해 폭주하던 문 정권이 큰 위기를 맞았습니다. 9월이 되면 부동산 폭동으로 문 정권이 무너질 거라고 이미 예측한 바 있었습니다만, 붕괴 순간이 더 빨리 오는 것 같습니다. 청와대는 문 대통령 중심으로 폭주하다가 치명상을 입고 비틀거리고, 내각은 법무 난맥상 추미애, 대북 난맥상 이인영, 외교 난맥상 강경화, 국방 난맥상 정경두, 제 난맥상 홍남기, 부동산 난맥상 김현미가 나라 망치는 대 활약을 하고 있고, 국회는 폭주기관차처럼 김태년 기관사가 문재인 기차를 초고속으로 탈선 운행을 하고 있습니다.

MB시절 4대강 정비에 이은 지류·지천 정비를 하지 못하게 그렇게도 막더니, 이번 폭우 사태 피해가 4대강 유역이 아닌 지류, 지천에 집중되어 있다는 사실을 그대들은 이제사 실감하는가? 이미지 정치가 이렇게 나라를 망치는데도 아직도 이미지 정치에만 집착하는가? 나라를 위한 진정성 없이 1회성 이벤트로만 순간을 모면하려는 이미지 정치는 이제 그만하시고 무너지는 국가체제나 다시 바로 잡으십시오.

2020.08.23.(일) 오전 11시 16분

좌파들은 참 영악합니다. 탄핵사유도 안되는 박근혜를 민심을 선동하여 탄핵하고 정권을 차지하더니, 위장평화회담으로 국민들을 속이고 지방선거에서 대승하고, 코로나 방역을 총선에 이용하여 또 대승을 했습니다. 나아가 자기들이 저지른 부동산 민생파탄을 코로나 확산 공포를 이용하여 위기 탈출을 시도 하면서 일부 교회세력을 얼토당토않게 극우세력으로 몰아가고 있습니다. 극우란 국가주의, 전체주의, 인종차별주의자들을 이르는 용어인데, 어디 그 사람들이 거기에 해당됩니까? 그 사람들은 온몸으로 문 정권을 반대하는 사람들일 뿐입니다.

물론 코로나 방역에 비협조적이고, 코로나 위기에 8.15 집회를 주도하여 코로나 확산에 책임이 있긴 하지만, 그 사람들을 극우세력으로 몰고 가면서 국민과 야당으로부터 고립시키려고 하는 정치적 음모는 참으로 놀랍습니다. 감염병 위기를 정치에 이용하지 말고 지금부터라도 국민들에게 코로나 감염 경로를 정확히 알려주고 백신 개발과 치료약 개발에 전념해 주기 바랍니다. K방역이 세계 제일이라고 그렇게 선전만 하지 말고 치료약과 백신 개발에 대통령이 직접 나서서 독려 하십시오. 그게 방역 대책의 핵심입니다.

2020.08.26.(수) 오후 06시 41분

최근 광화문 집회에 대한 문 정권의 탄압은 부당 하다고 포스팅을 하니 제가 마치 전목사님과 같이 행동하는 사람인양 취급하면서 어느 전직 교수라는 사람은 저를 전목사님과 같이 묶어 비난하기도 하는 것을 보았습니다. ×개를 좋아하는 그 분은 걸핏하면 관종병 환자처럼 아무나 대 놓고 물어버리는 횡포를 저지르고 있는데 개가 사람을 문다고 해서 사람이 개를 물수도 없고 참으로 난처합니다. 또 어제는 어느 방송사 외주팀 PD라는 사람이 저의 자택을 사전 연락없이 강제 방문하여 전목사님 관련 취재를 한다고 행패를 부리고 갔는데, 그것이 강요죄라는 것을 모르는 모양인지 언론갑질이 도를 넘었습니다.

취재의 자유가 있다면 취재거부의 자유도 있다는 것을 알아야 하는데, 논란이 여지가 있지만 채널A 기자가 취재과정에서 강요

미수로 구속까지 되었다는 것도 모르는 모양입니다.

저는 전목사님과 정치적으로나 개인적으로도 아무런 관련이 없습니다. 다만 8.15 광화문 집회의 성격이 정부 주장과는 현저히 다르고 집회 참가자들도 일반 국민들이 대다수였지 일부 교회 신도들만이 아니라는 것을 국민들에게 제대로 알리고 그 과정에서 문 정권이 이를 정치적으로 악용하는 것은 반헌법적이라는 것을 국민들에게 알려야 한다는 생각으로 그런 포스팅을 하게 된 겁니다. 마치 모택동 시절 홍위병들의 난동을 연상케 하는 코로나 정국입니다.

2020.08.30.(일) 오전 09시 39분

나는 여론에 춤추는 정치는 하지 않습니다. 옳고 그름에 따라 판단하고 결정합니다. 나는 이해관계 따져서 정치를 하지 않습니다. 당장은 손해를 보더라도 올바른 길을 택합니다. 많은 사람들을 선동으로 호도해 코로나 시국에 의사들의 파업을 밥그릇 투쟁이라고 매도 하지만 나는 의사들의 파업이 옳다는 생각에는 변함이 없습니다. 왜 공공 의대만 신설합니까? 공공법대도 만들어 판검사들을 말잘 듣는 3류 사람들로만 임명하고 공공상대 만들어 금융인, 기업인도 시민단체 추천으로 만드십시오.

부동산 악법을 밀어붙이는 행태를 보니 무기력한 야당에게는 기대할 것이 없어 의료인들이 거리로 직접 나선 겁니다. 의료인들의 이번 투쟁은 좌파 적폐 척결의 신호탄이 될 수도 있습니다.

2020.09.03.(목) 오후 04시 14분

페북 글을 직접 쓰신다고 할 땐 언제고 이제 와서는 비서관이 의사, 간호사 갈라치기 글을 올렸다고 합니다. 문 대통령은 참 좋으시겠습니다. 유리할 땐 내가 했고 불리하면 비서관이 했다고 해주니, 우리나라 역대 대통령 중에 그런 대통령이 과연 한분이라도 있었는지 궁금합니다.

글쎄요, 대통령 페북에 대통령 허락없이 마음대로 글을 올리는 비서관은 대통령을 조종하는 상왕쯤 되는 건가요?

2020.09.07.(월) 오전 11시 11분

검찰을 못 믿어 공수처를 만들고, 자신들이 잘못한 부동산 정책을 호도하기 위해 부동산 감시원을 만든다면, 청와대를 국민들이 못 믿으면 무얼 새로 만들어야 합니까? 참 어처구니없는 짓들입니다. 오늘도 여당 대표는 공수처 협력을 야당에게 촉구하지만, 그렇게 하려면 지난 20대 국회에서 당신들끼리 그 법을 통과시킬 때 국회충돌 과정에서 일어났던 패스트트랙으로 기소된 야당 전·현직 의원들에 대해 공소 취소를 하고 나서 야당의 협력을 구하십시오. 야당은 그 법에 협력할 아무런 이유가 없습니다. 적반하장(賊反荷杖)이란 말은 이때 하는 겁니다.

2020.09.12.(토) 오전 10시 58분

대란대치(大亂大治)라는 말은 본래 청나라 옹정제의 통치 전략인데 모택동이 이를 차용해 문화대혁명을 일으키고 중국을 대혼란으로 끌고 갔던 통치술입니다. 크게 혼란을 일으켜 크게 다스린다는 대란대치는, 나는 그렇게 읽지 않고 크게 혼란할 때는 크게 다스린다는 뜻으로 읽습니다. 지난 탄핵 대선 때 내가 자주했던 말이기도 합니다. 그런데 요즘 문 정권이 자행하는 것을 보니 대란대치 보다는 이치대란(以治待亂)이라는 말이 오히려 현 시국에 더 적합한 방책이 아닌가 하는 생각이 듭니다. 아군을 철저히 정비한 후에 상대방의 혼란을 다스린다는 손자병법에 나오는 말이기도 합니다.

하나 된 군대는 비록 수는 열세라도 단합된 힘으로 상대방을 물리칠 수가 있기 때문입니다. 곧 천하대란이 옵니다. 정치·경제·사회·문화·외교·대북 어느 하나도 수습하기 어려운 레임덕 대 혼란이 옵니다. 이치대란(以治待亂)으로 이를 극복해야 할 때가 옵니다.

2020.09.13.(일) 오후 11시 39분

자신의 곤궁한 처지를 어찌 검찰 개혁이라는 허울 좋은 미명으로 감추려고 하는가? 검찰개혁은 깨끗한 손으로 하는 것이다. 그걸 이태리 말로 마니폴리테 운동이라고 한다. 이미 더럽혀진 손으로는 개혁을 할 수가 없다. 최근 일련의 검찰 행정을 보더라도 그건 개혁이 아니라 개악으로 가고 있지 않은가? 조국에 이어 추미애로 이어지는 이 정권의 법무부 장관은 어찌 판박이처럼 그 모양이냐? 더 이상 부끄러운 손, 더럽혀진 손으로 검찰 개혁을 말하지 말라. 부끄러움을 알거라.

2020.09.16.(수) 오후 12시 02분

정치는 한때 지나가는 바람에 불과한 것인데, 국방부가 추미애 아들 방어의 최전선에 나간 것은 나라를 지키는 국방부(國防部)가 추방부(秋防部)로 전락한 것이다. 제복에 대한 존경심이 이렇게 추락하고 없어진다면 대한민국 군인들은 비난을 면키 어려울 것이다. 명예와 자긍심 없는 군대는 오합지졸에 불과하다. 부디 군인답게 처신할 것을 간곡하게 요청드린다.

2020.09.26.(토) 오후 06시 19분

민주당은 이번 우리 국민 피살, 화형 사건을 상임위에서 다루었다고 본회의 긴급 현안질의가 필요 없다는 논리로 발을 빼고 있으나, 국회 상임위는 해당 장관의 직무유기.직무태만을 묻는 자리이고, 국회 본회의는 대통령을 대리한 총리에게 대통령의 직무유기와 직무태만을 묻는 자리입니다. 상임위에서 책임추궁을 했다고 대통령이 면책 되지는 않습니다.

그래서 국회 본회의 긴급현안 질의가 필요한 것입니다. 야당은 청와대 앞 1인 시위 같은 것을 하는 것으로 때우지 말고 정기국회 일정을 걸고 강력히 투쟁하십시오. 남북정권 모두 허수아비이고 박지원 국정원장 헛바닥에 남북이 농락당하고 있습니다. 내 나라 국민이 살해당하고 소각까지 되었는데 미안하다는 한마디에 넘어간다면 이것이 국가입니까? 대한민국이 그런 나라입니까?

2020.10.10.(토) 오후 10시 30분

드루킹의 여론조작으로 정권 잡고 정치·경제·사회·문화·외교·국방 모두 다 무너트리고 자국민이 북한군에 의해 사살·소각당해도 가짜 통지문으로 국민을 기망하고, 월북으로 몰아 국민 여론을 호도하는 후안무치한 정권입니다. 그런데 이를 제대로 응징하지 못하고 있으니 답답하기 그지없습니다. 입법·사법·행정 삼권을 모두 장악하고 언론까지 장악하고, 야당까지도 맥을 추지 못하고 있으니 불쌍한 건 우리 국민들 밖에 없습니다. 국정감사 한다고들 하긴 하고 있으나 큰 힘이 되질 못하고 있으니, 참으로 부끄러운 나날입니다. 세상 사람들 보기가 민망합니다.

2020.10.12.(월) 오전 10시 02분

아직도 좌파 광풍시대가 끝나지 않았습니다. 연말이 되면 대다수 국민들이 좌파 광풍시대에 대한 염증이 극에 달할 것으로 봅니다. 이 시점에서 야당이 할 일은 이치대란(以治待亂)으로 보입니다. 어렵더라도 참고 견디며 국민이 바라는 새로운 세상에 대한 꿈을 심어주어야 할 때입니다. 그런 측면에서 보면 야당은 자유, 공정, 서민을 기본 주제로 모든 정책을 수립하고 대안 정당으로 거듭나야 할 때라고 봅니다.

먼저 아군(我軍)부터 정비하여 한 마음이 된 후 대란(待亂)하는 것이 최선의 방책으로 보입니다. 김종인 비대위원장을 중심으로 안철수 대표를 포함한 모든 제 세력들이 하나가 되어야 할 때입니다. 야당이 대결집을 할 때 집권에 대한 희망이 보이는 겁니다. 야당의 분발을 촉구합니다.

2020.10.14.(수) 오전 10시 45분

영혼이 맑은 남자 김문수! 제가 2006년 17대 국회에서 김문수 선배와 같이 활동할 때 했던 말입니다. 그러던 김문수가 동작을 보궐선거를 뿌리치고 박근혜 이후 무주공산이 될 대구로 내려가 TK 맹주로 차기 대선을 노리다가 스텝이 꼬이기 시작 하더니 총선 낙선 후 서울시장도 낙선하고 지난 총선 때는 황대표의 견제로 이당 저당 떠돌다가 급기야 전광훈 목사에게 푹 빠져 극우세력으로 몰리고 있습니다. 참 안타깝습니다. 정치나 인생이나 마무리가 중요한데 세월에 쫓겨 허둥대면 더 큰 수렁으로 빠져듭니다.

보수우파 진영에서 김문수는 큰 자산입니다. 전체주의를 가장 극렬하게 배격하는 김문수가 극우 일리가 없고, 자유민주주의 신념 하나로 친북좌파에서 전향한 그가 좌파 2중대 일리가 없습니다. 오늘자 한길리서치 여론조사에서 민주당 39.2%, 국민의힘 19.3%로 야당 지지율이 이젠 10%대로 크게 폭락했습니다. 야당 당원들이 당비 납부를 거부한다는 말이 심심찮게 들리고, 심지어 탈당하겠다는 말조차도 서슴없이 한다고들 합니다.

이제 모두 하나가 되는 보수 우파정당을 만들어야 합니다. 어차피 다음 대선은 해방직후 좌익, 우익 대립에 버금가는 좌파, 우파 대립 구도로 갈수 밖에 없고, 소위 중도층이라는 스윙보터(SWING VOTER)들은 세력이 쎈 쪽에 붙기 마련입니다. 중도층을 향한 정책이라는 것은 처음부터 없습니다. 이치대란(以治待亂)이라고 했습니다.

이제 모두가 하나가 되어야 합니다. 우리가 뭉쳐야 세력이 커지고 중도가 붙습니다. 투쟁 안하고 좌파 2중대로 안락하게 작은성 쌓아 소영주(小領主)하려고 해서도 안됩니다. 그러면 5공 시대 민한당이 됩니다. 다시 한 번 이치대란(以治待亂)을 말합니다. 반문재인, 반좌파들은 누구든 가리지 않고 뭉쳐야 할 때입니다.

2020.10.18.(일) 오전 08시 10분

법치대란 일으킨 장관, 경제대란 일으킨 장관, 부동산대란 일으킨 장관, 외교대란 일으킨 장관, 복지대란 일으킨 장관, 공중급유기가 자가용 인양 타고 다닌 추방부 장관, 이들이 두꺼운 얼굴로 뻔뻔하게 국정 감사장에서 더 뻔뻔한 윗사람 믿고 설치는 계절입

니다. 나라가 온통 대란에 휩싸여도 굴러가고 있는 것을 보면, 대
한민국도 이젠 시스템화 된 대단한 나라라는 생각도 드는 요즘입
니다. 산에는 단풍이 내리고, 거리에는 서리도 내리는 깊어 가는
가을의 휴일 아침입니다. 감기 조심하십시오. 요즘 감기 걸리면
코로나로 오해 받습니다.

2020.10.20.(화) 오후 06시 51분

　문재인 정권 초기 그 서슬 시퍼렀던 시절에도 김성태 원내대표
는 노숙 단식투쟁으로 드루킹 특검을 관철한 바 있습니다. 그 후
특검 조사결과 윗선이 연루되었다는 강한 의혹이 있었음에도 불구
하고, 황교안.나경원 체제는 드루킹 상선특검(上線特檢)을 추진하지
않고 그대로 뭉개는 바람에 정국주도권을 잃고 끌려 다니다가 장
외투쟁 시늉만 하고 거꾸로 패스트 트랙 사건으로 전.현직 의원 24
명을 법정에 세웠고 종국에 가서는 막천으로 총선에 참패했습니
다. 지금은 드루킹 특검 때와는 다른 이 좋은 호기에 라임·옵티머
스 특검을 받아내지 못한다면 야당은 문을 닫아야 합니다.

　야당은 국민의 분노를 대신 해야 제대로 된 야당 대접을 받습니
다. 여당의 방탄 국정감사와 야당의 맹탕 국정감사에 국민들이 분
노하고 있는 마당에, 라임·옵티머스 특검까지 관철 시키지 못하면
야당은 2중대 정당이라는 비난을 면키 어렵습니다. 당력을 총동원
하여 당 지도부가 전면에 나서서 라임·옵티머스 특검을 반드시 관
철해 주십시오. 그 사건은 문 정권 몰락의 시작이 될 겁니다.

1985.2.12 총선에서 창당 한지 23일밖에 안된 신민당이 선명야당의 기치를 내걸고 총선에서 관제야당 이던 민한당을 침몰 시키고 제1야당이 되었고 민한당은 역사 속으로 사라졌습니다. 야당이 선명성을 잃고 제2중대 노릇만 한다면 국민들은 야당을 버릴 수 있다는 것을 극명하게 보여준 우리 야당 정치사의 대표적인 사례였습니다. 야당의 역할은 부정한 정권에 대해 국민들의 분노를 대신하는 선명 야당이 되어야 그 존재 이유가 있습니다.

그러지 않고 여당 2중대가 되어 여당 정책에 따라가는 2중대 정당이 되거나, 여당의 압제에 제물이 된 야당 과거 지도자들의 희생을 여당에 동조하면서 사과나 하는 행태로는 선명 야당이라고 할 수도 없고 국민들의 외면만 더 깊어질 뿐입니다. 민주당이 김대중·노무현의 실정에 사과한 적이 있습니까? 그 문제는 공과를 안고 가는 역사적 사실로 남겨 두는 것이 맞습니다. 타조는 주금류라고 하며 날지 못하는 새입니다. 새가 날지 못하면 그 새는 이미 새로서 취급을 받지 못합니다.

오늘날 야당이 갈 길은 날지 못하는 타조의 길이 아니라, 창공을 높이 나는 용맹한 독수리가 되어야 합니다. 분발하십시오. 선명 야당으로 거듭 나십시오.

2020.10.22.(목) 오전 08시 01분

온통 대한민국 뉴스에 문 정권 탄생의 제1, 2공신끼리의 영역 다툼 싸움이 관심꺼리로 등장 하고 있습니다. 문 정권 출범 당시 당 대표로써 지난 탄핵 대선 승리의 1등 공신이었던 추미애 법무부장관과 박근혜 정권 무너트리는 정치수사에 큰 공을 세우고 벼락출세하여, 중앙지검장 때는 소위 적폐수사를 지휘 하면서 이재수 기무사령관을 모욕 줘 자살에 이르게 하고 청와대 말단 행정관까지 싸그리 적폐로 몰아 싹쓸이 수사한 공으로 또 한 번 검찰총장으로 벼락출세한 사람이 지금 이전투구(泥田鬪狗)식으로 서로 물어뜯고 싸우고 있습니다.

불구경, 싸움구경 만큼 재미난 구경이 없다고들 하지만, 서로의 민낯을 드러내 놓고 문 정권 탄생 공신들 끼리 서로 싸우는 모습은 참으로 가관입니다. 우리를 그렇게 모질게 못살게 굴던 사람을 우파 대선 후보 운운하는 것도 아무런 배알도 없는 막장 코메디입니다. 나는 그들끼리 뻘밭의 게처럼 이전투구 하는 것에 대해선 아무런 관심이 없습니다. 다만 적의 적은 동지라는 모택동식 사고방식이 안타까울 따름입니다.

2020.10.23.(금) 오전 10시 24분

때 아닌 부하 논쟁으로 법사위 국감장이 소란스러웠다는 말을 듣고 참 법조인답지 않은 말 들을 하고 있다고 생각했습니다. 법무부는 유일하게 장관급이 둘이나 있는 특이한 조직입니다. 법무부 장관과 장관급인 검찰 총장이 그것입니다.

경찰은 행안부 소속이지만 예산과 인사가 독립된 차관급인 경찰청장을 정점으로 한 조직으로 이루어져 있지만, 검찰은 경찰과 달리 예산과 인사권을 법무부 장관이 가지고 있고, 특히 인사에서는 관례상 총장과 협의를 하곤 있지만 이는 장관의 전권입니다. 장관은 구체적인 사건에 관해서는 일선 검찰을 지휘할 수가 없고, 총장을 통해서 구체적인 사건을 지휘할 권한을 갖습니다. 장관과 총장과의 관계는 이렇듯이 군대처럼 부하 개념이 아닌 특이한 지휘, 복종 구조를 갖고 있습니다.

2005년 강정구 교수 국가보안법 사건에서 천정배 법무부 장관이 불구속 수사 지시를 김종빈 총장에게 했으나, 김종빈 총장은 이를 거부하고 강정구 교수를 구속 기소하였고 법조인답게 부당한 지시라도 장관에게 항명했으니 사표를 제출하고 검찰을 떠났습니다. 추미애 장관의 연이은 수사 지휘권 발동이 부당하다고 생각했다면, 당당하게 이를 거부했어야 합니다.

상식에 어긋나는 어처구니없는 장관의 수사지휘권 발동을 두 번이나 수용하고도, 대통령이 아직도 신임하고 있다는 것을 이유로, 계속 총장을 하겠다는 것은 자가당착입니다. 같은 편끼리 서로 영역 싸움을 하는 것도 한 번 두 번이지 아무런 명분없이 이전투구하는 것은 보는 국민만 짜증나게 합니다. 둘 다 물러나십시오. 추 장관은 이제 그만 정계은퇴하시고 윤총장은 사퇴하고 당당하게 정치판으로 오십시오. 잘 모시겠습니다. 그게 공직자의 올바른 태도입니다.

2020.10.24.(토) 오전 08시 54분

문 정권으로부터 고립무원에 빠진 윤석열 총장이 법사위 국감에서 사실인지 여부는 알 수 없으나 이례적으로 조국 사건 때 박상기 법무장관의 조국 선처 부탁을 폭로하면서 마치 검찰총장이 당시 법무장관의 상위에 있는 자리인양 과시하기도 하고, 문재인 대통령과 비선 라인이 있는 양 문 대통령도 끌어들여 그 자리를 계속 지키겠다는 결의를 보인 것은, 더 이상 나 건드리면 더한 것도 폭로할 수 있다는 정치적으로는 절묘한 방어 수순일 수도 있으나 그것이 바로 윤총장이 무덤으로 가는 잘못된 선택일 수도 있습니다.

역대 검찰총장 중 이렇게 정치적인 검찰 총장은 전무했습니다. 아마 앞으로도 없을 겁니다. 윤석열 총장과 문 정권은 이제 루비콘 강을 건넜습니다. 이젠 문 정권의 사람들은 더 이상 그 누구도 윤총장과 대화를 하지 않을 겁니다. 그만 총장직에 미련 갖지 말고 사내답게 내 던지십시오. 그 정도 정치력이면 여의도판에서도 충분히 통할 수 있는 대단한 정치력입니다. 잘 모실테니 정치판으로 오십시오. 그게 윤총장이 당당하게 공직을 마무리 지을 수 있는 길일 겁니다.

2020.10.25.(일) 오후 04시 32분

야당의 시간인 국정감사가 종료 시점인데도 오늘 4개 여론조사 기관의 응답률 27.8% 무선전화 면접 조사에서 국민의 힘은 21%로 곤두박질 쳤습니다. 이건 탄핵대선 24%에도 못 미치는 절망적인 수치입니다. 이렇게 엉망인 여권의 대란에도 불구하고 국민들은 야당을 대안정당으로 보지 않고 있다는 증거일 뿐만 아니라 웰빙정당, 유사 진보정당, 2중대 정당으로 보고 있다는 증거라고 아니할 수 없습니다. 중도를 향한 몸부림 보다는 우파 35%, 좌파 35%, 무당층 30%의 구도에서 우선 아군 35%를 묶어 놓고 중도로 나가야 하는데, 죽도 밥도 아닌 중도 좌클릭과 무기력한 원내 투쟁으로 집토끼도 달아나 버리는 우(愚)를 범하고 있기 때문입니다. 비상한 결단이 필요한 시점입니다.

김종인 비대위원장 말대로 그 분은 나가 버리면 그만이지만, 탄핵대선에서 경험 했듯이 엉망인 당으로는 누가 후보가 되어도 대선을 치를 수 없습니다. 남아 있는 사람들은 또 한 번 시간에 쫓기는 혼란을 겪어야 합니다. 무기력하게 끌려 다니지 말고 상황을 이끌고 창출하는 비상한 결단이 필요한 시점입니다.

2020.10.27.(화) 오후 01시 36분

공성대전(攻城大戰)을 할 때는 아군의 전력은 언제나 성(城)을 지키는 적의 3배 이상 전력이 되어야 전쟁을 시작한다. 그것은 성(城)이라는 장벽과 수성 하고자 하는 집요함을 격파하려면 적의 3배 이상의 병력이 있어야 공성대전을 치를 수 있다는 뜻이다. 이미 대한민국은 정권교체가 최근 10년 주기로 되어 가고 있고, 상대방은 입법·사법·행정을 장악한데 이어 방송·신문·여론조사 기관까지 장악하고 있는 마당에, 병력도 민주당의 절반밖에 안되고 결기도 보이지 않는 야당이 그 안에서 저 세력은 극우라서 손절하고 저 사람은 강성이라서 배제하고 저 사람은 나와 악연이 있어서 배제하고, 저 사람은 내가 당권을 잡는데 방해가 되니 배제하고 초보 훈련병만으로 공성(攻城)을 하겠다는 것은, 요행수를 바라고 있거나 아예 전투를 하지 않고 항복할 테니 잘 봐 달라는 신호를 보내는 것과 다름이 없다.

이리 쪼개고 저리 쪼개어 작은 성을 만들어 작은 성의 성주(城主)라도 하겠다는 발상은 오히려 그 작은 성주도 못하게 되는 궤멸이 또 올 수도 있다. 이미 한번 궤멸 되었다가 겨우 거병(擧兵)한 사람들이 아직도 덜 당해서 이러는 것인가? 답답하고 안타깝다. 일모도원(日暮途遠)이라는 말은 이때 하는 말인 것 같다.

2020.10.28.(수) 오후 12시 40분

탄핵으로 궤멸되어 지지율 4% 밖에 안되는 당을 천신만고 끝에 살려 놓으니, 밖에서 웰빙하던 사람이 들어와 그 좋던 총선을 망쳐 놓고, 총선으로 망한 정당에 또다시 외부 인사가 들어와, 당의 정체성을 상실케 하고 자기만의 작은 성(城)을 쌓으려고 하는구나.

적장자(嫡長子) 쫓아내고 무책임한 서자(庶子)가 억울하게 정치보복 재판 받는 전직 대통령들 사건조차 이제 선 긋기를 할려고 하는구나. 그러면 문재인 정권과 무엇이 차별화되는가? 그게 바로 2중대 정당이 아닌가? 참으로 힘들고 힘들다. 세상이 왜 이래가 아니고 야당이 왜 이래가 더 문제다.

2017.10 전술핵 재배치 문제로 워싱턴을 방문했을 때 이명박 전 대통령 다스소송 변론을 맡았던 김석한 변호사의 초청으로 그 분과 식사를 했을 때, 나는 삼성으로부터 받았다는 그 달러가 다스 소송 대가냐고 물어본 일이 있었다. 그때 김 변호사님은 그 돈은 2007년부터 자기 법무법인에서 삼성 소송 자문을 맡아 했는데 삼성의 미국 내 특허 분쟁과 반덤핑 관세 문제를 전담해 왔고 그 대가로 받은 변호 비용이지 다스 소송 대가는 아니라고 분명히 말해 주었다. 다스 소송은 한국 대통령 사건을 무상 변론 해주면 자기 법무법인에 혜택이 있을 것으로 보고 한 무료변론 이라고 했고 140억 짜리 소송에 무슨 변호사 비용이 70억이나 되냐고도 했다.

그런데 오늘 대법원 선고를 보니 참 어이가 없다. 다스회사는 가족회사인데 이명박 전대통령 형은 자기 회사라고 주장했고 이 대통령도 형 회사라고 했는데 아무 것도 모르는 운전사의 추정 진술만으로 그 회사를 이명박 회사로 단정 짓고 이를 근거로 회사자금을 횡령했다고 판결했다. 박근혜 전대통령 제3자 뇌물 혐의도 마찬가지다. 최순실을 도와주기 위해서 경제계의 협조를 받았다는 미르재단, K스포츠 재단을 뇌물로 판단한다면 역대 대통령 중 뇌물로 걸리지 않을 대통령이 어디 있는가?

지금 문재인 대통령은 이로부터 자유로운가? 수백억 뇌물 사건에 어찌 추징금이 하나도 없는가? 역사에 남을 최악의 정치 판결, 코드 사법 판결을 보면서, 문 정권의 주구가 되어 이런 억지 기소를 한 사람을 야권 대선 후보 운운하는 것도 희대의 코메디일 뿐만 아니라 문 정권에 동조하여 이런 정치판결, 코드판결에 대해 이를 사과 운운하는 것도 야당의 태도가 아니다. 문 정권도 야당 지도부도 정상적이지 않다. 세상이 정말 왜 이렇게 돌아가고 있는가?

2020.10.30.(금) 오후 04시 08분

다시 한 번 보수 우파 진영의 빅텐트 구축을 촉구합니다. 우리가 허물어진 계기가 된 것이 박근혜 전 대통령 탄핵이었습니다. 탄핵의 찬반을 두고 갈라지기 시작한 보수 우파들이 민주당 보다 우리끼리 더 대립하고 반목의 세월을 보낸 지가 이제 4년에 접어들고 있습니다. 우리가 분열되어 있는 동안의 모든 선거에서 우리는 참패했고 문 정권은 폭주하고 있습니다. 하나가 되지 않으면 이길 수 없다는 것이 자명해진 겁니다.

이제 탄핵은 모두 접어 두고 문 정권의 폭주 기관차를 막아야 할 때입니다. 비록 지금은 탄핵 찬성파들이 당을 장악하고 있지만, 이제는 모두가 탄핵의 언덕을 넘어 서로가 서로를 받아 들여야 할 때입니다. 태극기 세력도 받아들이고, 안철수 대표도 받아들이고, 김문수 전 지사도 받아들이고 정규재 주필도 받아들이고, 재야 아스팔트 우파들도 받아들이는 대통합 구도로 나아가야 할 때입니다.

지난 총선 때 통합은 탄핵 찬성파들 끼리의 소통합에 불과했지만, 이젠 탄핵 반대파들도 받아들이는 대인정치(大人政治)를 할 때입니다. 더 이상 내부에서 조차도 관제 야당이었던 5공 하의 민한당이라는 자조의 말이 나오지 않도록 하고, 민주당 주자로부터 국민의짐 당이라는 조롱을 받지 않기 위해서라도 모두가 하나 되는 보수·우파 빅텐트를 만듭시다. 그게 우리가 살 수 있는 길입니다.

2020.11.01.(일) 오전 08시 55분

웬만하면 참고 기다리려고 했습니다. 그러나 당이 더 이상 추락하는 것은 참기 어렵습니다. 상임위원장 다 내 주고, 맹탕 국정감사 하고, 공수처 내주고, 경제 3법 내주고, 예산 내 주고 이젠 의료대란의 원인을 제공한 공공의대도 내주겠다고 합니다. 당이 추구하는 새로운 길은 민주당 2중대 정당입니까?

대인정치(大人政治)하라고 그렇게 충고해도 자기 식구들은 온갖 이유를 들어 이리저리 쪼개고 내치고, 민주당에서 쫓겨난 초선의원 출신에게는 쫓겨나자마자 쪼르르 달려가고, 문 대통령 주구(走狗)노릇 하면서 정치 수사로 우리를 그렇게도 악랄하게 수사했던 사람을 데리고 오지 못해 안달하는 정당이 야당의 새로운 길입니까? 답답하고 답답합니다. 이 당에는 그렇게 사람이 없습니까?

103명의 국회의원중 당을 맡아 운영할 제대로 된 사람이 단 한 사람도 없습니까? 그렇게 또 도살장 끌려가는 소가 되시려고 합니까? 탄핵도 그렇게 해서 당한 겁니다. 한번 당 했으면 두 번은 당하지 말아야지요. 또 세월 뒤에 숨어서 기웃거리다가 폭망할 겁니까? 당이 그리 되어도 내 국회의원 임기는 보장되어 있으니 나만 괜찮으면 상관없다는 겁니까?

2020.11.02.(월) 오후 11시 56분

서울시장 선거, 부산시장 선거가 심상치 않습니다. 우선 서울시장 선거를 보면 보궐선거의 특성상 투표율이 아주 저조하다는 것입니다. 말하자면 열성적인 지지층만 투표장으로 간다는 겁니다.

40%도 안되는 투표율을 감안한다면 24개 구청장과 80%이상 지방의원을 가진 민주당이 압도적인 조직선거, 관권선거를 하게 될 것입니다. 반면, 민주당 2중대 정책으로 마음이 떠나버린 느슨한 우리 지지층과 와해된 서울 지역 당협 조직으로 이런 문 정권의 악정(惡政)에도 불구하고 과연 우리가 이길 수 있을지 참으로 의문입니다. 더구나 김종인 위원장이 이미 우리당 후보들을 모두 폄하해 버려 어느 후보가 선택 받더라도 상처뿐인 출마가 될 것은 자명한 이치입니다. 그런데도 불구하고 아무런 대책없이 우리끼리 쪼개고 제외하는 속좁은 좁쌀 정치를 어떻게 우리 지지층들이 받아 주겠습니까? 부산 시장 선거도 별반 다를 바 없습니다. 부산 조직도 상당수 와해되고 곧 저들은 부산지역 최대 숙원인 가덕도 신공항도 발표할 것인데, 그걸 무슨 타개책으로 돌파 하겠습니까?

더구나 태극기 세력이 가장 강한 부산에서 그 세력을 업고 정규재 주필이 출마하려고 하고 있습니다. 아무나 나서면 찍어 주는 부산으로 얕잡아 보고 초선의원에게 출마 종용도 하고, 다른 중진이나 다선 의원들은 배제하면서 부산시장감이 없다고 질러 댔으니, 부산 사람들이 뿔이 나도 단단히 났습니다.

어제 우리당 최대 지지 지역인 TK에서 민주당 34%, 우리당 30%로 역전되는 초유의 사태가 벌어 졌는데도 보궐 선거도 없는 호남에 가서 표 구걸이나 한가하게 하고 있으니 참으로 보궐선거를 앞두고 하는 모습들이 가관입니다. 어제 대구에 가니 주호영 원내 대표는 아마 다음 총선 때 광주에서 출마 하나 보다고 대구 사람들이 이구동성으로 말하고 있었습니다.

호남에 가서 벼락치기 공들인다고 서울 호남 분들이 보궐선거 때 우리당으로 즉시 돌아오겠습니까? 김종인 위원장이야 그냥 나가 버리면 그만이지만 이 당을 지켜온 우리들만 또다시 형극의 길을 걷게 될 겁니다.

"야당이 왜이래?" 우리 지지층들의 아우성입니다.

2020.11.09.(월) 오전 09시 28분

대검 특활비 감사에 말들이 많습니다. 기관 특활비 문제는 박근혜 정부 때 관행처럼 해왔던 일들을 윤석열 검사팀이 수사하여 박근혜 전 대통령과 그 당시 정부 요인 들을 모두 유죄로 만들었던 그 특활비가 아니었던가요? 저도 참소를 받고 곤욕을 치른 적도 있지만 기관 관행을 횡령죄로 몰아갔던 그 당시 윤석열 검찰이 이번에는 거꾸로 자신이 특활비 감사를 받는 다는 것은 참 아이로니컬 합니다.

자고 일어나면 장관·총장이 애들처럼 서로 싸움박질이나 하는 바람에 가뜩이나 살기 어려운 민생 문제가 뒷전으로 밀리고 있습니다. 이러한 장관·총장 문제를 문 대통령이 어떤 방식으로든지 빨리 해결하십시오. 계속 방임하고 있으면 그것이 바로 대통령의 직무유기죄입니다.

트럼프가 이번 미국 대선에서 패배한 결정적인 이유는 공화당의 보수적 가치를 훼손한데 대한 집토끼의 반란이라고 나는 봅니다. 같이 치러진 상하원 선거 에서는 사실상 공화당이 이겼지만 공화당의 아성이었던 아리조나·조지아주를 내 준 것은 한국에서 TK.PK. 지역을 민주당에 내준 것과 다를 바 없습니다.

끝없는 기행과 충동으로 세계를 혼돈으로 몰고 갔던 트럼프 시대는 이제 갔습니다. 한국도 새로운 시대적 가치인 공정을 화두로 우린 어떻게 좌표를 설정해야 할지 고심해야 할 때인데, 좌파 2중대 정책 추진으로 이를 극복 할지는 참으로 의문입니다. 이미 저들이 선점한 좌파 2중대 아류의 정책만으로는 좌파들은 오지 않고 집토끼만 달아납니다. 아울러 스윙보터들 소위 중도층을 공략하기는 더더욱 어렵습니다. 스윙 보터들은 쎈 곳으로 붙고 다음 대선은 누가 뭐래도 치열한 진영 대결입니다. 공정·자유·서민의 보수적 가치를 새롭게 정립할 때입니다.

선거의 기본은 아군 강화와 이치대란(以治待亂)후 상대진영 공략인데, 아군은 뿔뿔이 흩어지게 만들고 상대 진영만 힐끗힐끗 넘보는 방책은 스스로 자멸의 길로 가게 됩니다. 또다시 탄핵 당시처럼 궤멸된 당을 안고 대선을 맞이한다는 것은 지옥 같은 일입니다. 더 이상 당이 실험 도구로 전락해서는 안 됩니다.

　　부산시장 보선을 앞두고 가덕도 신공항 추진을 문정권이 할 것이라고 이미 한 달 전에 예측한 바 있었습니다. 결론적으로 나는 김해공항 폐지를 전제로 한 가덕도 신공항을 적극 찬성합니다. 대한민국 공항정책을 바꾸어야 한다고 오래 전부터 역설한 바가 있었습니다.

　　기계·중화학·선박의 시대를 넘어서 지식 산업시대·IT혁명시대·AI혁명시대를 맞아서 이제 국제간의 물류이동은 거대한 상선이나 열차로 이루어지는 것보다 첨단 제품은 항공 물류로 대전환을 하고 있는 이 시점에, 수도권 중심의 인천공항에만 대한민국 항공 물류의 90%이상을 담당하게 하는 것은 지역 균형 발전에도 맞지 않고, 첨단 산업의 수도권 집중 현상도 막을 수 없습니다.

　　그래서 수도권과 강원도는 인천 공항, 충청 TK는 대구 통합 신공항, 부·울·경 PK는 가덕 신공항, 호남은 광주 공항을 무안 공항으로 통합하고 이를 격상시켜 각각 지역 관문 공항으로 만들면, 수도권 첨단 산업들이 대거 지방 이전을 이룰 수가 있어서 지역 균형 발전을 도모할 수가 있습니다.

　　결국 4대 관문 공항 정책을 추진하는 일환으로 가덕도 신공항을 추진한다면, 나는 가덕도 신공항을 적극 찬성합니다. 가덕도 신공항 특별법과 대구 신공항 특별법, 광주 공항 이전 특별법을 동시에 만들어서 국토 균형발전을 이룰 수 있도록 해야 합니다. 그것이 대한민국의 새로운 하늘 길을 열어가는 역사적 출발점이 될 겁니다.

chapter
03

21대 총선

막천, 풍패(豐沛), 대구

제가 내년 총선에 나가겠다고 하니 출마지역을 두고 설왕설래하고 있습니다. 저는 1996.4. 15대 국회의원 선거에 처음 나갈 때 신한국당 지도부에서 제11 · 12 · 13 · 14대 16년 동안 단 한 번도 보수정당에서 당선된 일이 없던 송파갑 지역에 나가라고 해서, 영문도 모르고 입당 두 달 만에 잠실로 가서 당시 유권자의 절반이 7.5평, 13평 연탄아파트가 밀집된 서민 동네인 송파갑 지역에서 재건축 공약을 걸고 당선되었습니다.

당시로서는 험지 출마였지요. 그 후 DJ저격수로 찍혀 내가 하지도 않은 선거법위반 공범책임을 지고 3년 만에 물러났다가 2001.10. 동대문을 재보선에 출마하여 재선이 되었습니다. 그사이 저는 잠실 재건축을 성사시켜 송파는 그 후 보수정당의 아성으로 변했고, 저는 강북험지인 동대문을에서 3선을 하여 국회의원 4선 모두 험지에서만 보냈습니다. 2012.12.경남지사 보선으로 민주당에게 빼앗겼던 경남지역을 되찾아 왔고, 2017.5.탄핵대선 때는 4%도 안되는 무너진 당을 이끌고 패배했지만 24.1%를 받아 당을 재건했습니다. 탄핵대선 이후 당분간 정치휴업을 해야겠다고 생각했으나, 당을 이끌 적임자가 없다고 해서 부득이 하게 당을 또 맡아 지방선거를 치렀습니다.

문 대통령 지지율이 80%에 이르고 남북 정상회담이 절정일 때 치른 지방선거는, 저의 리더십 부족으로 당을 하나로 만들지 못하고 참패했습니다. 그 책임을 지고 저는 당대표를 사퇴했습니다. 만약 다시 내년 총선에 나가게 된다면 당대표를 두 번이나 지내고 대선 후보까지 한 입장이고, 험지에서만 정치를 해온 저로서는 정치 인생 마지막 총선이 될 것이기 때문에 단순히 국회의원 의석 하나 채우기 보다는 보다 의미있는 지역에 출마할 것입니다. 또다시 저에게 험지출마 운운 하는 사람들이 있다면 자기 고향에서 편하게 국회의원 하는 사람들은 모두 강북 험지로 올라오십시오. 나는 그동안 험지에서만 당을 위해 헌신한 사람입니다. 우리공화당이 준동하여 대구가 험지가 될지, 조국 바람이 불어 PK가 험지가 될지, 아직은 아무도 모릅니다. 내년 1월은 되어야 판세가 나올 겁니다. 그때 가서 출마지역을 정하겠습니다. 더 이상 선입견으로 갑론을박 하지 않았으면 합니다.

2019.11.04(월) 오전 11시 34분

거듭 말하지만 총선 때까지 이 당에서 내 역할은 없고 또다시 이용만 당하는 그런 역할을 할 생각도 전혀 없다. 나는 내년 총선까지 내 선거만 할 것이다. 총선 이후 야권 대 통합 때 그때 내 역할이 있을 것이다. 내가 당내 문제를 비판하는 것은 당원 입장에서 하는 것이 아니라 밖에서 보는 일반 국민들의 걱정 정서를 대변하는 것이다. 내부 총질 운운 하는 것은 당원들에게 협박이나 하는 협량정치에 불과하고 비판을 허용치 않겠다는 문재인식 정치와 다를 바가 어디 있느냐? 작년 지방선거를 앞두고 그 중차대한 시점에 지금 원내대표를 하고 있는 나경원 의원이나 일부 친박들이 한패가 되어 방송과 신문에 인터뷰를 하면서 내가 말한 위장평화, 경제폭망 등을 막말로 몰아 부치면서 '보수의 품격' 운운하기도 하는 속칭

지독한 내부 총질을 했다. 그런데 1년 지난 지금 그 말이 막말이더냐? 나아가 나더러 지원유세 조차도 못하게 막았다.

그래도 나는 그들을 비난하거나 반박하지 않았다. 그들의 요구대로 지원유세에 나서지도 않았다. 해볼 것 다해본 내가 무엇을 바라고 니들 눈치나 보면서 말조심 하고 정치하겠냐? 지금 하는 것이 지난 지선 때 니들이 말하는 보수의 품격정치냐? 제발 정신 차리고 국민들을 보고 정치해라. 우리 편만 보고 정치하는 속 좁은 우렁쉥이 정치는 이제 그만 두어라.

2019.11.05(화) 오전 08시 17분

당 의원 절반의 정치 생명이 걸린 패스트트랙 수사에 대해 무대책인 당 지도부를 개탄 한다. 이 문제는 패스트트랙 저지와 맞먹는 당의 존립과 관련된 문제라서 말을 하지 않을 수 없다.

지난 패스트트랙 사태에서 황·나 두 사람은 자신들이 변호사라면서 문제가 생기면 자신들이 책임지겠다고 호언장담 하면서 의원들을 독려해 패스트트랙 회의 저지를 시도했으나 실패하고 도리어 고소·고발 당해서 당 소속 의원 절반이 피의자가 되는 희대의 정치 사건이 발생했다. 그리고 난 뒤 당 지도부는 이 문제에 대해 그 심각성을 애써 무시하고 폄하해 왔지만 조국사건과 같이 살아 있는 권력도 철저히 수사하는 윤석열 검찰이 야당 수사는 슬슬 하면서 대충 대충 해줄 것 같은가? 그 회의 방해죄는 박근혜 대통령이 당대표일 때 주도해서 만든 법이다. 그걸 야당탄압이라고 주장할 수 있겠는가? 아마도 조국 수사 못지않게 철저하게 나경원 의혹과 패스트트랙 수사를 하지 않을 수 없을 것이다.

그러면 야당은 존망기로에 갈수 밖에 없는데 그 대책을 세울 생각은 하지 않고, 어제 석동현 변호사를 보내 당 의견서를 전달했다고 한다. 정치사건이라고 주장하면서 사법적 처리의 대상이 아니라고 소환 거부를 했으면 끝까지 관철해 정치사건으로 만들어서 대처를 해야 한다. 아니면 수사거부를 끝까지 하여 정치재판을 만들던지 했어야 하는데, 오히려 사법 절차에 순응함으로써 형사 사건으로 만들어 주고 있다. 최종 결정권자인 당 대표는 내 목을 치라고 호기롭게 기자회견 하고 출석하여, 본인이 모든 책임을 지겠다며 당 의원들은 불기소해 달라고 하지는 않고, 출석하여 진술거부권을 행사하는 어설픈 개그쇼를 하였다. 곧 원내대표도 출석하여 수사를 받는다고 하지만, 그도 아마 진술 거부권을 행사하여 책임 회피를 하던지 회의 방해의 불가피성만 진술하는 책임 회피적 진술로만 일관할 것으로 보인다. 지도부 두 사람만 책임지고 나머지 의원들은 불기소하는 그런 타협책은 제시하지 않고 의원들 모두를 끌고 들어가는 동귀어진(同歸於盡) 대책을 세우는 것이 지도부가 할 일이냐? 두 사람이 설사 책임지고 기소되더라도 내년 총선에서 우리가 승리하면 법원이 야당 지도부를 정계 퇴출시킬 수 있다고 보느냐?

지금이라도 지도부가 희생하는 자세로 책임지고 지휘에 따른 의원들은 해방시켜라. 원내대표와 윤석열이 사적으로 친하기 때문에 괜찮다고 의원들을 무마한다거나, 표창하고 공천 가산점을 준다면서 개그쇼를 벌인다고 해서 해결될 문제가 아니다. 잘못된 지휘 책임에 대해 무한책임을 지는 것이 지도자의 자세다.

2019.11.05(화) 오후 07시 29분

　중국 후한 말기 십상시(十常侍)의 난으로 한나라는 망조가 들고 결국 위·오·촉의 3국시대가 되면서 100년 동안 전란에 휩싸이게 된다. 그래서 패악의 상징인 측근정치를 통칭 상시(常侍) 정치라고도 한다. 그것은 왕조시대에도 있었고 지금도 있다. 가까이는 이회창 총재 시절에 7상시 정치가 있었고, 박근혜 대통령 시절에도 10상시라는 말들이 공공연히 떠돌곤 했었다.

　그러나 이회창 총재는 2000년 총선을 앞두고 당내 중진 및 소위 7상시 대부분을 쳐내고 혁신 공천을 함으로써 총선에서 승리할 수 있었다. 그런데 이 당에도 벌써부터 10상시라고 일컬을 만한 사람들이 총선을 앞두고 설친다고 한다. 측근 정치를 모두 비난할 수는 없지만 상시 정치는 만악(萬惡)의 근원이 되기 때문에 이는 적극적으로 피해야 한다. 당이 2000년 이회창 총재처럼 7상시를 쳐내고 박근혜 대통령시절 당내 작폐가 우심했던 완장부대를 쳐내고 역할 없는 일부 중진들을 쳐내는 혁신 공천을 할 수 있는지 우리 한번 지켜보자.

2019.11.08(금) 오전 08시 57분

　2004.2. 17대 공천심사 위원을 하면서 내 기억으로는 현역의원 36명을 물갈이 공천을 한 일이 있었다. 아무런 역할없이 선수만 채운 중진의원, 사회적 물의를 일으켰던 의원, 총재 측근에서 십상시

노릇했던 딸랑이 의원, 깜 안되는 초.재선의원, 심지어 1년 6개월 밖에 안된 보궐선거 출신 초선의원도 깜이 안되어 물갈이 했다.

그러나 그 방법이 지금처럼 측근들 내세워 자기들은 빼고 다른 사람 물갈이 하라는 식의 내로남불 식으로는 하진 않았다. 아울러 비례대표가 지역구 출마 포기를 하는 것은 물갈이 공천이 아닌데도 그것이 마치 물갈이 쇄신 인양 모양을 갖추지도 않았다. 물갈이 대상 의원들은 설득도 하고 때론 공천 시 자료를 제시해서 사실상 동의를 모두 받았다. 그 결과 1명만 불복하여 무소속 출마했으나 낙선했고, 나머지 분들은 모두 아름다운 승복을 하였다. 공천 물갈이는 그렇게 하는 것이다.

그래서 노무현 탄핵의 역풍에도 선전을 한 것이다. 선수, 지역을 기준으로 하는 것이 아니라 가장 먼저 고려되어야 하는 것이 국회의원 깜이 되느냐이고, 그 다음이 당에 대한 헌신지수, 의정활동 지수와 지역구 지지율과 교체지수가 물갈이 공천의 기준이 된다. 우리당은 정치적으로 크나큰 상처를 입었던 순간이 있었고 당이 궤멸 직전까지 간 일도 있었다. 그것까지 고려해서 물갈이 한다면 적어도 절반은 물갈이가 되어야 한다.

내가 당대표 시절 본 바로는 지난 20대 공천은 진박 감별사의 준동으로 깜도 안되는 초재선이 참 많았다. 뜨내기 보따리상과 함께 엮어서 내게 요구하지 마라. 니들은 내게 이래라 저래라 할 자격이 못된다. 내가 당을 위해 할 일은 내가 알아서 잘 할 테니 너희들이나 잘 해라. 잘 해야 한다. 혁신이 되지 않으면 모두가 공멸할 수도 있다.

2019.11.10(일) 오후 03시 27분

'따로 또 같이'란 말이 있다. 전혀 상반되는 두말이지만 어우러지면 하나가 될 수 있다는 말이다. 탄핵을 사이에 두고 서로 갈등 하지만 문 정권 타도라는 목표는 같지 않은가? 통합이 안되면 공존하는 그리고 연대하는 방안도 강구하거라.

또다시 이전투구(泥田鬪狗)하다가 좌파 좋은 일만 시키지 말고. 더이상 당내 쇄신 문제도 쇄신 대상자들이 나서서 코메디 대행진 하지 말고 전원 중립적인 외부인사로 구성된 현역 재심사 위원회를 만들어서 초재선 불문하고 모두 재심사해서 최소한 절반은 정리해라. 그래야 총선에서 이길 수 있는 기회가 온다.

2019.11.13(수) 오전 08시 57분

자유한국당 21대 총선은 황교안 당 대표가 책임지고 하는 것이지 내년 총선에서 내 역할은 없습니다. 나는 15대 총선 때 16년 동안 우리당이 의원을 배출하지 못했던 당시로서는 험지였던 송파갑 지역에 출마 한 이래, 강북 험지인 동대문에서 내리 3선을 했습니다. 그 후 민주당에게 빼앗겼던 경남지사를 2012.12. 보궐선거 때 압도적 표차로 되찾아 왔고, 4% 밖에 안되던 당의 지지율로 궤멸 직전까지 갔던 우리당을 지난 탄핵대선 때 24.1%까지 올려놓아 살려놓았습니다. 나는 지난 24년 동안 입당 이후 대여 저격수 활동, 험지에서 정치활동을 하면서 이 당에 무한 헌신을 해왔습니다.

반면 황대표는 이 당에 들어온지 1년도 안되어 이 당에 공헌한 일이 무엇이 있나요? 이번 총선에서는 부디 당을 잘 지휘해서 압승을 할 수 있도록 강북 험지로 나가 자유한국당 바람을 일으켜 주기 바랍니다. 김병준 비대 위원장도 마찬가지입니다. 그는 임명직으로 이 당을 일시 관리해온 사람에 불과합니다. 이번에는 강북 험지로 나가 당이 총선에 바람을 일으키는데 일조를 하기 바랍니다. 나는 21대 총선을 보고 출마하는 것이 아니라, 2022.2.대선 승리를 하는데 역할을 하기 위해 출마하는 것이고 출마 지역도 그것을 기준으로 내가 판단합니다.

더 이상 내 거취를 두고 당에서 왈가왈부 하지 마십시오. 언제나 내가 할일은 내가 알아서 해 왔습니다. 그러나 더 이상 특정 세력의 이용물은 되지 않습니다. 2022.2 정권교체를 위해서만 마지막 정치를 할 것입니다.

2019.11.18.(월) 오전 08시 35분

김세연 의원의 한국당에 대한 질타는 틀린 말이 하나도 없다. 특히 좀비 정치라는 말은 참으로 가슴 아픈 지적이다.

튼튼한 동아리 줄에 매달려 있다고 착각하지만, 그것이 썩은 새끼줄 이었다고 판명될 날도 멀지 않았는데, 아직도 집단적으로 안개 속에서 미몽으로부터 깨어나지 못하는 것은, 관성의 탓이고 기득권을 버리지 못하는 탓일 거다.

나는 탄핵 대선, 위장평화 지선에서 두 번이나 패배한 장수로서

입이 열개 있어도 할 말이 없지만, 그래도 내 나라에 대한 마지막 충정으로 초심으로 돌아가 평당원의 신분으로 마지막 정치를 재개하려 한다. 김세연 의원 앞에 더 큰 길이 있을 것이다. 큰 결단을 내려 줘서 고맙고 감사하다.

2019.11.19.(화) 오전 09시 26분

내가 굳이 8년이나 쉰 국회의원에 다시 출마하려는 이유는, 네 번이나 험지에서 한 국회의원을 한 번 더 하려고 하는 것이 아니다. 정권 교체를 위해서 마지막으로 여의도에 가야겠다는 것이 첫 번째 이유이고, 두 번째 이유는 지난 번 당대표 시절 원내 대표가 의원총회에 참석해 달라고 요청하기에 참석 했더니 친박 의원들 몇몇이 수군거리며 국회의원도 아닌 사람이 왜 의원총회에 오느냐라고 핀잔을 주기에, 이런 당에서 정치를 계속하려면 국회의원이 반드시 되어야 하겠구나라는 생각이 들었다. 그 사람들이 당의 주류가 다시 된 이 당에서 정치를 계속하려면 다시 여의도로 복귀하는 방법 밖에 없다고 판단을 하지 않을 수 없었다.

오늘 TV홍카콜라에서 천명한 대로 이미 친박 정권에서 두 번이나 핍박 속에서 불공정 경남지사 경선을 치러 본 그 경험을 살려 평당원 신분으로 당 지역 경선에 참여해서 여의도 복귀를 추진하고자 한다. 그러니 나를 두고 시비를 거는 것은 옳지 않다.

나는 이 당에서 유일하게 박근혜 탄핵 정국을 책임질 아무런 이유가 없는 사람이고, 오히려 탄핵으로 궤멸되었던 이 당을 살린 사람이다. 물갈이는 탄핵 정국에서 책임 져야할 사람들끼리 논쟁하고 나를 끼워 그 문제를 왈가왈부 하지 마라. 물갈이는 탄핵 정국에서 책임 있는 사람들끼리 치열하게 논쟁해서 정리하는 것이 옳다.

2019.11.24.(일) 오전 10시 40분

전문가들이 보는 총선을 결정하는 3요소는 구도, 인물, 이슈라고 들 합니다. 구도는 선거법을 못 막으면 1여 다야 구도이기 때문에 우리가 무조건 불리하고 인물 면에서 보더라도 여당인 저들의 인재풀이 우리보다 더 풍부하니 우리가 불리합니다. 마지막으로 이슈 측면에서 보면 우리는 정권 심판론을 들고 나올 것이고, 저들은 탄핵 당한 세력 청산론을 들고 나올 것인데, 어느 이슈가 국민들에게 먹힐지 그건 지금으로 서는 단정하기 이릅니다.

다만 우리가 탄핵의 늪에서 완전히 벗어나 새로운 보수·우파 정당으로 쇄신을 할 수 있는 지가 관건인데 쫓겨난 태국 탁신의 여동생 잉락이 쇄신 없이 재집권 하듯이, 친박이 중심세력으로 되어 버린 야당이 쇄신 없이 승리할 수 있을까요? 나라도 이 꼴이고 야당은 출구가 보이지 않으니, 답답한 황대표가 단식을 선택한 것인데 부디 좋은 해결책이 나오기를 기대합니다. 다 옳은 것은 아니지만 김세연 의원의 조언도 잘 살펴보시기 바랍니다.

2019.12.02.(월) 오후 08시 12분

보도된 내정안 대로라면 쇄신(刷新)이 아니라 쇄악(刷惡)이다. 김세연이 쳐내고 친박 친정 체제다 읍참마속이라고 했는데 도대체 마속이 누구냐? 그 사람이 그 사람인데 이러다가 당 망하겠다.

2019.12.03.(화) 오후 01시 22분

당력을 총 결집해서 총선 준비를 해야 할 때인데 친위세력 구축해 당 장악할 생각만 하고 있으니 참 답답하다. 총선 지면 나라가 사회주의 국가로 갈수도 있는 위기가 오는데 지금 당내 세력 구축이 무슨 의미가 있나? 좌파들은 기세등등한데 원내는 임기 연장에만 급급하고, 당은 자기세력 구축에만 급급하니 나라의 앞날이 참으로 걱정스럽다.

2019.12.05.(목) 오후 12시 24분

나경원 의원의 연임 불가 결정에 대한 당내 반발의 본질은 줄줄이 고발되어 있는 나경원 의원에 대한 지지가 아니라 황대표의 과도한 전횡에 대한 경고이고 그것은 이제 시작에 불과하다. 원내대표 선거에서 그것이 폭발할 수도 있다. 그 다음이 공천이다. 박근혜 전 대통령이 진박 공천을 할 때도 끝까지 자기 마음대로는 하지 못했다. 자기 마음대로 하려다가 당이 폭망했다. 탄핵 당한 야당의 공천 핵심 방향은 탄핵 책임이 있는 박근혜 정권의 장차관, 청와대 수석, 새누리당 요직에 있던 사람들을 정리하는 쇄신 공천이 되어야 한다.

그런데 그 사람들이 주류를 이루고 있으니 그럴 가능성은 전무해 보인다. 그 다음에 올 후폭풍은 당이 더욱더 쪼그라들고 공천 과정에서 분당 사태까지 올 수도 있다. 지난 지방선거 때 당 대표를 하면서 광역단체장과 그에 준하는 100만 도시 단체장만 중앙에서 결정하고, 나머지 모든 기초단체장과 기초·광역의원들 공천은 모두 국회의원들과 당협위원장들에게 책임공천을 하도록 했다.

그리고 선거 결과에 대해서 광역은 대표가, 기초는 국회의원과 당협위원장이 책임지자고 약속 했으나 선거 패배 후 책임진 사람은 당대표 밖에 없었다. 그런 사람들이 공천 때 배제되면 가만히 있겠나? 그런 것을 잠재울 카리스마가 황대표에게 있나? 태국 탁신 총리 동생 잉락 총리는 당 쇄신없이 부패한 당으로 재집권에 성공 했으나 민도가 훨씬 높은 한국에서도 탄핵에 대한 책임과 쇄신 없이 탄핵 당한 정당이 재집권할 수 있을까? 그것은 무망한 뜬 구름이다. 아무튼 당의 최대 현안인 패스트 트랙 수사와 선거법과 공수처법을 황대표와 나경원 의원이 책임지고 막는다고 했으니 우선 그것부터 지켜 볼 수밖에.

2019.12.06.(금) 오후 12시 27분

황대표가 2000년 이회창 공천 모델을 말하고 있는 것을 보고 참 어이없는 착각을 하고 있다고 생각할 수밖에 없는 것이 지금 자신을 둘러싼 정치 환경을 제대로 분석해 보고 그런 말을 하는지 되묻지 않을 수 없습니다. 그 당시 이회창 총재는 확고하게 35%의 압도적인 지지율을 가지고 있으면서 차기 대통령이 안 된다는 당내 의심을 받은 적이 단 한 번도 없었고, 한나라당은 정권은 내 주었지마는 한국 보수 정당의 유일한 중심축으로 굳건하게 자리 잡고 있었습니다. 그래서 당내 중진들을 쳐내어도 국민들이 이를 용인해 주었고, 막강한 카리스마로 이를 돌파할 수 있었습니다. 그해 총선에서 이기고, 대선을 앞둔 2002년 6월 지방선거에서 이겼어도, 그런 이회창도 본인도 아닌 자녀들 병역의혹으로 대선에서 패배했습니다. 그런데 어느 한 여론조사를 빼고는 한자리 숫자로 추락한 대선 지지율과 4분5열된 보수·우파 진영과 심지어 당내마저도 아직도 친박·비박이 대립하면서 자신은 친박계에 얹힌 수장에 불과한데 어떻게 2000년 이회창 모델 공천을 추진할 수 있다는 겁니까?

정치적 위상이 전혀 다르다는 겁니다. 주변의 정치 현실을 잘 돌아 보고 2004년 노무현 탄핵 때 한나라당의 지역구 공천 모델을 배우십시오. 그때 지역구 공천은 당 대표였던 최병렬 의원도 쳐냈던 공천 혁명이었습니다. 아울러 중진 36명도 설득으로 자진 불출마를 했었습니다. 그때 우리는 노무현 탄핵 역풍을 공천 혁명으로 돌파할 수 있었습니다. 본인을 그때의 이회창 총재로 착각하면 당내 크나큰 분열과 혼란을 초래할 겁니다. 욕심을 버리시고 총선 관리자로 돌아가십시오. 그래도 이 당은 30년 전통의 보수·우파의 적통 정당입니다. 그렇게 호락호락 하지 않습니다.

2019.12.12.(목) 오후 04시 13분

제1야당이 패스트트랙을 막지 못하면 보수·우파 대분열이 오고 저들의 책략대로 보수·우파 궤멸 수순으로 갈 수도 있다. 전임 원내대표가 첫 단추를 잘못 끼운 탓도 크지만, 지난 1년 동안 무대책으로 끌려 다니면서 정치망에 갇힌 물고기 신세처럼 민주당의 노리개가 되어 버린 야당도 크나큰 책임이 있다. 탄핵 잔당으로 몰아가면서 아예 우리를 상대조차 해주지 않는 저들의 오만을 바라보면서 한없는 절망감만 느끼게 된다. 마지막 보루인 국민 여론도 아직까지는 돌아오지 않고, 우리끼리만 광야에서 외치는 관중없는 싸움만 계속되고 있다. 저들의 살라미 전법이 성공하고 나면 그 후 폭풍을 어떻게 감당할 수 있을까? 그때 가서도 우리끼리만 뭉치면 총선에서 이길 수 있을까? 3년 전 박근혜 탄핵정국을 연상시키는 최근은 한치 앞이 보이지 않는 안개 정국이다.

2019.12.14.(토) 오후 01시 02분

좌파 연대에서 추진하는 연동형 비례대표제는 다당제로 가는 길목이고 좌파연대가 장기집권을 할 수 있는 길이기도 합니다. 그러나 이를 역이용 하면 보수·우파가 오히려 선거에 승리할 수 있는 길도 있습니다. 강행, 추진해서 니들 마음대로 한번 해 보세요. 알바니아, 베네수엘라처럼 도입했다가 오히려 좌파들이 폐지하자고 난리칠 수도 있습니다. 세상 일이 니들 마음대로 안된다는 것을 알 날이 올 겁니다.

2019.12.15.(일) 오후 05시 58분

　민주당과 그 위성정당들이 모여 선거법 개혁 논의를 한답시고 하면서 6개 권역별로 석패율 1개씩 도입하고자 하는 것은 수도권 2중대 모의원, TK 모의원, PK 모의원, 전남 모의원, 전북 모의원등 중진들이 2등을 해도 살리려는 더러운 암수에 불과하다. 나아가 연동형 비례대표제를 도입하면 민주당은 정의당과 그 위성정당들 때문에 비례대표선거 만을 위한 자매정당 창당이 불가능하나, 우리는 합심하여 자매정당을 창당하면 비례대표도 석권할 수 있다. 그래 니들 마음대로 해 보거라. 후회하게 될거다.

2019.12.16.(월) 오전 11시 17분

　연동형 비례대표제 보다 더 나쁜 개악이 중진 살리기 석패율 제도 이다. 연동형 비례대표제를 실시하면 민주당은 의석이 줄지만 우리는 정의당 몫을 **뺏어올** 수 있는 특단의 대책이 있다고 이미 경고했고, 석패율 제도는 권역별로 부패한 중진 살리기와 정의당 의석 확보해주기에 불과하다. 결국 선거법 개정은 민주당으로서는 아무런 실효성이 없는 제도에 불과하기 때문에 강행 처리할 실익이 없다. 선거법은 게임의 룰이다. 합의 되지 않은 선거법은 정치적으로는 무효에 해당된다. 그만 폐기하고 검찰 장악도 포기하거라. 선거법을 폐기하면 검찰 장악법은 위성 정당들이 도와주지 않는다. 정상적인 국회로 돌아가라. 그게 그나마 무능·부패한 문 정권이 살 길이다.

2019.12.16.(월) 오후 12시 26분

정의당이 주장 하는 진보정치인을 위한 제도라면 대도시 중대선거구제를 주장해야지 본인들 낙선 방지용인 석패율제 도입을 강권하는 것이 도리에 맞는가? 한때는 게리멘더링을 비난하더니 선거법을 이제 정의멘더링으로 만들려고 하나?

2019.12.16.(월) 오후 05시 57분

연동형비례대표제는 알바니아, 레소토, 베네수엘라에서 한번 시행했다가 폐기한 반민주 제도입니다. 독일의 경우는 나치독재의 선례가 있어 다당제를 선호하고 있기 때문에 언제나 제1.2.당에 표를 몰아주기보다 연립정권을 지지하고 있어 유지되고는 있습니다만, 지난번 선거에서 갑자기 의원수가 100명가량 폭증하는 바람에 독일에서도 제도의 불합리성을 비판하고 있습니다. 그런 반민주 제도를 도입하면 우리도 비례대표 자매정당을 창당하여 비례대표를 석권할 수 있는 비책이 있다는 것을 다시 한 번 경고합니다. 민주당만 망하는 제도가 될 겁니다.

2019.12.17.(화) 오후 01시 07분

나는 이당에 입당한 이래 24년간 글래디에이터 노릇만 해 왔다.

당이 어려울 때마다 앞장서서 대여 전사를 해왔고, 지난 탄핵 대선 때는 궤멸직전의 당을 살리기도 했다. 내가 총선에 나가는 목적은 2022년 정권교체를 위해 나가는 것이고, 국회의원 한 번 더 하고자 하는 것은 절대 아니다. 어디로 나가는 것이 정권교체에 도움이 되는 지는 이 혼란한 정국이 정리된 후인 1월 중순에 판단하는 것이 순리라고 이미 두 달 전부터 공언한 바 있다.

여태 국회의원 출마는 당이 정해준대로 험지에서만 해 왔지만, 마지막 출마지는 차기 대선을 기준으로 정권교체에 도움이 되는 곳으로 정하고자 한다. 내 꿈은 총선이 아니라 총선 후 야권통합으로 누가 나서던 간에 대선 승리에 있다. 당에 그다지 공헌한 바도 없이 양지만 쫓던 사람들이 숨어서 더 이상 왈가왈부 하지 않았으면 한다. 전 대표는 막 대해도 되고 현 대표 에게는 예의가 아니다 라는 이중 기준은 도대체 어디서 나온 거냐? 대표가 바뀌면 또 기준이 달라지는 거냐? 내가 막시무스로 끝날지라도 반드시 코모두스 같은 문 정권은 교체해야겠다.

2019.12.20.(금) 오전 09시 40분

나는 24년 이당에서 정치하면서 당 공천에 단 한 번도 목을 맨 적이 없었다. 초선 때는 YS가 정해준 당시로서는 험지인 송파갑에서 출발을 했고, 재선 때부터는 이회창 총재가 가라고 등 떠밀은 험지 동대문을에서 내리 3선을 했다. 2012.4월 총선 때는 낙선을 예상하고 불출마하기로 했으나 당에서 공천 신청을 하지 않았는데도 전략공천이라고 하는 바람에 억지출마 했다가 낙선했다.

그해 10월 경남지사 보궐선거 당내 경선에서는 친박들의 극렬한 방해에도 불구하고 내가 이겼고, 2014.4. 경남지사 당내 경선에서는 청와대까지 동원한 친박후보 지원에도 불구하고 내가 이겼다.

2015.4. 비리 친박들 살리기 위해 나를 희생양으로 성완종 리스트 사건에 니들이 올무를 씌워도 나는 무죄로 누명을 벗었고, 당지지율 4%일 때 대선에 나가 원맨쇼로 24% 지지를 받아 당을 살렸다. 그런 나를 무임승차한 탄핵잔당 몇 명이 작당해서 공천배제 운운하느냐? 나는 공천에 목매어 말문 닫는 그런 비겁한 부류가 아니다. 마음대로 해 보거라. 보수 통합도 못하면서 극히 일부 당내 탄핵 잔당들이 기존 당내 경쟁자조차 제거하려는 엄험한 술책으로 총선을 치를 수가 있겠느냐? 나는 니들과 달리 총선자체가 목표가 아니라 대선을 보고 총선에 나가는 거다. '개가 짖어도 기차는 간다.'는 말은 이때 하는 거다.

2019.12.20.(금) 오전 10시 36분

내 인생 순탄한 길이 단 한 번도 없었다. 쉬운 길 가려는 것이 아니라 대선에서 이기는 길을 가려는 것이다. 출마지가 결정되면 그때 가서야 왜 그런 지역에 출마 하는지 이유를 알게 될 거다. 험지에서 한 석 보태는 것만이 당을 위한 길이 아니라는 것을 알게 될 날이 올 거다. 나는 머릿수나 채우는 그런 용도가 아니다.

2019.12.21.(토) 오후 01시 08분

　비례한국당 창당 사례는 이미 알바니아, 레소토, 베네수엘라에서 집권당의 연동형 비례대표제 도입에 따른 야당들의 자구책으로 이미 실험을 한 바가 있습니다. 꼼수가 아닌 부당한 선거제도 개악에 대한 합법적인 대처 방안이었습니다. 민주당이 이제 데드록에 처했습니다. 개혁이라고 지난 1년 내내 내세웠던 연동형 비례대표제를 실시하려니 야당에게 제1당 자리를 내줄 것 같고 접으려니 공수처법을 포기해야 하니 진퇴양난일 겁니다. 둘 다 통과 못시키면 문 정권은 총선을 앞두고 바로 레임덕에 빠질 겁니다. 야당의 묘수를 봤으니 이제 문 정권의 수를 볼 차례입니다. 문 대통령이 잠이 안 오겠네요.

2019.12.22.(일) 오후 03시 38분

　김병준 비대위원장 시절 당을 독식하기 위해 이유없이 나를 제명한다고 해서, 나를 제명하면 보수·야당을 자신들이 통째로 삼킬 수 있는지 한번 지켜보자고 한 일이 있었다. 총선을 앞두고 모두 하나가 되어도 어려운 판에 당내 경쟁자를 제거하고 당을 더 쪼그려트려 탄핵 잔당들이 주동이 되어 선거를 치룰 수가 있는지 한번 두고 보자. 3당합당 이후 한국 보수야당이 지금처럼 사분오열이 된 적이 없었는데, 또다시 당을 쪼갤려는 시도를 한다면 이는 문 정권에 협조하는 반 역사가 될 것이다. 과욕은 패망을 부른다. 자중해라.

2019.12.24.(화) 오후 08시 54분

탄핵으로부터 벗어나 새롭게 태어나자고 그렇게도 호소해도 우리는 아직도 탄핵의 덫에서 벗어나지 못하고 허우적대면서 서로 손가락질만 하고 있습니다.

문 정권의 독선과 아집이 나라를 뒤흔들고 있는데도 민심은 아직도 우리에게 오지 않고 있습니다. 무기력한 야당만 믿고 따르기에는 너무 답답하고 앞날이 보이지 않아 창립한 것이 국민통합연대입니다. 흩어져 있던 한국을 이끌어 오던 분들이 모두 모여 하나가 된 힘으로 국민통합을 이루기 위해 나는 한 알의 밀알이 되고 분열이 아닌 통합으로 나라를 바로 세우기 위해 이 모임에 동참했습니다. 내년 총선 승리와 좌파정권 종식에 중심세력으로 우리는 다시 뭉칠 것을 다짐합니다. 나보다 나라의 존망을 먼저 생각하고, 나보다 대한민국의 미래를 먼저 생각하는 70년 대한민국의 번영을 가져다 준 중도 보수 통합세력으로 우리는 거듭날 것입니다. 지켜봐 주시기 바랍니다.

2019.12.26.(목) 오전 10시 05분

여론 무시하고 막가는 막장정권인데 왜 여론은 우리에게 오지 않는가? 저렇게 야당을 무시하고 깔봐도 야당이 별다른 저항 수단을 찾지 못하는 것은 왜인가? 절박함이 부족하고 절실함이 부족한 것이 첫째 이유이고, 탄핵 잔당이라는 오명을 씻지 못한 것이 둘째 이유가 된다. 90년 3당 합당의 모델을 상기해야 한다. 통합 비대위를 만들자. 통합하지 않고는 총선도 대선도 없다. 나를 버리고 나라의 장래를 보자. 진정 반 역사의 길을 가고자 하는가? 모두 내려놓고 통합의 길로 가자.

2019.12.27.(금) 오전 07시 54분

거악에 맞서려면 혼자의 힘으로는 어렵다는 것을 절실히 깨달았을 것으로 압니다. 또다시 위기탈출용 보수·우파 통합이 아닌 나를 내려놓는 진정성 있는 보수·우파 통합 만이 우리가 살 수 있는 길입니다. 90년 1월 22일 3당합당 때처럼 통합 비대위 구성을 통하여 보수·우파 빅텐트를 만들어야 합니다. 그래야만 민심을 잡고 총선·대선을 이길 수 있습니다. 나를 버리고 나라를 생각할 때입니다.

2019.12.28.(토) 오전 10시 24분

현재 여론조사 내용만으로 보면 내년 총선에서 우리가 이길 가능성이 적어 보이지만 민주당이 둔 악수인 연동형비례대표제를 역이용하여 비례한국당을 활용하고 모두가 기득권을 내려놓아 보수·우파 대통합을 이루면, 우리가 거꾸로 제1당이 되고 국회를 되찾아 올 수가 있다. 이제 모두 자신들을 내려놓고 보수·우파 대통합에 나서야 할 때다.

나의 태어난 고향은 PK지역인 창녕이고 자란 고향은 TK지역인 대구입니다. 풍패지향(豊沛之鄕)이라는 말이 있습니다. 한나라 고조 유방이 태어난 풍패를 두고 지은 제왕의 고향이라는 뜻입니다. TK는 한국 현대사에서 박정희·전두환·노태우·이명박·박근혜가 태어나거나 자란 풍패지향이고, PK는 노무현.문재인이 태어나거나 자란 풍패지향입니다. 내년 총선을 앞두고 당에서는 여러가지 말들이 많지만, 나는 이번 총선 출마를 풍패지향에서 하고자 합니다.

지난 24년 정치 인생을 주로 타향살이를 하면서 정치를 해 왔지만 마지막 정치 일정은 수구초심(首丘初心)의 심정으로 돌아가 고향에서 시작하고자 합니다. 올 한해는 나라의 체제를 뒤 흔드는 격동의 한해였습니다. 경자년 내년은 국민 모두의 행복과 나라의 번영이 약속되는 희망찬 한해가 되기를 기원합니다. 감사합니다.

목숨 걸고 막는다고 수차례 공언하더니만 선거법.공수처법 무기력하게 모두 줘 버리고 이젠 어떻게 할 거냐? 뭘 믿고 여태 큰소리친 거냐? 그러고도 내년 초에 당원들 모아 놓고 장외에서 면피를 위해 헛된 희망 고문 또 할 거냐? 이젠 의원직 총사퇴도 의미 없다. 야당의 존재 가치가 없다면 오늘 밤이라도 모두 한강으로 가거라. 도대체 지난 1년 동안 뭐 한 거냐? 그러고도 견제하겠다고 내년 총선에 국민들에게 표 달라고 할 수 있겠냐? 답답하고 한심하다.

2019.12.31.(화) 오전 08시 59분

의원직 총사퇴서 내지 말고 그럴바엔 내년 총선에 모두 불출마 하십시오. 무능, 무기력에 쇼만 하는 야당으로는 총선 치르기가 어렵습니다. 그러니 정권 심판론이 아닌 야당 심판론이 나오는 겁니다. 석달전 패스트트랙 합의 처리를 내걸고 정기국회 보이콧 하고 의원직 총사퇴 하라고 조언 했을 때는 계속 국회의원 노릇하겠다고 우기지 않았습니까?

정치는 결과 책임입니다. 나라의 틀을 바꾸는 잘못된 법제도를 도입하는데 지도부가 잘못된 결정을 했으면 지도부가 총사퇴해야지 이제 선거 앞두고 할일도 없는 국회의원들인데 국회의원 총사퇴 카드가 또 무엇을 보여 줄려는 쇼입니까?

지도부 총사퇴하고 통합 비대위나 구성하십시오. 나는 이미 내 선거만 하겠다고 선언했으니 쓸데없는 걱정은 하지 말고 통합 비대위 구성해서 새롭게 출발하십시오. 그래야 만이 야당이 삽니다.

2019.12.31.(화) 오후 06시 06분

도살장에 끌려가는 소처럼 비굴 하지 말고 몸부림이라도 쳐야지, 대안 없다고 혼자서는 대안도 되지 않는 사람 붙잡고 계속 끌려갈 거냐? 언제 대안이 있어서 비대위 구성했냐? 책임지지 않는 정치는 후일을 기약하지 못한다. 1년 동안 그렇게 당을 망쳤으면 이제 됐다. 모두 내려놓고 대통합의 길을 찾아야 한다. 대통합의 길로 가면 아직도 승산이 있다.

2020.01.04.(토) 오전 09시 19분

공천 받아 본들 낙선이 뻔한데 왜 그리 공천에 목메어 할 말 못하고 비겁하게 눈치나 보는가요? 패스트트랙으로 기소되면 공천받아 본들 수도권에서는 본선에서 이기기 힘들고, 이겨도 김명수 대법원장 체제 아래서 줄줄이 보궐선거를 하게 될 수도 있는데 누구 하나 책임지는 사람없는 무능, 무책임의 극치 정당 가지고 총선이 되겠습니까? 입당 1년도 안된 사람이 험지 출마 선언하는 것은 당연한 수순이지, 그게 무슨 큰 희생이라고 다른 사람들까지 끌고 들어가십니까? 정치적 신념으로 정치하지 않고 종교적 신념으로만 정치하면 그 정치가 제대로 된다고 아직도 생각하십니까? 주변에 들끓는 정치 브로커들의 달콤한 낙관론으로만 현 위기 돌파가 아직도 가능하다고 보십니까? 위기모면책으로 보수통합을 또 선언하고, 험지출마 운운하면서 시간 끌고, 그럭저럭 1월만 넘기면 자리보전할 수 있다는 생각만으로는 한국 사회 양축인 보수·우파 집단 전체가 궤멸 당하는 사태가 올 수도 있습니다.

박근혜 정권의 2인자 출신으로 박근혜 정권 궤멸의 직접적인 책임이 있으신 분이 또 한국 보수·우파 전체를 궤멸시키려고 하십니까? 이미 두 달 전에 선언한대로 모두 내려놓고 통합 비대위를 구성하십시오. 황대표님 밑으로 들어 올 사람은 아무도 없습니다.

지휘, 복종의 관료 집단이 아닌 공감과 수평적인 인간관계가 맺어진 정치 집단입니다. 늦으면 늦어질수록 우리는 수렁에 계속 빠집니다. 이제 결단하십시오. 나를 버리고 나라의 미래를 보십시오. 새해 벽두에는 희망적인 포스팅만 하려고 했는데, 더 이상 희망이 보이지 않아 고언을 드립니다.

2020.01.13.(월) 오전 10시 09분

90.2. 3당 합당이후 한국 보수 우파집단이 분열되기 시작한 것은 2007.1. 이명박·박근혜의 대선후보 경선이 격렬해 지면서 친이·친박으로 분화된 것이 그 시초입니다. 그 후 박근혜 정권에 들어와서는 친박·비박으로 다시 분화되었고, 탄핵이후 지금은 여러 갈래로 갈라져 마치 조선시대 당파를 보는 것처럼 잘게 잘게 쪼개져 있습니다. 최근 국민통합연대가 추진하고 있는 혁신통합 추진은 90.2. 3당 합당 정신으로 돌아가 자유한국당, 구친이계, 유승민당, 이언주당, 우리공화당, 안철수당, 시민단체 등 잘게 잘게 쪼개진 한국 보수·우파들을 하나로 통합해 반문재인 연대를 만들자는 취지에서 시작된 것으로 들었습니다.

통합이란 모두가 힘을 합해 나라를 바로 세우고 선거에서 승리하자고 하는 것인데, 누구는 되고 누구는 안된다는 소아병적인 아집으로는 통합이 될 리가 없습니다. 이 시대의 화두는 국민 통합입니다. 그 전제로 우선 보수·우파 통합이 이루어져야 합니다. 나를 버리고 내 것을 내려놓고 모두 나라의 미래를 위해 국민 통합에 나서야 합니다. 통합만이 살길입니다. 나를 중심으로 하는 통합이 아닌 우리가 모두 함께 하는 통합이 되어야 합니다. 통합의 방해 세력은 역사의 죄인이 될 겁니다.

2020.01.14.(화) 오전 10시 02분

지난 1년 동안 수없이 목숨을 건 투쟁을 외쳤지만 단 하나도 저지하지 못하고 모든 것을 내어준 어젯밤 국회였습니다. 지난 1년 동안 야당은 허공에 주먹질만한 허망한 세월을 보냈습니다. 머릿수가 모자라서가 아니라 절박함이 없었고 이미 저들에게 깔보임을 당한 터라 무망한 대처로 세월을 보낼 수밖에 없었습니다. 이제 총선 앞에 섰습니다. 마지막 희망은 대통합입니다. 황대표 혼자만으로 총선 돌파가 안된다는 것은 이제 삼척동자도 다 압니다. 유승민 의원만 다시 불러오는 것은 소통합에 불과하고 선거에 큰 도움도 되지 않습니다. 대통합이 필요하고 대통합의 키맨은 황대표입니다. 더 이상 머뭇거리지 말고 모든 것을 내려놓고 통합비대위를 선언하십시오.

그 길만이 당도 살고 본인도 사는 길입니다. 시간 끌기로 다시 통합 화두를 이용하면 총선은 참패의 길로 갑니다. 폭주하는 문 정권을 막는 마지막 선택입니다.

2020.01.15.(수) 오후 06시 43분

풍패지향(豊沛之鄕)이라는 말이 있습니다. 제 마지막 정치 인생을 마무리 할 지역으로 제가 태어난 창녕·밀양·함안·의령지역으로 결정했습니다. 내 고향을 풍패지향으로 한번 만들어 보겠습니다. 수구초심(首丘初心)이라는 말도 있듯이 마지막은 내 고향에서 마무리 하겠습니다. 감사합니다.

2020.01.16.(목) 오전 10시 36분

2012.4월 총선에서 동대문을에 출마했다가 패배한 이후 그해 10월 고향인 경남으로 내려가서 평당원과 똑같은 입장에서 경선을 거쳐 고향 분들에게 나의 정치적 재기 여부를 물었습니다. 이번에도 그렇습니다. 2018.6. 지방선거에서 패배 후 그 책임을 지고 당대표직을 사퇴한 나로서는 다시 한 번 정치적 재기 여부를 고향 분들에게 물어볼 필요가 있다고 판단했습니다. 2012.10월에 내가 취했던 입장 그대로 이번에도 평당원과 똑같은 입장에서 경선 절차를 거쳐 정계로 복귀하고자 합니다. 당내 장애요소는 있겠지만 언제나처럼 당당하게 내 길을 갈 겁니다. 수도권도 중요하지만 수도권은 황대표, 오세훈 전 시장, 김병준 전 비대위원장이 있습니다. 그래서 험지만 내내 돌던 나는 이번에는 흔들리는 PK사수를 하는 것이 맞다는 생각으로 고향으로 내려갑니다. 총선 보다는 총선 이후 야권 재편에서 내 역할이 있을 것으로 봅니다.

2020.01.17.(금) 오후 12시 11분

보수 통합을 놓고 유승민당이 벌이는 몽니는 수인(受忍)한계치를 넘어서고 있습니다. 미니 정당 주목 끌기와 몸집 불리기가 목적이 아닌가 하는 의심마저 드는 요즘 처신입니다. 통합 3원칙을 어렵게 수용했다면 더 이상 몽니 부리지 말고 통합 실무로 나가 통합 신당을 창당하는데 협조함이 큰길을 가는 정치인의 도리입니다. 잔꾀로는 세상을 경영할 수 없습니다. 혁신통추에 적극 협조해서 구정 전에 밑그림을 완성하기 바랍니다.

2020.01.20.(월) 오전 10시 14분

나는 지난 25년 정치 인생을 들꽃처럼 살았습니다. 온실 속에 화초처럼 누가 돌보아 주지 않아도, 비바람 헤치고 눈보라 맞으면서 산야(山野)의 들꽃처럼 거친 정치 인생을 살았습니다. 이제 마지막 정치 역정을 고향에서 보내기 위해 구정을 앞두고 오늘 고향 방문을 합니다. 2월 초순에 고향으로 주거지를 옮기고 본격적으로 총선에 임하겠습니다. 내 나라를 위한 마지막 충정입니다.

2020.01.22.(수) 오전 08시 40분

2박 3일 고향 방문 일정을 마치고 오늘 오후 상경합니다. 2월3

일 밀양 삼문동 아파트로 주거지를 옮기고 본격적으로 총선 준비를 하도록 할 예정입니다. 자유를 부르짖는 자유한국당에서 당원의 출마 지역 선택의 자유를 제한할 아무런 헌법적 근거도 없고 정치적 이유도 없습니다. 진작 의논해 주지 않고 2년 동안 아무런 연락 한번 없다가 느닷없이 언론을 통해 일방 통고로 출마지를 지정하려고 하는 것은 일부 세력들이 나를 당에서 정치적으로 제거 하려는 공작을 시도한다고 판단하지 않을 수 없습니다.

나는 주머니 속의 공깃돌이 아닙니다. 다른 곳에 출마하기에는 너무 늦었습니다. 20년 전방 근무를 했다면 마지막 전역을 앞두고 흔들리는 후방에서 근무하면서 후방을 튼튼하게 지키는 권리도 있다는 것을 아셨으면 합니다. 무소의 뿔처럼 묵묵히 내 길을 가겠습니다. 그것이 향후 당과 나라를 위하는 길임을 다시 한 번 확신합니다. 감사합니다.

2020.01.24.(금) 오후 12시 34분

2박 3일 고향 구정 맞이 인사차 다녀왔습니다. 함안·의령·창녕·밀양을 거쳐 부모님 산소도 미리 성묘하고 왔습니다. 2022년 대선을 앞두고 고향 분들에게 홍준표를 여전히 당보다 더 신임하고 있는지 알아보기 위한 고향 출마입니다.

당에서는 아직도 아무런 연락 없이 당을 장악하고 있는 몇몇 친박들이 언론을 통해 고향 출마를 막으려고 하고 있는 듯하나, 지난 25년 동안 당을 위해 할 만큼 다했습니다. 공천심사가 시작되면 새롭게 구성된 공관위를 끝까지 설득해 보겠습니다. 정치를 정리하는 마지막 출마는 내 의견대로 당이 존중해 줄 것으로 굳게 믿습니다. 설날 잘 보내십시오.

2020.01.27.(월) 오후 09시 52분

세상을 관조(觀照)하며 살 나이도 되었건만 아직도 세상사에 집착하며 사는 것은 이루지 못한 미련이 남아서 일겁니다. 최근 김문수 전의원의 신당 창당 소식을 접하고 착잡한 심경을 가눌 길 없었습니다. 25년 전 정치권에 발을 들여 놓은 이래 영혼이 맑은 남자 김문수라고 별칭을 내가 붙여줄 만큼 순수하고 바른 그가 오죽 답답했으면 신당 창당을 결심했을까 하는 안타까움이 있습니다.

보수우파가 대통합을 해야 하는 것이 시대정신인데 한국당과 유승민당은 서로 자기들만 살기 위해 잔 계산하기 바쁘고, 태극기 세력은 조원진당, 홍문종당, 김문수당으로 핵분열하고 보수우파 시민단체는 20여개 이상 난립하고 있으니 좌파들만 살판이 났습니다. 경제 폭망, 외교 왕따, 북핵 노예, 실업 폭증으로 3년 만에 판을 뒤집을 호기를 맞이했는데도 갈갈이 찢어져 각자 자기 팔만 흔들고 있으니 참으로 안타깝습니다. 연동형 비례대표제를 막지 못하면 보수우파가 통합되지 못하고 분열한다고 그렇게 말했건만, 결국 총선은 각개 전투로 치루고 총선 후 헤쳐 모여로 야당이 재편될 수밖에 없는 상황으로 가고 있는 건가요?

2020.01.28.(화) 오전 09시 44분

작년 10월 내년 총선 출마하겠다고 할 때부터 지금 당 체제상 나는 이번 총선에서 내 역할은 없다고 보았습니다. 그래서 2022년 정권교체에 유의미한 지역 및 내가 정치를 마지막으로 정리할 곳을 지역구로 선택하기로 하고 20년 험지 정치를 떠나 수구초심(首丘初心)의 심정으로 고향으로 가기로 한 것입니다. 황대표가 종로를 회피하는 이때 종로 출마를 하는 것이 어떠냐 라는 당이 아닌 지인들의 제안도 있습니다만, 뒤늦게 내가 대신 종로 출마를 하는 것은 '꿩대신 닭'이라는 비아냥으로 각이 서지 않아 선거 자체가 되지 않습니다. 2월3일 밀양 삼문동으로 이사를 합니다. 공관위를 설득해 흔들리는 스윙보터 지역인 PK지역 40석을 방어할 수비대장 역할을 하고자 합니다.

아마 이번 총선 보수·우파들은 각개전투로 살아남는 방법을 강구할 수밖에 없는 형국으로 흘러갈 듯합니다. 나는 총선 후 야권 재편에 있을 때 본격적으로 역할을 하겠습니다. 감사합니다.

2020.01.29.(수) 오후 12시 12분

장똘뱅이가 장이 섰는데 장에 안갈 수 있습니까? 최근 연동형 비례대표제를 노리고 우후죽순 창당하는 사람들을 보노라면 보수·우파 대통합은 결국 국민들이 투표로 할 수밖에 없다는 것을 절실히 느낍니다. 우리당이 중심없이 이리저리 흔들리고 있는 것을 보고 너도 나도 선거 연대를 외치면서 창당하는 것을 보니 꼬리가 몸통을 흔드는 WAG THE DOG 이란 말은 이때 하는 건가 봅니다.

2020.01.30.(목) 오전 11시 31분

이낙연 전 총리가 종로에 출마 하면서 "황교안 대표 나와라" 라고 소리치니, 김두관 의원이 양산으로 가면서 이를 흉내 내어 "홍준표 나와라" 라고 말한 기사를 봤습니다. 이낙연 전총리, 황교안 대표는 대선주자 1, 2위이기 때문에 그 싸움은 그럴듯하나, 김두관 의원은 무슨 연유로 나를 지목하는지 의아스럽습니다. 장수(將帥)는 병졸(兵卒)과는 싸우지 않습니다. 나는 밀양에 터잡고 PK수비대장 하러 내려가는 것이지, 병졸과 싸우기 위해 내려가는 것이 아닙니다. 착각하지 마십시오.

2020.01.30.(목) 오후 10시 31분

민주당은 정치부패로 9년간 묶여 있던 이광재 전 강원지사까지 사면하면서 공동선대 위원장으로 임명하고 수도권에 있는 김두관 전 경남지사를 PK선거 책임자로 임명하면서 연고지 중심으로 축을 만들어 총력전을 펴고 있습니다. 우리당은 당 대표 출마지를 두고 말도 되지 않는 될 만한 험지를 찾으면서 민주당 의원으로부터 뜨거운 아이스커피라는 놀림까지 받고 있고, 수도권 각지로부터 야당대표를 서로 자기지역으로 오라고 비아냥 받는 수모를 당하고 있습니다.

또한 전직 당대표를 음해하고 폄하하면서 컷오프 운운 헐뜯기 바쁘고 마구잡이 쳐내기 공천에만 주력하는 마이너스 전략을 세우고 있습니다. 공관위에 전권을 주었다고 하다가 또 최고위에서 견제하겠다고 하는 등 공천줘도 되기 어려운 밥그릇 싸움에만 골몰하고 있으면서 유승민당에 놀아나는 소통합에만 골몰하고 있습니다. 이제부터라도 서로 헐뜯는 공천은 그만하고 플러스 공천에 주력하십시오. 후보자들이 갈팡질팡 하면서 당보다는 각개전투로 살아남는 전략을 세울 수밖에 없는 상황으로 가고 있습니다. 대통합을 하시고 여성, 청년도 좋지만 경쟁력 있는 인물을 중심으로 이기는 공천을 하십시오. 스타일리스트 공천은 참패로 가는 지름길입니다. 공관위야 공천 끝나고 가버리면 그만이지만 남아 있는 사람들은 참으로 비참해집니다.

2020.02.01.(토) 오전 10시 22분

신종 코로나 바이러스가 창궐하고 있습니다. 당국의 방역실패가 곳곳에 감지되면서 전국이 감염권에 들어가고, 전 국민이 마스크를 착용하고 공공장소에 가기를 꺼리면서 악수조차도 거부하는 진공의 거리가 늘어날 조짐입니다. 당국의 철저한 방역도 중요하지만 국민 개개인의 개인위생도 철저해야 합니다. 혹자는 선거 연기 운운하지만 6.25동란 중에도 선거는 치렀습니다. 어제 밀양·창녕·함안·의령 지역에 공천신청 절차를 마쳤습니다. 우후죽순 창당 바람이 불지만 나는 흔들림 없이 25년 지켜온 이 당에서 정하는 절차대로 평당원과 똑 같이 그대로 따를 겁니다.

내가 고향 출마를 한다고 하니 며칠 전 데일리안 여야 대선후보 여론 조사에서 부·울·경 지역의 저의 여론이 10.9퍼센트로 치솟았다는 보고를 받았습니다. 정당하게 심사하여 PK지역 수비 대장으로 맡겨 주면, 고향지역에 터잡고 부·울·경 지역 지원유세로 PK 40석은 책임을 질 생각입니다.

내가 자의로 탈당하여 무소속 출마하는 일은 절대 하지 않을 것이지만, 그러나 특정세력이 나를 제거하고 내가 무소속 출마를 강요당하면 그것은 별개의 문제입니다. 그렇게 되면 나는 내 지역구에서만 선거 운동을 할 수밖에 없습니다. 어차피 이번 총선은 황대표가 책임지는 총선이고 내 역할은 없습니다. 내 역할은 총선 후 여의도로 복귀해서 야권 대 개편을 하는 과정에서 있을 겁니다.

2020.02.01.(토) 오후 04시 37분

어느 인터넷언론 모 기자가 어제 쓴 기사를 보니 당에서 나를 양천갑에 제안했다고 거짓말로 썼는데, 나는 당대표 사퇴이후 지금까지 선거 관련으로 당으로부터 단 한 번도 연락 받은바 없는데, 양천갑 제의를 받았는지 여부를 우리 측에 단 한 번도 확인도 하지 않고 그것도 기사라고 썼는지, 요즘 기자들은 기사가 아니라 소설을 쓰고 있네요. 양천갑은 우리당 김승희 의원이 잘하고 있는 곳으로 알고 있습니다. 또 그 거짓말 기사를 미끼로 유튜브에서 가짜 방송을 하는 사람도 있다고 하니 참 어이가 없네요. 유튜브 가짜 방송 하는 사람은 나중에 엄중히 처단될 겁니다. 그 사람의 행적은 알 만한 사람이면 다 압니다. 참 딱합니다. 거짓말로 소설 쓰는 사람들에게도 이렇게 일일이 해명을 해야 되니 별 해괴한 일도 다 있네요.

2020.02.02.(일) 오후 11시 13분

탄핵 대선과 위장평화 지선을 거치면서 나는 두 번 다 패색이 짙은 선거를 해본 경험이 있습니다. 당은 패배주의에 젖어 전혀 움직이지 않았고, 모두가 강 건너 불구경이나 하는 절망 속에서 나는 원맨쇼를 할 수밖에 없었습니다.

그러나 이번 선거는 우리가 뭉친다면 절호의 반전 기회가 있는 선거인데, 돌아가는 모습이 그리 밝지 않습니다. 대통합이 아니고 소통합으로 치르게 되면 오히려 역풍이 불수도 있습니다. 아직도 늦지 않습니다. 대통합을 하십시오. 자유한국당이 기득권을 내려놓으면 됩니다.

2020.02.02.(일) 오후 11시 43분

한국 정당사상 가장 깨끗했던 공천이 김문수 공천심사위원장이 공천을 주도한 제 17대 국회의원 선거 한나라당 공천이었습니다.

그때 이문열 선생과 저도 공천심사 위원으로 참여를 했는데 공천 심사를 시작하기 하루 전날인 일요일 새벽에 저희 집에 영남권 중진의원 한분이 룩색을 메고 등산복 차림으로 찾아온 일이 있었습니다. 문을 열어주지 않고 30분간 침묵했더니 그냥 갔는데 그 이튿날인 월요일 아침 9시에 국회의원회관으로 찾아 와서 자기를 공천해주면 20억 주겠다고 제안을 했습니다. '아하! 정당 공천이 이런거구나.'하고 그날 10시 처음 공심위를 하면서 공심위원들에게 그 사실을 알리고 그 중진의원 지역구부터 바로 심사를 하여 그 선배는 첫 탈락을 시켰습니다.

그 소문이 나자 소위 돈 공천은 아예 생각도 못하게 되었고, 김문수 위원장은 공천 심사 내내 집에 들어 가지 않고 여관에서 지냈다고 합니다. 그래서 김문수 의원을 나는 영혼이 맑은 남자 김문수라고 하게 된 것입니다. 그가 총선을 앞두고 당을 떠난 것을 보면서 안타까운 마음 금할 길 없습니다. 총선 전에 다시 복당하지 않더라도, 총선 후에는 반드시 다시 뭉칠 것으로 나는 확신합니다.

2020.02.05.(수) 오후 10시 30분

내가 일각의 비판을 감수하고 고향 출마를 고수하고 있는 근본 이유가 있습니다. 이번 총선은 내가 주도하는 선거가 아니고 황대표가 주도하는 선거이고, 나는 253개 지역구 중에서 한곳에 출마 신청하는 평당원일 뿐입니다. 내가 그간 당을 위한 충고를 할 때 이 당 지도부에서는 늘 일개 평당원의 의견일 뿐이라고 폄하해 왔습니다. 그래서 나는 일개 평당원의 신분으로 헌법이 보장하고 있는 출마지역 선택의 자유를 지금 누리고 있을 뿐입니다.

그런데 대표직 사퇴한 후 2년 동안 단 한 번도 연락이 없었던 당 지도부의 언론을 통한 일방적인 무리한 요구를 내가 왜 받아 들여야 합니까? 25년 동안 당을 위해 험지에서 그만큼 헌신 했으면 이제 놓아줄 때도 되지 않았습니까? 들어 온지 1년밖에 되지 않고 당을 위해 아무런 공헌한 바도 없는 황대표가 스스로 험지 출마를 선언한 것은 현직 당 대표로서는 당연한 도리이지요. 그런 황대표가 험지에 간다고 해서 내가 왜 따라가야 합니까? 황대표가 현직 당 대표로서 당연한 험지 출마를 당을 위한 희생으로 미화해서도 안되지요. 뒤늦게 평당원으로서 출마지역 선택의 자유를 누리고 있는 나를 두고 이제 왈가왈부는 그만 했으면 합니다.

그동안 많은 시간이 있었어도 단 한 번도 출마지역 협의가 없어 지난 2월3일 이삿짐 싸들고 고향으로 내려와 이제 출마지역을 바꿀 수도 없습니다. 300명 국회의원 중에서 서울지역과 비례대표를 뺀 200여명의 현직 국회의원들이 모두 고향에서 출마합니다. 그런데 왜 나만 시비를 걸고 있습니까? 그간 터무니없는 비난, 비방이 얼마나 많았습니까? 이제 그만 합시다.

2020.02.08.(토) 오후 05시 49분

황대표가 종로 출마를 선언한 직후 당 지도부의 한 당직자가 어느 기자와 같이 있는 자리에서 홍준표가 이제 말을 듣지 않으면 목을 날린다고 하고, 같이 있던 친박 한사람은 효수(梟首)한다고 했다고 한다. 그러면 김태호는 강단이 없어 자연히 말을 듣게 돼 있다고 했다고 한다. 효수(梟首)란 역적의 목을 치는 형벌을 말한다.

완장을 채워주니 깜도 안되는 인물들이 이런 포악무도한 말을 공개적으로 떠들고 다니고 친황이라는 친박들은 이에 동조를 하니, 이런 시정잡배 같은 사람들을 측근으로 데리고 있으니 황대표의 권위가 서겠는가? 황대표가 종로 출마한 목적이 나를 효수하기 위함인가? 참 어이없는 당이 되어 간다. 힘모아 문 정권에 대항해도 부족할 판에 이런 사람들 데리고 공천한다고 설쳐대니 참으로 가관이다.

2020.02.08.(토) 오후 12시 24분

대표직 사퇴이후 당으로부터 처음으로 오늘 김형오 의장님의 전화를 받았습니다. 서울 강북 험지로 올라오라는 말씀이 계셨고, 나는 이제 너무 늦었다고 말씀드렸습니다. 이삿짐 싸서 내려와 집 얻고 사무실, 선거 조직 셋팅 다 해놓고 예비후보 등록까지 하고 선거 운동을 시작했는데 이제 와서 다시 서울로 올라 갈수는 없다고 간곡하게 말씀 드렸습니다. 공관위원님들이 한번 불러 주시면 더 자세하게 말씀 드리기로 했습니다. 당을 위해 지난 25년간 할 만큼 했습니다. 이젠 그만 놓아 주시기 바랍니다.

2020.02.09.(일) 오전 08시 16분

나는 승부의 순간 단 한 번도 머뭇거리거나 비겁하게 회피하지 않았습니다. 지난 25년간 이 당에 입당한 이래 저격수, 험지출마를 계속해 오면서 당을 지켰고, 당 해체를 막기 위해 절망적이었던 탄핵 대선에도 당의 요구에 따라 경남지사를 중도 사퇴하고 출마해서 당을 지켰습니다. 그러나 이번에는 내 정치 일정을 마무리 하는 마지막 출마입니다. 지난 25년간 흔들림 없이 당을 지켜온 사람은 효수(梟首)하겠다고 모욕하고, 정치 입문 1년 밖에 되지 않고 당에 아무런 공헌한 바도 없는 사람은 꽃가마 태워 모시면서 나는 들러리나 서라고 요구하고, 탄핵 때 탄핵 찬성하고 당을 뛰쳐나간 사람을 당근을 주면서 다시 불러들이는 일이 화제가 되는 정치 현실이 참으로 안타깝습니다. 그게 정치적 정의라면 받아들일 수밖에 없지만, 나의 상식으로는 받아들이기 어렵습니다. 이제 그만 놓아주십시오. 지난 25년간 할 만큼 했습니다. 나는 손바닥 위 공깃돌도 아니고 들러리도 아닙니다. 나는 홍준표입니다.

2020.02.09.(일) 오전 08시 39분

요즘 당 돌아가는 모습을 보니 조강지처(糟糠之妻) 버리고 새 엄마 데리고 와서, 집을 지킨 전처 자식들은 홀대하고 집에 불 지르고 도망 나갔던 자식들 도로 불러들이는 데만 몰두하고 있는 꼴입니다. 종손이 우선이고 어려울 때 집을 지킨 자식들이 우선입니다.

통합을 하더라도 그 정도의 의리는 지켜야 합니다.

2020.02.09.(일) 오후 01시 53분

나를 효수(梟首)하기 위한 절차라고 해도 김형오 의장님의 오늘 밀양 선거 사무실 방문은 감사했습니다. 부디 공천 혁신을 통하여 우리당이 부활을 할 수 있도록 부탁드립니다.

2020.02.10.(월) 오전 08시 07분

일부 보수·우파 진영에서 종로출마, 야당통합 결정을 희생으로 포장하고, 나의 고향출마를 기득권 고수라고 비판하는 것은 참으로 유감스럽습니다. 국회의원의 2/3는 고향에서 출마하고 있고, 나는 험지 25년 정치 끝에 정치 마무리를 고향에서 하겠다는 생각으로 첫 고향 출마를 하고자 하는 것입니다. 그런데 고향에서 국회의원을 했어야 기득권 운운할 수 있는데, 그게 왜 기득권 고수인지 이해가 되지 않습니다. 어떤 사람은 탄핵에 앞장서 한국 보수 궤멸에 지대한 공헌을 했고, 어떤 사람은 입당한지 1년 밖에 안되어 당에 전혀 공헌한 바도 없습니다. 그분들의 결정은 당을 위한 희생적 결단이 아니라 당연한 수순입니다. 나는 지난 25년간 흔들림 없이 이 당을 지켜 왔고, 당을 위해 수없는 희생적 결단을 해 왔습니다. 지친 심신을 추스르고 고향에서 다시 일어서기 위해 고향 출마 한

번쯤은 해도 될 자격이 있다고 나는 봅니다. 자의로 탈당할 생각은 추호도 없습니다. 잘못된 여론전에도 나는 흔들리지 않습니다. 그동안 할 만큼 했습니다. 이제 그만 놓아 주십시오.

2020.02.10.(월) 오후 01시 45분

나를 고향 공천 배제하는 사유가 헌법 원칙에 맞는지 여부를 공관위에서 검토해 보고 공천 배제 여부 결정을 해 주시기 바랍니다. 공관위에는 한국 헌법학계 최고 권위자도 계시니 그것까지 검토하고 난 뒤 발표해 주시기 바랍니다. 나는 헌법에 반하는 경쟁자 쳐내기 부당 공천에 순응해서 승복할 수는 없기 때문입니다. 나아가 자의로 탈당하는 일도 절대 없을 겁니다.

2020.02.11.(화) 오후 06시 10분

수도권 못지않게 경남에도 험지가 있습니다. 문재인대통령 사저가 있는 양산을, 노무현 대통령 생가가 있는 김해을, 근로자 지역구인 창원 성산구가 바로 대표적인 경남 험지입니다. 당이 나의 고향 출마를 적극 반대하고 있어서 부득이하게 경남 험지 중 김두관 의원이 출마한 양산을로 지역구를 이전하여 출마할 의향이 있음을 언론에 밝혔습니다. 당 공관위에서는 잘 살펴 PK총선을 승리로 이끌 수 있도록 해주시기 바랍니다.

문 정권이 패악스런 정권이라는 것은 검찰무력화에 이은 사법부 장악이라는 전대미문의 패악을 저지르고 있다는 것입니다. 드루킹 사건 김경수 피고인의 주심판사를 바꾸면서 재판을 지연시키고, 민주당 양산시장 선거법 위반 상고심도 항소심 선고 된지 5개월이 넘어도 대법원 예규 3개월을 넘겨 선고를 하지 않고 있습니다. 양산 선거가 불리하다고 본 것인지 이젠 대법원 선고도 문 정권에 의해 좌지우지 되고 있는지 참으로 부끄러운 사법부 현실로 지금 의심을 받고 있습니다. 대법원 2부라고 합니다. 나는 그래도 우리 대법원을 믿습니다. 한나절만 하면 기록검토가 끝날 겁니다. 원칙에 어긋나는 선고 지연은 국민들로부터 사법부 불신을 초래합니다. 대법원 2부에서는 조속히 민주당 양산시장 선거법위반 사건을 선고해 주시기 바랍니다.

최근 내 고향 곳곳을 방문하면 가장 많이 받는 질문이 살기 어려운데 힘 있는 사람이 와서 정말 반갑고 고맙다 밀양·창녕·함안·의령 지역을 살려 달라는 요청이 대부분이었습니다. 그때마다 나는 이렇게 대답했습니다. 나라 전체가 거덜나고 있는데 내 지역만 잘 살수가 있겠습니까? 문제의 본질은 이 정권을 퇴진 시키고 나라를 바로 잡으면 이 지역은 저절로 살아납니다. 문 정권을 이제 퇴출시켜야 합니다. 그것이 이번 4월 총선입니다. 정권이 바뀌지 않으면 내 나라도 내 지역도 살아날 수 없습니다 이번에는 속지 마시고 꼭 투표 잘해 주십시오. 나라를 바꾸는 힘은 국민들의 선택에서 나옵니다. 총선 압승으로 문 정권을 퇴출시킵시다. 나라를 바로 잡아야 합니다. 어제 김형오 의장님이 공개적으로 요청한 대로 오늘부터 밀양·창녕·함안·의령 지역구 정리 절차에 들어갑니다. 그간 도와주셨던 분들과 만나 저간의 사정을 설명드리고 양해를 구하도록 하겠습니다.

2020.02.16.(일) 오전 09시 05분

이사 온 밀양 아파트 창을 열면 내가 경남지사 시절 추진했던 나노테크 국가 산업 단지와 나노대교 건설 현장이 바로 내려다보입니다. 내가 추진했던 고향 발전을 내 손으로 직접 마무리 짓지 못하고 밀양으로 내려 온지 불과 17일 만인 이번 주 목요일에 13번째로 다시 이사를 가야 합니다. 양산은 내가 경남 지사시절 역점으로 추진하던 부산 도시철도 양산선이 지금 진행 중에 있습니다. 아울러 양산은 부·울·경의 요충지로 앞으로 크게 성장할 수 있는 PK의 성장거점 지역 입니다. 태어난 고향을 떠나게 되어 아쉽지만 부·울·경 40석 전체를 석권할 수 있는 요충지인 문 정권 성지 양산에서 양산 대전을 통하여 미래 통합당의 새 바람을 일으키겠습니다. 양산도 경남이고 경남 전체가 내 고향이니 다시 뛰는 내 고향 양산으로 만드는데 진력을 다하도록 하겠습니다. 감사합니다.

김두관 후보가 빨리 양산으로 오라고 하시는데 민주당과 달리 우리당은 대통합 절차가 진행 중이고 공관위 면접도 새보수당 후보와 같이 해야 하기 때문에 절차가 다소 늦어 진다고 합니다. 20일 양산으로 이사 간다는 말도 19일 양산을 발표를 한다고 하기에 미리 예측하고 한 말에 불과합니다. 좀 더 진득하게 기다리십시오. 급히 먹는 밥은 체하는 법입니다. 혼자 선거운동 하니 좋지 않습니까? 당에서 결정이 되면 바로 내려가겠습니다.

오늘 미래통합당 창당을 진심으로 감사드립니다. 창당을 축하하는 서설(瑞雪)도 내리고 있습니다. 탄핵이후 서로 갈라져 있던 제 세력들이 한데 뭉치는 쾌거입니다. 비록 일부 불참하시는 분들도 있지만 총선 이후에는 모두 하나가 되어 문 정권의 패악에 힘모아 대항할 것으로 기대합니다. 그동안 난마처럼 얽혔던 보수우파 세력들을 하나로 묶는데 노력해 오신 모든 분들에게 감사드립니다. 다함께 뭉쳐 이번 총선에서 압승합시다. 미래통합당 파이팅!

2020.02.18.(화) 오후 09시 19분

이번이 국회의원 출마 여섯 번째입니다. 지난 다섯 번 출마 때까지는 한 번도 면접없이 공천 결정을 받았는데, 공정세상을 추구하는 이번 면접은 누구나 똑같이 면접한다는 공관위 방침에 따라 저도 서울로 올라와 면접 대기 중입니다. 평당원의 신분으로 누구나 똑 같은 조건하에서 이루어지는 이번 공천과정에 대해 경의를 보냅니다. 대통합을 이룬 마당에 공천도 무사히 잘 마쳐 우리당이 압승을 거두도록 기원합니다.

2020.02.20.(목) 오전 10시 02분

선거 중 가장 무서운 것은 분노투표입니다. 탄핵대선과 지방선거 때 우리는 자유한국당 심판론에 걸려 철저하게 분노투표로 패배를 당했습니다. 오죽 했으면 메시지 전달이 안되어 제가 대선유세장에서 대중가요 노래를 불렀겠습니까?

그러나 이번에는 문 정권이 국민들에 의해 분노투표를 당할 차례입니다. 경제파탄, 외교고립, 드루킹 윗선의혹, 울산시장 선거개입 의혹, 조국사태, 정의로운 윤석열 검찰 탄압, 코로나 방역 실패로 전 국민의 분노가 하늘을 치솟고 있습니다. 종로에서는 이러한 국정파탄의 책임자가 마치 자신은 관련이 없는 양 행세하면서 미소로서 선거 운동을 하고 있으나 정치 1번지 종로 구민들은 그리 어리석지 않습니다. 나아가 우리 국민들은 대단히 현명합니다. 두 전직 대통령을 정치 보복으로 감옥에 보낸 문 정권의 패악을 심판하는 것이 4.15 총선입니다. 두고 보십시오. 우리가 압승할 겁니다.

2020.02.20.(목) 오후 04시 12분

오늘 공관위 면접을 봤습니다. 내가 할일은 다 했습니다. 이미 공관위의 험지출마 요구로 고향 출마를 접으면서 한번 배제 되었는데 설마 경남 험지인 양산까지 두 번 공천 배제되는 경우는 상상하기 어렵습니다. 그런 경우가 생기면 제가 선택할 마지막 결정은 정계 은퇴나 무소속 출마 밖에 없습니다. 내일 밀양으로 다시 내려가 공관위의 결정을 보고 마지막 선택을 하겠습니다.

2020.02.20.(목) 오후 08시 03분

나는 공천신청 당시부터 평당원으로서 공천신청 한다고 천명한 바 있습니다. 고향 밀양이 안된다고 하면서 당에서 험지 출마를 요구하여 지난 총선·대선·지선 3연패한 지역으로 경남 험지인 양산을 지역으로 지역구 변경하여 출마를 했습니다. 한번 고향에서 공천배제를 당하고 이번이 두 번째 당 요구대로 험지 출마를 했습니다. 그러자 바로 김형오 위원장께서 고향사람들에게 양해를 구하고 뒤처리를 깔끔히 하라고 해서 그 말씀대로 실행도 했습니다.

그런데 오늘 느닷없이 공관위원인 최모 교수가 또다시 서울 강북 출마를 요구하면서 강북출마냐 불출마냐 선택 하라고 했습니다. 그래서 나는 두 번 컷오프 당하면 정계은퇴냐 아니면 무소속 출마냐 선택밖에 없다고 했습니다.

황대표와의 만남도 취소당하고 이미 끝난 강북출마를 또다시 강요당하고, 참 황당한 하루였습니다.

나는 황대표처럼 전략공천을 바라지도 않습니다. 양산 예비후보들과 국민경선이라도 결정해주면 평당원의 입장에서 흔쾌히 받겠습니다. 내일 밀양으로 내려가서 당의 결정을 기다리겠습니다.

2020.02.21.(금) 오후 04시 57분

오늘도 김두관 후보가 상대 당 공천과정에 개입하는 듯한 발언을 하면서 채무제로 업적을 투자제로로 비하하는 것을 보았습니다. 김두관 지사시절 경상남도 채무가 2년 동안 기하급수적으로 늘어 5829억 원이 폭증했습니다.

그래서 내가 도정을 인수할 때 총채무가 1조3488억 원이 되었는데, 그 채무를 땅 한평 팔지 않고 3년 6개월 만에 재정개혁, 행정개혁만으로 채무제로를 이루었습니다. 그 업적은 전국 광역단체 사상 처음으로 이룬 쾌거이고 재임 중 밀양에 나노, 사천·진주에 항공, 거제에 해양플랜트 국가산단 등 3대 국가 산단을 유치하여 경남미래 50년 사업에 역점으로 투자를 했습니다. 나중에 양산가면 경남 도정을 두고 얼마든지 토론은 받아 줍니다. 그때가 되면 김두관 후보의 허상이 드러날 겁니다. 잘 준비 하십시오.

김두관 후보는 진주의료원 폐업을 비난하면서 서민들이 이용하는 병원을 폐업했다고 했습니다. 제 기억으로는 병원 수가는 병원의 규모에 따라 수가가 정해지는 것이지 도립의료원이라고 해서 특별히 싸지 않은 것으로 기억합니다. 또 저소득층 중에 의료보호 대상자가 있는데 그분들은 어느 병원에 가더라도 등급에 따라 할인 되거나 무상의료를 받을 수가 있는 것으로 기억합니다.

병원은 등급에 따라 수가가 정해지는 것이지 도립 의료원이라고 해서 서민들 특별 취급을 하지 않는 것으로 알고 있습니다. 아울러 김두관 후보가 시행했던 365 안심병동 서비스 제도는 좋은 제도이기 때문에 폐지하지 않고 그대로 시행한 것으로 기억합니다.

진주 의료원은 강성노조의 적폐 때문에 폐업시킨 것입니다. 폐업 후 경남지역 의료 보완 대책도 한번 확인해 보시지요. 그런 기본사항에 대해서도 오해를 하고 계시니 참 딱합니다.

내일은 당 공관위의 방침에 순응하여 고향 지역구인 밀양 선거사무소의 문을 닫고 밀양 예비후보도 반납합니다. 고향출마를 접은 것은 초한지에 나오는 홍문연 사건을 연상했기 때문입니다. 그간 많은 지지와 성원을 해주신 밀양, 창녕, 함안, 의령 지역 지지자 분들에게 고개 숙여 감사의 말씀을 드립니다. 그리고 경남 험지인 양산 을에 선거 사무실을 새롭게 열고 예비후보 등록도 할 예정입니다.

새롭게 출발하는 양산에서 이번 총선의 핫플레이스로 부상한 PK양산 대전을 빈틈없이 준비하겠습니다. 전후방에서 나라의 명운을 걸고 벌어지는 이번 총선에서 PK 40석을 철통같이 방어하는데 진력을 다하겠습니다. 코로나 사태는 국가적 재난을 넘어 재앙 수준으로 가고 있습니다. 과연 이 상태에서 선거가 연기 되지 않고 제대로 치러질지 의문이긴 하지만, 나는 이번 선거에서 최선을 다해 PK대전을 압승으로 이끌 것을 약속드립니다. 감사합니다.

2020.02.23.(일) 오후 04시 03분

양산에 가기 전날 내 고향 명산 화왕산 정상에 올라 양산대전 승리와 PK 40석 수성을 다짐했습니다.

2020.02.24.(월) 오전 08시 59분

양산을 선거에서 김두관 후보가 아직도 공식적으로 거론하지 않는 쟁점은 아마도 2014.11월에 있었던 무상급식 파동일 겁니다. 이걸 두고 그 당시 에도 양산지역 무상급식 연대에서 왜곡된 주장을 계속한 일이 있었습니다. 애들 밥그릇 뺏는다고 일방적으로 저를 비난했지요. 그러나 그 당시 무상급식 파동의 원인은 매년 수백억 원씩 지자체로부터 교육청이 지원을 받고도 교육청이 도의 감사를 거부해서 생긴 일입니다. 저는 감사없는 지원은 없다는 원칙 아래 도민들의 세금이 제대로 집행되었는지 감사를 하겠다고 했고, 교육청은 감사를 거부하는 바람에 1년 정도 지원이 되지 않고 교육청 예산으로만 무상급식을 실시 하다가 교육청이 감사를 받기로 하고 조례까지 개정한 후 무상급식 예산이 지원된 사안이었지요. 저는 무상급식 자체를 반대한 것이 아니라 도민세금으로 지원한 금액에 대해 적절히 사용되었는지 감사를 하겠다는 입장이었을 뿐입니다.

그 후 감사결과 수백 건의 급식비리 의혹이 적발되었고 검·경의 대대적인 수사로 경남지역의 급식비리가 일소되고 급식의 질도 향상된 것으로 나는 기억합니다. 무상급식은 교육청의 예산으로만 집행되어야 할 교육청 고유 업무 사항인데 재정이 열악한 지방자치단체가 포퓰리즘에 휘말려 지원하는 바람에 마치 이것이 지방자치단체의 업무인 것처럼 변질된 것일 뿐입니다. 지방자치단체가 교육청에 지원하는 무상급식 지원금에 대해 감사를 실시해서 급식 비리를 해소한 것은 아마 경남이 전국에서 최초였을 겁니다. 막말 뒤집어씌우기, 무상급식 뒤집어씌우기 등 좌파들의 거짓 선동은 끝이 없습니다.

2020.02.24.(월) 오후 06시 37분

오늘 양산을 지역 선거사무실을 개소했습니다. 예비후보 등록도 마쳤습니다. 코로나 사태로 선거운동을 할 수가 없어 내일부터는 전화 인사를 하는 수밖에 없네요. 김두관 후보가 나를 양산에서 정리 한다고 호언장담했습니다. 글쎄요. 정리될 사람이 누구인지는

4.15.양산 시민들이 판단해 줄 겁니다.

2020.02.25.(화) 오전 09시 16분

어제 KBS여론조사에서 제가 김두관 후보에게 오차범위 내에서 지고 있다는 여론조사결과가 발표되었습니다. 경남이지만 우리당 지지율도 민주당에 뒤지는 것으로 나왔습니다. 저는 그 여론조사를 당연한 것으로 받아들입니다. 양산을 지역은 평균연령이 39세인 젊은 도시이고 경남 좌파 세력들이 가장 강한 지역입니다. 나아가 김두관 후보는 당의 전폭적인 지지로 양산에 내려온 지 한 달가량 되었고, 저는 우여곡절 끝에 어제 비로소 양산을에 선거 사무소를 차렸기 때문에, 김두관 후보가 비록 오차 범위 내이지만 앞서는 것은 당연한 일입니다. 또 시비가 일어날까 싶어 관 두 개 들고 양산에 왔다는 그 말을 썼다가 지우긴 했지만 이번 양산을 문재인 정권 성지에서 제가 문재인 대통령과 김두관 의원을 확실하게 잡겠습니다.

국민 여러분! 코로나 사태가 걷잡을 수 없이 확산 되는 마당에 무능한 문 정권에 기대지 말고 국민 개개인이 코로나 예방 수칙을 철저히 지켜 코로나 확산을 막고 국난을 이겨 냅시다. 대한민국 파이팅입니다!

1. 조사기관 : (주)한국리서치
2. 조사일시 : 2020.2.23. 10:00~17:00
3. 그 밖의 사항은 중앙선거여론 조사심의위원회 홈페이지 참조바랍니다.

2020.02.25.(화) 오전 10시 15분

2015.6 경남지사 시절에 마산 도립의료원을 신축할 때, 감염병 환자 치료를 위해 격리 병동과 음압 병실을 8개나 신축한 일이 있었습니다. 그 당시로서는 비용이 너무 많이 드는 음압 병실을 왜 짓느냐고 비난도 받았지만 지금 코로나 사태에 그 음압 병실이 얼마나 요긴하게 쓰여 집니까? 지난 대선 후보 토론 때 문재인 후보가 진주의료원 폐쇄를 공격했을 때, 마산의료원 음압 병실 설치로 반격하면서 경남의료시설의 고품격화로 응수한 일이 있었습니다. 지도자의 가장 중요한 덕목은 혜안(慧眼)입니다.

2020.02.26.(수) 오전 10시 13분

김두관 후보가 싸움은 먼저 걸어 놓고 이제 와서 양산의 미래를 두고 토론하자고 제안 하는 것을 인터넷 언론을 통해 봤습니다.

김두관 의원님! 국회의원은 나라를 위해 일하는 사람입니다. 그래서 적어도 국회의원은 나라의 미래를 먼저 논하고 지역의 미래를 말하는 것이 순서입니다. 경제 폭망, 외교 고립, 북핵 노예, 코로나 창궐 등 어느 하나 제대로 한 것이 없이 민생을 도탄에 빠트린 문 정권이 이번 총선에서 국민들의 지지를 바라는 것은 연목구어(緣木求魚)에 불과합니다. 양산의 미래도 나라가 잘되어야 희망이 있습니다. 나라가 망해 가고 있는데 양산만 잘될 수 있습니까? 양산의 미래는 김두관 후보와는 차원이 다른 내용을 준비하고 있으니 걱정하지 마십시오. 곧 만나게 될 겁니다. 코로나 조심하시고 건강하십시오.

양산을은 부·울·경의 접경지로 삼국지의 형주에 해당되는 요충지입니다. 그래서 양산을의 승부가 부·울·경 선거 40석의 향방을 결정하는 전략지역이 될 수밖에 없습니다. 민주당은 양산을의 중요성을 감안하여 김두관 후보를 차출해 현재 PK선거를 총 지휘 하고 있고, 어제 KBS여론조사에서도 제가 김두관 후보에게 현재 7%가량 지고 있고 당지지도도 민주당에 뒤지는 것으로 발표되었습니다. 그것은 김후보는 한 달 전에 양산에 왔고 저는 어제 양산에 온 탓도 있을 겁니다. 그러나 선거가 본격화되고 바람몰이가 시작되면 그 양상은 판이하게 바뀔 겁니다. 저는 지금 여론조사에는 큰 의미를 두지 않습니다. 언제나 야당 선거는 막바지 바람몰이가 승패를 좌우하니까요. 어쨌든 양산을 선거는 제가 이길 겁니다. 문재인, 김두관 두 사람을 동시에 심판하는 양산 시민들의 성숙된 시민정신을 저는 철석같이 믿습니다.

> 1. 조사기관: (주)한국리서치
> 2. 조사일시: 2020.2.23 10:00~17:00
> 3. 그밖의 사항은 중앙선거여론 조사심의위원회 홈페이지 참조바랍니다.

수도권 못지않게 이번 총선에서 중요한 지역은 스윙보트 지역으로 변한 낙동강 벨트입니다. 민주당은 이 낙동강 벨트 승리를 위해 인적, 물적 역량을 총동원할 것이고, 지난 지방선거에서 승리한 자치단체장들을 이용하여 통·반장 선거 등 관권선거도 획책하리라고 봅니다. 그것은 문 대통령 취임이후 17차례에 걸쳐 PK지역을 방문해서 공을 들였고, 김두관의원을 수도권에서 차출하는 등 총공세를 펴고 있고 있는 한편, 지난 울산시장 선거에서 보여준 선거 개입사례에서 보듯이 우리는 그들의 음모를 넉넉히 짐작할 수 있기 때문입니다. 그 중심에 요충지인 양산을이 있습니다. 양산 을의 승리가 곧 PK 40석 확보의 관건이 됩니다. 그래서 제가 PK수비대장을 자처하면서 양산을에 온 이유이기도 합니다. 이번 낙동강 벨트 전선에서 온몸을 던져 당에 압승을 안겨 주도록 혼신의 힘을 다하겠습니다. 당의 조속하고 현명한 결정을 기대합니다.

안철수 대표의 지역구 공천포기를 두 손 들고 환영합니다. 지금은 반문연대로 문 정권의 무능과 부패를 심판할 때입니다. 이제 모두 하나가 되어 이번 총선에서 문 정권을 심판하고, 2022년 정권교체를 이루어야 나라가 정상적인 국가로 갑니다. 우리당에 들어와 모두 함께 합시다. 지난 대선 2.3.4등이 합치면 황대표와 함께 반드시 정권교체를 이룰 수 있습니다. 그리하여 다시 뛰는 대한민국으로 꼭 만듭시다.

2020.02.28.(금) 오후 01시 53분

문재인 폭정에 가장 책임이 있는 사람이 종로에 출마하여 자신은 마치 문 정권과 상관 없는양 미소와 너그러운 척하는 모습으로 종로 구민들을 현혹하는 것은 참으로 보기 민망합니다. 우리는 이미 탄핵대선과 위장평화 지선을 거치면서 국민들로부터 혹독한 심판을 받았습니다.

이제는 문 정권 차례입니다. 경제폭망, 외교고립, 북핵노예, 울산시장 선거부패, 조국사태, 코로나 방역 실패 등에 대한 책임을 추궁하는 것이 이번 총선입니다. 아울러 종로선거는 부패하고 무능한 문 정권의 책임자에 대한 심판이 그 본질입니다. 나는 정치 1번지 종로 주민들의 의식 수준을 굳게 믿습니다. 문 정권의 책임자를 응징하는 종로 주민들의 분노 투표를 나는 굳게 믿습니다. 전국 각지에서 분노 투표가 일어날 겁니다. 문 정권은 이번 총선에서 국민들의 분노 투표로 참패할 것으로 나는 확신합니다.

2020.02.28.(금) 오후 03시 25분

민주당 양산시장의 선거법 위반 상고심 선고가 법정기간을 훨씬 넘겨 선고 지연이 되고 있습니다. 대법원 2부에서는 이미 심리를 마친 것으로 보이는 양산시장 선거법 위반 사건을 늦어도 3월12일까지는 선고를 해 주셔야 이번 총선에 동시에 선거를 할 수 있습니다. 만약 그렇게 하지 않고 선고 지연을 하게 되면 양산시장 보궐선거는 내년 4월 보궐선거로 넘어가게 되어 심각한 행정 공백이 오게됩니다. 부디 이점 참작하시어 대법원 2부에서는 이번 3월 12일까지 꼭 상고심 판결선고를 해 주시기를 다시 한 번 간청드립니다.

2020.03.03.(화) 오전 08시 00분

어차피 코로나 사태로 선거운동이 불가능한 상황에서 저는 지금 묵묵히 공관위의 합리적인 결정을 기다릴 수밖에 없습니다. 마치 제가 개인적인 욕심으로 양산을에 출마하는 것처럼 비춰질 때는 억울하고 답답하기도 하지만, 이번 총선과 2022년 대선에서 840만 PK 주민들의 선택이 얼마나 중요한 것인지를 다시 한 번 생각하면서 오늘도 코로나가 조속히 박멸되어 국민들이 이 재앙에서 벗어나기를 기도합니다.

원래 공천은 욕먹는 작업입니다. 공천 받는 한사람만 좋아하고 낙천된 더 많은 사람들로부터 비난을 받는 것은 숙명적인 일이니까요. 그러나 합리적인 공천이라면 그 비난 자체가 거꾸로 비난을 받을 수도 있습니다. 추가 공모에도 불구하고 배현진 후보에 대한 단수 추천은 합리적인 공관위의 결정으로 환영합니다. 아울러 힘든 공천 일정을 보내고 있는 공관위원장님과 위원님들에게 박수를 보냅니다. 그러나 상대방은 벌써 확정되어 저 멀리 달아나고 있는데, 우리도 속도를 더 내어 힘드시겠지만 조속히 공천 일정을 마무리해 주실 것을 간청 드립니다.

2020.03.04.(수) 오전 09시 01분

제가 고향을 떠나 경남 험지인 양산을로 선거구를 옮길 때 그 결심을 하게 된 배경은 김형오 공관위원장님께서 밀양으로 내려오셔서 고향출마는 안된다고 강권한 탓도 있지만 지난 1월 초부터 나동연 전 양산시장으로부터 일주일에 두세 차례 양산을로 오면 선거를 책임지겠다고 양산을 출마 요청을 계속해 왔기 때문입니다. 저는 나동연 전 양산시장만 믿고 양산을로 내려온 것입니다. 양산을에 와서 김두관 의원과 양산대전을 준비하고 있는데, 매일같이 사무실을 찾아와 선거대책을 의논하고 있던 나동연 전 시장이 사흘 전부터 갑자기 오지 않았고, 곧이어 양산을 추가 공모가 당 홈페이지에 떠 알아보니 공관위에서 나동연 전 시장에게 연락하여 나 전 시장을 추가 공모에 응하라고 설득한다는 것이었습니다.

그러나 그런 공관위의 요구에도 불구하고 처음에는 나동연 전 시장은 저와의 관계를 고려해서 애매한 태도를 취하면서 응모 거부를 계속했으나, 양산시장 보궐선거가 없을 것으로 보이자 국회의원 출마를 검토하기 시작했다고 보여 집니다. 그래도 저와의 관계를 고려해 머뭇거리고 있는데, 김형오 공관위원장님께서 저에게 전화를 해서 나동연을 추가공모에 응하도록 설득하지 않으면 저를 컷오프 시킨다고 하시면서 나동연 전 시장과 경선하라고 하시는 겁니다. 저는 그에 따를 수밖에 없어 나 전 시장이 추가 공모에 응하는 것을 양해할 수밖에 없었습니다.

나 전 시장은 애초부터 양산시장 선거법 위반 사건이 대법원에서 선고되면 양산시장에 출마하겠다고 양산 시민들에게 늘 공언해 왔습니다. 저보고 대법원에 부탁해 달라고도 했으며 페북에 선고 지연의 부당성을 써달라고 해 세 번이나 페북에 제가 글을 쓰기도 하고 기사화도 되었습니다. 그럼에도 불구하고 대법원 선고가 없을 것으로 보이자 느닷없이 국회의원 출마로 급선회 한 것으로 보입니다. 그런데 오늘 어느 언론 보도를 보니 저를 또 딴 곳으로 보낸다는 겁니다. 나 전 시장을 양산을 공천에 염두를 둔 것으로 보이지만, 나 전 시장의 이러한 행적이 밝혀지면 그건 양산을을 김두관 후보에게 바치는 선거가 될 겁니다. 그것이 사실이 아니기를 바라지만, 더 이상 그간의 경위를 밝히지 않으면 제가 오히려 사리사욕만 채우는 정치인으로 비춰질 수 있어서 부득이하게 밝힐 수밖에 없음을 공관위에서는 양해하시기 바랍니다. 25년 정치를 했지만 이런 경우는 처음 당해 봅니다. 이번 선거를 포기하는 한이 있더라도 나동연 전시장의 잘못된 정치 행태는 바로 잡아야겠습니다. 나동연 전 시장의 경우를 겪어 보니 이젠 사람이 무섭습니다.

2020.03.04.(수) 오전 09시 31분

나동연 전 양산시장은 제가 경남지사시절에 양산시장으로 만나

8년 동안 호형호제 해온 사이입니다. 경남지사시절에 양산에 대해서는 나동연 전시장의 요청을 제가 거절한 일이 단 한 번도 없었습니다. 양산도시철도 보조금도 통상 시의 부담금중 5% 지원하는 것이었으나 저는 나시장의 요구대로 25%나 지원하여 현재 공사 중에 있고, 그 어렵던 가산산단, 석계 산단 문제도 해결해 주었으며, 양산 비지니스센타도 제가 건립해 주었고, 수시로 찾아와서 도지사 포괄사업비도 수십억씩 받아 가기도 했습니다.

제가 당 대표를 하면서 낙선한 나 전시장을 양산을 당협위원장도 시켜 주었고, 양산을 국회의원 출마를 수차례 종용했으나 나이 60넘어 무슨 초선 국회의원이냐고 반문하면서 곧 있을 양산시장 보궐선거에 나가겠다고 하면서, 저보고 양산을에 와서 김두관과 붙으면 선거대책 본부장으로 꼭 당선시키겠다고 하기도 했습니다. 오래전에 서울 중구 민주당 공천을 두고 아버지와 아들이 대립하는 것을 본 일은 있으나 양산에서 이런 일이 일어날 것이라고는 꿈에도 생각지 못했습니다. 경선이 실시되면 경선을 해야 하지만, 참 가슴이 아프고 사람이 이제 무서워집니다.

2020.03.04.(수) 오전 11시 34분

나를 양산으로 오라고 종용한 것은 덕담에 불과했다고 나동연 전 양산시장께서 페북에서 말했습니다. 덕담이라는 것은 윗사람이 아랫사람에게 하는 말입니다. 아주 모욕적인 말입니다. 덕담을 한두 번도 아니고 수시로 전화해서 합니까?

정치가 뭔지 사람 배리는 것도 일순간입니다. 유승민 의원이 힘든 세월을 보낸 것도 정치적 소신을 떠나서 배신자 프레임에 갇혔기 때문입니다. 한국 사람들은 배신자는 절대 용서치 않습니다. 경상도는 더더욱 그러합니다.

2020.03.04.(수) 오전 12시 15분

제가 이 당에 들어와서 25년 동안 당이 요청하는 대로 저격수도 하고 험지출마도 5번이나 하고 탄핵으로 당이 소멸되기 직전까지 갈 때 당의 궤멸을 막기 위해 당의 요청을 받아 들여 경남지사 중도 사퇴하고 무망한 대선에 출마까지 해서 당을 살려냈습니다. 당 대표 두 번하고 당을 위해 탄핵대선에서 대통령 후보까지 나섰던 저를 김두관 후보만 해도 벅찬데 이렇게 까지 힘들게 할 이유가 도대체 무엇인지 속 시원하게 설명해주면 좋겠습니다.

참 많은 것을 겪고 참으며 배우고 있는 요즘 입니다. 그래도 참고 견디겠습니다.

2020.03.04.(수) 오후 01시 58분

민경욱 의원이 막말로 컷오프 되었고 재심을 신청했다고 들었습니다. 민경욱 의원은 저에 대해 제명까지 하자고 주장한 저에 대해서는 적대적인 사람이지만, 모두가 겁이나 입 다물고 있을 때 홀로 대여 투쟁을 하면서 쎈 말을 한 사람이지 나는 결코 막말을 했다고 보지 않습니다.

재심에서 경선을 할 기회는 주셨으면 합니다. 그렇게 하지 않으면 앞으로 대여 투쟁을 할 사람은 나타나지 않을 겁니다.

2020.03.04.(수) 오후 06시 33분

저는 이번에 공천신청을 하면서 가장 낮은 자세로 일반 평당원과 같이 국민경선까지 하겠다고 했습니다. 공관위의 요구로 고향 출마를 포기하고 경남 험지인 양산으로까지 왔습니다. 아울러 이틀 전에는 공관위의 요구로 출마를 주저하는 나동연 전 양산시장까지 양해하면서 억지 경선이라도 하겠다고 했습니다. 내가 지난 25년간 헌신한 이당이 왜 저에게 이렇게 혹독하게 하고 있는지 그 이유를 속 시원히 말이라도 해 주면 좋겠습니다. 단 한 번도 당적 이탈을 하지 않은 저를 더 이상 시험하지 말았으면 합니다. 오늘은 말이 참 많았습니다. 여태 참고 기다리다가 지친 하루였습니다.

2020.03.05.(목) 오후 07시 05분

사흘전 김형오 공관위원장께서 직접 전화를 하시어 나동연 전 양산시장을 추가 공모에 응하도록 설득을 하면 컷오프 하지 않고 같이 경선을 하겠다고 해서 그렇게 했는데 허허 참!

2020.03.05.(목) 오후 08시 31분

참 야비한 정치한다.

2020.03.06.(금) 오전 12시 43분

황대표 측의 견제와 김형오 공관위원장 등의 사악한 속임수에 속아 낙천이 되었지만 무엇이 홍준표다운 행동인지 며칠 숙고한 뒤 결정하겠습니다. 이젠 사람이 무섭네요.

2020.03.06.(금) 오전 09시 27분

김형오 위원장은 2004.4. 총선 때 부산 영도구에서 컷오프 위기에 몰렸을 때 내가 공심위원을 하면서 경선을 강력히 주장해 살려준 일이 있었다. 2008.4. 총선이후 국회의장과 원내대표로 만나 김의장이 야당을 의식해 국정운영에 미온적일 때 1년간 대립하면서 거칠게 다툰 적이 종종 있었다. 이번에 공관위원장으로 만났을 때 나는 그때의 사감으로 나를 공천배제 하지 않을까 하는 의구심에 사과 전화까지 하였고, 김위원장은 이를 흔쾌히 받아주어 나는 그것이 해소된 것으로 알았다. 그러나 나동연을 이용한 내 공천 배제 작업을 오랫동안 추진하는 것은 꿈에도 생각지 못했다. 심지어 나동연을 설득하여 추가 공모에 응하게 하면 컷오프 하지 않고 같이 경선을 시켜 주겠다고 며칠 전 전화를 직접했을 때, 나는 국회의장까지 지내고 팔순을 바라보는 사람이 사악한 거짓말까지 하리라고는 꿈에도 생각하지 못했다. 황대표 측의 경쟁자 쳐내기와 김위원장의 사감이 합작한 야비한 공천 배제를 내가 어떻게 받아들이는 것이 과연 홍준표다운 행동인지 오늘부터 숙고하겠다. 숙고는 길지 않을 것이다.

2020.03.08.(일) 오전 10시 48분

나는 38년 공직생활 동안 불의와 협잡에는 굴하지 않았다. 이번 양산을 공천 심사는 불의와 협잡의 전형이다. 불의와 협잡에 순응하는 것은 홍준표답지 않은 처신이다.

2020.03.09.(월) 오후 07시 41분

선거도 얼마 남지 않았는데 공천에 매몰되어 있는 한국의 정치 현실을 보면서 도대체 유권자들이 무얼보고 투표를 하라는 건지 참 이해하기 어렵습니다. 당만 보고 묻지마 투표를 하라는 건지 신인들은 어떻게 자신을 알리고 홍보해야 하는 건지 참으로 당혹스런 한국의 선거 문화입니다. 더구나 이번 선거는 코로나 재앙으로 선거운동도 현실적으로 불가능하고, 투표율도 현저히 낮을 텐데, 그것이 여야 어느 측에 유리할지 가늠하기 어렵습니다. 선거가 한 달 정도 연기되어 정치 신인들이 유권자를 접촉할 시간을 충분히 주어야 공정한 선거가 될 수 있는 것이 아닌지 의문스런 요즘입니다.

지난번 김형오위원장이 밀양으로 험지출마 강요를 위해 나를 만나러 왔을 때, 나는 김위원장에게 2004.2. 김형오 의원은 존재감이 없다고 컷오프 시키자는 공심위 회의에서 내가 이를 막고 경선시켜 주어 살아난 일이 있지 않았느냐고 반문한 일이 있었다. 이번에는 김위원장이 그걸 갚아야 할 차례라고 말하니, 김위원장은 그때 부산 영도에서 컷오프 되었으면 무소속으로 출마하려고 했다고 말하면서 그때 일을 회고한 일이 있었다. 그런 사람이 사감으로 또는 자기 지인 공천을 위해 곳곳에 무리한 컷오프를 자행하는 막천을 해놓고 희생과 헌신 운운하면서 무소속 출마를 해서는 안된다는 것은 도대체 무슨 경우인가? 텃밭에서 5선을 하고 국회의장까지 하면서 당의 혜택을 받은 사람이 지난 탄핵 때 박근혜 하야를 외치면서 탈당하고 촛불 정신을 찬양하는 태도가 김위원장이 말하는 희생과 헌신인가? 그 입으로는 희생과 헌신을 말할 자격이 없다. 김형오 위원장은 그 입을 다물라. 코로나 사태로 억울한 죽음이 속출하는 마당에 공천을 두고 뜨내기 소인배들과 논쟁을 하는 내 자신이 한없이 부끄럽다. 이번 목요일 오전 최고위원회까지 지켜보겠다. 황대표가 과연 큰 도량의 대장부인지 여부를 지켜보겠다. 내가 갈 정치적 방향은 황대표의 결단에 달렸다.

2020.03.10.(화) 오후 01시 06분

총선을 앞둔 황금같은 두 달을 뜨내기 소인배들과 시덥잖은 논쟁을 하느라 헛되이 보냈지만, 제가 태어난 고향산천을 유람 하면서 고향 사람들의 따뜻한 마음을 본 것은 참으로 행복한 시간이었습니다. 대장부가 못되고 쫄보 정치나 하는 사람들이 이를 번복 할 리는 만무하지만, 그래도 이번 목요일 아침까지는 기다리는 것이 마지막 도리라고 생각했습니다. 새장을 떠나 훨훨 나는 창공의 새가 될 수도 있다는 기대도 있습니다. 아무튼 이번 목요일 이후에는 전혀 다른 투쟁이 저를 기다릴 겁니다. 한마음이 되어 문 정권 타도에 당력을 모아도 힘이 모자라는 마당에, 황금 같은 시간을 당내 투쟁에 소모하는 당내 정치 현실이 안타깝습니다.

2020.03.11.(수) 오전 08시 14분

저는 이번에 PK일대를 돌면서 캠페인을 벌린 것이 결코 헛된 시간이 아니었다고 생각합니다. 비록 당내 일부세력과 뜨내기 공관위의 기망과 협잡에 속아 PK지역을 돌아다녔지만, 제게 이러한 PK 밑바닥 민심을 볼 기회를 준 그들에게 오히려 감사하다는 말씀을 드립니다. 내일 오전 최고위에서 양산 공천에 대한 번복 결정이 없으면, 오후에는 최종적인 저의 입장을 밝히겠습니다.

홍준표답게 돌파하겠습니다.

2020.03.11.(수) 오전 09시 46분

막천을 한 그 입으로 탄핵5적 운운하는 것을 보고 아연실색했다. 나는 일관해서 탄핵에 반대했고 그 부당성을 설파했던 사람이다. 지난 대선 때 유튜브를 다시 보거라. 탄핵에 찬성하고 하야를 주장하고 촛불정신을 찬양하면서 탈당했던 그가 탄핵 5적 운운 하는 것은 지나가는 소도 웃을 일이다. 다시 한 번 말한다. 탄핵 5적이라면 내가 아니고 바로 그대다. 뻔뻔한 그 입 다물라. 세상이 거꾸로 돌아간다.

2020.03.11.(수) 오후 12시 53분

언론에서 말하는 공천 탈락이라는 용어는 매우 부적절합니다. 공천이 아니라 막천이고 공천 탈락이 아니라 공천배제가 맞지요. 동귀어진(同歸於盡)을 노리는 황대표 측과 사감에 찬 김형오 위원장이 협잡한 이유없는 공천배제입니다. 더 이상 공천도 아닌 막천을 공천탈락이라고 쓰지 말고 공천배제로 정정해 주실 것을 언론인 여러분들에게 간곡히 요청합니다.

2020.03.11.(수) 오후 06시 55분

자신도 2004.2. 컷오프 되었다면 무소속 출마했을 것이라는 말을 지난 밀양 방문에서 내게 한 사람이 공관위원장 권한 범위를 넘

어 무소속 출마하면 입당시키지 말아야 한다고 말했다. 참 어처구
니없는 뻔뻔한 말이다. 밀양에 단수 추천한 조해진 후보는 지난 총
선에서 탈당하여 무소속 출마 하지 않았나. 공관위원장이 새털처
럼 가볍게 주저리주저리 쓸데없는 말을 너무 많이 한다.

2020.03.12.(목) 오전 08시 50분

사기와 기망, 협잡에 의한 막천을 받아 들이는 것은 홍준표의 길
이 아니다. 나는 평생 불의, 불공정과 싸워온 사람이다. 웬만하면
이런 정치판을 떠나 그만 둘 수도 있지만, 황측과 김형오의 이런
협잡에는 굴할 수 없다. 홍준표의 길로 홍준표답게 간다.

2020.03.12.(목) 오전 11시 46분

당단부단(當斷不斷) 반수기란(反受其亂) 결단을 내려야 할 때 주저
하게 되면 더 큰 혼란이 온다. 사마천의 사기 중 춘신군 열전에 나
오는 말입니다. 두 달 동안 협잡에 속고도 머뭇거린다면 홍준표가
아니지요.

〈양산 시민들께 사과의 말씀을 올립니다〉

존경하는 양산시민 여러분, 미래통합당 예비후보 홍준표입니다. 오늘로 저는 양산을 지역구 출마를 포기하고 예비후보에서 사퇴하기로 결정했습니다. 그동안 성원해 주신 모든 분께 감사의 인사를 드리고자 합니다. 저는 2주전 제 고향인 밀양·창녕을 떠나 양산을 지역구에서 인사를 드렸습니다.

고향땅을 풍패지향(豊沛之鄉)으로 만들겠다고 약속했으나, 당 공관위의 이른바 험지 출마 요청을 받고 전직 당대표로서 당의 요청을 수용한 바 있습니다. 그래서 PK지역의 험지인 양산을을 선택했고, PK40석 수비대장을 자임했습니다. 양산대전에서 상대후보를 꺾고 이런 바람으로 부·울·경 지역의 압승을 이루고자 했습니다. 양산을 '플라잉 카(flying car) 연구개발의 메카로 만들고, 도심을 관통하여 많은 불편을 끼치고 있는 도심 고압선 지중화 계획, 그리고 양산 동면 KTX양산역 신설 등을 공약으로 다듬었습니다. 양산 경전철과 트램도입, 회야천 친환경 정비 등 미래 발전과 주민편의 증진을 위한 양산 퀀텀점프 구상도 연구하기도 했습니다.

그러나 양산을 향한 저의 노력은 결국 협잡공천에 의해 좌절되었습니다. 이번 양산을 공천은 '기망에 의한 막천'이고 상대를 이롭게 하는 '이적(利敵)' 공천이라 생각합니다. 공관위는 추가공모를 통해 출마 의지도 없었던 후보를 끼워 넣어 여론조사 경선을 발표하고, 대신 저를 제외해 버렸습니다. 가장 이길 가능성이 있는 후보를 경선에서 고의적으로 배제시키는 것은, 우리 당 후보의 승리보다는 상대 당 후보의 당선을 보장하는 이적 공천에 불과합니다.

양산 시민 여러분, 저는 25년을 정치를 하면서 단 한 번도 공천 걱정을 하지 않았습니다. 항상 당을 위해 헌신했기에 공천을 신경쓸 일은 단 한 번도 없었습니다. 이번 협잡에 의한 공천배제는 도저히 받아들일 수 없고 결코 승복할 수 없습니다.

그래서 양산을 무소속 출마를 깊이 검토했으나 이 역시 상대 당후보를 도와주는 꼴이 될 수 있기에, 제가 다른 지역으로 옮기기로 했음을 말씀드립니다. 이제 양산에서 제가 물러섰음에도 미래통합당 후보가 패배한다면, 이는 전적으로 당 지도부와 공관위원장의 책임입니다. 당과 역사는 그 책임을 엄중히 묻게 될 것입니다.

사랑하는 양산시민 여러분! 여러분들의 뜨거운 환대와 열정을 깊이 새기겠습니다. 양산을 떠나더라도 양산의 따뜻한 마음은 잊지 않을 것입니다. 앞으로 제가 어디로 가든 어떤 길을 가든 성원해 주시고 늘 함께 해주시길 당부를 드립니다. 거듭 저를 믿고 지지해주신 양산 시민 여러분들께 고개 숙여 깊은 감사의 인사를 올립니다. 감사합니다.

2020. 3. 12.
홍 준 표 올림

2020.03.12.(목) 오후 02시 49분

유랑극단 선거를 하는 느낌입니다. 밀양·창녕에 천막 쳤다가 걷어 내고, 양산에 천막 쳤다가 걷어 내고, 이번에는 자란 고향인 대구에 콘크리트 집 지으려 갑니다. 지난 25년간 7차례에 걸쳐 총선, 지선 때 그렇게 가고 싶었던 대구로 보내준 황대표와 김형오위원 장에게 감사드립니다.

2020.03.13.(금) 오전 08시 46분

이번에는 김형오 위원장의 막천 보다 대구 시민들의 시민 공천 으로 대구에서 출마하고자 합니다. 코로나로 신음하는 대구는 문 정권을 타도할 사람, 대구를 다시 풍패지향(豊沛之鄕)으로 만들 사 람을 갈구하고 있습니다. 그 역할을 자임 하면서 이제 이번 총선의 종착지 대구로 갑니다. 지난 25년 동안 7번에 걸쳐 좌절 되었던 대 구 출마를 두 분의 덕분으로 이번에야 소원을 이루게 되었습니다. 25년 만에 당의 외피를 벗고 대구 시민들의 공천으로 출마하게 됨 에 만감이 교차됩니다. 대구에서 만나십시다.

2020.03.13.(금) 오전 11시 56분

어제 김형오는 사퇴해야 할 것이라고 예측했는데 오늘 사퇴했네 요. 노추(老醜)였습니다. 공당의 공천을 막천으로 만들고 혼자 사퇴 한다고 해서 그 죄상이 묻히는 것이 아닙니다.

내가 김형오의 최고 피해자이지만 나는 그런 사악한 사람과는 결별 선언을 어제 했기에 유감은 없습니다만, 같이 부회뇌동하고 거수기로 따라간 허수아비 공관위원들도 모두 사퇴하는 것이 맞습니다. 이제 공관위가 무슨 권위가 있나요? 그 나이 정도들 되었으면 부끄러움을 알아야 합니다.

2020.03.13.(금) 오후 05시 03분

공관위원장 선임을 놓고 모 최고위원이 나를 찾아 왔을 때, 나는 "김형오 전의장은 스타일리스트이니 부적합하다. 다른 사람을 찾아라."고 조언을 한 일이 있습니다. 아마도 그 최고위원이 추천한 공관위원장은 김형오는 절대 아니었을 겁니다. 퓨처메이커 공천 운운하지만 선거경험도 없는 젊은 신인들을 당선될 지역도 아닌 사지로 몰아넣는 것은 학도병 공천이지 퓨처메이커 공천이 아닙니다.

한강벨트, 낙동강벨트, 퓨처메이커 등 말만 번드러한 스타일리스트 공천에다가 측근 내려 꽂기, 돌려 막기 공천, 이적행위 공천 등 공천이 아닌 막천을 해놓고, 그 들러리나 한 사람들이 남아서 공천 작업을 계속하겠다고 우기는 것을 보니 참 뻔뻔한 사람들입니다. 양식이 있다면 이제 그만 모두 사퇴하고 비대위를 구성해 비대위에서 공천 마무리 작업을 하면서 조속히 잘못된 막천을 바로잡으십시오. 시간이 없습니다.

총선이 한 달 앞으로 다가 왔습니다. 머뭇거릴 시간이 없습니다. 오늘 밤을 세워서라도 비대위에 모든 권한을 일임하고 황대표는 종로 선거에나 전념 하십시오. 지금처럼 밋밋한 종로 선거를 하면 황대표 그대는 필패합니다. 명심하십시오.

2020.03.14.(금) 오전 10시 46분

반드시 살아 돌아가 야당성을 회복하는 강인한 야당을 다시 만들고 정권 교체의 선봉장이 되겠습니다. 홍준표는 쫄보 정치를 하지 않습니다. 선거에 도움이 된다면 그 누구라도 끌어안고 선거에 임합니다. 협잡하는 야비한 정치에는 절대 굴복하지 않습니다.

이렇게 협잡하는 쫄보 정치에 무참하게 당한 저를 살려줄 곳은 내가 자란 대구 밖에 없습니다. 그리던 대구에서 마지막 정치를 하게 됨에 가슴 설렙니다.

2020.03.14.(금) 오후 03시 06분

대구 수성못에 있는 이상화 시인 시비 앞에 왔습니다. '빼앗긴 들에도 봄은 오는가'로 유명한 독립투사 시인이십니다. 현 문재인 정권에 대한 대구 사람들의 마음입니다.

2020.03.15.(일) 오전 08시 24분

나는 누구처럼 상황에 매몰되어 허우적거리지 않습니다. 상황을 창출하고 이를 주도해 갑니다. 25년 헌신한 이 당을 잠시 떠나 무소속으로 출마 한다는 것 자체가 모험이고 협잡에 의해 막다른 골목에 처했습니다. 이번 총선은 피할 수 없기에 대구 수성을에서 대구

시민들의 시민 공천으로 홍준표의 당부를 묻기로 했습니다. 화요일 오후 2시에 대구 수성못 이상화 시비 앞에서 대구 선언문을 밝힐 것입니다. 문 정권을 타도하고 2022년 정권 탈환의 선봉장이 될 것입니다. 탈당은 무소속 후보 등록하기 직전인 3.25에 할 예정입니다. 300만 당원 동지 여러분! 이 길을 선택할 수밖에 없는 저를 부디 이해해 주시기 바랍니다. 반드시 승리하고 원대복귀 하겠습니다.

2020.03.15.(일) 오전 11시 11분

82년 사법시험을 합격하여 공직 생활을 시작한 이래 38년을 보내면서 어처구니없이 황당한 꼴을 당한 경우가 세 번 있었습니다. 첫 번째가 95.10. 정의로운 수사를 하고도 검찰의 집단 이지메에 몰려 검사직을 사직 했던 때입니다. 그때는 참으로 황당했습니다. 그러나 정치판으로 들어와 국회의원이 되었고 한국 보수 정당의 대표까지 되었습니다. 두 번째가 2015.4. 뜬금없이 성완종 리스트에 올랐을 때입니다. 잘 알지도 못하는 성완종으로부터 돈 1억원을 정치자금으로 받았다고 누명 쓰고 몰렸을 때 참으로 황당했습니다. 결국 그 사건은 대법원에서 무죄 판결을 받음으로써 그 누명을 벗을 수 있었습니다. 그러나 그 후 나는 한국 보수 정당의 대통령후보까지 올랐습니다. 세 번째가 이번에 황과 김이 합작한 협잡 공천으로 공천이 배제된 경우입니다.

참으로 황당했습니다. 그러나 이번에도 이 황당한 경우를 대구 시민들의 도움으로 헤쳐 나가 한국 정치 중심에 다시 우뚝 설 겁니다. 세상을 살다보면 벼라별 사람 다 만나지만 이번 경우가 가장 황당합니다. 나는 산야의 들꽃처럼 살아 온 사람입니다. 역경을 즐기고 위기를 기회로 만드는 사람입니다. 불꽃선거로 압승하고 다시 당으로 돌아가겠습니다.

2020.03.16.(월) 오전 07시 39분

쫄보정치 덕분에 40여 일 간 유랑극단처럼 밀양에 천막 쳤다가 걷어 내고 양산에 천막 쳤다가 걷어 내고 오늘 마지막 종착지인 대구로 이사 갑니다. 대구는 천막이 아닌 콘크리트 집을 짓겠습니다. PK 일대를 돌아다닌 것은 헛된 시간 낭비가 아닌 PK 바닥 민심을 여실히 볼 수 있었던 좋은 기회였습니다. 그렇게 가고 싶던 내가 자란 대구는 25년 만에 당의 외피를 일시 벗고 새장을 벗어난 새가 되어 날아갑니다. 여태 선거에서 당의 외피보다 홍준표 캐릭터로 선거에 임했듯이 이번에도 똑 같은 방식으로 대구 선거에 임하겠습니다.

거듭 말씀드리지만 당과 정면충돌하는 무소속 연대는 하지 않을 겁니다. 수성의 꿈! 대구의 희망! 대한민국의 미래가 되겠습니다. 내일 출마 선언은 코로나 사태로 이상화 동산에서 기자 분들만 모시고 소박하게 할 예정입니다. 저를 지지하시는 분들은 출마 선언 장소에 오지 마시고 사무실을 방문해 주시면 고맙겠습니다. 감사합니다.

2020.03.16.(월) 오후 06시 24분

오늘 수성을 예비후보 등록을 하고 수성못 전철역 앞에 사무실도 열었습니다. 현수막도 큼지막하게 걸었고 내일부터 본격적인 선거 운동에 들어갑니다. 내일 오후 두시에 이상화 동산에서 출마 선언문을 낭독하고 시작하겠습니다. 지금부터 대구 창공을 훨훨 날겠습니다.

2020.03.17.(화) 오전 07시 41분

대구 무소속 출마는 보수 분열이 아닙니다. 대구 무소속 후보들은 당선되면 바로 통합당으로 복귀하기 때문에 결국 통합당 공천 후보와 인물 대결일 뿐입니다. 수성을은 무소속 후보가 나와도 민주당 후보가 당선될 가능성은 전무합니다. 그것은 우리당 지지세가 너무 강하기 때문입니다. 민도가 높은 지역 주민들이 인물을 비교해 보고 한 곳으로 표를 몰아 줄 것으로 기대 합니다. 대구에서 보낸 첫날밤은 오랜만에 잠을 푹 잤습니다. 내 정치 생명을 대구시민들의 선택에 걸고 오늘부터 한 달 간의 선거 장정에 나섭니다. 많이 격려해 주시고 도와주시기 바랍니다.

수성의 꿈! 대구의 희망! 대한민국의 미래! 대한민국 정치1번지 수성을에서 새로운 정치 인생을 시작합니다. 고맙습니다.

출근 첫날 사무실로 비둘기가 날아들어 왔네요. 행운의 비둘기 이기를 빕니다.

2020.03.17.(화) 오후 01시 51분

〈홍준표 '시민공천' 후보 대구 수성을 출마선언문〉

"대구의 존엄과 영광 그리고 번영을 위해 분골쇄신하겠습니다"

존경하는 국민 여러분, 그리고 대구시민 여러분, 사랑하는 수성을 유권자 여러분. 저는 지난 25년간 몸담았던 정당을 떠나 대구 수성구을 지역구에서 출마하고자 합니다. 한 번도 당을 떠난 적이 없는 저로서는 잘못된 협잡공천과 대선 경쟁자 쳐내기라는 일부 세력의 불순한 음모 때문에 잠시 당을 떠나 광야로 나가고자 합니다. 공천관리위원회가 저지른 협잡공천의 불공정과 불의를 바로 잡아달라고 황교안 대표에게 요청했지만, 황대표는 이를 거부했습니다.

이제 홍준표의 길을 가겠습니다. 지금부터는 오직 홍준표의 시간입니다. 저는 마지막 정치를 고향에서 하고 싶다는 소박한 꿈이 있었습니다. 그 소원은 단지 바람으로 끝났고 이제 마지막으로 이번 총선에 임하면서 저를 키워준 고향 대구에서 다시 시작하려 합니다. 저는 협잡·기망 공천의 희생양이 되어 지금 광야에 나 홀로 서 있습니다. 저 홍준표를 살려줄 곳은 오직 내 고향 대구뿐이라는 절박한 심정으로 대구시민 여러분만 믿고 낙동강을 거슬러 올라 왔습니다. 무소속이 아니라 시민 여러분이 추천한 '시민공천 후보'로서 당당히 여러분들 앞에 서겠습니다.

고향은 늘 따스한 어머니의 품입니다. 힘들고 지친 자식이 돌아와 새롭게 몸을 추스르는 그런 곳입니다. 이번 선거 출마를 위해 무려 3번이나 이삿짐을 싸면서 저 스스로 깊이깊이 돌아보았습니다. 고난에서 교훈을 얻으라는 말처럼, 더 큰 도약을 위한 소중한 기회로 삼기로 했습니다. 자식 키우는 어머니처럼, 우리 고향 분들께서 더욱 엄한 가르침을 주시고 잘못을 깨우쳐 주십시오. 그리고 새롭게 시작할 수 있도록 지혜와 성원을 보내주십시오. 저 홍준표, 많은 지적과 비판을 더욱 깊이 새기고 더욱 낮은 자세로 여러분들과 함께 다시 일어서겠습니다.

존경하는 대구시민 여러분, 지금 대구는 '우한 코로나' 전염병이 창궐하면서 역사상 유례가 없는 고통의 나날을 보내고 있습니다. 전염병 확산 방지를 위해 혼신을 다하고 있는 모든 관계자 분들께 진심으로 경의를 표합니다. 그리고 힘든 생활 속에서도 대구의 자존심을 지키고 계신 250만 시민 여러분께도 위로의 말씀을 올립니다. 얼마 전 비가 오는 수성로와 신천 산책로를 한참 동안 걸었습니다. 참으로 만감이 교차했습니다. 대구의 어려움이 저의 처지와 교차되면서 코끝이 찡해져 한동안 발을 뗄 수가 없었습니다.

꼭 94년 전 대구의 민족시인 이상화는 '지금은 남의 땅, 빼앗긴 들에도 봄이 오는가'라고 외쳤습니다. 현 정권에게 우리 대구가 '남의 땅'이 된 것은 아닌지, 수성벌이 '빼앗긴 들'로 취급되는 것은 아닌지 해서 참담한 심정을 감출 수가 없었습니다. 동화사를 찾아서 빼앗겨버린 저와 대구의 자존심 회복을 위해 제가 할 수 있는 것이 무엇인지, 아니 대구가 저에게 무엇을 원하는지, 깊이깊이 생각했습니다. 지난 25년 정치 인생에서 그토록 바라왔던 대구의 품에 정당의 굴레를 벗고 나서야 이제 비로소 안길 수 있게 되었습니다.

저와 대구의 정치 인연은 이어질 듯 이어질 듯 하다가도 끝내 이어지지 못했습니다. 이번 21대 총선에서도 당초 대구 출마를 고민하다 PK 수비대장을 자임했지만, 당의 불순한 세력은 그마저도 허용하지 않았습니다.

저의 길고 긴 대구 정치 인연의 첫 번째는 바로 수성갑 지역구였습니다. 1995년 12월 '모래시계 검사'를 퇴임한 후 정치를 선택하고 출마를 검토했던 지역구가 바로 수성갑구였습니다. 당시 수성갑구에는 제 손으로 구속시켰던 분이 사면복권이 되어 자민련 후보로 출마를 했습니다. '이런 분이 정치권에 다시 들어와서는 안 되겠다' 해서 수성갑구에 출마하려 했습니다. 그런데 검사와 피의자 둘이 맞붙으면 당시 수사가 '정치수사'로 오해받을 우려가 있다는 주장이 강하게 제기되어 출마를 접을 수밖에 없었습니다.

그 후 2001년 10월 서울 동대문을 보궐선거 당시 저는 내심 2004년 4월로 예정된 대구 총선 출마를 희망했습니다. 그러나 당시 이회창 총재께서 서울 동대문을 지역구 출마를 강권하면서 두 번째 대구 정치 인연도 이어지지 못했습니다.

세 번째는 2004년 17대 국회의원 선거를 앞두고 대구 중·남구에 출마한 경쟁력 있는 환경운동가 출신 민주당 후보를 반드시 꺾어야 했습니다. 당시 공천심사위원으로서 김문수 공천심사위원장께 '대구로 가게 해 달라'고 요청했습니다. 그러나 "서울 동·북부 수성이 급하다, 당신이 대구로 가면 나도 부천을 버리고 고향 영천으로 내려갈 거다."라는 만류에 또 뜻을 접어야 했습니다.

네 번째는 2006년 지방선거 당시 일입니다. 당시 조해녕 대구시장이 불출마 하면서 대구시장에 출마하려고 뜻을 세웠습니다. 이때는 대구의 원로 정치인의 반대로 뜻을 접어야만 했습니다.

사랑하는 대구시민 여러분! 저는 창녕에서 태어났지만, 대구에서 초등학교를 다녔고 중·고등학교를 졸업했습니다. 친구나 지인들이 대부분 대구에 계십니다. 여러 번 말씀드렸지만, 창녕은 저를 낳아준 고향이고 대구는 저를 키워준 고향입니다. '고향 땅에서 고향을 위해 일하고 싶다'는 고향 정치를 향한 열망과 도전은 계속해서 이어졌습니다.

다섯 번째 고향 정치 도전은 2014년 대구시장이 퇴임하면서 후임 대구시장으로 출마해 달라는 요청 때문이었습니다. 당시 경남도지사에 당선된 지 1년 반밖에 지나지 않은 시점이라 깊이 고려하지는 않았습니다. 비록 농반진반의 권유였지만, 그때도 마음이 설레었던 것이 사실입니다.

그리고 여섯 번째는 지난 2017년의 일입니다. 자유한국당 당 대표를 하면서 안팎의 비난을 무릅쓰고 대구북을 당협위원장직을 맡았습니다. 참으로 많은 분의 만류를 거부하고 제가 내세운 명분은 다름 아닌 '나를 키워준 고향에서 마지막 정치를 하고 싶다'는 것이었습니다. 그러나 지난 2018년 지방선거에서 패배하고 당 대표직에서 물러나면서 대구북을 당협위원장 자리도 내놓을 수밖에 없었습니다.

일곱 번째 좌절은 이번 21대 총선에서 대구 동구을 지역구 출마였습니다. 지난 대선에서 경쟁했던 유승민 의원을 꺾고 대구를 평정하려 했으나 우파정당의 통합으로 당이 합쳐지게 되었습니다. 한 지붕 사람끼리 싸울 수 없어 '키워준 고향' 대신에 '태어난 고향'으로 발길을 돌려야 했던 것입니다. 이처럼 지난 25년 정치 인생은 연어가 제 고향을 찾아가듯, 고향 땅에서 마지막 정치를 하는 것이었습니다.

대구 수성구, 중남구, 북구을, 동구을 국회의원과 3차례의 대구시장 도전 시도 등 제 안에 숨어 있는 고향 정치 본능과 열망은 무려 7번이나 대구로 향하게 했지만, 그때마다 번번이 좌절되었습니다. 이제 7전 8기의 시도 끝에 당의 외피와 굴레를 벗고 꿈에 그리던 내 고향 대구에서 '고향 정치'를 시작하려 합니다.

존경하는 국민 여러분, 대구시민 여러분. 지금 대한민국은 문재인 정권의 좌파 포퓰리즘과 정책 실패로 나라가 넘어가고 있습니다. 세계에서 손가락질 당하고 안보와 경제는 너무나 심각한 상황입니다. 저는 지난 대선에서 '자유대한민국 수호'를 외쳤습니다. 지방선거에서는 "안보와 경제를 통째로 넘기시겠습니까?"라고 되물었습니다. 지금도 똑같이 다시 외치고자 합니다. 대한민국이 올바로 가고 있습니까? 문재인 정권을 이대로 두고만 볼 수 있습니까?

작년 10월 3일 저는 광화문 광장에서 '대통령 문재인 국민 탄핵'을 선언한 바 있습니다. 지금 문재인 정권 타도 운동을 과연 누가 제대로 해낼 수 있습니까? 이 홍준표가 가장 잘 할 수 있고 또 제대로 할 사람은 저 밖에 없지 않습니까? 저들의 실정과 실패가 차고 넘치는데, 무기력한 야당 지도부가 제 역할을 잘 하고 있다고 누가 말할 수 있습니까? 저는 대구시민들과 함께 현 정권을 심판하고 야당 지도부가 제대로 투쟁할 수 있도록 이끌겠습니다.

두 번째로 대구의 자존심을 살리고 대구를 풍패지향(豊沛之鄉)으로 다시 만들고자 합니다. 보수의 심장이라고 했지만, 탄핵사태를 겪으면서 대구의 자긍심은 큰 상처를 입었고, TK 정치력은 끝없이 추락했습니다. 박근혜 정권 이후대구로 정권을 되찾아 올 사람은 이젠 저 홍준표 뿐이라고 감히 말씀을 드립니다. 저 홍준표, 더욱 정진하여 보수우파 정권을 되찾고 지난 40여 년간 이어왔던 풍패의 영광과 번영을 다시 가져오겠다는 약속을 드립니다.

셋째, 대구 총선에서 승리한 후 바로 복당을 하겠습니다. 탈당이라 해 봐야 불과 40일 남짓에 불과합니다. 당으로 돌아가 공천과정에서 나타났던 잘못된 행태를 바로잡고 보수를 보수답게, 야당을 야당답게 만들겠습니다. 지금의 미래통합당은 선거용으로 급조된 '잡탕 정당'에 불과합니다. 'TK 보수'는 대한민국을 지켜온 정통 보수이고 한국 보수의 주류입니다.

이번 공천과정에서 극명하게 드러난 것처럼, '자유우파'로 불리는 강남과 PK 기득권 우파의 가치상실과 중도편향은 지적받아야 마땅합니다. 당을 자유수호, 시장중심, 서민복지의 가치와 원칙 중심의 정당으로 쇄신하여 대선 승리의 토대를 튼튼하게 만들겠습니다.

존경하는 대구시민 여러분! 저는 '대구의 눈물'부터 닦고 대구를 살리겠습니다. 대구의 성취와 번영은 옛 이야기가 된 지 오래입니다. 지역 총생산은 수십 년째 꼴찌이고 기업들은 떠나고 일자리는 줄고 있습니다. 이대로는 대구의 미래가 너무나 암울합니다. 대구의 산업구조를 근본적으로 바꾸어야 합니다. 기술중심의 첨단산업을 끌어오고 대기업 본사를 유치해야 합니다.

기존 공단의 리모델링을 통해 4차산업혁명 시대에 맞는 스마트형 공단으로 탈바꿈시켜야 합니다. 내륙도시 대구가 해외로 통하는 길은 오직 공항뿐입니다. 대구 신공항을 이용하여 수출할 수 있는 반도체와 같은 고부가가치 산업을 유치하겠습니다.

첨단 자동차의 마지막 단계는 바로 하늘을 날고 땅을 달릴 수 있는 플라잉 카(fying car)입니다. 대구 지역에 플라잉 카 연구개발센터와 특화산업단지를 조성하여 고급일자리를 만들겠습니다. 이를 통해 과거와 전혀 다른 차원의 도약 즉 대구 퀀텀점프(quantum jump)의 토대를 구축하겠습니다. 이번 총선에서 승리하여 퀀텀점프 전략의 시동을 걸고, 2022년 정권 교체를 해낸 후 나라의 모든 자원과 역량을 총동원하여 반드시 이뤄내겠다는 말씀을 올립니다.

대구시민 여러분, 이런 장기계획보다 더 급한 것이 우한 코로나 대책입니다. 지금 대구의 가게는 문을 닫았고 지역 경제는 마비되었습니다. 당장 시민 보건과 방역도 중요하지만, 한두 달 후의 시민들 생계부터 걱정해야 할 판입니다. 이번 추경 예산 11조 7천억 원에서 대구에 떨어지는 예산은 10%도 채 안됩니다. 특별재난지역으로 선포되긴 했지만, 이것만으로는 충분하지 않습니다.

저는 문재인 정권에게 대구·경북 지역 살리기를 위한 시급한 선제적 조치로 'TK 코로나 뉴딜 20조원'을 요구합니다. 추경 등을 통한 재정지원으로 10조원, 부가가치세 면제 등 조세감면으로 6조원 그리고 이와는 별도로 '코로나 공채' 발행을 통한 대구시와 경북도 재난관리기금 출연 4조원 등입니다. 지난 정부가 재정 건전성을 유지하기 위해 애쓴 것도 이런 비상 상황 때 쓰기 위한 것이었습니다. 지금이 아껴둔 정부재정을 풀 때입니다. 시중의 유동자금을 흡수해 재난극복에 투입해야 합니다. 문 대통령이 TK를 '남의 땅'으로 여기지 않는다면 이에 적극 호응해 줄 것으로 기대합니다.

우리 대구는 국채보상운동의 정신을 가진 자긍심의 도시입니다.

코로나 위기가 지난 후 대구가 단결하여 출연받은 기금의 일부라도 상환할 수 있도록 250만 시민들의 뜻을 모을 것입니다. 여권 일각에 추진하는 '재난 기본 소득제'는 포퓰리즘 퍼주기이고 '언발에 오줌누기'일 뿐입니다. 초유의 대재앙을 겪고 있는 대구 경북에는 어울리지 않습니다. 'TK 코로나 뉴딜'을 통해 긴급 구호와 피해지원, 지역경제 살리기에 쓰고 나중에 회복되면 되갚는 것이 올바른 길입니다. 아울러 '코로나 재난 극복 특별법'을 제정해서 국민 보건안전을 위한 전염병 예방, 구호체계 정비 등 필요한 조치를 취하도록 하겠습니다.

　존경하는 대구시민 여러분, 사랑하는 수성구민 여러분 우리는 해낼 수 있습니다. 대구는 해낼 수 있습니다. 우리가 누구입니까? 대한민국 70년, 영광과 성취를 이끌어 온 풍패의 땅이자 보수우파의 심장, 우리가 바로 대구입니다. 대구의 존엄과 영광 그리고 번영을 위해 대구의 아들, 이 홍준표가 분골쇄신하겠습니다. 이제 그 누구도 우리 대구를 깔보고 업신여기지 못하도록 하겠습니다.

　모두 함께 힘을 모아 어려운 대구를 살리고 무너져가는 이 나라를 구합시다. 마지막 정치를 내 고향 대구에서 대구시민과 함께 하게 되어 너무나 감사하고 크나큰 영광입니다. 여러분의 선택이 자랑스러울 수 있도록 반드시 증명해 보이겠습니다. 힘을 모아주십시오. 대단히 감사합니다.

2020. 3. 17

대구 수성을 '시민공천' 후보 홍 준 표

2020.03.17.(화) 오후 05시 21분

이왕 이렇게 된 것 양산을 나동연 후보는 혼신의 힘을 다해 내 대신 민주당 김두관 후보를 꼭 이겨 주시기 바랍니다. 지나간 일은 잊겠습니다. 양산 시민 여러분! 나동연 후보를 저를 보듯이 꼭 지지해 주시기 바랍니다. 양산을의 우리당 후보가 된 나동연 후보의 당선을 기원합니다. 나동연 후보 화이팅입니다.

2020.03.18.(수) 오전 10시 10분

오늘 아침부터 본격적인 선거전에 나섰습니다. 25년 전 첫 선거에 출마했을 때 그 자세로 대구 수성구 두산 오거리에서 아침 출근 인사를 했습니다.

2020.03.18.(수) 오후 04시 58분

탈당 시기를 대구 수성을 당내 경선이 끝나면 바로 하겠습니다. 당의 후보가 있는데 당의 예비후보를 계속하는 것은 정치 도의에 맞지 않기 때문입니다. 오늘 이석연 공관위 부위원장이 무소속 출마하면 복당 불허하도록 당헌 개정을 해야 한다고 했는데요. 그렇게 말하는 것 자체가 분수를 넘는 월권일 뿐만 아니라 공천을 막천으로 한 책임을 져야할 사람들이 그런 당내 문제조차 왈가왈부하는 것은 참으로 가관입니다. 그건 정치적인 문제이지 법률적인 문제가 아닙니다. 며칠 후 공천 끝나면 아무런 책임도 지지 않고 떠나야 할 사람들이 얼마나 당을 깔보면 그런 말조차 스스럼없이 하는지 아연실색할 따름입니다. 수분(守分)하십시오.

2020.03.18.(수) 오후 06시 13분

방금 동화사 회주이신 서의현 큰스님과 총무국장 정연 스님께서 격려차 오셨습니다.

2020.03.19.(목) 오전 08시 24분

오늘 아침 출근길 인사는 대구은행 본점 네거리에서 했습니다. 지나가던 차들이 손 흔들어 주고 반갑게 맞아 주어 힘이 났습니다.

2020.03.19.(목) 오후 04시 38분

25년 만에 당의 외피를 벗고 대구 창공을 날게 되었습니다. 비록 김형오 막천에 의해 타의로 일시 당을 떠나지만 깊은 유감의 뜻은 감출 수가 없습니다. 혹자는 당명에 순응 하라고 하지만, 당내 대선 경쟁자를 쳐내기 위한 공천 협잡에는 동의하기 어렵습니다.

우리는 적은 문 정권입니다. 어차피 당선되면 모두 당으로 복귀하게 됩니다. 우리끼리는 싸우지 말고 인물 경쟁을 통하여 선의의 경쟁을 하고 공동의 적인 문 정권과 합심하여 싸웁시다. 4.15일은 문 정권을 타도하는 날입니다.

2020.03.20.(금) 오전 09시 26분

오늘 아침 용지 네거리 아침 인사에서 젊은 청년이 초등생 아들이 쓴 글을 건네주고 갔습니다. "우리동네 와줘서 고마워요."라고 한 초등생 글에 큰 힘이 되었습니다.

2020.03.20.(금) 오전 09시 58분

오늘 부터 수성을 지역 11개 동을 도보로 한 바퀴씩 돌기로 했습니다. 코로나 사태로 시민들이 위축이 되어 만나기가 어려워 도보 유세를 하기로 했습니다. 각동을 돌면서 대구 거리의 민심을 살펴볼 생각입니다.

범물 1·2동을 도보로 다니면서 대구 거리 민심을 듣고 있습니다. 오후에는 파동, 지산동의 거리민심을 들을 예정입니다.

영화에서나 나올 법한 코로나 바이러스 사태를 지켜보면서 정부의 뒤늦은 방역대책이 얼마나 큰 국가적 재앙을 가져 오는지 그야말로 한 번도 경험하지 못하는 나라로 가고 있습니다. 선거가 한 달도 남지 않았는데 야당 공천은 지역구 공천 파동에 이어, 비례대표 공천 파동도 계속 이어지고 있습니다. 대면선거가 불가능한 상황에서 이번 선거는 전화홍보, 유튜브, 선거 공보물, TV토론 만으로 후보자의 적합 여부를 판단해야 하는 비대면 선거로 바뀌면서 후보자들 속만 태우는 깜깜이 선거가 되고 있습니다.

나라가 대 혼란입니다. 막장공천으로 정치 혼란, 주가 폭락으로 경제 혼란, 코로나 사태로 사회 혼란, 국경 봉쇄로 외교 혼란 등 국가 대란이 이어지고 있습니다. 그런데도 대구는 차분합니다. 성숙된 시민 의식으로 거리에 나가 보면 시민들은 이제 위축된 마음을 열고 있습니다. 가장 코로나 피해가 컸던 대구가 가장 먼저 일어서고 있는 것은 대구 시민들의 담대함과 성숙된 시민 의식에 기인한다고 보입니다. 대구시민 여러분! 모두 힘을 합쳐 이 재난을 이겨냅시다. 힘내자 대구! 이겨내자 대구!

2020.03.21.(토) 오전 10시 36분

오늘 오전에는 파동 일대를 도보 유세 중입니다. 오후에는 지산1동, 수성못 둘레길을 도보 유세할 예정입니다. 오늘 오후에는 수성못 상화동산에서 무소속 시민 추천서 서명을 받을 예정입니다. 수성을 유권자 여러분들의 많은 성원 부탁드립니다.

2020.03.21.(토) 오후 03시 09분

문재인 대통령은 조만간 나라를 거덜 낼 것입니다. 곧 IMF 보다 더 극심한 경제 공황이 올 겁니다. 문재인 대통령은 이를 극복한다는 핑계로 재난 기본소득제 같은 포퓰리즘 정책을 남발할 것이고 국가 재정은 고갈될 것입니다. 짧은 시간에 국가를 거덜 낼 문재인 정권을 심판하는 것이 이번 4.15.총선입니다. 지난 지방선거 때 위장 평화쇼라고 그렇게 말했어도 막말이라고 오히려 저를 비난했지만 지나고 나니 제 말이 맞지 않았습니까? 이번에는 속지 마시고 꼭 심판합시다. 그것이 4.15.총선입니다.

2020.03.21.(토) 오후 07시 04분

협잡 공천으로 마지막 선택지로 온 대구 수성을은 참으로 따뜻하게 맞아 주었습니다. 황과 김형오의 협잡으로 40여 일 간 유랑극단처럼 떠돌다가 콘크리트 집을 짓겠다고 당의 굴레를 벗고 내 발로 대구 수성을로 찾아 온지 일주일 만에 무사히 안착했습니다. 오늘 수성못 둘레길에서 만난 수많은 수성 주민 여러분들의 분에 넘치는 환대와 격려는 눈물이 나도록 고마왔습니다. 단시간에 이렇게 불꽃 선거를 할 수 있는 것은 대구 분들의 기질에 기인합니다. 호오(好惡)가 분명하고 중간지대가 없는 대구의 기질이 대구에서 자란 저와 맞기 때문에 단시간에 지지율을 끌어 올릴 수가 있었습니다. 압승하고 다시 당으로 돌아가겠습니다. 그리하여 당을 개혁하고 2022년 반드시 정권을 대구로 가져 오겠습니다. 이젠 확신이 생겼습니다.

2020.03.22.(일) 오후 02시 23분

한산한 일요일 오후 두산동 거리를 걸었습니다. 길에서 만난 분들과 주먹 인사도 하고 지나가는 차량 속의 분들과 파이팅도 외치고 하면서 오늘은 두산동 거리 유세를 했습니다. 문통은 나라를 급속하게 말아 먹고 있는데, 나는 이렇게 한가하게 선거운동을 하고 있으니 참 답답하네요.

2020.03.22.(일) 오후 07시 12분

수성못 둘레길에서 파이팅을 외치는 청년들과 함께 합니다. 어제에 이어 대구 시민들의 환호와 격려에 힘이 납니다. 마스크를 쓸

려니 얼굴 보여 달라고 하고, 마스크를 벗으니 나와 상대방을 위해서 마스크를 써야 한다고 합니다. 딜레마네요. 내일부터는 마스크를 쓰고 다니겠습니다.

2020.03.22.(일) 오후 08시 21분

본격적인 유세가 시작 되면 참 할 말이 많습니다. 대구 시민들과 수성 구민들에게 직접 육성으로 나라의 위급함을 적나라하게 알리고 그 대안을 찾도록 호소할 겁니다. 수성의 꿈! 대구의 희망! 대한민국의 미래가 여기 수성에 왔음을 알리겠습니다. 유세 초반에 상황을 정리하도록 노력하겠습니다. 대구 시민과 수성구민의 자존심을 걸고 반드시 압승하겠습니다.

2020.03.23.(월) 오전 06시 52분

오늘 아침 자 조선일보 허위 날조 기사를 보고 분노한다. 막천에 희생된 사람들을 일괄로 싸잡아 비난하면서 만만한 곳 골라 출마한다는 기사다. 이번 공천이 정당한 절차에 따른 것이라고 조선일보는 보는가? 내가 수성을로 온 것은 수성을 공천자가 누가 될지도 모르는 경선으로 결정되기 8일 전의 일이고, 나는 현역도 아닌데 현역 낙천자와 싸잡아 비난하고 있다. 마치 수성을에 여성 공천자가 되기를 기다렸다는 듯이 기회주의적인 출마를 했다는 오늘자 조선일보 기사는 참으로 참기 어려운 악의적인 날조 기사이다.

정적 쳐내기 협잡 막천이라도 그대로 따라야 한다는 것이 조선일보의 사시(社是)인가? 한줌도 안되는 야당 기득권 세력이 막천을 해도 국민들은 그대로 수용하라고 하는 것이 조선일보의 편집 방침인가? 내 뒤에는 계파는 없어도 조선일보 구독자들 보다 비교도 안되게 많은 국민들이 있다. 100년 전통의 조선일보가 겨우 이 정도였던가? 오늘부터 40년 애독자였던 조선일보는 절독하기로 하였다.

2020.03.23.(월) 오전 09시 01분

오늘 아침 인사는 두산 오거리에서 했습니다. 보이지는 않지만 차속에서 보고 계실 대구 시민 여러분들께 드리는 아침 인사는 수성을 지역 다섯 곳을 매일 아침 번갈아 다니면서 할 예정입니다.

2020.03.23.(월) 오전 11시 51분

어제 하루 동안 무소속 출마에 필요한 시민 지지 서명 500명을 다 받았습니다. 길거리에서 적극 서명해 주신 대구 시민 여러분 정말 고맙습니다. 꼭 승리하여 문 정권 타도에 앞장서겠습니다. 수성의 꿈이 되겠습니다. 대구의 희망이 되겠습니다. 대한민국의 미래가 되겠습니다.

2020.03.23.(월) 오후 12시 14분

오늘 오전에는 중동·상동 도보 유세를 했습니다. 걸어서 하늘까지 가는 유세를 하겠습니다.

2020.03.23.(월) 오후 03시 49분

수성2가 길을 걷다가 벚꽃이 활짝 핀 것을 보고 어느새 봄이 왔다는 걸 느꼈습니다. 코로나가 휩쓸고 갔어도 봄은 어김없이 왔고 벚꽃은 만개했습니다.

2020.03.24.(화) 오전 08시 55분

두산 오거리 홍준표 존에서 아침인사 도중 찾아온 인근 젊은 부부와 한 컷 했습니다.

2020.03.24.(화) 오전 09시 20분

현대조선소 임시직 경비원의 아들이 1972.2.24. 대구 동대구역에서 야간열차를 타고 꿈을 찾아 무작정 상경하여 검사, 국회의원, 도지사, 당대표, 대통령 후보를 지내고, 마지막 꿈을 이루기 위해 48년 만에 다시 나를 키워준 고향 대구로 돌아 왔습니다. 나는 매일 매일 윤항기 씨의 '나는 행복합니다.'를 부릅니다. 정말 정말 행복합니다.

2020.03.24(화) 오후 12시 25분

오늘 선거 사무실에서 수성을 5대 정책을 발표했습니다. 그런데 코로나 선거를 하고 있으니 벼라별 헛소문이 난무합니다. 우리 선거 사무실에 코로나 확진자를 보내 선거 사무실을 폐쇄하도록 한다는 등 해괴한 소문들이 난무합니다. 그럴수록 우리는 사무실 방문자 분들의 체온을 재고 손소독 시키고 방역에 만전을 기하고 있습니다. 사무실을 방문하시는 분들의 협조를 부탁드립니다. 감사합니다.

2020.03.24(화) 오후 03시 02분

마지막 도보 유세는 수성4가입니다. 길에서 반갑게 만난 젊은이들과 사진 한 장 찰칵 했습니다. 내일부터는 계속 도보로 골목길 유세를 할 예정입니다.

2020.03.24(화) 오후 06시 07분

대구 수성을 지역 동네를 도보로 모두 돌아보고 총선 5대 공약도 정리해서 오늘 발표를 했습니다. 이제 선거 준비는 모두 마쳤습니다. 내일부터는 못가 본 동네 골목길 민심을 알아볼 예정입니다. 본격적인 선거유세가 시작되기 전까지는 골목길 걷기 유세를 계속할 겁니다. 하루 종일 찾아오시는 지역 주민들로 선거 사무실이 북적이니 이 선거는 할 만합니다. 대구 시민 여러분! 정말로 고맙습니다.

2020.03.24(화) 오후 07시 53분

당조직의 도움없이 무소속으로 하는 선거가 얼마나 힘들고 어려운지 새삼 느끼는 요즘 입니다. 그래도 대구는 친구들도 많고 지인들도 많아 무소속의 서러움이 덜하긴 합니다. 당 후보나 저나 같은 당 출신이기는 마찬가지이고 당선 후 바로 복당하기 때문에 누굴 찍어도 통합당 지지하는 것은 마찬가지라고 설명하면서 인물비교로 투표해 달라고 호소하기는 합니다. 코로나 사태로 집에서 나오시지 않은 어르신들께는 이를 홍보하기가 참 어렵습니다. 집 안방까지 홍준표 바람이 불수 있도록 내일부터는 대책을 세워야 할 것 같습니다.

2020.03.25(수) 오전 10시 36분

오늘도 어김없이 아침 인사를 두산 오거리 홍준표 존에서 했습니다. 이제는 오가는 차량들이 손 흔들며 인사를 해 주거나 경적을

울리거나 헤드라이트로 번쩍번쩍 하면서 환영을 해 주고 있습니다. 날씨가 쌀쌀해서 오늘은 마스크를 썼습니다. 나홀로 외로운 선거이지만 고향에서 하는 선거라서 나는 오늘도 행복합니다.

2020.03.25.(수) 오후 02시 53분

지난 탄핵 대선 때 수성을에서 저를 찍은 분들이 48.63%였습니다. 이번에는 51%를 목표로 열심히 뛰겠습니다. 압승하고 당으로 돌아가 당을 개혁하겠습니다. 그리하여 2022년 3월 정권탈환의 주역이 되겠습니다. 오늘은 범물동 용지 아파트를 시작으로 골목 투어를 도보로 합니다. 지역구를 구석구석 돌아보겠습니다.

2020.03.25.(수) 오후 03시 43분

범물동 용지아파트 장애인 분들과 함께 파이팅!

2020.03.26.(목) 오전 08시 57분

오늘은 천안함 폭침 10주기가 되는 날입니다. 북한의 만행에 희생이 되어 순국한 46용사와 고 한주호 준위님의 순국을 애도합니다. 선거 때문에 국립대전현충원에서 거행되는 추모 행사에 참석

하지는 못하지만, 님들의 순국은 우리 국민들의 가슴에 영원히 남을 겁니다. 편안하게 영면하소서 애국 용사들이여!

2020.03.26(목) 오전 11시 55분

오늘 아침은 참 바빴습니다. 두산 오거리에서 출근 인사를 하고, 선관위로 가서 후보 등록하고, 충혼탑 참배를 하고 2.28 의거 기념탑 참배까지 마쳤습니다. 오후에는 지산동 일대 재건축, 재개발 현장을 둘러보기로 했습니다.

2020.03.26(목) 오후 03시 24분

지산 시영1단지 재건축 공사 현장을 찾았습니다. 1997. 잠실 대단지 재건축 경험과 2002년 동대문을 지역 재개발, 재건축 경험을 살려 수성을 지역 재건축, 재개발에 불합리한 법제를 바꾸고 서민들의 새집 갖기 운동인 재개발, 재건축 사업을 적극 지원하기로 했습니다.

2020.03.27(금) 오전 01시 11분

이번 TK지역 야당 공천은 극히 잘못된 공천이었습니다. 공관위원장이라는 사람이 아예 대놓고 TK는 아무나 내리 꽂아도 당선 된다는 말을 스스럼 없이 할 정도로 TK민심을 자극한 망언을 했습니다. 등록 마감 날까지 뒤집고 또 뒤집고 하는 막장 공천을 이번에는 혼내 줘야 합니다. TK무소속은 당선된다 해도 민주당에 가지 않고 다시 통합당으로 복당합니다. 인물 비교로 국회의원 깜이 되는 사람에게 투표해 주십시오. 그것이 TK주민들의 자존심입니다.

2020.03.27(금) 오전 08시 08분

대구은행 사거리에서 출근 인사를 하고 있는데 비가 내려 더 이상 할 수 없어 사무실로 들어가려고 하는데, 지나가던 주부님이 감기 걸린다고 우산을 주고 가 출근 인사를 계속할 수 있었습니다. 정말 고맙습니다. 기분 좋은 출발입니다.

2020.03.27(금) 오후 07시 57분

늘 1번 아니면 2번으로 출마를 했는데 황대표, 김형오 덕분으로 이번에는 8번이 되었습니다. 지난 25년 동안 7전 8기 끝에 이번에 대구에 올 수 있었는데 공교롭게도 8번을 받았네요. 그러나 그 중간 번호 정당들이 후보자를 내지 않아 대구 수성을에는 4번째로 투표 용지에 기재됩니다. 투표 용지중 제일 끝에 찍으면 됩니다. 투표하기는 훨씬 쉬워졌지요. 홍보하기도 제일 쉽지요. 제일 끄트머리에 찍으면 됩니다.

2020.03.28(토) 오전 06시 36분

팔번 찍으면 팔자를 고칩니다. 페북 친구 박영우님이 가르쳐 준 홍보 방법입니다. 그렇습니다. 수성을은 원조 수성임에도 불구하고 수성갑에 비해 집값이 3분의 1밖에 되지 않습니다. 수성을을 퀀텀 점프 시켜 수성 갑과 균형을 맞추겠습니다. 수성을 지역 주민여러분! 이번 총선에서 8번 찍으면 팔자를 고칩니다.

2020.03.28(토) 오전 10시 15분

오늘 오후 3시부터 오랜만에 홍카콜라 라이브 생방송으로 국민 여러분, 대구시민 여러분 수성을 지역 여러분들과 즉문 즉답을 합니다. 무너진 나라 현실, 무너진 대구 현실, 낙후된 수성 현실에 대한 즉문 즉답으로 진행될 홍카콜라 라이브 쇼를 많이 시청해 주시기 바랍니다.

2020.03.29(일) 오전 08시 00분

무소속이 되면서 힘든 점은 묻지마 2번 투표층입니다. 그 분들에게 인물비교 투표를 해 달라고 하는 것은 참으로 힘든 작업입니다. 코로나 사태로 더욱더 그러합니다. 그러나 선거 유세 13일 동안 수성을 지역 곳곳을 유세 차량으로 누비면서 TK 막천에 대한 실상을 알리고 TK자존심 회복 운동을 할 예정입니다. 어차피 무소속도 당으로 복귀할 건데 인물 비교해 보고 문재인 잡고 대구를 살릴 사람에게 투표 하자고 호소를 할 겁니다. 서울 강북 험지에서 2004.4. 노무현 탄핵 총선을 할 때 20%가까운 열세를 13일 유세로 뒤엎은 전력도 있었습니다. TV토론, 선거공보물, 대 유세로 이번 수성을 선거에서 51% 득표를 목표로 뛰겠습니다.

2020.03.29(일) 오후 03시 53분

수성못 벚꽃 터널을 한 바퀴 돌았습니다. 선거가 가까워 오니 이제 적극적인 의사표시를 하네요. 대부분 지나가는 분들이 손 흔들고 인사하고 사진 찍고 지지해 주어 나는 행복합니다. 청년들이 더 적극적인 지지를 해주어서 참으로 반가웠습니다. 정말 정말 행복합니다.

2020.03.29(일) 오후 08시 04분

중국의 세계적인 영화감독 장예모는 자기 고향인 리장에서 〈인상려강〉이라는 공연 작품을 제작하여 공연함으로써 리장을 세계적인 관광 명소로 만들었습니다. 오늘 수성못 둘레길을 돌면서 수성못에도 장예모 감독같은 공연작품을 한국 최초로 만들어 수상 공연을 할 수 없는지 검토해 보라고 참모진들에게 지시를 했습니다. 대구 최고의 명소가 단순히 산책 코스로만 이용되기에는 너무 안타깝다는 생각이 들었습니다. 발상의 전환을 하면 우리도 수성못이 대구의 명소만이 아닌 대한민국의 명소가 될 수 있는데 말입니다.

2020.03.30(월) 오전 07시 06분

오늘은 대구 수성을에 온지 꼭 2주째 되는 날입니다. 대구 매일신문이 조사한 수성을 지역 첫 여론조사에서 근소하나마 지지율, 당선가능성 각 1위가 된 점에 대해 수성을 지역 주민 여러분들에게 무한한 감사를 올립니다. 단기간에 이렇게 될 수 있었던 것은 그만큼 저에 대한 수성을 지역 주민들의 기대가 크다는 것을 보여주고 있다는 것으로 저는 받아들입니다. 더욱 정진하여 수성을 지역 주민 여러분들의 꿈이 되고, 대구의 희망이 되고, 대한민국의 미래가 되겠습니다.

1. 조사기관 : 소셜데이타리서치
2. 조사일시 : 2020.3.28~29일
3. 그밖의 사항은 중앙선거여론조사심의위원회 홈페이지 참조바랍니다.

2020.03.31(화) 오전 06시 51분

제가 3.17. 출마선언식에서 대구 경북에 20조 규모의 코로나 뉴딜 정책을 발표했을 때는 과장된 정책이라고 어느 기자분이 질문을 하더군요. 그런데 오늘 조간을 보니 민주당 대구 선대위에서 그 정책을 바로 발표를 했네요. 민주당조차 코로나 뉴딜정책에 동조하고 있으니 이제 그 정책이 현실화 될 가능성이 높아졌네요.

지금은 방역에 집중하고 있지만 두세 달 후에는 코로나로 인해 무너진 경제구조가 IMF를 능가하는 경제 공황을 가져올 수도 있습니다. 선제적 대응을 해야 하는데 그건 하지 않고 현금 살포로 총선 매표행위에만 집중하고 있으니 걱정입니다.

문 정권의 코로나 대책은 조기에 차단하지 못하고 국가적 재앙을 불러온 대 실패 정책입니다. 국민적 분노를 사도 마뜩치 않은데 그것을 치적으로 삼는 문 정권은 참으로 후안무치합니다.

대구 시민 여러분! 4.15. 모두 투표장으로 가서 타도 문재인 투표를 꼭 하도록 합시다. 그리고 수성을은 8번 찍고 팔자 고칩시다.

2020.03.31.(화) 오전 08시 29분

저는 늘 도전의 삶을 살아 왔고 지금도 그렇습니다. 양산서 이유 없이 정적 쳐내기로 공천 배제되면서 김형오 공관위원장이 이번에는 불출마 하라고 요구했지만, 저는 그 불법, 부당한 그의 요구를 수용할 수 없었습니다. 그걸 수용하면 홍준표가 아니지요. 그래서 나홀로 광야에 서서 대구로 왔습니다. 제가 자란 고향 대구에 와서 저는 매일 매일 행복합니다. 정치 생명을 걸고 마지막 정치를 시작한 겁니다. 3월30일자 대구매일 신문 여론조사 결과 33.5% 시작으로 상대후보들의 지지율에는 상관없이 매일 매일 저의 지지율을

1%씩을 올리도록 해 보겠습니다. 51%를 목표로 난생처음 무소속 선거를 해 보겠습니다. 오락가락하는 여론조사에 연연 하지 않고 대구 시민들과 수성을 구민들만 믿고 묵묵히 나가겠습니다.

수성의 꿈! 대구의 희망! 대한민국의 미래가 되겠습니다.

1. 조사기관 : 소셜데이타리서치
2. 조사일시 : 2020.3.28~29일
3. 그밖의 사항은 중앙선거여론조사심의위원회 홈페이지 참조바랍니다.

2020.04.01(수) 오전 06시 54분

오늘자 영남일보 여론조사를 보니 제가 목표한대로 하루에 1% 씩 매일 신문 여론조사 보다 이틀 만에 2%가 오른 35.5%가 되었습니다. 2위와 격차도 0.6%에서 1.1%로 근소하나마 벌어지기 시작했습니다. 박빙 구도로 출발하면서 오늘 TBC TV토론을 시작으로 내일부터 본격적인 유세를 시작합니다.

제가 대구에 왜 왔는지 부터 해명을 하고 왜 무소속을 할 수밖에 없었는지도 해명할 겁니다. 그 다음 수성을의 발전 전략과 대구의 발전 전략을 자세하게 말씀드리고, 대한민국의 미래를 말씀 드릴 예정입니다. 13일간 유세 일정을 최대한 활용하여 그 동안 도보로 다녔던 11개동을 유세차로 골목 골목 누빌 겁니다.

여론조사 보다 저는 밑바닥 민심을 더 믿습니다. 대구와 수성을 지역을 살리고 문 정권에 맞설 장수, 정권을 대구로 다시 가져올 사람이 누군지 수성을 지역 주민들에게 판단을 구할 겁니다. 고향에 돌아 와서 윤항기씨의 노래처럼 나는 행복합니다. 정말 정말 행복합니다.

> 1. 조사기관: 에이스리서치
> 2. 조사일시: 2020.3.29~30일
> 3. 그밖의 사항은 중앙선거여론조사심의위원회 홈페이지 참조바랍니다.

2020.04.01(수) 오후 09시 14분

홍준표 후보 불꽃 유세 1일차 4/2(木) 일정	
7:30　두산오거리 출근인사	14:00　차량이동 유세
10:00　용지아파트 유세	16:00　수성못 유세 출정식
11:00　동아백화점 유세	18:00　두산오거리 퇴근인사

※상기일정은 변동이 있을 수 있습니다.

2020.04.01(수) 오후 09시 51분

오늘 오후 5시 40분부터 1시간 동안 수성을 후보 TBC TV 토론회를 가졌습니다. 늘 하는 TV토론이지만 무소속이 되고 난 뒤 하는 첫 토론회라서 수성을 지역 시민들의 반응이 어떨지 참 궁금하네요. 침착하고 점잖게 하느라 노력했지만 엉뚱하게 진주의료원 폐업 부분이 나올 때는 발끈 하기도 했지요. 첫 출발이 좋았습니다. 내일 아침부터는 지역 주민들과 직접 만나는 유세 일정이라서 가슴 설렙니다. 이번 유세는 간단히 유세를 한 후 유권자들과 즉문즉답 하는 시간도 가질 예정입니다. 주민들과 직접 현장에서 소통하는 소통 유세를 해볼 참입니다. 최대한 수성을 지역 유권자들과 직접 만나 보겠습니다.

2020.04.02(목) 오후 03시 55분

내일부터 매일 20시부터 21시까지 이상화 동산에서 열린캠프 주민들과 직접 소통시간을 갖습니다. 어떤 문제라도 좋습니다. 즉문즉답으로 현장에서 질의하고 답변하는 형식으로 수성을 주민들과 직접 대화를 하고자 합니다. 선거 유세 사상 처음으로 시도되는 열린캠프 주민들과의 직접 소통 현장에 대구 시민들과 수성을 주민들의 많은 참여를 바랍니다.

2020.04.02(목) 오후 05시 55분

수성못에서 1000여명이 모여 유세 출정식을 가졌습니다. 페북 공지만 하고 우리는 무소속이라서 조직도 없는데 코로나 사태에도 불구하고 수성구민, 대구 시민들이 자발적으로 모였습니다. 감사하고 감사합니다. 이제 힘이 납니다.

2020.04.02(목) 오후 08시 44분

　제가 25년 정치를 하면서 이렇게 분위기 좋은 선거는 처음 해 봅니다. 코로나 사태로 가라앉은 대구 분위기를 다시 살릴 수 있는 계기로 만들었으면 합니다. 내일 저녁 8시부터 한 시간 동안 수성 못 상화 동산에서 버스킹을 합니다. 수성을 주민 여러분들과 대구 시민들이 함께 무제한 토론하는 현장에 많은 참여 있으시기 바랍니다. 감사합니다.

2020.04.02(목) 오후 09시 00분

홍준표 후보 불꽃 유세 2일차 4/3(金) 일정

7:40 두산오거리 출근인사
10:00 범물동, 지산동, 두산동 아파트 유세
14:30~17:00 파동, 상동, 중동, 수성1. 2. 3. 4가 유세
17:30 수성못 도보유세
18:30 두산오거리 퇴근인사
20:00~21:00 열린캠프 주민과의 즉문 즉답
※상기일정은 변동이 있을 수 있습니다.

2020.04.03(금) 오전 10시 48분

오늘 첫 버스킹을 수성못 상화 동산 앞에서 20시~21시까지 진행했습니다. 쌀쌀한 날씨 임에도 불구하고 많은 지역민들과 대구 시민들께서 참석해 주셔서 열띤 논쟁을 한 시간 동안 했습니다.

선거 전날 까지 매일 진행될 버스킹 행사에 미리 질문할 내용을 준비하시고 오시면 감사 하겠습니다. 오늘은 지산, 범물, 파동, 중동, 상동, 두산동 일대를 구석구석 다니면서 거리 유세도 하고, 저녁 퇴근길 인사 행사를 한 후 버스킹도 성황리 끝내 유쾌한 하루였습니다. 거리를 다녀보면 지지율도 눈에 뛰게 오르고 있다는 느낌이 있어서 참 기분 좋은 하루였습니다. 대구시민 여러분! 수성구민 여러분! 정말 감사합니다.

2020.04.04(토) 오전 07시 13분

특정 언론과 그 출신들은 참으로 무서운 언론 집단입니다. 차라리 홍준표 선거에 무관심으로 대해 주었으면 좋았을 것을. 오늘 아침 자 대구 유력 언론인 영남일보에 뜬금없이 서울에서 활동하는 특정 언론 출신 유튜버 C모씨가 정치평론가를 자처하면서 보수측 대권주자들의 총선 역할을 평가했습니다. 그런데 유독 홍준표만 근거없이 악의적으로 비방하는 칼럼을 쓴 것을 보고, 그 특정 언론도 무섭고 그 출신들도 참으로 무섭다는 생각이 들었습니다. 일부러 내 보고 보라고 뜬금없이 연고도 없는 대구 유력 언론에 기고한 것이겠지요. 그런 악의적인 내용의 비방 논평을 특정 언론에 실으면 자기들의 속이 다 내보이는 짓이니까요.

나는 그것이 그 얼치기 정치 유튜버의 혼자만의 생각은 아니라고 나는 봅니다. 그 집단의 교묘한 보복으로 나는 받아들입니다. 2006.3. 서울시장 경선 때도 그랬으니까요. 그러나 개가 짖어도 기차는 갑니다. 홍준표는 언제나처럼 그런 사람들의 협박에 눈 하나 깜짝하지 않습니다. 다만 그들의 뒤틀린 인성(人性)만 불쌍할 뿐입니다.

2020.04.04(토) 오전 08시 23분

경북일보가 의뢰한 대구 수성을 지역 여론조사를 보면 제가 2번 후보 보다 7.4% 앞서 나가기 시작했다고 합니다. 당선 가능성은 8.7% 앞선다고 합니다. 0.6% 앞선 대구 매일 신문 최초 여론조사로 출발로 해서 1.1% 앞선 영남일보 여론조사를 거쳐 이젠 7.4% 앞선 경북일보 여론 조사가 선관위 홈페이지를 통해 공표되었습니다. 조금 더 박차를 가해 15% 이상 앞서 압승을 하도록 하겠습니다. 수성을 지역은 3자가 대결해도 민주당 후보가 될 가능성은 통계상 전무합니다. 앞으로 공보물이 각 가정으로 배달되고, KBS 법정토론도 남아 있고, 버스킹 유세 뿐만 아니라 지역 구석구석 밀착 유세도 남아 있기 때문에 이대로 가면 압승할 수 있을 것으로 봅니다. 당보다 인물! 문재인 잡을 사람! 큰 인물 홍준표! 대구 시민 여러분! 수성구민 여러분! 정말 고맙고 감사합니다.

1. 조사의뢰자 : 경북일보
2. 조사기관 : (주)피플네트웍스 리서치
3. 조사지역 : 대구광역시
4. 조사일시 : 2020.3.30 17:00~21:00
5. 조사대상 : 수성구(을)선거구 거주 만18세 이상 남녀
6. 조사방법 : 무선ARS 80% 유선ARS 20%
7. 표본크기 : 511명
8. 피조사자선정방법 : 무선전화 가상번호(11,961), 유선전화RDD(139,986)
9. 응답률 : 무선 12.3%, 유선 4.2%
10. 가중값 산출 및 적용방법 : 성별,연령별,지역별 가중값 부여, 림가중
11. 표본오차 : 95% 신뢰수준에 들어 ±4.3%
12. 질문내용 : 중앙선거여론조사심의위원회 홈페이지 참조바랍니다.

1. 조사기관 : 에이스리서치
2. 조사일시 : 2020.3.29~30일
3. 그밖의 사항은 중앙선거여론조사심의위원회 홈페이지 참조바랍니다.

1. 조사기관 : 소셜데이타리서치
2. 조사일시 : 2020.3.28~29일
3. 그밖의 사항은 중앙선거여론조사심의위원회 홈페이지 참조바랍니다.

2020.04.04(토) 오후 06시 44분

내일은 일요일입니다. 코로나로 인해 온라인 예배를 볼 수밖에 없지만 내일은 주님을 찬양하는 날입니다. 내일 오후 4시에 수성 못 동편 포켓데크 건너편 출정식 자리에서 집중 유세를 할 예정입니다. 매일 밤 8~9시 상화 동산에서 버스킹 하는 것과 별도로 집중

유세를 하루에 한 번씩 같은 자리에서 펼칠 예정입니다. 수성 구민 여러분들과 대구 시민 여러분들의 많은 참여 바랍니다.

2020.04.04(토) 오후 10시 39분

수성못 벚꽃길은 대구의 명소입니다. 주말이 되면 코로나 사태에도 불구하고 시민들이 넘쳐 납니다. 코로나 사태로 위축된 시민들에게 활기를 불어 넣어 주기 위해 우리는 로고송도 신나게 틀고 그에 맞추어 춤도 춥니다. 선거는 주민들의 축제입니다. 축제를 서로 즐기고 그 속에서 대표자를 선출하는 것이 민주주의입니다. 오늘도 주민들과 만나 사진도 찍고 담소도 나누고 추운 날씨 임에도 밤에는 200여명이 모여 버스킹도 했습니다. 정치 25년 동안 이렇게 환대 받고 환영 받는 선거는 처음 해봅니다. 대구 시민 여러분! 수성 구민 여러분! 정말 정말 감사합니다.

2020.04.05(일) 오후 09시 10분

오늘도 수성못은 성황이었습니다. 당원들이 아닌 모여든 시민들 속에서 오늘도 저는 행복한 하루를 보냈습니다.

2020.04.05(일) 오후 09시 12분

일요일 밤인데도 200~300여명이 와 주셔서 버스킹 행사를 성황리 마쳤습니다. 대구시민 여러분 감사합니다.

2020.04.06(월) 오후 09시 50분

수성못 둘레길은 코로나에도 불구하고 산책하는 사람들로 붐빕니다. 사진도 찍고 주먹 인사도 하고 차량 인사도 하면서 걷다 보면 하루에 3킬로는 걷는 바람에 다리가 튼튼해졌습니다. 선거 운동 덕분에 건강해졌습니다. 대구 시민 여러분! 수성 구민 여러분! 4.15일 밤에 또 이삿짐 싸지 않도록 도와주시기 바랍니다. 대구에 오래 살 수 있도록 도와주십시오.

2020.04.07(화) 오전 11시 26분

오늘은 건너편 커피숍 2층에서 지나가는 저를 보고 모두 손을 흔들어 주었습니다. 거리 민심은 유세를 다녀보면 압도적인데 이 민심을 표로 연결되도록 노력하겠습니다.

2020.04.07(화) 오후 06시 58분

퇴근 인사를 하면서 젊은 운동원들과 신나게 한판 놀았습니다. '빙고', '아~ 대한민국'에 맞추어 춤추고 노래하고 숨차게 1시간 동안 코로나로 지친 대구 시민들 퇴근길을 즐겁게 했습니다.

2020.04.08(수) 오후 01시 00분

오늘 오전 10시 선관위 법정 토론회를 KBS에서 했습니다. 두 후보들이 저만 집중 공격을 해서 아마 제가 확실하게 1등을 하기는 하는 모양이라고 대답을 했습니다. 이번 선거는 문재인 잡는 선거이기 때문에 민주당에게는 한 표도 주어서는 안된다고 했습니다. 문재인 잡을 수 있는 사람에게 투표해 달라고 호소했습니다. 오후에는 파동, 상동, 중동, 두산동 일대에 유세를 나갈 예정입니다. 압승해서 복당하겠습니다.

2020.04.09(목) 오전 07시 28분

깜깜이 선거에 들어가기 직전 마지막 여론 조사에서 제가 상대 후보에게 8.3% 이기고 당선 가능성 조사에서는 14.7% 앞서는 여론조사 결과가 공표되었습니다. 체감지수 와는 차이가 많이 나는 여론 조사이지만 마지막까지 피치를 올려 51%대를 찍을 수 있도록 열정을 다하겠습니다. 대구 시민 여러분! 수성을 구민 여러분! 고맙고 감사합니다.

> 1. 조사의뢰자 : 미래한국연구소 , V.O.K (Voice of Korea)
> 2. 조사기관 : (주)피플네트웍스 리서치
> 3. 조사일시 : 2020.4.5일
> 4. 그밖의 사항은 중앙선거여론조사심의위원회 홈페이지 참조바랍니다.

2020.04.09(목) 오전 10시 53분

이문열 선생님이 응원차 캠프를 방문하셨습니다. 16시 수성못 집중 유세에서 연설도 하고 가신 답니다. 정말 고맙고 감사합니다.

2020.04.09(목) 오전 05시 20분

산책 나온 예쁜 강아지 안고 찰칵. 경남지사 시절 관사에 진도개 두 마리를 키우면서 정이 들었는데 서울로 올라가면서 아파트 생활하느라 아는 지인에게 잘 키워 달라고 부탁하고 올라갔습니다. 오늘 문득 그 진도개가 보고 싶네요.

2020.04.09(목) 오후 05시 32분

참 딱합니다. 민주당을 공격해야지, 성(性)스캔들로 퇴출된 정치인까지 끌어와서 같은 편 공격하는데 여념이 없는 후보를 보면서 참 딱하기도 하고. 그렇게 하면 할수록 자기 지지율 까먹고 있다는 것을 모르고 쯔쯔쯔…. 선거 끝나고 어떻게 감당하려고 저런 행동을 하는지 참 어처구니없습니다. 어떤 말을 하더라도 나는 대꾸하지 않을 겁니다. 그러나 허무맹랑한 말에 대한 책임은 반드시 물을 겁니다. 선거 끝나고 봅시다.

2020.04.10(금) 오전 10시 55분

동화사 회주이신 서의현 큰스님께서 종정 스님 메세지를 전하러 홍준표 캠프를 방문하셨습니다. 큰스님 정말 고맙고 감사합니다. 부처님의 가피로 압승하겠습니다.

2020.04.10(금) 오전 11시 17분

대구 경북 지역 판세 분석 결과를 종합 해보면 TK 25석 중에서 무소속으로 유일하게 이기는 지역이 수성을 홍준표입니다. 저를 순수 무소속으로 보지 않고 당선 후 복당을 할 것이니 2번 후보와 같은 당으로 보고 있다는 뜻이기도 합니다. 이런 분위기가 확산 되면 압승할 수 있을 것으로 봅니다. 수성을 지역 유권자 여러분! 수성을에서 이번 선거 만큼은 당보다 인물, 문재인 잡을 큰 인물 홍준표를 선택해 주시면 반드시 보은(報恩) 하겠습니다.

2020.04.10(금) 오후 12시 27분

어제 처음으로 코로나 확진환자가 대구에서 제로를 기록했습니다. 대구시 의료진과 대구시 방역 당국, 시민들의 성숙된 시민 의식 덕분입니다. 조속히 코로나 재앙을 극복하고 정상적인 일상을 영위할 수 있도록 모두 합심 하십시다. 대구 시민 여러분 정말 감사합니다.

2020.04.11(토) 오전 07시 07분

오늘 오후 16시 수성 못에서 주말 대유세를 엽니다. 이번 굳히기 대 유세에는 정계 원로이신 박찬종 선배님과 이재오 전 장관이 찬조 연사로 나오시고, 이진훈 전 수성 구청장이 연설을 합니다. 주말 막판 굳히기 대유세에 이어 20시에는 상화 동산 입구에서 9번째 버스킹을 엽니다. 수성을 지역 문제뿐만 아니라 대구시의 문제, 대한민국의 문제, 사적인 질문까지 가리지 않고 즉문 즉답하는 버스킹에도 많은 참여 부탁드립니다. 오늘까지 하고 있는 사전 투표에도 많은 참여 바랍니다. 대구 시민 여러분! 수성을 구민 여러분!

정말 고맙고 감사합니다. 보은(報恩)하겠습니다.

2020.04.11(토) 오후 12시 10분

TK지역 전 현직 총학생회 연합회에서 홍준표 지지 선언을 해 주었습니다. 학생 여러분 고맙습니다.

2020.04.11(토) 오후 06시 33분

당원 동원도 아니고 페북에 단순 공지한 것만으로 이 코로나 사태에 2,000명 이상 시민들이 비를 맞아도 움직이지 않고 수성못 광장에 모였습니다. 사진에 담지 못한 앞뒤에도 참 많은 사람들이 대세 굳히기 유세장에 모였습니다. 당은 저를 유배지로 보냈지만 와 보니 젖과 꿀이 흐르는 가나안이었습니다.

2020.04.11(토) 오후 10시 42분

4.12. 일요일 오후 4시 수성못 파스쿠치 앞에서 정규재 주필께서 이번 선거의 의미에 대해 특별 연설을 합니다. 박찬종 전의원님, 이재오 전 장관님에 이어 정규재 주필께서 시국 현안에 대해 가감 없이 설파하는 내일 연설회에 많은 참여 바랍니다.

2020.04.12(일) 오전 07시 44분

당이 포기했던 지난 탄핵 대선을 치룰 때 저는 나 홀로 전국을 다니면서 고군분투 했습니다. 영남지역에서도 초반에는 유세차를 타지 않은 국회의원들이 대다수였고 다른 지역은 아예 유세차가 보이지도 않는 기막힌 나 홀로 대선을 치렀습니다. 그러나 이번 수성을 선거는 지난 대선보다 더한 나 홀로 총선이지만 대구 시민들, 수성 구민들의 환대와 환호 속에 치루고 있으니 참으로 행복한 총선입니다. 당원들보다 더 열정적인 그 분들이 있으니 저는 참 행복합니다. 당선 되면 그 이튿날 밤 8시에 두산 오거리 폭포 앞 광장에서 정치 버스킹을 하면서 노래도 부를 생각입니다. 자축연을 열수 있도록 대구 시민 여러분들과 수성을 지역 구민 여러분들의 압도적인 지지를 부탁드립니다. 정말 고맙고 감사합니다.

2020.04.12(일) 오전 08시 12분

사전투표 결과를 분석해 보니 우리가 상대 후보를 앞선 것으로 판단됩니다. 이로써 무소속과 정당 후보 간 핸디캡은 이제 없어진 것으로 보여 집니다. 남은 본 투표에서는 밴드왜건 효과로 더 많은 표를 얻어 상대 후보에게 압승할 수 있도록 하겠습니다. 선거는 과학입니다.

2020.04.12(일) 오전 11시 41분

선거 시작되기 전 우리가 세운 전략은 2.3.5.전략입니다. 상대 후보들을 20%, 30%로 묶고 우리는 50%를 달성한다는 전략입니다. 지금 까지는 순조롭게 가고 있습니다만 막바지 스퍼트가 남았습니다. 수성을은 보수 분열이 아니라 보수 집중투표를 할 수 있도록 홍보할 것입니다. 당보다 인물, 문재인 잡을 큰사람 홍준표를 적극적으로 홍보해서 압승하도록 하겠습니다.

2020.04.12(일) 오후 12시 32분

오늘은 예수님이 부활하신 날입니다. 다른 종교에는 없는 기독교 신앙의 요체는 예수님의 부활입니다. 코로나로 모두 모여 부활 예배는 못 드리지만 세상 사람들 모두 예수님의 부활을 찬양하고 있을 겁니다. 홍준표도 유배지라고 보낸 대구에서 부활하여 야당을 다시 일으켜 세우고, 자유 대한민국을 다시 만들도록 하겠습니다.

2020.04.12(일) 오후 01시 53분

정규재 주필께서 감기 몸살로 오늘 내려오지 못한다고 급하게 연락이 왔습니다. 그래서 오늘 유세는 저와 이진훈 청장이 하기로 했습니다. 연사의 건강 사정으로 부득이 하게 정규재 주필의 연설이 취소된 점에 대해 사과드립니다.

2020.04.12(일) 오후 10시 20분

내일부터는 총력 유세전에 나서기 때문에 버스킹은 오늘로 마감합니다. 지난 11일 동안 매일밤 버스킹 현장을 찾아 주신 대구시민 여러분, 수성을 주민 여러분들에게 감사드립니다. 당선 되면 그 이튿날 같은 시각에 두산 오거리 폭포수 앞에서 당선 자축 버스킹을 열 것을 약속합니다.

2020.04.13(월) 오전 09시 57분

후보 테러 시도는 이미 동대문 선거에서 수차례 당해 봤기 때문에 저는 눈도 깜짝하지 않습니다. 그 정도 배짱없이 이 험한 선거판에 나서지 않습니다. 선거판 특히 유세장 후보 위협사건은 엄벌에 처해야 합니다. 축제의 장인 선거 유세장에서 종종 폭력사태가 일어나는 것은, 대부분 열세에 처한 후보 측이 선거 운동을 위축시키기 위해 자행하는 마지막 수단이거나, 열세에 처한 후보 측의 극렬 지지자가 대부분입니다. 개의치 않고 마지막 스퍼트를 올려 압승하겠습니다.

2020.04.13(월) 오후 12시 12분

오늘 출근길 유세장 골프채 협박 사건의 범인은 모 후보 측 생활체육 자문위원장인 서 모씨로 밝혀졌습니다. 그 후보의 가창 초등학교 후배라고 SNS에서 밝힌 적도 있고, 명함으로 가지고 그 후보 측에서 SNS활동도 활발하게 했다고 합니다.

우리 측을 며칠 전 야구 방망이로 유세장 뒤편에서 위협한 일도 있었다고 합니다. 그 후보가 시켰을 것으로는 보지 않지만 주민들의 축제인 선거가 이렇게 흘러가고 있는 것은 참으로 유감입니다.

2020.04.13(월) 오후 05시 01분

오늘 유세를 다니다보니 보수 후보가 표가 갈리면 민주당이 될 가능성이 있지 않느냐는 의구심을 가진 분들이 간혹 있습니다. 단언컨대 수성을에서는 민주당 후보가 될 가능성은 제로에 가깝습니다. 보수 후보 중 문재인 잡을 사람, 당선될 사람에게 표를 몰아주시면 됩니다.

수성을에서 홍준표가 당선되면 네 가지가 달라집니다.

첫째, 수성을이 달라집니다. 수성갑과 비교해 상대적으로 낙후된 주거 및 교육 환경이 획기적으로 개선되면서 수성 갑을이 균형 발전하게 됩니다. 둘째, 대구가 달라집니다. 국민소득 전국 꼴찌인 대구가 첨단 산업과 플라잉카 유치로 미래 먹거리를 확보하여 청년들과 미래세대의 희망의 도시가 됩니다.

셋째, 야당이 달라집니다. 지난 일 년 동안 지리멸렬 했던 야당이 홍준표를 중심으로 구심점을 찾고 문 정권 타도에 나서게 됩니다. 넷째, 대한민국이 달라집니다. 좌파 공화국이 된 대한민국을 정상적인 나라로 바꾸고 대구로 정권을 가져와 대구의 영광과 자존심을 회복하게 됩니다. 내일 모두 투표장으로 나가셔서 기호 8번 홍준표에게 투표하여 수성을, 대구, 야당, 대한민국을 바꿉시다. 감사합니다.

오늘은 선거 운동 마지막 날입니다. 두산오거리 출근 유세를 하고 있는 이상식 후보와 운동원들, 이인선 후보와 운동원들, 신익수 후보와 운동원들, 우리 운동원들 모두 모두 수고하셨습니다. 선거는 주민들의 축제 속에서 대표자를 뽑는 겁니다. 두산 오거리를 돌며 각 후보님들에게 수고하셨다는 인사를 하고 오늘 마지막 유세를 시작합니다.

2020.04.14(화) 오전 02시 50분

온지 한 달 만에 동토(冬土)를 옥토(沃土)로 만들었다고 자부합니다. 그것은 내일 투표 결과로 나타나리라고 봅니다. 공천 협잡을 자행하고 대구시당, 중앙당이 나서서 홍준표를 옥죄어도, 민도 높은 수성을 주민들은 올바른 판단을 하리라고 굳게 믿습니다.

홍준표가 당선되면 수성을을 바꾸고, 대구를 바꾸고, 야당을 바꾸고, 나라를 바꾸겠다는 네가지 약속은 꼭 지키겠습니다. 내일 모두 투표장 가서서 기호 8번 홍준표 찍고, 문재인 정권 심판합시다.

2020.04.14(화) 오후 06시 08분

선거 전날 민주당 잡기 위해 접전지 가서 총력 유세할 생각은 하지 않고 같은 당 대표였던 홍준표 잡기 위해 공동선대 위원장이라는 사람이 서울에서 대구까지 내려오고, 38년 호형호제 하던 주호영 후보까지 가세하는 것을 보니 참으로 정치 무상이라는 생각이 듭니다. 나중에 어떻게 감당하려고 저런 무도한 짓들을 하는지 참 철없는 행동들입니다. 그래도 이미 대세는 결정이 되었다는 것을 알 때는 이미 늦었을 겁니다. 이때 적합한 말이 '개가 짖어도 기차는 간다.'입니다.

2020.04.15(수) 오전 07시 58분

시험공부를 아무리 열심히 하고 시험 잘 쳤다고 생각을 해도 발표 날이 다가오면 초조해 지는 것이 인지상정입니다. 수성을, 대구, 야당, 대한민국의 미래를 좌우하는 총선입니다. 수성을 주민 여러분! 대구 시민 여러분! 모두 투표장으로 가셔서 꼭 투표하시기 바랍니다.

2020.04.15(수) 오전 09시 25분

투표하고 왔습니다. 수성의 꿈, 대구의 희망, 대한민국의 미래가 달린 투표입니다. 모두 투표장으로 나가서 투표합시다. 투표는 총알보다 무섭다고 링컨이 말한 바도 있습니다.

2020.04.15(수) 오전 03시 27분

우여곡절 끝에 자라난 고향 대구로 돌아 와서, 천신만고를 겪으면서 승리를 했지만 우리당이 참패하는 바람에 마음이 참 무겁습니다. 아깝게 낙선한 이인선 후보에게 심심한 위로의 말씀을 드립니다. 저를 믿어준 수성을 주민 여러분들의 신뢰에 꼭 보답하도록 하겠습니다. 수성의 꿈을 이루고, 대구의 희망이 되고, 대한민국의 미래가 되도록 내일부터 충심을 다해 매진하겠습니다. 감사합니다.

2020.04.16(목) 오전 09시 19분

오늘 저녁 8시에 두산오거리 폭포수 광장 앞에서 당선 인사를 하고자 합니다. 선대위 관계자 인사, 공약 실천 약속, 자축 공연을 하고자 하오니 시민 여러분들의 많은 참석 바랍니다.

2020.04.17(금) 오후 01시 18분

18세 때 동대구역에서 야간열차를 타고 꿈을 찾아 대구를 떠났던 제가 48년 만에 돌아 왔는데도, 이렇게 환대 해준 대구 사람들의 인정이 눈물 나도록 고맙습니다. 그분들의 고마움을 잊지 않고 분골쇄신해 대구를 위해서 대한민국을 위해서 일하도록 하겠습니다. 비오는 날 오후 창밖에 내리는 빗물을 보면서 이것이 대구의 눈물로 보여져 왠지 가슴이 먹먹해집니다. 내 자라난 고향 대구의 눈물을 닦아 주고 국민의 눈물을 닦아 주는 마지막 정치를 하겠다는 다짐을 해봅니다. 감사합니다. 고맙습니다.

chapter
04

외교·안보

위장평화, 한미일 동맹

2018.11.16.(금) 오전 11시 04분

이 정권의 정상 외교라는 것은 대한민국을 위한 정상 외교라기보다는 북의 김정은 체제 선전을 위한 정상 외교로 변질 되었다는 느낌을 지울 수가 없습니다. 미국, 중국, 러시아에 유럽까지 가서 김정은 체제 선전을 하다가 외신으로부터 북의 수석 대변인이라는 비아냥을 듣더니 아세안 각국을 돌면서도 똑 같이 북의 수석 대변인 외교를 하고 있습니다. 나이가 들면 수구초심 이라고들 합니다만 그러나 북의 김정은 보다 대한민국이 우선이라는 것을 명심하시기 바랍니다. 지금 나라 경제는 파탄지경이고 안보는 경국지경입니다. 네이션 리빌딩 운동이 긴급한 명제로 등장한 대한민국의 현재입니다.

2018.11.30.(금) 오후 06시 07분

체코에서의 대통령 행사는 마치 프라하의 연인이라는 드라마 연속극을 보는 것 같았습니다.

지구 반바퀴를 돌아 체코까지 갔는데 체코 대통령은 A4 편지 한 장 남기고 이스라엘로 가버렸고, 체코 북한대사는 김정은의 삼촌인 김평일이라는데 김평일이라도 만나 비핵화 협상을 하고 오시는 것이 어떨지 한번 생각해 보았습니다.

2018.12.01.(토) 오후 10시 42분

사실인지 여부는 확인 되지 않았지만 과거 좌파 정권 시절에 외교 행랑 속에 달러를 넣어 보낸 적이 있었다고 들은 일이 있습니다. 특별히 가야할 이유없는 나라에 들러 납득할 수 없는 일정을 보낸다면 국민들은 이를 보고 외교라고 하지 않고 외유라고 합니다. 그래서 국회의원들이 종종 비난의 표적이 되기도 합니다. 외유가 아니라 국익을 위한 외교를 한다면 국민들이 얼마나 좋아하겠습니까? 국익을 위한 외교를 하십시오. 외신이 말하는 북의 수석 대변인 이라는 말은 국가적인 치욕입니다.

2018.12.03.(월) 오후 12시 37분

북은 정상회담을 공짜로 한 일이 없습니다. DJ때도 그랬고 노무현 대통령때도 그랬습니다. 심지어 MB때도 2억 달러를 요구하여 MB가 정상회담을 포기한 일이 있었습니다.

그런데 문 정권과 정상회담을 했을 때는 과연 외상으로 했을까요? 또 답방이라는 선물도 외상으로 할까요? 지난 번 보낸 귤 상자에는 귤만 있었을까요? 김평일이 대사로 있는 체코는 왜 갔을까요? 급유 목적으로 갔다는데 그건 정반대로 간 비행노선이 아닌가요? 뭐가 뭔지 모르겠네요. 나라 살림은 거덜 나고 있는데 무얼 못 줘서 안달인 문 정권을 보고 있노라면, 정말 이 나라가 어디로 가고 있는지 답답합니다.

지난 4.27 판문점 남북정상 회담에서 김정은은 1년 내 비핵화를 문 대통령에게 약속했습니다. 이것은 볼턴이 지난 8월초 폭스 뉴스와 인터뷰에서 밝힌 내용입니다. 미북 정상회담을 추진하면서 미국의 협조를 이끌어 내기 위해 문 대통령이 미국 측에 한 말이라고 합니다. 아울러 미국측에서 야당의 찬성여부를 알려달라고 요구를 하여 단독회담을 극력 거부하던 그들이 지난 4.13. 나와 75분간 단독 회동을 하면서 나에게 수차례 미북회담의 찬반 여부를 물었고 나는 "북핵폐기를 전제로 한 회담이라면 반대하지 않는다."라는 답변을 한 일도 있습니다. 이제 그 약속 시한이 다가 오고 있습니다.

만약 이번에 답방을 한다면 자신의 입으로 세계 언론에 비핵화 약속 이행을 말해야 할 것입니다. 지난번은 지방선거를 겨냥한 이벤트로 한 남북정상회담이었다면, 이번은 경제 폭망을 뒤덮고 사회체제 변혁을 준비하기 위한 이벤트 행사로 보이는데 다급하기는 다급했나 봅니다. 나는 총선을 앞두고 쓸 카드라고 보았는데 미리 사용하는 것은 정권이 그만큼 위기감을 느꼈다는 것일 겁니다. 이렇게 정권운용을 이벤트 행사, 쇼로만 끌고 가고 있는 저들을 보면 과연 국민들이 언제까지 그 쇼에 속아 넘어갈지 우리 한번 지켜봅시다.

김정은 성탄축하 메시지를 보고 참 어이없는 행동 갖가지로 한다는 생각이 들었습니다. 북한에는 김정은교만 있지 다른 종교가 있을 수 없는 체제입니다. 문 대통령도 나의 행복 운운 하면서 박노해의 시를 메시지로 발표했습니다. 쯔쯔쯔. 오해 받기 쉬운 메시집니다. 대통령의 메시지답지 않습니다.

쇼 하나는 북이나 남이나 참으로 대단합니다. 그래서 우리도 오늘 프리덤코리아 쇼를 오늘 오후 2시에 합니다. 많이 오셔서 자리를 빛내 주시기 바랍니다.

2019.01.05.(토) 오전 10시 02분

내 아버님은 일제시대 징용으로 끌려갔다가 살아 돌아오신 분입니다. 어릴 때 아버님으로부터 징용 당시 이야기를 들으면서 커온 터라 자연히 반일 감정을 숨길 수가 없지요. 그러나 최근 한일관계의 경색을 보면서 나는 이를 우려하지 않을 수 없습니다. 한·일 양국의 지도자들은 늘 자신들의 국내 정치에 한.일 양국의 과거사를 이용합니다. 문 대통령도 그렇고 아베도 그러합니다.

그런데 지금은 북핵 문제가 초미의 과제인데 이 시점에 한·일 관계의 경색은 6.25.남침이후 70년간 한·미·일 자유주의 동맹으로 무장 평화를 유지해 왔던 힘의 균형이 일거에 무너질 우려가 있다고 보기 때문입니다. 지금 문 정권은 지난 70년간 한반도 평화를 유지해 왔던 한·미·일 자유주의 동맹을 깨고 북·중·러 사회주의 동맹에 가담하려고 획책을 하고 있습니다. 그렇게 함으로써 남북 연방제 통일로 나라를 통째로 넘기려고 하고 있다고 나는 봅니다. 그런 중차대한 시점에 한·일 양국 지도자들이 국내 정치용으로 한·일관계를 경색으로 몰고 가고 있는 것은 둘 다 대단히 옹졸한 처사입니다. 양국 지도자들은 한·일 관계를 자신의 국내정치에 이용하려고 하지 말고, 동북아 평화정착이라는 큰 그림을 그리시기를 엄중히 촉구합니다. 이제 한·일은 과거사 보다는 미래를 향한 동반자가 되어야 합니다.

2019.01.23.(수) 오전 08시 35분

미북 핵협상이 1년6개월 전 우리가 우려 했던 방향으로 진행되고 있습니다. ICBM만 제거하고 북핵을 인정하게 되면 우리는 핵을 머리 위에 이고 사는 핵재앙이 오게 됩니다. 남북 합작으로 미국에 대항을 하니 트럼프가 한국을 포기해서라도 미국의 안전을 도모 하겠다는 겁니다.

안보는 핵재앙에 이르렀고, 국내 경제는 이미 파탄지경에 와 있고, 신재민, 김태우 폭로에 서영교, 손혜원 초대형 비리사건들이 터졌는데 도대체 야당이 보이지 않습니다. 국민과 당원들은 이판을 뒤엎고 나라를 정상화 시키라고 열화 같은 요구를 하고 있는데 도대체 자유한국당은 어디서 무엇을 하고 있는지 보이지 않습니다. 나라가 혼돈지경에 이르렀는데 야당이 제 역할을 전혀 하지 못하고 있습니다. 나라와 국민을 위해 투쟁하지 못하는 야당은 존재가치가 없습니다. 가열찬 대여 투쟁을 하십시오.

2019.02.06.(수) 오후 12시 04분

2019.2.27~28 베트남에서 미북회담이 개최되는 것은 지난 지방 선거 하루 전에 싱가포르에서 미북 회담이 개최 되는 것과 똑같은 모습입니다. 그날 자유한국당 전당대회의 효과를 감쇄 하려는 북측이 문 정권을 생각해서 한 술책에 불과 하다는 것을 이번에는 국민들이 알았으면 합니다. 5,000만 국민의 생명과 재산이 걸린 북핵문제조차도 문 정권의 홍보 수단으로 삼으려는 저들의 책략에 분노합니다. 미북회담은 우리가 일정 변경을 요구할 수 없기 때문에 당에서는 이번 전대를 한 달 이상 미루어 지선 때처럼 일방적으로 저들의 책략에 당하지 않도록 검토해 주실 것을 요청합니다. 미북회담 후 저들은 남북정상회담을 열거나 김정은의 방한을 추진할 겁니다. 그래서 한 달 이상 전대를 연기하자는 것입니다.

2019.02.28.(목) 오후 05시 46분

하노이 북핵회담도 세계를 속인 쇼에 불과 했다는 것이 드러났습니다. 외교도 부동산 거래 하듯 블러핑으로 하는 것은 이제 통하지 않는다는 것을 알았으면 합니다. 이미 핵 개발을 완성한 북에 대해 어린애 다루듯이 미국의 힘만 믿고 찍어 누르기식의 회담은 성공할 수 없다는 것을 이제 알았으면 합니다. 북핵을 전제로 새로운 대책을 세우는 것이 시급하고도 시급한 현실이 도래했습니다. 더 이상 주저하지 말고 핵균형 정책으로 북핵에 대응해야 합니다.

지난번 싱가폴 북핵 쇼에 이어 이번 하노이 북핵 쇼도 결국은 북의 위장평화 정책에 속은 미국이라는 세계 패권 국가의 외교 무능입니다. 미국의 대외정책은 3단계로 진행된다고 합니다. 먼저 외교적 타협을 시도해 보고 외교적 해결로 안되면 다음 단계는 CIA 공작을 합니다. 그것도 안되면 마지막으로 군사 공격이라고 합니다.

그러나 북핵 문제는 외교적 해결로 결론이 나기를 나는 기원합니다. 그래서 나는 2년 전부터 핵 균형정책을 주장했던 것입니다. 트럼프와 문재인 대통령이 늦었지만 이를 깨달았으면 합니다.

2019.03.01.(금) 오후 11시 30분

북의 3대 왕조 세습을 지탱해 주는 원동력이 바로 핵입니다. 그 핵을 포기하는 것은 자기 체제를 부정하는 어리석은 짓입니다. 그걸 기대하는 사람들도 마찬가지로 어리석거나 바보입니다. 나는 2년 전 대선 때부터 일관되게 북은 절대 핵포기를 하지 않는다고 해 왔습니다. 이제 우리는 북핵의 존재를 상정하고 한반도 핵균형 정책으로 나갈 수밖에 없습니다. 더 늦기 전에 북핵정책을 바꾸어야 합니다. 절대 안보(Absolute Security)만이 오천만 국민의 생명과 재산을 지킵니다.

2019.03.02.(토) 오전 08시 45분

북핵폐기는 절대 하지 않을 것이고 위장평화 쇼에 불과 하다고 내가 주장했을 때가 불과 1년도 되지 않은 작년 4월 남북 정상회담과 6월 미북 정상회담 때 일입니다. 세상을 미리 본 나의 그 주장은 막말로 비난받았고, 우리당은 지방 선거에서 참패했습니다.

지난 2.27. 하노이 미북회담에서 북의 저의가 드러나고, 종국적으로 지난 1년간 문 정권이 미국을 이용한 북핵 폐기 정책은 김정은의 위장평화 정책에 동조하거나 이용당한 것임이 명백해졌습니다. 그러나 지방 선거는 돌이킬 수 없는 결과가 되어 버렸고, 우리는 북핵만 용인해야하는 어려운 처지가 되어 버렸습니다. 경제 파탄에 이어 안보 파탄도 바로 목전에 왔습니다. 세상을 미리 본 내 죄도 이제 국민 여러분 들이 사면해 주시기 바랍니다.

아울러 그 당시 나를 비난 했던 문 정권 관계자들과 유세도 못하게 했던 우리당 일부 세력들은 깊이 반성하시기 바랍니다. 한치 앞도 내다보지 못하는 그들의 안목으로 나라 운영을 하고 있다는 것은 국민들의 불행입니다.

2019.03.02.(토) 오후 12시 50분

1년 전 남북회담·미북회담의 본질을 북의 위장 평화쇼라고 주장했다가 북으로부터는 처칠처럼 전쟁광이라는 비난을 받았고, 문 정권과 일부 친박들로부터는 막말이라고 비난을 받았습니다. 북 정권의 본질을 보지 못한 사람들로 부터는 몹쓸 사람이라는 비난을 받기도 했습니다. 억울한 누명의 세월을 보냈습니다.

이제부터라도 잘못된 안보 판단에 대해 모두 각성해야 합니다.

미국이 추구하는 절대 안보(Absolute Security)라는 개념을 우리도 도입해야 할 때입니다. 두 눈 부릅뜨고 자유 대한민국을 지켜야 합니다.

2019.03.02.(토) 오후 06시 16분

미북관계는 앞으로 장기간 펜딩(pending) 상태로 갈 수밖에 없고 대북제재는 이제 풀어줄 구실이 없어져 버렸습니다. 북의 의도는 이미 간파 되었고 북도 자신 문제로 흔들리는 트럼프를 상대하기 보다는 시진핑 쪽으로 방향을 돌려 제한적 원조라도 받을 방법 밖에 없을 것으로 보입니다. 문제는 문재인 정권입니다. 그럼에도 불구하고 개성공단·금강산관광을 추진하고 대북철도 연결 사업을 강행한다면, 우리는 국제적 고립을 자초하는 고립무원의 길로 갈 수도 있습니다. 야당의 역할이 무엇보다 중요한 시점입니다. 내 나라가 올바른 방향으로 갈수 있도록 모두 합심하여 눈치보지 말고 머뭇거리지도 말고 가열찬 투쟁을 해 주시기 바랍니다.

2019.03.07.(목) 오후 08시 30분

1년 전 남북정상회담·미북 싱가폴 회담 때 그 회담의 본질을 핵폐기가 아닌 북의 위장 평화라고 주장했던 나를 막말 대마왕이라고 그렇게 모질게 비난했던 문 정권, 당내 일부세력, 언론들이 하노이 미북회담 이후 가짜평화 운운하며 완연히 달라진 최근의 논조들을 보노라면 참으로 후안무치 하다는 생각을 지울 수가 없습니다. 그 판단을 그때 하지 못하고 김정은의 위장 평화에 속았다면 최소한 나에게 막말로 매도한 일에 대하여 사과는 못할지언정, 대국민 사과는 하고 난 뒤 논조를 바꾸던지 하지 않고, 천연덕스럽게 정반대의 논조를 펴고 있는 것은 정도를 걷는 언론이 아닙니다.

문 정권과 언론은 그렇더라도 그 당시 당내에서 나를 막말이라고 비난하고 선거유세에도 나서지 못하게 했던 사람들만이라도, 잘못을 반성하고 나에게 사과를 해야 하지 않습니까? 세상을 미리 본 죄라고 내가 말한 일이 있습니다. 정상적인 사고로 나라 운영을 하지 않고 외눈박이 오로지 친북좌파의 나라로 만들어가는 문 정권과 국민과 여론 눈치 보기로 야당을 이끌어 가는 자칭 품위 있는 보수라는 야당 지도자들을 보면서, 국민과 함께 나라의 앞날을 우려하는 아침입니다.

이미 유투브를 통해 밝힌대로 이제는 절대안보 개념으로 자유 대한민국을 지킬 수밖에 없습니다.

2019.03.15.(금) 오전 10시 09분

지난 2년전 탄핵대선 때부터 핵균형론을 주장하면서 그 수단으로 핵개발을 추진하던지 전술핵 재배치를 추진해야 한다고 역설해 왔는데, 당이 이제 와서야 정신차리고 그런 방향으로 가고 있다는 것은 만시지탄입니다. 마치 위장 평화라는 내 말을 막말로 몰아간 저들의 음모에 놀아나다가, 이제 와서 가짜평화라고 정신차리는 한국 일부 언론들과 눈치나 보던 당내 일부 세력들과 하는 행동이 똑 같습니다.

앞으로는 세상을 미리 보더라도 막말로 몰리지 않기 위해서는 나도 세상의 잘못된 흐름에 그냥 휩쓸려 가는 것이 상책 일수도 있다는 생각이 드는 불금 아침입니다. 말하지 않고 침묵하고 있다가 상황이 달라지면 그때 가서야 숟가락 하나 얹는 숟가락 정치나 배워야 할 것 같습니다. 그동안 얼마나 야당에게 실망했으면 지극히 당연한 내용을 국회 연설한 그 한마디에 국민들이 열광하고 있겠습니까? 이제부터라도 각성하고 말로만 하는 웰빙 투쟁이 아닌 행동하는 진짜 야당이 되어 주시기 바랍니다. 씁쓸한 불금입니다.

2019.03.16.(토) 오후 07시 29분

역사적으로 이웃 나라끼리 늘 선린 우호관계를 유지한 일은 거의 없습니다. 스웨덴은 노르웨이를 백년간 식민지로 지배했고, 무어족은 스페인을 700년간 지배했으며, 미국과 베트남은 서로 전쟁을 치렀고, 미국과 일본도 태평양 전쟁을 치르면서 미국은 일본에 세계 최초로 핵 공격을 한일도 있었습니다. 우리나라는 역사 이래 수많은 외침을 받았습니다. 그런데 유독 일본만 우리의 적으로 간주하면서 서로가 견원지간이 되는 것은 바람직스럽지 않습니다. 최근 한미·한일 관계가 소원해 지는 것은 참으로 우려되는 일입니다. 그중 가까운 일본과 한·일관계가 지난 70년 동안 이렇게 나빠진 적이 없었습니다. 문 정권은 지난 시절 보수·우파 정권을 친일

정권으로 보고 친일 잔재 청산의 명분을 내세워 차별화 하고 있으나, 이는 참으로 정파적인 대일 외교라고 아니할 수 없습니다. 나는 징용에 끌려가 구사일생 살아온 내 아버지를 둔 사람이지만, 일본을 배척하는 어리석은 외교는 반대합니다.

국제관계는 영원한 적도 영원한 친구도 없는 서로의 필요에 의해 국익을 위해 협력 해야만 하는 것이 외교인데, 북핵이 위중한 이 시점에 한일 관계를 파국으로 몰아가고 있는 문 정권의 한일 외교는 참으로 위험한 시도입니다. 우리에게 지난 70년간 평화를 안겨준 한·미·일 자유주의 동맹해체 시도는 우리나라의 절대 안보 체계를 지극히 위험하게 하는 일이라는 것을 문 정권은 알아야 합니다. 한·일관계는 조속히 정상화 되어야 하고 서로 긴밀한 협력 관계로 복원 되어야 합니다.

2019.03.22.(금) 오후 08시 40분

오늘 개성 남북 공동연락사무소에서 북한 측이 철수했다고 합니다. 그간 북측의 위장 평화 공세였다는 것이 이젠 명확해졌지요. 1년 전 제 말이 아직도 막말인가요? 그럼에도 계속 북을 짝사랑 하는 문 정권이 측은합니다. 대북 정책의 기조를 전환하여 이젠 미국을 비롯한 자유 우방과 함께 가십시오. 오천만 국민의 생명과 재산이 걸린 문제입니다.

2019.04.12.(금) 오후 10시 45분

마치 무기 판매상으로부터 무기 구매에 대한 보답으로 2분짜리 의례적인 감사 인사를 받으러 막대한 국민 세금을 낭비 하면서 전용기를 타고 미국을 갔는가? 한심한 나라가 되어 간다.

2019.04.13.(토) 오후 07시 50분

신무기 구입하러 갔다면 제재 강화하자고 해야 정상이 아닌가요? 신무기 구입하러 가서 제재 완화 구걸하는 것은 참 이율배반이지요. 결사항전 한다더니 무얼 하고 있습니까? 참 안타깝네요.

2019.04.26.(금) 오후 04시 19분

불과 1년 전에 내가 경제 폭망하고 위장 평화라고 외쳤을 때, 모든 언론과 그에 오도된 상당수 국민들은 그것을 악담과 막말이라고 나를 조롱하고 비웃었습니다. 하기사 당내에서조차 그랬으니 오죽 했겠습니까? 1년도 안된 지금 북핵폐기라는 말은 언론에서 사라지고 가짜평화라는 말만 난무하고 있고, 경제는 마이너스 성장이라는 충격적인 현실만 우리 가슴을 치게 하고 있습니다.

한치 앞도 내다보지도 못하는 사람들이 나라를 운영한다고 설치고 있고, 그에 부화뇌동하는 일부 언론들만 아직도 괴벨스처럼 스멀스멀 다가오고 있습니다. 좀 더 당해 봐야 정신들 차릴 겁니까? 이제부터라도 우리 모두 정신 차립시다.

2019.05.06.(월) 오후 10시 00분

북이 미사일 도발을 재개한 이상 미북관계는 작년 6.12 싱가폴 회담 이전으로 돌아갔고, 그간 북의 제스처는 위장평화였다는 것이 명백해졌습니다. 문 정권의 좌파 경제정책도 그들의 선전과는 달리 실업자가 거리를 넘치고, 마이너스 성장을 기록하면서 경제는 폭망했습니다.

그러면 지난 6.13 지방선거는 문 정권의 기망에 의한 선거였고, 그 최대 피해자는 국민들과 자유한국당입니다. 이걸 어떻게 바로 잡아야 할까요? 선거무효 소송이라도 해야 할까요? 지난 탄핵 때도 그랬는데 지방선거도 똑 같은 수법에 당했습니다. 거짓 정권은 오래가지 못합니다. 깨어 있는 국민만이 자유 대한민국을 지킵니다.

2019.05.09.(목) 오후 05시 43분

연이은 미사일 도발로 남북정상회담 시 합의한 9.19 군사합의도 이제 무효가 되었습니다. 위장 평화라고 그렇게 경고를 해도 막말이라고 나를 핍박하더니만, 이제 무어라고 국민들을 기망할지 답답하네요. 대북정책을 원점에서 재검토 하십시오. 지금이라도 한·

미·일 자유주의 동맹을 강화하여 대북 압박에 본격적으로 나서십시오. 김대중 정권처럼 또 대북 퍼주기로 쌀을 보낼 때가 아닙니다. 지난번 귤에 이어 쌀 속에 또 무얼 보낼지 국민들이 의심을 할 겁니다. 한 번 속으면 속인 사람이 나쁜 사람이고, 두 번 속으면 속은 사람이 바보고, 세 번 속으면 그때는 공범이 됩니다. 북은 김일성 이래 3대에 걸쳐 북핵 거짓말이 이번까지 9번째입니다.

2019.05.10.(금) 오전 11시 19분

대통령은 오천만 국민의 생명과 재산을 책임진 사람입니다. 자신의 개인적인 정치철학이 잘못 되었다는 것을 확인했다면 국민을 위해 자신의 정치철학을 바꾸어야 합니다. 노무현 대통령은 그렇게 했지요. 나는 문 대통령이 민정수석 할 때 공식적인 자리에서 한번 본 이래 참 진솔한 사람이라고 생각했습니다. 그 생각은 지금도 변함이 없습니다. 잘못된 경제 정책과 대북 정책을 전환해야 할 때입니다. 나라와 오천만 국민을 위해 바꾸어야 할 때입니다. 용단을 내리십시오. 코페르니쿠스의 대 반전으로 나라의 평안을 가져오게 하십시오.

2019.05.23.(목) 오후 06시 00분

강효상 의원의 한미 정상 간의 대화 내용을 공개한 것을 두고 기밀 유출 논란을 벌이고 있는 문 정권을 보고 나는 실소를 금할 수 없습니다. 국회의원이 정부를 감시·통제하는 것은 헌법상 의무이자 권리입니다. 문 정권이 한미 정상회담을 구걸하는 현장을 관계 공무원으로부터 제보 받아 발표한 것을 마치 범죄인양 취급하는 것은 참으로 어이없는 반 헌법적인 발상입니다.

그러면 대한민국 정보통인 박지원 의원은 매일 범죄를 저지르는 것이 되는데, 박지원 의원이 대북 관계·한미관계·검경관계·국정원관계 기밀을 발표할 때마다, 문 정권은 왜 그동안 침묵하고 있었는지 해명을 해야 합니다. 국회의원의 헌법상 활동을 법률 위반 운운 하는 것도 바람직스럽지 못한 발상입니다. 수단의 상당성만 있으면 국회의원의 헌법상 활동은 면책이 되는 것이 우리 헌법의 정신입니다. 관계 공무원의 징계 여부를 논할 때 공익제보에 해당되는지 여부를 논할 일이지, 관계 공무원의 형사책임이라던지 국회의원의 활동을 두고 공익제보 운운할 일도 아니라고 봅니다.

아프긴 아팠던 모양입니다만, 문 정권은 그만 자중하십시오. 계속 떠들면 자기 얼굴에 침 뱉기에 불과합니다. 도대체 야당이 내부제보가 없으면 어떻게 정부를 감시·비판할 자료를 얻을 수 있겠습니까?

2019.05.30.(목) 오전 11시 42분

강효상 의원의 대미 굴욕 외교를 폭로한 사건에 대해 대통령까지 나서서 비난하는 것을 보니 아프긴 아픈 모양입니다. 그러나 그건 부적절한 처사입니다. 대통령이 당사자이기 때문입니다. 나경원 원내대표께서 강효상 의원을 당 차원에서 보호하겠다는 선언은 아주 적절한 처사이고 고마운 일입니다. 그래야 대여 전사가 나옵니다. 당이 방패막이를 해주지 않고 방치한다면 누가 대여 전선에 나서겠습니까? 당이 당력을 집중하여 의원들을 보호해 주어야 야당의 결집력이 생깁니다.

2019.06.13.(목) 오후 06시 15분

지난해 지방선거는 문 정권이 주도하여 남.북.미가 합작한 희대의 위장평화 비핵화 쇼였다. 또 문 정권이 남·북·미와 합작하여 슬슬 군불 지피는 것을 보니 총선이 다가 오긴 오나 보다.

2019.06.15.(토) 오전 08시 57분

2년 전 탄핵대선에서 문 정권이 들어오게 되면 친노조 정권이 되고, 기업 압박으로 기업들이 해외 탈출 러시를 이룰 것이라고 나는 주장했습니다. 그런데 그걸 이제 와서 기사화하는 언론들을 보노라면, 참 한심하다는 생각이 듭니다.

미·중 무역전쟁에서 이제 일본까지 등을 돌리게 되면 한국 경제는 한계 상황까지 가게 됩니다. 대내적으로는 퍼주기 현금복지, 기업 해외 탈출, 해외자본 이탈, 일자리 대란에 해외 요인까지 가세하게 되면 한국 경제는 불과 3년 만에 70년 업적이 무너집니다. 분발 하십시오. 야당이 쇼할 때가 아닙니다. 쇼는 문 정권의 전유물임을 숙지하시고 지금 야당은 국민을 위한 투쟁을 할 때입니다.

2019.06.19.(수) 오전 10시 01분

친위부대가 장막 뒤에 있을 때도 검찰의 충견 노릇은 극에 달했는데, 본격적으로 총장·중앙지검장으로 전면 배치가 되면 자유한국당은 재앙을 맞게 될 겁니다.

정치적으로는 이미 내부 분열 작업이 시작되었고, 검찰발 사정으로 보수·우파 궤멸 작업에 곧 착수할 겁니다. 권한대행 시절에 대통령 놀이 한번 했으면 되었고, 이제는 풍찬 노숙하는 야당 대표입니다. 잘 대처 하십시오.

2019.07.11.(목) 오전 10시 06분

한일관계 같은 외교문제는 예측하고 미리 대비하는 것이지 문 정권처럼 뒷북이나 치는 것이 아닙니다. 사고는 정권이 치고 기업에게 뒷감당하라고 하는 것은 정부가 할 일이 아니지요. 곧 퍼펙트 스톰(perfect storm)이 올 수도 있습니다. 모든 국정을 친북 좌파 정책에 올인하여 나라를 망치고 있습니다.

2019.07.18.(목) 오후 07시 23분

집권초기 부터 정치적 목적으로 한·일관계를 악화시켜 놓고, 이제 와서 국민과 야당에게 공동책임을 지우려고 하는 속셈은 대체 무엇을 노리는 것인가? 아니면 외교적 무지에서 비롯된 것인가? 아니면 한·미·일 자유주의 동맹 파기를 노리는 것인가? 지난해 남북, 미북회담을 위장평화회담이라고 바른 말했다가, 막말이라고 매도당하고 지방선거에서 패배한 사실이 있어서, 이번 한·일 경제전쟁에서도 바른 말 하지 못하는 야당 입장은 이해하지만, 그래도 이건 아니지요. 국정책임은 엄중히 묻고 공동해법을 찾아야지요.

2019.07.24.(수) 오전 07시 35분

위정척사 운동이 벌어지고 있고 중·러·일이 나라 경계를 넘나드는 작금의 현실을 보니, 마치 구한말 고종시대를 보는 것 같다. 군주는 무능하고 대신들은 시대착오적인 아첨배 들만 있는데, 애꿎은 백성들만 죽어간 구한말이 재현되는 것 같다. 한·미·일 자유주의 동맹이 약화된 결과다.

2019.07.31.(수) 오전 08시 32분

지난 대선 때부터 일관되게 전술핵 재배치를 주장해 왔고, 당대표 시절에는 워싱턴을 방문해 미국 일각의 조롱 속에서도 전술핵 재배치, 나토식 핵 공유로 핵 균형을 해야 한다고 주창해 왔다.

그런데 이제 와서 뒤늦게 미 국방대 보고서에 전술핵 재배치, 나토식 핵 공유가 주장 되는 것을 보니 만시지탄의 감이 있습니다. 그것을 전쟁주의자로 몰고 문 정권을 평화주의자로 몰고 간 여론들도 참 야속합니다. 마치 1938년 영국 체임벌린이 히틀러에 속아 체결한 뮌헨회담을 연상시킨다고 남북정상회담의 실체를 말했을 때, 그걸 막말로 매도한 좌파 매체와 그 당시 여론들이 다시금 생각납니다.

한치 앞도 보지 못하는 좌파 매체들의 선동과 문 정권의 억압으로, 참으로 억울한 세월을 보냈습니다. 이것이 대한민국의 현실입니다. 늦었지만 이제부터라도 알아야 합니다. 핵 균형만이 살길입니다.

2019.07.31.(수) 오후 01시 26분

한일관계 해법을 야당대표가 아닌 여당 국무총리식으로 찾고 있으니 참 딱하다.

2019.08.01.(목) 오후 05시 34분

지난 1월부터 유튜브를 통해 이렇게 한·일관계를 국내정치에 이용하면 일본으로부터 경제보복이 있을 거라고 예측해 왔습니다.

97.IMF때도 일본 버르장머리 고친다는 YS의 무책임한 말 한마디가 일본이 한국의 외환위기를 외면하게 한 바가 있습니다.

한·일관계를 파탄에 이르게 한 문 정권의 실패한 외교책임부터 추궁하고, 대통령으로부터 사과를 받아낸 후 합심하여 대일 항쟁에 나서는 것이 야당의 역할인데, 이런 절차를 생략하고 문 정권에 편승하여 오로지 한마음으로 대일 항쟁을 하자는 것은 불지른 방화범의 책임은 묻지 않고 같이 불 끄는 데만 합심하자는 것과 다를 바 없습니다. 외교부 장관은 청와대 통역관이 아닙니다. 외교부 장관과 주일 대사의 한·일관계 파탄의 책임부터 묻고 대일 항쟁에 나서는 것이 야당 본연의 자세입니다. 그것이 국익입니다.

2019.08.02.(금) 오후 01시 22분

방화범이 "불이야"라고 소리치면서 동네사람들 보고 "불 꺼"라고 소리치는 격이다. 방화범을 잡지 못하고 부화뇌동하는 야당도 똑 같다. 해법은 한·미·일 자유주의 동맹회복 뿐인데, 반대로 가고 있는 문 정권을 어떻게 해야 할꼬?

2019.08.03.(토) 오전 08시 15분

최근 한·일관계에 대한 언론들의 논조 방향을 보니 마치 작년 남북정상 회담에서 보인 언론들의 호들갑 데쟈뷰를 다시 보는 것 같습니다. 그렇게 위장 평화회담에 부화뇌동해서 지금 북핵이 폐기 되었던가요? 한·일관계 악화를 초래해서 문 정권이 노리는 것이 무엇인지를 찾아보려고 하지 않고 꼭 작년 남북정상회담 호들갑처럼 한.일관계를 보도하는 것이 현재 한국 언론들의 모습입니다.

원로 언론인의 칼럼도 그러니 이러니 좌파들이 정치하기가 참 쉽지요.안보는 북한의 인질이 되고 경제는 일본의 인질로 만드는 무능한 정권에 대한 지지가 올라갔다는 어느 여론조사기관의 발표를 보니 그것은 지나가는 소도 웃을 일입니다. 감성 정치, 이미지 정치가 나라를 망칩니다.

2019.08.03.(토) 오후 12시 18분

작년에는 평화로 위장한 친북의 한해였다면, 올해는 친일 청산을 내세워 반일 운동으로 날을 지세고, 내년에는 방위비 인상 부당을 구실로 반미 자주화를 부르짖을지도 모른다. 나라야 어찌 되던 말건 그들은 그렇다.

주사파정권의 본질은 친일청산과 반미 자주화, 우리민족끼리라는 것을 국민들은 잊어 버리고 산다. 멍청한 사람들은 이 말을 하면 또 극우, 색깔론 운운한다. 한국사회의 주류가 바뀐 줄 보수 정당만 모르고 있다. 그들은 자신들이 이미 국민들 뇌리에서 폐족이된 줄도 모르고 아직도 자기들이 주류인양 착각하고 웰빙하고 있다. 그래서 앞이 보이지 않는 거다.

2019.08.04.(일) 오후 12시 55분

한·미, 한·일 관계가 왜 이렇게 악화 일로 인지 국민들은 이유를 모른다. 좌파 정권 전위대들이 광화문에서 반일 촛불을 들기 시작한 이유를 대다수 국민들은 모른다. 나라를 왜 국제적 고립과 혼란으로 몰고 가는지 국민들은 알 길이 없다. 그런데도 문 정권은 반일을 외치고 축구경기가 아닌데도 일본에게 이기자고 선동한다. 이것이 대한민국의 오늘이고 현실이다.

2019.08.04.(일) 오후 01시 08분

400여년 전 임진왜란 때 언론도 없던 시절 조선의 기층 백성들은 한양을 버리고 도망간 선조의 경복궁부터 불지르고 항일 의병운동에 나섰다. 왜 반일을 해야 하는지 이유나 알고 나서자. 왜 미·일이 한국과 틀어졌는지 그 책임이나 묻고 반일 운동에 나서자. 연일 이순신을 말하지만 내가 보기에는 선조 같은 행동을 한다.

2019.08.05.(월) 오후 03시 39분

남북경협으로 일본을 따라 잡는다? 그걸 평화경제로 포장해서 국민들을 또 한 번 현혹 하겠다? 지금은 국제 협업의 시대이지 북한처럼 자력갱생의 시대가 아닙니다. 세계 최악의 경제난인 북한과 무얼 협력해서 일본을 따라 잡겠다는 것인가요? 유엔제재는 이제 아예 무시하겠다는 것인가요? 어처구니없는 발상으로 김정은처럼 국민들을 인질로 잡는 인질 정치는 이제 그만 하십시오.

2019.08.05.(월) 오후 05시 01분

사케 먹었다고 비난하니 백화수복 먹었다고 답하는 개그 콘서트 정치는 그만 해라. 시중에서는 그놈이 그놈이라고 욕하고 있다. 무얼 먹었든지 간에 비상시국에 낮술 먹은 거나 추경심사 도중 술이 만취된 거나 똑 같다.

2019.08.07.(수) 오후 12시 40분

미·중이 충돌하고, 한·일이 충돌하고, 북핵은 계속 증강되는데, 문 정권은 내년 총선 전략에만 몰두하고 있다. 야당은 웰빙으로 반사적 이익만 노리고 국민들은 영문도 모르고 도탄에 빠지고 있다. 나라가 구한말 혼돈의 고종시대로 돌아가고 있다.

2019.08.12.(월) 오전 08시 24분

요즘 김정은, 트럼프 짝짜꿍 하는 것을 보니 한사람은 영 쪼다가 되어 버렸다. 그러니 할 말이 없지. 야당대표가 벙어리라고 비판하니, 왜 벙어리가 되었는지 따져 보지는 않고 관제 언론은 벙어리를 장애인 비하라고 시비만 한다. 달을 가리키니 손가락만 쳐다보는 외눈박이 세상이 되었다.

2019.08.12.(월) 오전 10시 46분

〈반일 종족주의〉라는 책을 읽어 보니 이건 아니다 싶은데 왜 이 책을 보수 유튜버가 띄우는지 이해가 되지 않습니다. 토지조사사업, 쇠말뚝, 징용, 위안부 문제 등 전혀 우리 상식과 어긋나고 오히려 일본의 식민사관 주장과 맞아 떨어지는 것이 아닌가 하는 생각이 들었습니다. 보수·우파들 기본 생각과도 어긋나는 내용이라고 보여 집니다. 지금 문 정권이 벌리고 있는 반일운동은 문 정권이 초래한 것으로서 나는 찬성하지 않습니다. 그렇지만 이 책에 대해서는 제국의 위안부와 마찬가지로 나는 동의하기 어렵습니다. 이러니 보수·우파들이 좌파들의 친일 프레임에 걸려드는 겁니다. 세상이 흉흉해지니 별의별 일이 다 생깁니다.

2019.08.14.(수) 오후 11시 23분

20세기초 세계는 제국주의 열강들의 식민지 쟁탈과 수탈의 시대였습니다. 유럽제국들은 아프리카·남미·아시아로 진출하여 약탈과 수탈의 만행을 자행하였고, 서부개척시대에 정신이 팔렸던 미국 조차도 필리핀을 두고 스페인과 전쟁을 하여 필리핀의 영유권을 스페인으로부터 빼앗았던 무도한 시대였습니다. 그 유명한 가쓰라. 테프트 밀약으로 미국은 필리핀을 일본은 한국을 상호 양해 하에 식민 지배 했던 그 야만의 시대에, 제국주의 열강들이 식민지 그 나라를 위해 근대화를 했다는 주장들이 과연 타당성 있는 주장인가요? 그 당시 제국주의 국가들은 식민지를 수탈과 약탈의 대상으로 삼았지 식민지 국민들의 생활향상을 위해 근대화를 이룩했다고 보지 않는 것은 역사적 진실입니다. 일제시대도 바로 그런 시대입니다. 일본에 의한 근대화란 약탈과 수탈의 편의성을 위한 근대화로 이해해야지, 그것을 조선인을 위한 근대화였다고 주장할 수는 없습니다.

그래서 그런 주장을 국권침탈을 미화하는 식민사관이라고 하는 겁니다. 우리 국민들은 절대 동의할 수 없는 사관이지요. 그러나 최근 일어나고 있는 반일운동은 시대착오적인 운동입니다. 이제는 국제 협업의 시대입니다. 일본은 배척의 대상이 아니라 과거를 넘어서 미래로 같이 가야 하는 동반자입니다. 문 정권이 내년 총선을 위하여 벌리고 있는 반일 놀음은 이제 접어야 합니다. 외교로 문제를 푸십시오. 지금은 100년 전 구한말 고종시대가 아닙니다.

2019.08.16.(금) 오전 11시 09분

지금은 외교로 한·일 경제 전쟁을 풀어 나갈 때지 반일 운동으로 이 문제를 풀 때가 아니다. 유튜브를 통해 지난 1월부터 일본의 경제

보복을 예고하고 외교적 대처를 강조 해 왔다. 그런데 야당조차 반일 운동에 참여하는 것은 작년 남북 위장평화 회담에 동조한 일부 사람들 엉터리 논리와 다를 게 뭐가 있느냐? 그때도 문 정권과 합세하여 나를 막말로 몰아 부친 어리석은 야당 정치인들이 있었지 않느냐? 또 한 번 그때와 마찬가지로 아무런 생각없이 문 정권에 부화뇌동해, 반일 운동 현수막이나 붙이고 이에 동조하는 것은 불난 집에서 콩이나 줍는 어리석은 행동이다. 그것은 문 정권 2중대나 할 짓이다. 금방 사태의 심각성을 알고 꼬리 내리는 문 대통령의 8.15 담화를 보지 않았느냐? 대안제시 없이 여론에 춤추면서 문 정권에 따라가는 야당은 국민들로부터 외면당할 수밖에 없다. 각성하고 각성하자.

2019.08.16.(금) 오후 05시 14분

반일 종족주의 책 내용과 2004.9.5.같은 저자가 직접 해명한 위안부 관련 입장을 한번 비교해 보시고 판단하십시오. 관련 유튜브 영상도 있습니다. 유튜버는 전달자에 불과하고 판단은 여러분들의 몫입니다. 더 이상 언급 안하려고 했으나 사실과 다른 것이 사실인 양 행세하는 것은 더 이상 보기 어려워 아래 내용만 포스팅 합니다.

유튜버 한두 사람이 떠든다고 해서 그것이 모두 진실은 아닙니다. 언론이 제 기능을 못하고 있으니 유튜버들이 난립하여 자신의 바램에 불과한 것을 자극적인 제목으로 뽑아 마치 사실인양 구독자들을 현혹하는 것은 개탄할 일입니다. 책을 읽지도 않고 찬사를 날린 자유한국당 일부 정치인들도 딱하기는 마찬가집니다.

작년 6월 미북회담을 앞두고 야당의 동의를 구하기 위해 대통령과 단독회담을 했을 때, 대통령은 나에게 김성태 원내대표의 강경투쟁을 완화시켜 줄 것을 요구했다. 김성태의 원내 투쟁이 너무 힘들게 하고 부담스럽다는 뜻이었다. 그 정도로 김성태는 대통령도 겁을 냈던 야당 원내대표였다. 원내대표의 역할은 원내 운영이고 원내 투쟁인 반면, 당 대표는 원내를 포함한 정국 전체를 아우르는 역할을 한다. 조국 같은 사람을 법무장관에 지명할 정도로 지금 야당 원내대표를 깔보고 자기들 마음대로 국회운영을 하는 저들이다. 그동안 패스트 트랙, 맹탕 추경 등에서 보지 않았는가? 야당 원내대표가 존재감이 있었던가? 그런데 야당 원내대표가 본연의 역할은 제대로 하지 않고 세미나나 돌아다니면서 당 대표의 영역까지 넘보는 것은 주제 넘는 행동이다. 제 역할에 충실해라. 김성태처럼 대통령도 겁을 내는 원내대표가 되어야 야당이 산다.

친북좌파 문 정권이 들어오면 저들은 70년 한반도의 평화와 번영을 가져다 준 한·미·일 자유주의 동맹을 깨고 북·중·러 사회주의 동맹으로 들어가려고 할 것이고, 미국은 대중국 봉쇄정책으로 일본·대만·필리핀·베트남·인도를 잇는 신 애치슨라인을 긋고 한국은 제외할 수도 있을 것입니다. 지난 2년 5개월 전 대선 때부터 작년 6월 지방선거 때까지 일관되게 나는 말해 왔습니다. 그래서 지난 대선 때 구호를 "자유대한민국을 지킵시다." 라고 내 걸었고, 작년 지방선거 때는 "나라를 통째로 넘기시겠습니까?" 라고 외쳤지만 대선 때는 그걸 색깔론으로 매도당했고, 지선 때는 막말로 매도당했습니다. 오늘 아침 어느 보수 언론에서 사설과 칼럼으로 지소미아 파기를 북·중·러 사회주의 동맹 편입시도 의혹으로 보고 있고, 미국이 한반도를 방위선에서 제외하는 신 애치슨라인에 대한 우려를 게제한 것을 보고 만시지탄의 감이 들었습니다.

안보는 아무리 조심해도 지나치지 않고 오천만 국민의 생명과 재산이 걸린 절대 과제입니다. 이제라도 그걸 알았다면 전 국민이 나서서 그 해결책을 강구해야 합니다. 문 정권은 믿을 수 없는 정권입니다.

2019.11.05(화) 오전 09시 31분

반일을 외칠 때는 언제고 아베 손잡고 매달리며 구걸이나 하고 있나? 짝사랑하는 김정은에게 무시당하고, 트럼프에게 무시당하고, 아베에게 구걸이나 하는 분이 이 나라 대통령이라니. 쯔쯔쯔 이런 분이 이 나라를 대표하는 대통령이다. 국가 망신이다, 망신. 이제 부끄러워서 해외도 못 나가겠다. 기분 참 더러운 가을날 아침이다.

오늘 아침 어느 조간신문을 읽다가 실소를 금할 수 없었다. 북핵에 대응하기 위해 전술핵 재배치와 유럽 나토식 핵단추 공유를 추진해 보고, 미국이 응하지 않으면 자체 핵무장에 나서야 한다고 3년 전 탄핵대선 때부터 지금까지 내가 일관되게 주장할 때는 극우 정책으로 몰아붙이면서 돌아보지도 않던 언론들이 방위비 협상으로 미군 철수까지 논의 되고 있는 판이 되니까 이제 와서 전술핵 재배치와 나토식 핵공유, 자체 핵 개발을 말하고 있으니 참으로 어이가 없다.

트럼프는 부동산 개발업자일 뿐이고 외교도 국제 통상도 가치와 이념이 아닌 부동산 거래하듯이 하는 사람인줄 이제사 알았는가? 친북 좌파들은 주사파 이념으로 나라를 혼돈으로 몰고 가고, 그러한 친북 좌파들의 눈치나 보던 사람들이 뒤늦게 깨달아 늦었지만 안보 시각이 바뀐 것은 대단히 고무적인 일이긴 하지만 지난 허송세월이 참으로 안타깝고 아깝다. 소잃고 외양간 고치는 격이지만, 늦지마는 다시 당하지 않기 위해서라도 외양간이라도 지금부터 고쳐야 한다. 이제부터라도 핵 균형 정책으로 가야 한다.

지소미아 중단을 하지 못한 것을 보면서 과연 미국의 힘이 쎄긴 쎄다는 생각이 들었습니다. 황대표도 수고 했습니다. 오기로 국가 운영을 하는 것이 아니라는 것을 이번 기회에 문 대통령이 알았으면 합니다. 나라를 위해 참 다행스럽습니다.

2020.05.04.(월) 오후 01시 29분

김정은 신변 이상설이 터졌을 때 측근들에게 나는 세 가지를 지켜보라고 했습니다.

첫째가 중국, 북한 국경지대에 중국군의 움직임이 있는지 여부

둘째가 평양 시내에 비상조치가 취해 졌는지 여부

셋째가 한국 국정원의 움직임이 있는지 여부

위 세 가지 아무런 움직임이 없다면 페이크 뉴스일 가능성이 높다고 했습니다. 태영호, 지성호 탈북 국회의원 당선자들로서는 극히 이례적인 사태에 대해서 충분히 그런 예측을 할 수도 있었을 터인데, 그걸 두고 문 정권이 지나치게 몰아붙이는 것은 아무리 생각해도 과하다는 느낌을 지울 수가 없습니다. 대북정보를 장악하고 있는 문 정권도 처음에는 당황했고 미국조차도 갈팡질팡 하지 않았던 가요? 암흑세계에서 일어나는 일에 대해서 상식적인 추론을 했다는 것을 이유로 이를 매도 하는 것은 잘못된 것입니다. 그만 하십시오.

2020.05.05.(화) 오후 10시 05분

김정은 사망설에 가장 흥분하고 거짓 기사를 퍼 나르고 생산 하던 일부 유튜버들이 단 한마디 사과도 없이 또 부정선거 여부에 올인하

고 있습니다. 그러나 부정선거 여부는 인천 민경욱 의원이 투표함 보전 신청을 하고 재검표를 요구 하고 있으니 수작업으로 재검표 해 보면 바로 드러납니다. 지금이 어느 시대인데 자유당 시절처럼 통째로 조작 투표를 하고 투표함 바꿔치기를 할 수가 있겠습니까?

　2002.12. 노무현 대선을 마치고 전자 개표기 조작으로 부정 개표를 했다는 설이 난무하여 당을 대표해서 제가 서울 북부지방법원에 동대문을 지역 투표함 보전 신청을 하고 재검표를 해 본 일이 있었습니다. 재검표 해보니 오히려 이회창 후보 표가 두표 줄고 노무현 후보 표가 세표 더 많은 것으로 확인한 바 있었습니다. 이론상으로는 부정 전자 개표가 가능하지만, 실제로 그런 일이 있을 수 있는지 지금도 의문이 갑니다. 차분히 인천 민경욱 의원의 수작업 개표를 지켜보고 부정 선거 여부를 판단해도 늦지 않습니다. 지금 섣부르게 단정하고 흥분할 일은 아닙니다.

2020.05.27.(수) 오전 10시 37분

Darkest Hour 라는 영화가 있었습니다. 히틀러의 위장 평화정책에 속아 세계외교 역사상 가장 실패한 회담인 뮌헨 협정을 체결하고 런던 공항에 영국 수상 네빌 체임벌린이 왔을 때 영국 국민 85%이상이 체임벌린에 환호했으나 단 한사람 윈스턴 처칠만 위장 평화 회담이라고 반대했습니다. 그리고 몇 달 후 세계는 제 2차 세계 대전의 화염에 휩싸여 수천만 명이 사망하고 그 전쟁에서 영국을 구한 영웅은 체임벌린이 아니라 처칠이었습니다. 가장 암울하고 어두웠던 시대에 처칠은 영국을 이끌었습니다.

이제 곧 우리도 암울한 시대로 들어 갈수 있습니다. 거대 좌파 연합의 탄생과 위장평화 정책의 가속화, 코로나 경제의 후유증으로 대한민국도 Darkest Hour을 맞게 될 수도 있습니다. 그때를 대비하는 것이 야당의 역할입니다. 그 역할을 수행할 수 있도록 역량을 축적 하는 것이 야당이 해야 할 일입니다.

2020.06.09(화) 오전 09시 12분

70년대 대학을 다닐 때 안암동 캠퍼스 뒷산에 박정희 정권을 비난하는 북한 발 불온 삐라가 살포된 것을 종종 볼 수 있었고, 그 삐라수거에 경찰들이 동분서주 하는 것을 종종 본 일이 있었습니다. 정보가 통제되었던 시절 정인숙 사건의 괴담도 북한에서 날려 보내는 그 삐라를 통해 보았고, 온갖 조작된 박정희 정권의 추문을 북한의 삐라를 통해 접할 수 있었습니다. 그때 그 조작된 만행을 저질렀던 사람들이 자기들 체제를 비판하는 삐라를 북으로 보내지 못하도록 한국 정부를 압박한다는 것을 보고 실소를 금할 수 없었습니다.

자기들이 저지른 허위 선전, 선동은 이제 망각하고, 북한체제를 정당하게 비판 하면서 통제된 사회에 올바른 정보를 보내는 것을 막으라는 무리한 요구를 하고, 이를 득달 같이 받아 들여 금지하는 입법을 하겠다는 것이 과연 문 정권의 민주주의입니까? 박원순 시장은 광화문에서 김일성 만세를 외쳐도 처벌 받지 않는 것이 민주주의라고 하지 않았던가요?

2020.06.13(토) 오전 07시 04분

북한에 아부하기 위해 대북 전단 살포를 각종 법률을 동원해서 변칙적으로 규제하려고 시도하는 것을 보니 군사 독재시절에 정당한 집회 시위를 법 취지가 전혀 다른 도로교통법 위반으로 단속했던 시절이 생각납니다. 그 시절 민주 진영에서는 법의 정신을 주장하며 정당한 집회 시위를 도로교통법으로 단속하는 것은 법의 취지에 맞지 않는다고 주장하여 결국 무죄 선고가 되었던 적이 있었지요. 이 사람들은 그 민주 진영의 후예라고 자랑스럽게 말하는 사람들이 아닌가요? 대북전단 살포를 항공 관계법으로 단속하겠다고 한다면 인천 앞바다에서 연 날리는 것도 항공 관계법 위반인가요? 나라가 자신들이 그렇게 매도하던 군사 독재 시절로 되돌아가는 느낌입니다.

대북 전단 살포는 헌법상 보장된 표현의 자유, 양심과 사상의 자유입니다. 새로운 대북 정책을 추진할 생각은 하지 않고 북한의 노예가 되어 자유 탈북민을 탄압 하는 모습은 아무리 이해하려고 해도 5공 시절 그 방법대로 대처하고 있는 것을 보니 그 방법이 너무 치졸합니다.

2020.06.15(월) 오후 10시 42분

북핵 폐기를 위해 2년 전 4월에는 판문점에서 남북 정상회담이 있었고, 6월에는 싱가폴에서 북미 정상회담이 있었습니다. 지방선거 하루 전에 있었던 북미 정상회담은 남북정상 회담을 보증해 주는 회담이었고 역사상 최초로 있었던 북미 정상 회담이어서 세계인들의 이목도 한눈에 끌었지요. 저는 이 두 회담을 묶어 위장평화 회담이라고 하면서 북은 절대 핵폐기를 하지 않는다고 단언했고, 국민들과 언론들은 모두 저를 막말꾼으로 몰아 부치면서 지방선거 유세조차 못나가게 했습니다.

2년이 지난 지금 과연 북핵이 폐기 되었는가요? 한반도에 정말로 평화가 왔나요? 전방부대를 해체하고 휴전선 GP도 폭파하고 지뢰도 제거 해주고 길도 닦아 주었는데 북은 지금 어떻게 하고 있나요? 오히려 북에 속아 북을 정상국가로 만들어주고 핵 보유국가로 승인 해주는 그런 위장 평화 회담이 되지 않았던가요?

1938.9. 세계 외교사에 가장 실패한 히틀러, 체임벌린의 뮌헨 회담이 될 거라고 그렇게도 말했건만 그 옳았던 판단은 막말, 악담으로 매도당하고 지금 종북 정권인 문 정권도 치기 어린 트럼프도 곤경에 처했습니다. 이 판에 핵폐기를 전제로 하는 종전 선언을 북핵을 그대로 두고 하자고 주장하는 사람들이 집권당 국회의원들이니 차라리 항복 선언을 하십시오. 국회 구성도 자기들 마음대로 하는 오늘 오후 의회 폭압을 지켜보면서 그래도 희망을 가져야 하는 국민과 야당만 참으로 불쌍하다는 생각이 듭니다. 나라의 장래가 정말 암담합니다.

2020.06.17(수) 오전 10시 37분

2년 전 제가 남북·북미회담을 위장 평화 회담이라고 주장했을 때 허접한 여야 정치인들, 허접한 신문·방송들, 심지어 허접한 개그맨까지 동원해 저를 막말꾼으로 몰아 부치면서 정계 퇴출시켜야 한다고 청와대 청원까지 하던 그 사람들은 이번 개성공단 남북 공동연락 사무소 폭파 사건을 보고 무슨 생각을 하고 있을까 하는 생각이 문득 문득 드는 요즘입니다.

그렇게 집단적으로 나서서 온갖 수모를 주던 그 사람들은 왜 요즘 입을 꽉 다물고 있는지 누가 설명 좀 해 주십시오. '평화가 경제다.'라고 국민을 현혹 하던 문 정권이 이제 평화가 사라졌으니 경제도 북한 때문에 망했다고 할 겁니까? 경제는 어설픈 좌파정책으로 이미 망해 가는데 이제 경제 폭망도 북한 탓으로 돌릴 겁니까? 초기에는 박근혜 탓 하다가 이젠 코로나 탓에서 북한 탓까지 할 겁니까? 답이 없는 핑계 정권입니다. 핑계로 성공한 사람은 김건모 뿐이라고 일전에 한번 일갈한 적이 있습니다.

지난 3년 동안 문 정권의 대북정책은 북한을 정상국가로 만들어 주고 핵보유 국가로 공인해준 것 밖에 없습니다. 이제 그만 정상으로 돌아오십시오. 3년간 비정상으로 국가를 망쳤으면 이제라도 정상으로 돌아오십시오. 제가 요즘 참 억울하고 답답한 시간을 보내고 있습니다.

2020.06.19(금) 오후 02시 01분

제가 2년 전 남북 위장평화 쇼라고 할 때는 그렇게 모질게 비난하던 여야 정계 허접한 사람들, 일부 허접한 방송 신문들, 소위 대깨문이라는 맹목적 문 추종자들 이 사람들은 그 회담 당사자였던 볼턴도 그 당시 싱가폴 회담은 위장평화 쇼였다고 공개한 지금 그 당시 제가 당했던 그 막말 비난과 모욕을 어떻게 해원(解冤)해 줄 것인지 이젠 사과라도 한마디 해 줘야 하지 않을까요?

그렇게 단견(短見)으로 당시 야당 대표를 막가파로 몰아 놓고도 지금 와서 모른 척한다면 그건 옳은 일이 아니지요. 우리는 이런 뻔뻔한 세상에 살고 있습니다.

2020.06.19(금) 오후 08시 43분

재작년 지방선거 사흘 전 부산시장 선거 대책 본부에서 '위장평화 회담'이라는 막말을 사과해 달라고 요청을 해서 부산까지 내려가 광복동 대유세장에서 부산 시민들에게 사과의 큰절을 하고 사과까지 했습니다. 모멸감에 치를 떨었지만 부산 시장 선거에 큰 도움이 된다고 해서 꾹 참고 소신에 반하는 사과를 한 것입니다.

그래도 우리는 부산시장 선거에서 참패를 했습니다. 그 사과는 명분없는 짓이었고 그때 차라리 패배를 하더라도 떳떳하게 패배를 했다면 나중에 할 말이 있었겠지만 그렇게 굴욕적인 사과를 했는데도 우리 후보의 훌륭함을 알아주지 않은 부산 시민들이 나는 참 야속하기도 했습니다. 국민을 일시적으로 속일 수는 있어도 영구히 속일 수는 없다는 것을 문 정권은 알아야 합니다. 그것이 최근 밝혀진 문 정권의 대북 사기극입니다.

대북정책 수립의 기본 전제는 김정은 정권의 본질을 바로 보고 접근하는 것입니다. 문 정권이나 좌파들처럼 낭만적 민족주의나 우리민족끼리라는 비현실적인 인식 바탕 아래서는 우리는 언제나 김정은 정권의 이용물만 될 뿐입니다. 김정은 정권의 본질은 김일성 봉건 왕조의 영원한 체제 구축에 있습니다. 그러나 이것을 양해하는 대북정책은 반민족, 반인권, 반인륜에 불과합니다.

그래서 우리는 언제나 대북정책을 수립할 때는 북한 정권과 북한주민을 분리하여 대처하고 수립해야 합니다. 김일성 왕조가 동구권 자유화의 바람으로 루마니아 차우셰스쿠 왕조처럼 일시에 무너지지 않는다는 보장이 어디 있습니까? 끝없는 북한 자유화에 대한 인내만이 우리가 이기는 길임을 명심해야 할 것입니다.

2020.06.24(수) 오전 10시 09분

볼턴의 회고록 보도내용을 보면 임진왜란 당시의 심유경이 생각납니다. 거짓 외교로 동양 3국을 그 후 정유재란까지 오게 했던 그는 결국 일본으로 망명하기 위해 도주하다가 경남 의령에서 체포되어 척살됩니다. 이번 위장평화회담에서 누가 심유경 역할을 했는지 알 만한 사람은 다 알 겁니다만, 이번 경우는 심유경처럼 만력제를 속인 것이 아니라 최고 권력자와 공범으로 보입니다.

2년 전 나는 남북 정상회담을 1938.9 뮌헨 회담에 비유했고 북미 정상회담을 1973.키신저와 레둑토의 파리 평화 회담에 비유하면서 둘 다 위장 평화회담이라고 역설한 바 있습니다. 당시로서는 그 주장이 막말과 악담으로 매도되면서 지방선거에서도 참패하고 나는 당대표직에서 물러났지만 불과 2년 만에 허위와 기만, 거짓에 가득 찬 문 정권의 대북 대국민 사기극이 볼턴의 회고록에서 만천하에 드러나는 것을 보면서 북에 놀아난 트럼프와 문 정권의 동시 몰락을 조심스럽게 예상해 봅니다. 국민을 속이는 정권은 반드시 징치(懲治) 됩니다.

2020.07.01.(수) 오후 11시 06분

미국 대선 전에 문 정권이 3차 북미회담을 추진한다고 합니다. 지난 2년전 한국 지방선거를 앞두고 전 국민과 세계를 속인 남북·북미 정상회담을 했듯이 이번에는 미국 대선을 앞두고 지난번과 똑 같이 북미 정상회담을 또 추진한답니다. 글쎄 미국민들이 이번에도 또 위장평화회담에 속을까요?

2020.07.04.(토) 오후 01시 50분

2년 전 전국민과 세계를 속인 남북 정상회담과 북미 정상회담을 1938.9 히틀러와 체임벌린의 뮌헨회담과 1973년 키신저와 레둑토의 파리 평화회담에 비유하면서 위장 평화회담이라고 나는 성토

한바 있었습니다. 국민 대부분과 언론, 여야 정치권으로부터 막말, 악담으로 비난을 받았지만 최근 남북 공동연락소 폭파, 볼턴 회고록으로 그 두 회담이 문 정권이 김정은, 트럼프를 속인 희대의 외교 사기극임이 밝혀져 지난 3년간 문 정권이 벌린 위장 평화 쇼는 이제 막바지에 왔습니다. 모든 것이 밝혀진 지금 이젠 국민 앞에 고해성사를 하고 대북 정책을 전환을 해야 할 시점에 문 정권은 이번 안보라인 인사에서 친북세력들을 총결집시켜 또 한 번의 위장 평화 쇼를 기획하고 있습니다.

그 첫째 목적이 문 정권을 그동안 지탱해온 남북 관계가 파탄나는 것이 두려운 겁니다. 그래서 또 한 번의 대국민 속임수를 쓰겠다는 겁니다. 둘째가 곤경에 몰린 트럼프가 북을 써지컬 스트라이크(surgical strike)할지도 모른다는 두려움입니다. 북핵 제거를 위한 북미 제한 전쟁의 가능성이지요. 미국은 2차대전 후 해외전쟁을 대부분 공화당 때 해 왔습니다. 군수산업이 공화당의 자금줄이니까요. 나아가 전쟁 중에는 정권이 바뀌지 않으니 궁지에 몰린 트럼프로서는 충동적인 모험을 할 수도 있지요. 그래서 미국 대선 전에 3차 북미회담을 주선한다는 다급함이 문 정권에게는 절실한 겁니다. 그러나 거짓으로 정권의 명맥을 이어가겠다는 발상은 이제 통하지 않을 겁니다. 아직도 늦지 않았습니다. 대북정책을 전환하십시오.

2020.09.16.(수) 오후 12시 02분

정치는 한때 지나가는 바람에 불과한 것인데, 국방부가 추미애 아들 방어의 최전선에 나간 것은 나라를 지키는 국방부(國防部)가 추방부(秋防部)로 전락한 것이다. 제복에 대한 존경심이 이렇게 추락하고 없어진다면 대한민국 군인들은 비난을 면키 어려울 것이다. 명예와 자긍심 없는 군대는 오합지졸에 불과하다. 부디 군인답게 처신할 것을 간곡하게 요청드린다.

2020.09.16.(수) 오후 06시 39분

오늘 서욱 국방부 장관 내정자 인사 청문회에서 서욱 후보자로부터 한·미·일 자유주의 동맹 강화를 위해 한일 지소미아 유지 및 나토식 핵공유 정책을 검토 하겠다는 답변을 받았습니다. 나토식 핵공유란 독일을 비롯한 나토6개국이 러시아의 핵미사일 위협을 방어하기 위해 미국의 전술핵을 자국에 배치하고 미국과 공동으로 핵단추를 공유하는 제도를 말 합니다. 전시작전권 회복 협상시 나토식 핵공유도 함께 논의하는 것을 검토해 보겠다는 서욱 후보자의 답변 자체가 요즘 국방을 걱정하는 군심(軍心)을 나타내는 중요한 징표라고 봅니다. 그렇게 되면 북핵은 제어 되고 우리는 북핵의 노예로부터 해방됩니다. 3년 전 탄핵대선 때부터 주장해 온 핵 균형 정책이 현실화 될 수 있는 계기를 마련한 국방부장관 인사청문회였습니다.

2020.09.24.(목) 오후 07시 24분

내 나라 국민이 총살을 당하고 시신이 불태워 죽임을 당하는 참혹한 사건에 대해 긴급대책을 논의하는 9월 23일 01시 청와대 안보실장 주관 긴급회의에 대통령은 불참하고 관저에서 잠을 자고 있었다. 대한민국 대통령 맞습니까? 세월호 7시간으로 박근혜 전 대통령을 탄핵으로까지 몰고 간 사람들이 이번 문재인 대통령의 대통령으로서의 직무유기를 무슨 말로 궤변을 늘어놓을까요?

이명박 대통령은 박왕자씨 피살사건 때는 금강산 관광 중단을 했고 천안함 장병 피살사건 때는 5.24 대북 봉쇄조치를 했습니다. 문 대통령은 이번에 무슨 대북 조치를 하는지 우리 한번 지켜봅시다. 참 어이없는 대통령입니다.

2020.09.25.(금) 오전 11시 47분

전투에는 전술이 필요 하지만 전쟁에는 전략이 필요하다. 전략 없는 전술만으로 개별전투는 이길지 모르나 전쟁에는 진다. 전쟁에 이기기 위해서는 많은 병사가 필요하지만, 적은 병사만으로도 전략만 잘 짜는 장수가 있으면 그 전쟁을 이기는 전쟁으로 이끌어 갈 수 있다. 오늘 어느 일간지에도 분석 보고서가 나왔지만 최근 벌어지고 있는 문 정권의 폭정(暴政)과 난정(亂政) 상황에 야당의 대처가 참 아쉽다.

2020.09.26.(토) 오전 08시 58분

이번 우리 국민 피살·화형사건을 수습하기 위하여 보인 문 정권의 처사는 박지원 국정원장 만이 유일한 대북 통로가 있다는 것만 확인되었습니다. 통일부 장관은 두 번 사과에 감읍(感泣)했고, 유시민 전 장관은 계몽군주 같다고 김정은을 칭송하고, 정작 국민을 구했어야 할 국방장관은 이틀 동안 아무런 구출 대책 없이 청와대의 하명만 기다린 허수아비 장관이었고 대통령은 잠만 자고 아직까지도 말이 없습니다. 할 말이 없는 건지 갈팡질팡 하는 건지, 아니면 십상시에 둘러쌓여 신선놀음 하고 있는 건지 참 괴이한 일들이 벌어지고 있습니다. 꼭 자유당 말기 아첨꾼들에 둘러쌓여 국정을 망친 이승만 대통령 같습니다. 국회 긴급 현안질의로 사태의 진상을 밝히고 대북정책을 전환해야 할 때입니다. 국회일정을 걸고서라도 긴급현안 질의는 꼭 관철해야 합니다. 야당의 분발을 촉구합니다.

2020.09.28.(월) 오후 11시 51분

국방부(國防部)는 추방부(秋防部)가 된지 오래고, 법무부(法務部)는 추무부(秋務部)를 넘어 무법부(無法部)를 지나 해명부(解明部)가 되었고, 국정원은 다시 옛날로 돌아가 공작원이 되었구나. 나라꼴이 4년 만에 이 지경에 이르고, 내 나라 내 국민은 이렇게 철저하게 무너진 나라에서 북에 사살 당하고 소각 당해도, 아무도 쳐다보지 않는 어처구니없는 나라가 되었다. 이런 무도(無道)와 패악을 저지하지 못하는 나라를 만든 우리의 죄가 참으로 크다. 잠 못 드는 초가을 밤 스산한 바람만 귓불을 스친다.

2020.10.04.(일) 오후 08시 19분

정체불명의 사과문 하나로 내 나라 국민 피살.소각 사건을 덮어버리고, 이미 재가 되어버린 시신 찾는다고 함정 40여척을 동원하여 연휴 내내 사체 찾기 쇼나하고, 무엇이 그렇게 겁이 났는지 광화문에 재인 산성 쌓아 놓고 국민들의 분노를 5공 경찰로 막고 대통령 닮아 거짓말을 밥 먹듯 하는 3류 각료들 데리고 참 수고 많으십니다. 이번 주부터 국정감사가 시작됩니다. 야당이 제대로 좀 분발 했으면 합니다. 나훈아 선생의 반만이라도 했으면 합니다.

2020.10.15.(목) 오전 09시 54분

오늘 계룡대 국감 현장으로 가면서 몇 가지 단상을 떠올립니다.
4년 전 탄핵대선 때 문재인이 되면 자유 대한민국이 위태롭다고 역설했습니다. 그러나 그건 색깔론이라고 배척 되었는데 지금 과연 제 말이 틀렸던가요? 2년 전 지방선거 때 "나라가 통째로 넘어간다. 위장 평화회담이다.1938년 9월 뮌헨회담에서 히틀러에 속은 영국 수상 네빌 체임벌린처럼 문 대통령이 행세한다."고 외쳤을 때 당시 주류 언론들은 모두 나를 막말 꾼으로 내몰았고 심지어 당내

일부 중진들까지 나서서 유세장에도 못나가게 했지요. 억울하고 분통 터지는 세월을 보냈지요.

그런데 이제 와서 주류 언론에서 문 대통령을 네빌 체임벌린으로 쓰는 것을 보니 참 어이가 없습니다. 그 숱한 비리, 악정(惡政)에도 불구하고 저들은 지금 왜 저리 **뻔뻔할까요?** 역사상 최약체 야당을 만났기 때문입니다. 무조건 정권 재창출이 가능하다고 보기 때문입니다. 믿지는 않지만 한길리서치 어제 조사에서 탄핵대선 이후 처음으로 당지지도가 19.3%까지 폭락했습니다. 야당은 이제 신발 끈 고쳐 매어야 할 때입니다. 분발합시다.

2020.11.05.(목) 오후 07시 28분

남북미가 합작하여 위장 평화쇼를 펼치던 트럼프 시대가 저물고 있습니다. 위장 평화극의 중요한 한축 이었던 트럼프가 퇴장 하면 시스템 정치와 인권 우선의 바이든이 옵니다. 지난 4년간 비핵화는 한걸음도 나가지 못하고 오히려 북핵을 더 조장하고 진전시켜준 문재인 정권이 이젠 국민의 심판을 받을 차례입니다. 야당은 모두 하나가 되어 분발합시다. 한반도에 위장과 거짓의 시대를 몰아내고 진실과 정의, 공정이 승리하는 새 시대를 열어 갑시다.

국정원장은 국내정치 뿐만 아니라 해외정치에도 관여하는 것은 금지되어 있는데, 외교부 제치고 주일대사 제치고 일본가서 한일 정치 관계 문제를 비선 활동도 아니고 당당하게 공개적으로 관여하는 박지원 국정원장은 참으로 초법적인 존재입니다. 북한 통지문 가짜 시비도 있었는데 이번에는 국제 정치에도 활약하고 있으니 참으로 대단합니다. 그 바람에 헛다리 대미외교 하느라 미국 간 외교부 장관만 허수아비 장관이 되었네요.

19세기 말부터 20세기 중반까지 한반도를 중심으로 한 동북아시아에는 여섯 차례 세계 대전급 전쟁이 있었습니다. 청일전쟁, 러일전쟁, 만주사변, 중일전쟁, 태평양전쟁, 6.25남침까지 세계대전급 전쟁이 여섯 차례가 있었습니다. 여섯 번 중 다섯 번은 일본이 도발한 전쟁이지요. 그런데 세계의 화약고이던 동북아시아가 6.25전쟁 이후 70여년 간 왜 전쟁이 없었을까요? 전쟁은 세력의 균형이 무너질 때 발생합니다.

지난 70여년 동안 동북아시아 한반도에는 북·중·러 사회주의 동맹과 한·미·일 자유주의 동맹이 굳건하게 세력 균형을 이루고 있었기 때문에 전쟁이 없었다고 나는 봅니다. 그런데 그 세력 균형이 최근에 무너지고 있습니다. 문 정권이 출범한 이래 한·미·일 자유주의 동맹을 벗어나 북·중·러 사회주의 동맹에 다가 가려는 움직임으로 한·미·일 자유주의 동맹이 허물어져 가고 있고, 일본의 재무장 움직임은 가속화 되어 가고 있으며, 북핵은 완성 단계에 와 있어서 한반도의 군사 균형이 무너지고 있습니다.

그만큼 한반도 정세는 문 정권 들어온 이후 급변하고 있는데도, 문 정권은 아직도 평화타령으로 국민들을 속이고 있습니다. 거기다가 미중 패권 전쟁으로 세계는 더욱더 혼란의 와중인데, 문 정권은 오로지 김정은에게만 목을 매고 있습니다. 지난 70년간 한반도 평화를 가져다 준 한·미·일 자유주의 동맹을 우리는 잊어서는 안 됩니다. 우리의 살길은 한·미·일 자유주의 동맹 강화입니다.

경 제

베네수엘라의 길, 포퓰리즘 퍼주기, 서민경제

2018.11.19.(월) 오후 06시 43분

최근 발표된 바에 따르면 올해 칠레의 성장률은 4%이고 베네수엘라의 성장률은 마이너스 18%라고 합니다. 한때 비슷했던 두 나라 성장률이 이렇게 극명하게 바뀐 것은 칠레는 우파 정권이고 베네수엘라는 좌파 정권이라는 차이 밖에 없습니다.

더구나 베네수엘라는 석유자원이 세계에 손꼽힐 정도로 부국이었습니다. 한때 남미 최대의 부국이었던 아르헨티나가 좌파 정권의 포퓰리즘으로 후진국으로 밀려났듯이 베네수엘라도 같은 길을 가고 있고, 국민의 상위 10%는 캐나다나 미국으로 줄줄이 이민을 떠났다고 합니다.

한국도 유감스럽지만 같은 길을 가고 있습니다. 한미동맹에 금이 가기 시작하고, 미국 금리가 인상되면서 외자가 빠져 나가기 시작했고, 이른바 소득주도 성장론으로 중소기업과 자영업은 폭망했으며, 자동차 산업은 강성노조로 인해 이미 기울고 있고, 반도체조차도 급락하기 시작했습니다. 그런데도 문 정권은 북의 위장 평화 놀음에 놀아나 선 무장해제와 북 체제 선전에만 몰두하고 있고, 경제는 좌파 갑질 경제로 기업을 윽박지르고만 있으니, 실업은 폭증하고 경제는 나락으로 빠지고 있습니다. 이대로 가면 마이너스 성장이 현실로 다가 올 날도 멀지 않았습니다. 박근혜 대통령을 국정 농단했다고 탄핵하고 감옥을 보낸 저들이 국정 농단보다 더한 국민 농단을 지금 자행하고 있는 셈이지요.

나는 금년 초부터 문 정권의 좌파 갑질 경제는 금년 말이면 나라를 거덜 낼 수도 있다고 수차례 경고를 하면서, "경제를 통째로 망치시겠습니까?"라고 지방선거 때 국민들에게 호소했고, 북핵 폐기 문제도 "나라를 통째로 넘기시겠습니까?" 라고 국민들에게 호소한 바가 있습니다.

이미 현실로 다가오고 있는 경제파탄, 안보파탄이지만 이를 정확히 전달해 줄 수단이 없는 지금 참으로 답답하기만 합니다. 내 죄가 있다면 세상을 미리 보고 말한 죄 뿐인데, 그걸 좌파들은 떼 지어 막말이라고 매도했고 당내 일부 반대파들도 이에 동조를 했지요.

그러나 이제 다시 시작합시다. 이 나라가 어떻게 세운 나라인데 한 줌도 안되는 좌파들이 국민들을 농단하게 그대로 놓아 둘 수 있습니까?

2018.11.20.(화) 오전 09시 03분

나라가 통째로 넘어 가고 있고, 경제가 통째로 망쳐지고 있습니다. 지난 지방선거 패배 직후 야당 대표를 물러나면서, 나는 홍준표가 옳았다는 국민들의 믿음이 바로 설 때 다시 돌아오겠다고 했습니다.

최근 국민들의 절반 이상이 대선이나 지방선거 때의 홍준표의 말이 옳았다는 지적에 힘입어 다시 시작하고자 합니다. 정계를 떠난 일이 없기에, 정계 복귀가 아니라 현실 정치로의 복귀라고 해야 정확할 겁니다. 내 나라가 이렇게 무너지고 망가지는 것을 방치하는 것은 역사에 죄를 짓는 일이라고 생각합니다.

12월 중순 국민들과의 직접 소통 수단인 TV홍카콜라를 통하여 그동안 못다 했던 내 나라에 대한 비전과 정책을 펼치고, 프리덤

코리아를 통하여 이 땅의 지성들과 네이션 리빌딩(nation rebuilding)
운동을 펼칠 것입니다. 그것만이 좌파 광풍시대를 끝내고 내 나라
를 살리는 마지막 기회라고 생각합니다. 모두 함께 갑시다.

2018.11.21.(수) 오후 05시 34분

포용적 성장이란 결국 가진 자의 것을 빼앗아 골고루 나누어 먹
자는 사회주의식 배급제도를 말합니다. 그걸 고상하게 표현하면
'포용적 성장'이 됩니다. 마이너스 성장이 눈앞에 있는데 성장 운운
하는 문 정권을 보노라면 어처구니가 없습니다. 좋은 일자리는 사
라지고 일당이나 받는 임시직 알바 일자리와 국민 세금 나누어 먹
는 공무원 일자리만 늘인 정권이 성장 운운하고 있습니다. 연말이
되면 경제 대란이 일어날 조짐조차 보이는데, 오로지 북쪽만 바라
보며 김정은의 처분만 기다리는 문 정권을 우리는 바라만 보아야
합니까?

2018.12.07.(금) 오후 07시 58분

요즘 화제가 되고 있는 소위 광주형 일자리 문제에 대해서 한 말
씀 드리고자 합니다.
요점만 말씀드리면 광주형 일자리라는 것은 임금을 절반으로 하
고 노조 권리를 일정부분 제한하는 형태의 자동차 공장을 설립하

자는 것인데 그것이 과연 가능할까요? 까까스로 타협이 이루어져 공장이 설립되고 가동이 되었는데, 그때 가서도 약속한데로 노조가 임금 절반만 받고 노조 권리 제한을 받아들일까요? 만약 노조가 약속을 지키지 않는다면 국가도 통제 밖에 있는 강성노조를 일개 지방자치 단체가 감당할 수 있나요?

도요타 노동생산성의 60퍼센트도 안되는 완성차 업계가 지금 상태를 유지하고 있는 것만 해도 기적 같은 일입니다. 2011.11 한미FTA의 가장 혜택이 컸던 업계는 자동차 업계인데, 그 당시에도 완성차 업계 강성노조들은 광화문을 점령하고 한미FTA를 반대했습니다.

지금 문 정권이 대북문제를 미국으로부터 양해 받아 내기 위해 자동차 부분의 대폭 손해를 가져온 한미FTA 개정 협상에 대해 자동차 업계 강성노조들이 어떻게 대처하는지 우리 한번 지켜봅시다. 강성노조 문제의 본질은 고용의 경직성, 세습과 저조한 노동 생산성, 불법파업, 패악에 있습니다. 본질인 그걸 고치지 않고 광주형 일자리 운운하는 것은 참으로 어처구니 없는 발상입니다.

2018.12.30.(일) 오전 07시 06분

12월 18일 개국하여 이제 13일째입니다. 최근 TV홍카콜라에 문 대통령을 지지하는 분들도 많이 들어와 글을 남기는 모습이 보기 참 좋습니다. 반대자들을 통하여 나를 다시 되돌아보게 되는 계기도 만들어 주고 자기 절제도 하게 되는 계기도 만들어 주기 때문에 나는 참 고마운 분들이라고 생각합니다. 모두가 나라를 걱정하는 사람들입니다. 욕설은 삼가 주시고 비판은 얼마든지 환영합니다. 그것이 바로 자유 민주주의 국민입니다. 감사합니다.

2018.12.30.(일) 오전 08시 16분

요즘 TV홍카콜라를 통해 문 정권 비판을 하니 민주당에서 발끈해 하는 모습이 참 재미 있습니다. 유시민 유튜브를 통해 반격을 한다고 하니 더 흥미롭습니다. 자기들은 탄핵사유도 아닌 것을 침소봉대해서 탄핵하고 정권 탈취하고 징역 25년을 보내 놓고도 그 정도 비난, 비판을 못견디는 것을 보노라면 일말의 양심도 없는 집단 같아 보입니다. 그래서 좌파들은 뻔뻔하다는 겁니다. 뻔뻔해야 좌파행세 합니다. 그 대표라는 사람이 장애인 임명장 주는 자리에서 정신적 장애인 운운도 뻔뻔하지 않으면 못하는 말입니다.
적반하장(賊反荷杖)이라는 말은 이때 쓰는 겁니다.

2018.12.30.(일) 오전 10시 21분

한때 국민들의 사랑을 한 몸에 받던 공주를 마녀로 만들어 버리는 것이 정치입니다. 이를 수가재주 역가복주(水可載舟 亦可覆舟)라고 합니다. 마녀로 몰린 분을 공주로 되돌릴 길이 있다면 얼마나 좋겠습니까? 유감스럽게도 우리 헌법상 탄핵에는 재심이 없습니다. 그렇다면 모두 힘을 합쳐 다시 집권하는 방법 밖에 없는데 탄핵 때는 이에 동조하거나, 겁이나 협조하거나, 숨어 있던 사람들이 이제 총구를 내부로 돌려 보수·우파 분열에 앞장 서는 것을 보면서 참으로 안타깝고 분노하게 됩니다. 그래서 싸이코패스, 쏘시오패스라는 말이 나돌게 된 겁니다. 아직도 박근혜 감성팔이로 정치자금을 걷거나, 유튜브로 돈벌이에만 몰두하면서 정치적 연명을 해 가는 사람들을 보면 가증스럽다기 보다는 측은하기 조차 합니다. 좌파들 보다 더 나쁜 사람들입니다. 그러나 나는 그런 부류는 극소수라고 보기 때문에 전혀 대꾸를 하지 않습니다. 세상이 그들의 비겁한 실체를 알 날이 올 것이라고 믿기 때문 입니다. 선인선과(善因善果) 악인악과(惡因惡果)입니다. 언젠가 업(業)을 치를 때가 올 겁니다. 개가 짖어도 기차는 간다. 이때 쓰는 말입니다.

2019.03.17.(일) 오후 01시 50분

시장이 살아나면 경제도 살고 서민도 삽니다. 그러나 문 정권의 국가 갑질 경제 정책을 보고 있노라면 도대체 어느 정도 망가져야 정책을 바꿀지 알 수가 없습니다. 박정희의 국가 주도 경제 정책으로 나라의 기반을 마련하고 거대해진 민간의 힘으로 선진국에 이르게 되었다면, 이제는 국가 지원 경제 정책을 펴 민간 주도의 자유 경제로 선진 대국으로 가야 할 때인데, 이미 역사적 평가가 끝난 평등을 지상 목표로 하는 사회주의 배급 경제로 되돌아가는 것은 이 나라의 불행입니다. 저들은 정책을 바꾸지 않을 것이고 원죄가 있는 야당도 이를 저지할 동력이 없으니, 나라의 앞날이 참으로 암담하기만 합니다.

2019.03.31.(일) 오전 11시 10분

강성 귀족노조 작업장이 아니라서 작년에 르노 삼성 QM6 신차를 구입했다가, 르노 삼성도 강성 귀족노조 작업장으로 변질되는 바람에 그 차 팔아버리고, 외제차는 값이 비슷해도 살 수가 없어 다른 국산 중고차로 바꾸었습니다. 르노 삼성도 강성노조가 지배하면 GM군산 공장 신세가 될 겁니다. 강성 귀족노조의 나라, 그들만의 천국, 경제 망치는 문 정권의 본질입니다.

2019.06.20.(목) 오전 09시 43분

보수주의의 기본정신은 자유시장경제이고 노동시장도 마찬가지입니다. 내외국인 임금차별 정책은 근로기준법 및 ILO협약에도 위배되는 잘못된 국수주의 정책입니다. 과거 우리나라 근로자들이 서독, 중동에 나가던 시절을 생각해야 합니다.

지금 중소기업이 어려워지는 것은 외국인 근로자 임금 때문만이 아니라 문 정권의 반기업정책 때문입니다. 최저임금 제도와 주52시간 근무 제도를 강제사항으로 하지 말고 임의규정, 권고사항으로 정비하고 지킬 경우 특별한 혜택을 부여하는 제도로 정책 전환을 하는 것도 한 방법입니다.

또한 임금은 노동생산성과 숙련도에 의해서 정해져야 합니다. 문 정권처럼 기업의 자유를 인정하지 않고 모든 경제활동을 규제로 해결하려는 반시장 경제 정책이야 말로 나라를 망치는 잘못된

좌파정책입니다. 자유한국당의 기본 정책은 자유시장 경제주의라
는 것을 숙지하시기 바랍니다.

2019.08.02.(금) 오전 07시 46분

경제파탄, 안보파탄, 외교파탄으로 한반도에 퍼펙트 스톰(perfect
storm)이 오고 있는데 문 정권은 국민을 협박하여 반일 운동에 나서
고, 야당은 국회의원들을 협박하여 언로를 틀어막고 있다.

참 한심한 세상이 되었다.

2019.08.05.(월) 오후 01시 12분

증시가 폭락하고 환율이 급등하고 있다. 글로벌 증시는 16%나
상승 했는데 코스피는 14%나 하락 했다. 일본이 경제제재에 나서
면 한국은 페펙트스톰(perfect storm)이 온다고 지난 1월부터 유튜브
를 통해 경고 했는데 IMF이후 최악의 상태로 지금 가고 있다.

이를 극복하는 해법을 찾아야 할 정치권은 사케 논쟁이나 하면
서 3류 저질 정치로 전락하고 국민들은 영문도 모르고 도탄에 빠
져 들고 있다. 정책을 바꾸지 않으면 정권을 바꾸어야 하는데 그
길이 보이지 않는다.

긴급 재난 지원금 신청은 하지 않기로 했습니다. 지난 총선 때부터 나는 국가 예산을 그렇게 사용하지 말고 붕괴된 경제 기반을 재건 하는 데 사용하라고 촉구해 왔습니다. 벌써 국가 채무가 GDP 대비 42%를 넘어 45%대로 가고 있습니다. 문 정권 들어 포퓰리즘 경제 운용으로 국가 채무는 급증하고 나라 곳간은 점점 비워지고 있습니다. 앞으로 다가올 코로나 경제 위기는 금융위기였던 IMF 경제 위기를 훨씬 넘어서는 복합 공황이 올 수도 있습니다. 야당으로서는 이번 총선 참패로 이를 저지할 힘이 없다는 것이 참으로 안타깝습니다.

종부세는 종합 부동산세입니다. 재산이 토지, 주택, 상가, 임야 등 여러 형태의 부동산이 있을 때 이러한 부동산 부자들에게 통산해서 부과되는 세금입니다. 그런데 그 종부세가 도입 취지와는 다르게 일종의 부유세로 바뀌어 단일 부동산도 일정 공시가격을 초과하면 부과 되는 변칙적인 세제로 변질되었습니다. 서울이나 지방의 웬만한 아파트는 모두 종부세 대상이 되고, 국민들은 재산세 외 또 종부세를 부담함으로써 2중으로 세 부담을 지고 있습니다. 그건 명백한 2중 과세 임에도 아무도 이의를 제기하지 않고 있는 것은 참으로 유감입니다.

이번에 배현진 의원이 종부세 완화 법안을 낸 것은 참으로 시의 적절한 조치입니다. 차제에 종부세를 폐지하고 재산세로 통합하는 세제 개편이 이루어져야 할 것으로 봅니다.

2020.06.04(목) 오후 09시 36분

모두들 1호 법안 경쟁을 벌이고 있는 동안 제 방에서는 1호 법안으로 재개발, 재건축을 완화하고 촉진하는 법안을 준비하고 있습니다. 그 다음 대구 통합 신공항 특별법을 준비하고 있고, 세 번째로는 주 52시간제, 최저 임금제를 완화하는 법안을 준비하고 있습니다. 법안은 발의 하는 것이 중요한 것이 아니라 발의된 법안을 통과시키는 것이 중요합니다. 거대 여당의 좌파 정책을 바로 잡는 법안이어서 통과 여부는 장담할 수 없지만 최대한 노력을 해볼 생각입니다.

2020.06.08(월) 오전 09시 03분

보칙에 불과한 경제 민주화가 헌법상 원칙인 자유시장 경제를 제치고 원칙 인양 행세 하던 시절이 있었습니다. 지금 논의 되고 있는 기본 소득제의 본질은 사회주의 배급제도를 실시하자는 것과 다름이 없습니다. 기본 소득제가 실시되려면 세금이 파격적으로 인상되는 것을 국민들이 수용해야 되고 지금의 복지체계를 전면적으로 재조정해야 하는데, 현명한 스위스 국민들이 왜 기본소득제를 국민 77%의 반대로 부결 시켰는지 알아나 보고 주장들 하시는지 참 안타깝습니다. 코로나19로 경제적 기반이 붕괴되어 가는 것을 회생 시킬 생각은 않고 사회주의 배급제도 도입 여부가 쟁점이 되는 지금의 정치 현실이 참 안타깝습니다. 중요한 것은 아무런 실익없는 기본 소득제 논쟁보다 서민복지의 강화입니다.

2020.06.08(월) 오후 10시 48분

기업에게 자유를! 서민에게 기회를! 지난 대선 때 제가 내세웠던 구호입니다. 요즘 검찰을 도구로 한 삼성 압박 사태와 선거 때 재난 지원금 퍼주기를 지켜보면서 문 정권은 기업에게 수갑을! 서민에게 사탕을! 이것을 정권 수호 모토로 삼고 있는 것으로 보입니다.

어이없는 나라 운영입니다. 한술 더 떠서 야당은 기본 소득제 같은 사회주의 배급 제도를 하자고 하고 있으니 이 나라는 도대체 어디로 가고 있습니까?

2020.06.11(목) 오전 08시 42분

어릴 때 낙동강 가에 살면서 해마다 장마철이 되면 휩쓸고 가는 황톳물 수마(水魔)의 공포에 우리 가족은 가슴 졸여야 했습니다. 그러나 안동댐이 생기면서 수질은 다소 나빠졌지만 홍수의 공포에서는 벗어날 수 있었습니다. 세월이 지나 이제 한국도 물부족 국가로 전락해 이젠 수자원 확보에 비상이 걸렸던 시점에 와서 MB정권이 22조를 들여 수자원 확보와 홍수 방지를 위해 4대강 사업을 완성 했습니다.

　논란의 여지가 있긴 하지만 4대강 사업 이후 대한민국에 수재 의연금 모금이 있었습니까? 해마다 방송사들이 생방송으로 여름 장마철 홍수 피해로 전 국민을 상대로 수재 의연금을 모금 했던 그 시절을 잊었습니까? 가뭄으로 해마다 수십조의 농작물 피해가 지금 있기나 합니까? 모두가 4대강 정화사업의 덕이고 업적인데 그걸 단편적인 시각으로 폄훼하고 보를 철거 한다고 우기던 문 정권이 이제 와서 잠잠해진 것을 보니 그나마 다행이라는 생각이 듭니다. 판도라 영화 한편에 세계 최고의 원전 산업이 몰락하고, 어설픈 정책으로 국민세금 빼먹기에 혈안이 되어 전국 농지, 산하에 태양광을 설치하고, 자고 나면 지난 정권을 비난 하면서 국가 기간 시설 파괴에 앞장서던 문 정권이 이제 양산으로 퇴임을 준비 하고 있다는 보도를 보고 참으로 지난 세월에 국민들이 당한 고난을 다시 생각하게 됩니다. 등산은 하산이 더 위험합니다. 겸손하고 주의하지 않으면 언제나 사고는 하산할 때 발생하고 정권도 마찬가지 입니다. 무리하지 말고 이제부터라도 더 낮은 자세로 하산 준비를 하십시오. 문 정권이 압승한 21대 국회도 마찬가지입니다.

2020.06.18(목) 오후 05시 31분

야당에서 줄지어 부동산 규제 완화 법안을 내어 놓으니, 어깃장

부릴려고 21번째로 오히려 부동산 통제 강화 조치를 발표하고 있는 문 정권을 보니 경제 살리기는 애초부터 글러 먹었다. 더구나 거주이전의 자유에 대한 본질적인 침해인 주택 거래 허가제도도 강행하겠다고 하는 것을 보니 여기가 북한으로 착각하는 것 같다. 한때 추미애 장관이 중국식 토지 국유화를 주장한 일이 있었는데 이참에 아예 주택 국유화 조치도 한다고 발표하거라. 나라가 거꾸로 가고 있다.

2020.06.29(월) 오전 09시 40분

최근 뜨거운 소위 인국공 사태에 대해 한 말씀 드립니다. 지금 정치권에서 인국공 사태에 대해 본질은 제쳐두고 곁가지 논쟁만 하고 있는 분들을 보면 참 정치하기 쉽다는 생각이 들지 않을 수 없습니다. 인국공 사태의 본질은 청년 일자리 부족에서 비롯됩니다.

문 정권 들어와서 잇따른 좌편향 정책으로 민간의 청년 일자리가 절벽에 이르자 그리스처럼 공공 일자리만 확대 하다 보니 생긴 부작용이 소위 인국공 사태의 첫 번째 원인이고, 두 번째 원인은 정규직, 비정규직 차별 문제입니다. 반면 정규직,비정규직 차별은 고용의 유연성 때문에 생긴 것인데 정치권에서는 정규직에 대한 과보호와 강성 노조의 행패는 시정할 생각은 하지 않고 억지 춘향처럼 노동 시장에 정규직,비정규직 차별 철폐만 외치고 있으니 고용 시장이 위축되고 있는 겁니다.

문 정권의 좌편향 경제정책이 자유시장 정책으로 돌아오고 고용의 유연성 확보와 강성 노조의 행패가 사라지면 청년 일자리가 넘쳐 나고 정규직, 비정규직 차별이 자연적으로 해소됩니다.

이렇게 본질적인 접근을 할 생각은 하지 않고 감정 싸움만 부추기고 있는 문 정권은 참 한심한 정권입니다.

2020.07.08.(수) 오전 07시 31분

좋은 세상 만들기 제1호 법안으로 재개발.재건축 대폭 완화 법안을 제출하니, 마치 앙심 품고 기다렸다는 듯이 사흘 후 거꾸로 어설픈 부동산 규제 강화 정책을 쏟아내고 서민들 희망의 사다리를 걷어차는 부동산 정책으로 국민들 분노를 사자 청와대 간부,민주당 부동산 부자들이 부동산 처분계획을 발표 하는 등 아주 가관입니다.

그 와중에도 나를 음해하기 위해 초선 출마했던 송파 갑 지역구에 은행 대출까지 받아 산 아파트 한 채의 집값이 올랐다고 나를 부동산 부자로 내 몰려고 안간힘 쓰는 모습이 참 어이가 없습니다. 나는 초선 때 산 지은 지 35년 된 그 아파트 한 채 이외에는 별다른 재산이 없고 건물, 임야, 대지 등 아무런 부동산도 없고 주식은 단한주도 없습니다. 23년 전 지역구에 살기 위해 은행 대출까지 받아 집 한 채 사서 지금까지 살고 있는데 세월이 흘려 그 집값이 올랐다고 나를 비난할 수 있습니까? 나를 끌고 들어가지 마라. 그래서 좌파들은 뻔뻔하다는 겁니다.

2020.07.16.(목) 오전 10시 14분

　강북을 강남처럼 지구 단위계획을 새로 세우고 층고제한, 용적률을 대폭 상향 조정하고 재개발 재건축을 대폭 완화하고 재개발 재건축 초과 이익 환수제를 폐지하면 그린벨트 풀지 않고 군사용 부지를 활용 하지 않아도 강남북 균형 발전이 되는데, 기존 부동산 소유자들을 죄인시하면서 징벌적 과세로 억압하고 멍청한 공급대책으로 서울시 무분별한 확산만 시도하는 문 정권의 부동산 대책은 참으로 어리석습니다. 제가 동대문 을에 있을 때 서울시장과 협의하여 청량리 588 집창촌 일대를 균형발전 촉진지구로 지정 한 후 집창촌을 폐쇄하고 그 자리에 주상복합 빌딩 65층 수개 동을 추진하여 지금 실시됨으로써 청량리 집창촌 자리가 천지개벽이 되고 있습니다. 강북 대개발은 그렇게 하는 겁니다. 국토부 장관은 청량리 588 집창촌 개발 현장에 한번 가보고 서울시 부동산 대책을 다시 세우십시오. 그런 생각으로 어떻게 국토부 장관을 하고 있습니까?

2020.07.17.(금) 오전 09시 47분

　대구 통합 신공항은 TK 100년 미래가 걸린 역대급 사업입니다. 지방 균형 발전하라고 입으로만 외치지 말고 균형 발전의 토대를 마련해야 지방 균형 발전이 가능합니다. 수도권에 첨단 산업이 몰리는 것은 첨단 산업 제품 대부분이 항공 물류로 수출되기 때문에 첨단 산업이 인천 공항이 있는 수도권으로 몰리고 있는 것이고, 대구 통합 신공항이 민간 활주로 3.8킬로미터만 확보 되고 남부권 관문 공항이 된다면 대형 여객기도 이륙 가능하고 대형 물류 수송 화물기도 이륙 가능합니다. 그렇게 되면 대구 인근, 군위, 의성 일대에 수도권 첨단 산업들이 대거 몰려오고 새로운 공항도시(AIR CITY)가 생기고 TK 산업 구조 재편도 이루어져 대구, 경북은 남부권 최대 경제 요충지로 번성할 겁니다. 고집 부리지 말고 군위군이 양보하십시오. 이 거대 사업이 무산되면 오로지 군위군수와 그 주변사람들의 책임입니다. 제3후보지 대안 물색은 또다시 5~6년의 시간이 걸리고 사업이 무산될 가능성도 있습니다. 소송 운운은 기가 막힌 억지 발상입니다. 대승적으로 상생의 차원에서 군위군이 양보하십시오. 이철우 지사께서 지사직을 걸고 이 문제를 해결해야 합니다.

2020.07.18.(토) 오전 10시 06분

곧 대학 2학기 등록 일정이 다가옵니다. 코로나라는 미증유의 재난으로 온라인 강의에만 의존하는 불실한 대학 교육 현실이 안타깝긴 하지만 등록을 앞둔 대학생들로서는 선뜻 내키지 않는 2학기 맞이입니다.

이번 재난이 대학 측 책임도 아니고 학생들 책임도 아니기 때문에 어느 일방에만 희생을 강요하는 것은 참으로 잘못된 발상입니다. 대학이 마치 사이버 대학이 되어 버린듯한 현실에서 대학이 기존 등록금을 다 받으려고 하는 것은 학생들의 희생을 일방적으로 강요하는 것이기 때문에 국가적 재난에 처한 지금의 상황을 감안하여 1학기 등록금을 일부 돌려주기 보다는 2학기 등록금을 적절히 감액하는 것이 타당 하다고 봅니다.

이미 건국대에서는 그 정책을 일부 시행한다는 보도도 있고 하니 전국 각 대학에서는 대학의 재정 상황을 감안하여 2학기 등록금은 상당한 금액으로 감액해야 할 것입니다. 그래야 공정사회가 되고 정의로운 대학이 될 겁니다.

2020.07.19.(일) 오전 10시 58분

추석을 앞두고 대구시에서 2,400억을 들여 대구 시민 1인당 10만원씩 무상 지급을 하기로 했다는 보도를 봤습니다.

이재명 경기지사의 청년수당 무상지급쇼를 모델로 한 정책으로 보이는데 시민 세금을 과연 그렇게 사용하는 것이 맞는지 한번 재검토 해볼 여지가 있지 않을까요? 10만원이면 추석 제사상 차리기에도 턱없이 모자라는 돈일뿐만 아니라 무슨 자식들에게 세뱃돈 주는 것도 아니지 않습니까? 지난번 문 정권이 코로나 재난 지원금 줄때도 나는 1회성 선심성 돈 뿌리기는 적절하지 않다고 말한 바 있지만 이번 대구시 결정은 참 어이없다는 느낌이 듭니다.

그 돈이면 감염병연구센타도 지을 수 있고 60억 짜리 낙후된 주민 복지 회관도 40채나 지을 수 있고 대구의 낙후된 인프라 재건에도 큰 도움이 될 텐데 그런 거액을 별로 생계에 도움도 되지 않는 1회성 용돈 뿌리기에 낭비 한다는 것은 대구 시민들을 위한 제대로 된 정책 집행이 아니지 않습니까? 대구시는 한번 재고해 보심이 어떤지요?

오늘 대립과 항쟁 시대의 노동관계법을 새 시대에 맞게 개정하는 노사관계 3법을 좋은 세상 만들기 제5호 입법으로 발의했습니다. 극소수의 강성 귀족 노조에 끌려가는 대한민국의 미래를 바로잡기 위해 제기한 새시대 노동관계 3법에 대해 국민 여러분들의 많은 성원이 있기를 기대합니다.

기부 대 양여 방식으로 추진되는 대구 통합 신공항 출범을 진심으로 감사드립니다. 그동안 이철우 지사님, 권영진 시장님 이하 대구 경북 관계자 여러분들 정말 수고하셨습니다. 논쟁의 중심에 있던 군위군이 대승적 견지에서 양보하신 것도 더없이 감사합니다. 이제 TK 백년을 위한 남부권 거점 공항으로 지방균형 발전의 기폭제가 될 통합 신공항 건설에 모두 힘을 모을 때입니다. 세계를 향한 물류 중심 공항을 만들어 대구 경북에 대한민국의 첨단 산업이 몰려들도록 노력하겠습니다. 다시 한 번 통합 신공항 출범을 환영합니다.

제대로 된 부동산 정책은 대학시절 하숙집에서 월세로 갔다가 전세로 가고 13평 서민 아파트로 출발해서 24평, 33평, 45평 아파트로 집을 키워가는 정상적인 희망의 사다리를 놓아 주는 정책이 올바른 정책이라고 봅니다. 아파트가 로또가 되지 않도록 투기를 막고 돈이 부동산에 몰리지 않고 증시나 산업 현장에 몰리도록 부동산 이외의 투자 수익이 더 나을 때 부동산 불패신화는 무너지고 제대로 된 경제 정책이 세워지는 겁니다. 이를 위해서 각종 부동산에 부과되는 규제를 풀고 세금을 단순화하고, 부동산 시장 공급을 확대하는 자유 시장 정책으로 돌아 갈 때 부동산 시장은 정상화됩니다.

부동산 시장을 억누르고 징벌적 과세로 강압하고 재개발, 재건축을 억제한다고 해서 부동산 시장이 안정되는 것이 아닙니다. 서민들의 꿈은 단순합니다. 가장 바라는 꿈이 내 집 갖기와 내 자식 잘되기에 집중됩니다. 그걸 충족시켜 주지 못하는 사회는 불안해지고 정권은 무너집니다. 제가 부동산 문제를 시발로 9월부터 문정권은 붕괴될 것이라고 예측한 것도 바로 그것 때문입니다. 이념 문제와는 달리 민생 파탄은 좌우를 막론하고 분노합니다.

2020.08.24.(월) 오후 01시 40분

대구 신공항 특별법 초안을 마련했습니다. 이제 미래 세상은 하늘의 시대입니다. 자동차조차 플라잉카로 가는 마당에 이제 하늘 길을 다양하게 여는 나라만이 세상을 지배합니다. 우리나라도 이젠 인천공항 중심의 수도권 시대에서 대구·부산·호남에도 지방 거점 공항들이 들어서고, 지방 거점 공항을 중심으로 산업 구조 개편이 이루어질 때, 국가균형 발전과 지방화 시대가 활짝 열리게 됩니다. 지방 거점공항 투자는 중복 투자가 아닌 미래 100년을 내다보는 대한민국 발전 계획 입니다. 수도권 인천공항 중심에서 지방 시대를 여는 지방 거점 공항 시대로 대한민국의 공항정책을 바꾸어야 할 때입니다.

2020.08.28.(금) 오전 09시38분

강성 귀족노조가 경제파탄에도 불구하고 불법 파업을 하고, 광화문을 점령해도 한마디도 못하던 사람들이 의료계가 3류의사 양산을 위해 막무가내로 밀어붙이는 의료 포퓰리즘에 대항하는 파업을 하니 대통령까지 나서서 협박하는구나. 거기에 기레기까지 동원되고 대통령은 전시에 탈영 운운하며 어처구니없는 비유도 한다. 전시의 혼란을 이용해 사사오입 개헌 추진을 했던 자유당 독재 정권을 연상시킨다.

2020.09.01.(수) 오후 04시 53분

2012.12.20일 보궐선거로 경남지사에 취임한 직후 업무보고를 받아보니 채무가 1조 3,770억이나 되고 이자가 매년 수백억이 나간다는 보고를 받았습니다. 그 돈을 서민복지에 사용한다면 얼마나 많은 서민들이 혜택을 누리게 될지도 모르는데 무분별한 재정

운용으로 빚잔치 도정을 계속한다는 것은 도민들에게 큰 죄를 짓는다는 판단이 들어 즉시 재정 점검단을 구성해 불요불급한 예산 낭비를 막고, 행정개혁·재정개혁에 나서서 3년 6개월 만에 땅 한 평 팔지 않고 채무제로를 만들고 흑자 도정을 이룬 바가 있었습니다. 나라살림이나 개인 살림이나 자기 재산처럼 관리한다면 함부로 돈을 펑펑 쓸 수가 없지요.

문재인 대통령 들어와서 국가채무가 폭증하여 곧 1,000조 시대로 간다고 합니다. 이자는 매년 수십조 대에 이를 수도 있지요. 이른바 빚잔치나 하던 폭망한 남미(南美)의 나라로 가는 겁니다. 이런 와중에도 삼성 때려잡기에 진력하고 의사들 때려잡기에 진력을 다하고 아파트 1평이 1억이나 되도록 폭등한 부동산 시장이 점차 안정되고 있다고 강변하고 있습니다. 면후심흑(面厚心黑)이라는 중국의 후흑(厚黑)학이 생각나는 아침입니다.

2020.09.09.(수) 오전 12시 11분

나라 경제를 망치는 것은 잘못된 좌파 경제 정책 때문인데 정책은 바꿀 생각을 하지 않고, 국고를 거덜내놓고 자기돈 아니라고 계속 퍼주는 빚잔치나 할 생각이나 하고 있으니 나중에 그 빚을 어떻게 감당하려고 저러는지 참 대책 없는 사람들 입니다. 빈 솥단지 안고 5년 내내 허덕여야 할 다음 정권이 참 딱하게 보입니다.

　지방균형발전을 외친지가 30여년이 넘었고 정부 산하기관 지방이전, 혁신도시 건설이 이루어 졌는데도 지방은 날로 피폐해져 가고 있습니다. 수도권 억제정책을 계속 시행하고 있어도 공장은 수도권을 피해 충청까지만 내려가고 남쪽 지방의 GRDP는 나날이 하향곡선을 그리고 있습니다. 국토균형 발전의 요체는 경제력의 분산인데 날로 심화되는 수도권 경제력 집중 현상은 이제 제도적으로 억제하기 어려운 지경까지 왔습니다.

　그래서 제가 주창하는 것 중의 하나가 거점 공항론(據點空港論)입니다. 첨단산업의 발달로 항공물류가 날로 중요시 되는 이 시점에 인천공항을 통한 물류 수출이 90%가 넘는다면 수도권 첨단산업 집중은 막을 수가 없습니다. 그래서 대구·경북 통합 신공항은 충청 일부와 TK의 여객·물류를 담당하게 하고, 부울경은 부산 가덕 신공항을 통해 여객·물류의 길을 열고, 호남은 무안공항을 통해 세계로 하늘 길을 열자는 겁니다. 김해도 군공항이고 광주도 군공항이라서 양지역도 대구·경북처럼 기부 대 양여 방식으로 신공항 건설, 확장이 가능합니다.

　인천공항이 독점하는 하늘 길을 네 개의 거점공항으로 분산하게 되면 지방균형발전은 저절로 이루어지게 되고 유사시 해외 창구도 다양해지게 됩니다. 그래서 저는 오늘 대구·경북 통합 신공항법을 발의했습니다. TK만을 위한 신공항이 아니라 거점공항론에 의거해 새로운 공항정책을 추진하기 위해서 첫단계로 대구·경북 통합 신공항법을 발의했다는 것을 국민 여러분들에게 보고 드립니다.

2020.09.22.(화) 오전 09시 04분

어떤 이유를 들어도 나는 이번 4차 추경을 반대합니다. 국가 경영능력의 한계를 보여준 이번 4차 추경은 내용이 문제가 아니라 얼마나 무능한 정권이길래 눈앞에 닥친 환난을 한치 앞도 내다보지 못하고 1년에 4차례나 빚을 내어 추경을 하고 있습니까?

기하급수적으로 불어나는 국가채무는 어떻게 감당하려고 저런 짓을 하고 있는지 참으로 기가 막힙니다. 곧 있을 본예산 심의가 무슨 의미가 있습니까? 두세 달 마다 추경을 하고 있는 판에 본예산 심의가 어떤 의미를 가지고 있는지 의심 스럽습니다. 퍼주지 못해서 환장한 정부 같습니다. 자기 돈이라면 저렇게 할까요?

2020.09.23.(수) 오전 11시 51분

이재명지사가 4차 추경을 비판한 저를 향해 기본적 이해부족이라고 했다고 합니다. 참 어이가 없는 것이 국회의원·당대표·경남지사 등 국정경험이 25년이나 된 저를 보고 기본적 이해부족이라는 비판은 비판을 넘어 모욕에 가깝습니다. 민주당에 사람이 없다 보니 갑자기 주목을 받아 어깨가 으쓱해진 모양이지만, 문재인식 국정운용이 베네수엘라 완행열차라면 이재명식 국정운영은 베네수엘라 급행열차로 많은 국민들이 걱정을 하고 있습니다.

망한 그리스의 파판드레우나 베네수엘라의 차베스를 베낀 이재명식 포퓰리즘 정책은 그 나라들처럼 우리나라를 망하게 할 겁니다.

제대로 알고나 비판하십시오. 유감입니다.

2020.11.10.(화) 오전 09시 04분

기업에게 자유를 서민에게 기회를! 이렇게 하면 자연히 시장 원리가 작동하여 경제가 되살아나고 일자리가 생기는데, 기업에게 갑질을 하고 서민에게 푼돈을 주어 그 돈으로만 살라고 강요하는 문재인식 좌파 경제 정책으로는 백약이 무효인 대 혼돈의 세상이 되었습니다. 어제 경제 부총리와 예결위 질의 응답 과정에서도 보았듯이, 문재인식 좌파 경제정책은 전환될 기미가 전혀 보이지 않고, 부동산 대란만 더 깊어지면서 정치·경제·사회·국방 정책의 대혼란만 다가오고 있습니다. 국민들은 대안세력으로 야당을 기대하고 있으나 한쪽은 편 가르기와 쪼개기에 열중하고 한쪽은 벤처 기업가 출신답게 또다시 창업 운운하고 있습니다. 모두 하나가 되어도 힘든 판에 좀 더 당해봐야 정신들 차릴지, 깊어가는 만추의 계절만큼 시름도 깊어 갑니다.

사 회

운외창천(雲外蒼天),
공정과 정의

내일은 수능일입니다. 마음 편히 가지시고 평소대로 실력 마음껏 발휘하십시오. 대학 입시 제도가 단순화 되었으면 합니다. 1년에 10월, 12월 수능을 두 번 쳐서 그 중 좋은 성적으로 대학을 갈 수 있도록 대학 입시를 단순화해야 합니다. 전교조가 지배하고 있는 교육 현장에서 내신 성적 반영 제도는 이번 숙명여고 사태에서 보듯이 오히려 학생들을 전교조에 예속되게 하는 교육을 초래하게 되고, 입학 사정관제도, 수시 입학제도는 기준이 모호하여 스펙을 쌓지 못 하는 서민 자제들에게는 그림의 떡이 될 수밖에 없는 잘못된 입시 제도라고 나는 생각합니다. EBS 교제를 중심으로 출제 하고, 변별력 있게 난이도를 조정 하고, 과외 받지 않아도 풀 수 있는 문제를 중심으로 우열을 가려 오로지 수능 성적으로만 본 고사에 응할 수 있도록 입시제도가 개편 되었으면 합니다. 입시 제도가 편법 입학이 가능 하도록 복잡한 형태로 만든 현 제도는 이제 바뀌어야 합니다. 수험생 여러분! 잠 푹 주무시고 내일 파이팅 하십시오.

IQ는 지능지수를 말합니다. EQ는 감성지수를 말합니다. 최근에 와서 새롭게 추가된 JQ라는 것이 있다고 합니다. 그것은 잔머리 지수라고들 합니다. 요즘 여의도에는 JQ만 발달한 사람들이 참 많아졌다고 합니다.

2018.12.09.(일) 오전 09시 48분

'다키스트 아워', '출국', 최근의 '헌터 킬러'는 지금의 위장 평화 시대에 맞지 않는다고 상영관 자체가 거의 없어 관람하기 힘든데, 영화를 보지 않아 왜곡 여부는 알 수 없지만 우파 궤멸 소재인 IMF 관련 영화만 잔뜩 상영관을 점령하고 있으니, 이게 의도적인 것인지 시장 기능에 맡긴 것인지 아리송합니다.

나중에 조사해 보면 지난 정권에 굴레 씌웠던 직권남용 권리행사 방해죄가 될게 뻔한데, 태연하게 그런 일을 하고 있는 것을 보면 참으로 후안무치한 정권입니다. 저들이 말하는 블랙리스트가 바로 이런 것이 아닌가요?

2018.12.09.(일) 오후 10시 26분

오전에는 대조영을 보면서 1350여년 전 중국 동북부를 지배했던 고구려인의 웅대한 기상을 생각합니다. 밤에는 50여년을 참고 기다려 집권에 성공한 사마의를 봅니다.

지난 공직 생활 36년 동안 이렇게 쉬고, 공부하고, 글을 써 본 일이 없었습니다. 내 나라는 불행하지만 나는 지금 누리는 행복에 대해 참으로 죄송스럽게 생각합니다. 이재수 장군의 명복을 빕니다.

2018.12.23.(일) 오후 06시 35분

Merry Christmas!

2018.12.28.(금) 오후 12시 11분

수년전에 KAL비행기 속에서 감명 깊게 보았던 포레스트 검프를 케이블에서 다시 보았습니다. 톰 행크스가 주연 배우로 나와 명연기를 펼친 '포레스트 검프'는, 바보지만 진솔하고 우직하고 착하게 인생을 산 바람에 성공한 인생이 되었다는 그런 스토리입니다.

남들은 포레스트 검프를 바보라고 놀려 댓지만 그의 엄마만큼은 임종시까지 아들을 훌륭한 사람으로 만드는데 노력을 아끼지 않았습니다. 이 삭막한 대한민국에도 포레스트 검프 같은 사람들이 많이 나왔으면 참 좋겠습니다.

2018.12.31.(월) 오전 09시 46분

황금돼지 해라고 합니다. 새해 복 많이 받으시고 부자 되십시오.
진충보국(盡忠報國)하는 한해가 되도록 하겠습니다.
감사합니다.

2019.1.1
홍 준 표 올림

홈페이지 시대를 통해 오프라인보다 온라인 시대를 열었고, 그 뒤를 이어 트윗 시대가 한때 전성기를 이루더니 페이스북이 등장하면서 스마트폰과 결합하여 세상을 바꾸었고, 이젠 1인 미디어 시대인 유튜브 시대가 되었습니다. 언론의 일방적인 정보 주입시대에서 쌍방향 수평적 민주주의 유튜브 시대를 열면서 언론의 역할은 이젠 달라져야 합니다.

지난 대선 때 어느 방송사 간부가 관훈토론회에서 나에게 "우리는 묻는 사람이고 너는 답하는 사람이다."라고 하면서 호통을 치고 마치 검사가 피의자를 다루듯이 다그치는 것을 보고, 아직도 언론 갑질시대에 살고 있는 시대착오적인 언론인이라고 나는 생각 했습니다. 언론이 갑인 세상은 이제 갔습니다. 정부와 언론만이 전지전능한 정보제공자인 시대도 갔습니다. 그것은 수직적 민주주의 시대였고, 이제는 수평적 민주주의 시대입니다.

시대가 달라졌다는 겁니다. 문 정권은 아무리 어용언론과 어용유튜브를 동원하여 괴벨스 공화국을 만들려고 하고 있지만 대한민국 국민은 어리석지 않습니다. 가장 시류에 민감하고 앞서가는 나라가 대한민국입니다. TV홍카콜라는 달라진 시대를 선도하고, 수평적 민주주의 시대를 열어가는 향도가 될 것입니다.

2019.01.13.(일) 오후 08시 45분

내일 대한극장에서 함께 일하는 사람들이 '보헤미안 랩소디'를 보자고 해서 같이 가기로 했습니다. 변방에서 중앙으로 가는 영화이고 동성애 영화라고 합니다만, 결과는 동성애의 비극으로 끝나는 슬픈 영화라고 합니다.

2019.01.27.(일) 오전 11시 37분

뻐꾸기는 둥지를 만드는 노력도 하지 않고 둥지도 없습니다. 다른 새의 둥지에 알을 놓습니다. 그러면 알에서 깨어난 뻐꾸기 새끼들은 원래 그 집에 있던 새 알들을 둥지 밖으로 밀어 내어 떨어트리고 그 둥지를 독차지 합니다. 그리고 원래 집주인이었던 새는 뻐꾸기 새끼가 자기 새끼인줄 알고 먹이를 물고 와서 키웁니다. 정진우 감독이 연출 했던 '뻐꾸기 둥지 위로 날아간 새'라는 영화도 옛날에 있었습니다. 그런 일이 세상에는 참 많이 일어납니다. 갑순이처럼 뻔뻔해야 잘 사는 세상이 되었습니다.

2019.02.05.(화) 오후 12시 12분

탄핵 이후 실로 오랜만에 설 밥상에 자유한국당이 올라 간 것은 참으로 기쁜 일입니다. 이제 이를 기점으로 당이 다시 활기를 되찾고 국민들의 신뢰를 회복할 수 있도록 모두 힘을 합칩시다.

설날 가족과 함께 즐거운 명절 보내십시오.

나는 5.18 유공자 명단에 없고 유공자가 아니라고 수차례 말했음에도 불구하고 어느 정신병적으로 집착하는 사람들은 나를 그 명단에서 봤다는 주장을 아직까지도 계속하고 있습니다. 이는 5.18 민주화 유공자라는 자랑스러운 경력을 어떤 이유에서인지 모르나 공개하고 있지 않기 때문입니다. 그 국가 유공자 명단은 당당히 공개되어야 합니다. 나처럼 유공자가 아닌 사람도 이렇게 유공자라고 지목을 받고 있는데, 그 오해를 풀기 위해서라도 5.18 유공자 명단은 공개 되어야 합니다. 그렇지 않으면 나는 5.18 유공자가 아님을 확인하는 국가 소송이라도 제기해야 할 판입니다.

5.18특별법은 1995.12.월 국회에서 민자당 주도로 제정되었고, 전·노·수사도 그 무렵 역사 바로 세우기 일환으로 한 것입니다. 나는 그 이듬해인 1996.1.26. 민자당에서 이름이 바뀐 신한국당에 입당했고 그해 4.총선에 출마하여 15대 국회에 진출했기 때문에 5.18과는 아무런 관련이 없습니다. 국가유공자에 대한 특혜를 3대까지 받는다는 자랑스러운 5.18유공자를 국민 앞에 당당히 공개 못하는 이유가 무엇인지 참으로 의아합니다. 명단을 당당하게 공개하십시오. 그래서 자랑스러운 5.18 유공자들의 명예를 드높이십시오.

2019.04.01.(월) 오전 09시 22분

요즘은 1년 365일이 만우절 같다.

2019.04.02.(화) 오전 09시 02분

장자연 리스트, 김학의 별장 성접대 파동 등은 한국사회 지배세력들의 위선과 허위의식을 극명하게 보여준 사건들이었습니다. 그 사건들이 발생했을 때 철저하게 수사했더라면 오늘날 이렇게 재탕, 삼탕 수사를 하지 않아도 될 일을 한국사회 지배세력들의 위선과 허위의식이 그 사건들을 묻고 감추고 하다 보니 눈덩이처럼 의혹이 커진 것입니다.

이제 한국사회의 지배세력은 저들입니다. 노무현 시절에는 위선과 허위의식으로 국정을 운영했다고 나는 생각지 않지만, 노무현 2기인 문 정권은 출범 당시부터 지금까지 위선과 허위의식으로 나라를 운영하고 있다고 나는 봅니다. 과거 위선과 허위의식은 기득권층의 전유물로 저들의 공격 대상이었는데, 기득권층이 된 저들은 노무현 정권과는 달리 위선과 허위의식으로 가득 차 있습니다.

오래가지 못할 겁니다. 그래서 정권이 무너지는 속도가 빨라지고 있습니다. 나라의 근간이 무너지면 오천만 국민이 불행해 집니다. 더 이상 나라의 근간을 허무는 일은 이제 그만 하십시오. 국민은 양떼가 아니라 호랑이라는 것을 명심하십시오. 수가재주(水可載舟), 역가복주(亦可覆舟)라고 했습니다.

2019.04.03.(수) 오전 09시 24분

JP증언록을 완독 했습니다. 다른 어느 분의 회고록보다 역사적 사실에 근거해 담담하게 가감없이 한국 현대 정치사를 증언하고 있는 것이 참으로 인상적이었습니다.

"참기 어려운 것을 참는 것이 인내다."라는 말씀은 명언이었고 살벌한 정치판을 여유와 낭만으로 극복한 영원한 로맨티스트 JP의 진면목을 보게 되어 세상 사는 맛을 느끼게 해준 지난 일주일이었습니다. 서둘지 않고 무욕(無慾)이 대욕(大慾)이라는 장자의 말을 평생 실천하신, 3金시대의 거인 김종필 총재님의 영면을 다시 기립니다.

2019.04.08.(월) 오전 10시 27분

국민들의 노후생활 보장하라고 맡긴 국민연금을 악용해 기업 빼앗는데 사용하여 연금 사회주의를 추구하던 문 정권의 첫 피해자가 오늘 영면했습니다. 조양호 회장의 명복을 빕니다.

2019.05.12.(일) 오전 09시 04분

오늘은 부처님 오신날 입니다. 부처님의 가피가 온 누리에 펼쳐지기를 기원합니다. 대북 혼란과 서민경제 파탄이 종식되어 나라가 평안해졌으면 합니다.

2019.05.21.(화) 오전 09시 29분

제주 4.3 사건과도 자유롭고 싶고, 5.18광주민주화운동과도 자유롭고 싶다. 해난사고에 불과한 세월호 사건에서도 자유롭고 싶고, 나와 아무런 해당사항 없는 독재의 멍에에서도 자유롭고 싶다. 내가 관여치 않은 박근혜 탄핵 문제에도 자유롭고 싶고, 탄핵 팔이들의 이유 없는 음해로부터도 자유롭고 싶다. 도대체 나와 아무런 관련이 없는 역사적 사건들에 묶여 대한민국의 미래를 망치는 일에는 더 이상 거론되지 않았으면 좋겠다.

최근 문 대통령이 거론한 5.18민주화운동 당시 그 분은 사법시험에 올인하지 않았던가? 한국 정치판이 이제 그만 흑백 이분법에서 벗어나는 미래 정치가 되었으면 좋겠다. 좌파의 뻔뻔함을 넘고, 우파의 비겁함을 넘어, 바람처럼 자유로워지고 싶다.

2019.05.30.(목) 오후 08시 53분

세 가지 상념으로 하루를 보냈습니다.

먼저 헝가리 참사에 깊은 애도를 보냅니다. 정부는 외교역량을 총동원해서 헝가리 참사를 수습해 주시기 바랍니다. 다음 류현진 선수의 선전에 찬사를 보냅니다. 세계 중심 야구에서 홀로 우뚝 선 그 모습 참 자랑스럽습니다.

마지막으로 세월호 비난을 징계한 자유한국당 지도부를 보면서 그것이 꼭 징계를 해야만 할 발언이었나, 다소 격한 표현이 있더라도 꼭 징계를 했어야 옳았나 하는 생각을 갖습니다. 부메랑이 될 수도 있다는 것을 감안했어야 합니다.

2019.07.03.(수) 오전 09시 15분

7월10일 13시 여의도 국회의원 회관 대회의실에서 청년들 상대로 특강을 합니다. '청년들이 묻고 홍준표가 답하다.' 라는 제목으로 15분 정도 한국 청년들의 과거와 현재를 발제한 후 즉문즉답 형식으로 질의응답 시간을 가질 예정입니다. 어떤 내용이라도 상관없으니 그날 참석하시는 청년 여러분들은 질문할 사항을 미리 준비해서 오시기 바랍니다.

2019.07.26.(금) 오후 08시 45분

운외창천(雲外蒼天)이라는 말이 있습니다. 오늘같이 비구름이 하늘을 뒤덮어 앞이 보이지 않을 때, 비행기를 타고 하늘을 올라가 보면 비구름 밖에는 푸른 하늘이 있습니다. 오늘의 한국 현실이 그렇습니다. 그러나 구름 밖에는 푸른 하늘이 있다는 자명한 진실이 그래도 우리를 안도케 합니다. 그렇습니다. 운외창천을 믿고 오늘도 힘내십시다.

2019.08.06.(화) 오후 06시 58분

오늘 참 더운 날입니다. 제가 원전 중단해서 전기 사정 안 좋으니 에어컨 틀지 말라고 아내에게 말 하니, 전기세 당신이 내냐? 내가 낸다. 한전 망하게 생겼는데 에어컨 빵빵하게 틀고 살란다고 하네요.

2019.08.06.(화) 오후 07시 46분

BTS에 왜 세계가 열광하는지 Fake Love를 들어보니 조금은 알 것 같습니다. 마이클 잭슨의 스릴러나 비트잇, 빌리진 같은 느낌을 받았습니다. K팝 특유의 음색과 창법이 세계를 매료시킨 것 같습니다. 참 대단한 아티스트입니다.

2019.08.09.(금) 오후 12시 11분

안보 말아 먹고, 경제 말아 먹고, 외교 말아 먹고, 탤런트 경연대회도 아닌데 이제 법무도 말아 먹는구나. 이를 제지할 세력은 보이지 않고 나라는 더욱더 암담하게 되어 간다.

2019.08.10.(토) 오전 08시 59분

저들은 백성들을 선동해 새로운 질서를 만들어 가고 있는데, 잔반(殘班)들이 그나마 남아 있는 한줌도 안되는 기득권 지키기에 몰두해서야 세상을 바로잡을 수 있겠나? 이미 오래전에 그들은 몰락했는데, 그들만 그것을 아직도 모르고 있다. 지금이 난세(亂世)라는 것도 그들만 모르고 있다.

2019.08.13.(화) 오후 11시 07분

〈반일 종족주의〉라는 책 내용에 동의하냐 안하냐를 두고 좌우 성향을 갑론을박 하는 것은 어이없는 짓입니다. 그 책에 인용된 자료들은 대부분 일제 총독부 시절의 공문들이나 일본 측 자료가 아닌가요? 일제시대 총독부 치하의 공문들이 일제를 비판하는 내용들이 있을 수 있었다고 보나요? 일본 측 자료들이 일제시대 참상을 제대로 기술했다고 보나요? 심지어 태평양 전쟁기의 언론도 총독부 통제 하에 있었던 언론들이 아니었던가요? 징용에 끌려갔다 살아 돌아오신 내 아버님이 살아 계실 때 내게 말해준 일제시대 참상을 직접 들은 내용하고 그 책 내용이 너무 다르고, 내가 읽고 배운 한국사 하고도 너무 달라서 나는 그 책 내용에 동의할 수가 없다는 겁니다. 특정 교수의 논문을 두고 맹신을 강요하는 자체가 어불성설입니다. 그 책은 그 교수님의 주장일 뿐입니다. 더 이상 논란거리가 되면 좌파들의 친일프레임에 말려 들어갈 뿐입니다.

2019.08.17.(토) 오후 07시 40분

나라가 하나 되는 광복절인데, 나라가 둘로 갈라진 광복절이 되었다. 슬프고 슬픈 광복절이다. 누가 이런 나라를 만들었는가?

내년에는 모두가 하나 되는 광복절이 되면 얼마나 좋을까.

2019.08.22.(목) 오전 07시 28분

조국 딸이 시험 한번 안보고 외고·고대·부산대 의전원 간 것에 분노하는 민심을 보면서 한국 사회를 이렇게 만든 정치인들에게는 분노하지 않는 민심을 보고 한편으로는 놀랍다는 생각이 들었습니다. 지난 대선 때 나는 대학 입학사정관제도, 수시제도는 기득권층, 특권층의 전유물이니 일체 폐지하고 수능시험 2회로 실력으로 대학가기 제도로 대입시제도를 혁파하고, 로스쿨·의전원제도도 기득권층들의 신분 세습제도이니 이를 폐지하고 실력으로 선발하는 사법시험제도 부활, 의과대학 부활을 해야 한다고 공약을 했습니다.

한국사회 기득권층, 특권층 자제들의 신분세습 수단을 어디 조국 딸만 이용했겠습니까? 제도의 허점을 이용하여 병역회피를 하는 사람이 어디 조국 아들만 있겠습니까? 사학비리가 어디 조국 일가에만 있겠습니까? 정유라에 대한 분노가 조국 딸에 대한 분노로 번지는 것을 보면서 좌불안석인 여·야 정치인, 한국사회 소위 지도자연 하는 사람들도 참 많을 겁니다. 기득권 집착에는 여야가 없고 청부·졸부가 따로 놀지 않습니다.

모두가 한마음입니다. 국민들이 분노해야 할 곳은 조국 사건에 대한 1회성 분노가 아닌 변칙 입학과 변칙 출세로 변칙 사회를 만드는 문 정권, 기회는 평등하고 과정은 공정하고 결과는 정의롭다는 거짓구호로 국민들을 속인 문 정권에 분노해야 하고, 한국사회 전반의 제도개혁 요구에 대한 분노이고 혁신이어야 합니다.

2019.08.23.(금) 오전 07시 36분

아무런 생각 없는 무개념 연예인들이 소위 개념 있는 연예인으로 포장해서, 무슨 일이 있을 때 마다 얼치기 좌파 전위대로 설치던 그 사람들은 왜 조국사태에는 조용하냐? 할리우드 연예인들의 정치 참여는 소신과 지식이라도 있었다. 거론되는 많은 연예인들이 있지만 청산가리 먹겠다는 사람 이번에는 없냐? 누굴 생각하며 조루중 치료한다는 사람은 이번에는 왜 숨어서 안 나오냐? 대중을 바보로 알고 선동하면 반드시 그 벌을 받는다. 신상필벌(信賞必罰)이라는 말이 무슨 말인지 알게 될 날이 올 거다.

2019.08.24(토) 오전 08시 33분

'마니폴리테'라는 부패추방운동이 1992년 이탈리아에 있었다. 피에트로 검사의 주도로 이탈리아 정·재계 인사 3000여명을 구속

한 이탈리아 대청소였다. 조국 후보자 밀어붙이기를 보면서 문득 생각난 것이 마니 폴리테 운동이다.

　문 정권이 비리백화점 조국을 밀어붙이는 이유는, 지면 레임덕이고 그가 사법개혁의 적임자라는 것이다. 레임덕 여부야 국민들이 판단할 사항이지 저들이 고려해야 할 이유는 되지 않지만, 사법개혁 추진 운운은 어처구니없는 궤변이다. 이탈리아 마니폴리테 운동이란 깨끗한 손이라는 의미이고, 개혁은 깨끗한 손으로 해야 한다. 조국처럼 더러운 손으로는 개혁해서도 안되고, 그 개혁은 더러운 개악이 될 뿐이다. 조국의 갈 곳은 검사실이지 장관실이 아니다. 많이 해 묵다가 들켰으면 가야 할 곳이 어딘지 스스로 알 것 아니냐?

2019.08.25(일) 오전 08시 20분

　메신저가 신뢰를 잃으면 메시지가 먹히지 않는다. 조국 사태에서 문 대통령은 국민적 신뢰를 이미 잃었다. 대통령 말이 이제 먹히지 않는 세상이 올지도 모른다.

2019.08.27(화) 오전 07시 39분

　지은 죄들이 많으니 끌려 다닐 수밖에. 이런 국민적 분노 속에서 지고 있는데도 침대 축구만 하냐? 야당 체면 봐주느라 청와대, 민주당의 헐리우드 액션이 볼 만하다. 처서(處署)지나 더위도 다 갔는데 왜 이리 덥노?

2019.08.27(화) 오전 10시 11분

검사들이 칼을 뺐다. 니들이 검사인지 샐러리맨인지 판명이 날 수 있는 순간이 왔다. 설마 면죄부 수사를 위해서 압수수색한 것은 아니겠지만, 검사 정신이 살아 있다는 걸 똑똑히 보여 주어라.

윤석열 총장이 진정한 칼잡이 인지 지켜보겠다. 청문회 합의한 사람들만 쪼다 됐다. 시시하게 굴지 마라. 인생은 짧다.

2019.08.27(화) 오후 02시 13분

개혁은 깨끗한 손으로 하는 것이다. 더러운 손은 잘라 내어야 한다. 살아있는 권력도 쳐내는 검찰이라면 그것으로 공수처도 필요 없이 검찰개혁이 된 것이다. 그간의 권력의 주구(走狗)였던 검찰에 대한 국민적 의구심이 일거에 해소 되는 것이다. 온 국민이 지켜보고 있다. 이번에는 실망시키지 말아라. 그동안 검사 출신이라는 것이 참으로 부끄러웠다. 검사가 이렇게 당당한 사람이라는 것을 국민들이 믿도록 이번에는 눈치 보지 말고 잘해라.

2019.08.28(수) 오전 11시 08분

중요범죄 혐의자로 검찰로부터 대대적으로 압수, 수색 당한 사람에 대해 청문회를 실시한다면 극히 잘못된 선례를 남기는 것입니다. 얼마든지 청문을 대신할 장외공격과 투쟁을 대대적으로 할 수 있는데도 중요 범죄 혐의자를 청문 석상에 앉게 해서는 안됩니다. 비록 첫 스텝이 꼬였지만 지금부터라도 정공법으로 나가야 합니다. 청문회를 거부할 이유와 명분은 충분합니다.

2019.08.28(수) 오후 04시 05분

발왕산 정상에 있는 마유목입니다. 100년을 산 야광나무가 죽어갈 무렵 그 속에 마가목 씨앗이 들어와 두 나무가 한나무가 되어 현재까지 30년 동안 살고 있는 마유목이 되었다고 합니다. 통합하여 새 생명으로 탄생한 마유목처럼 한국 중도보수들도 통합하여 새롭게 출발하기를 기원합니다.

2019.08.28(수) 오후 07시 26분

윤석열 총장은 청문회에서 이렇게 말했습니다. "정치적 고려 없이 헌법원칙에 따라 수사하겠다." 조국 수사도 그런 측면에서 봐야 할 것으로 나는 봅니다. 조국은 이제 끝났지요. 그렇다고 해서 야당이 환호작약할 일은 아닙니다.

그 다음은 패스트트랙 관련 수사니까요. 그때 가서 야당이 정치 탄압 이라고 주장할 명분이 있습니까? 조국이 좋아하는 육참골단 (肉斬骨斷)이란 말을 윤석열이 실천하고 있는지도 모르지요. 결국 올 연말까지 정치무대는 여의도에서 서초동으로 옮겨질 수도 있습니다. 대처 잘 하십시오.

2019.08.29(목) 오전 11시 35분

정동진 모래시계 공원에 왔습니다. 권력의 유한성을 뜻하는 모래시계 앞에서 문재인 좌파 폭정도 이제 절반이 넘어 간다는 생각이 들었습니다. 시간이 지나면 상단이 텅 비면서 다시 뒤집히는 모래시계처럼 문 정권도 그 이치를 안다면 늦지만 지금부터라도 나라를 정상으로 돌려놓아야 합니다.

2019.08.30(금) 오전 10시 27분

조국에 대한 방어 논리를 보니 상식적인 판단조차도 진영논리로 대응하는 사람들이다. 뻔뻔함을 넘어서 후안무치하다. 박근혜 파기 환송을 한 것을 보니 내년 선거에도 계속 국정농단·탄핵 프레임으로 가겠다는 것이고, 이재용 파기 환송은 경제야 어찌되건 말건 가진 자에 대한 증오는 계속하겠다는 거다. 광란의 질주를 언제까지 계속 하겠다는 건지 참으로 답답하기만 한데, 이를 저지할 방안이 보이지 않으니 더욱더 암담하기만 하다.

2019.08.30(금) 오전 10시 41분

조국사태에 있어서 우리가 분노해야 할 것은 조국 같은 강남좌파의 위선적 행태에 덧붙여 잘못된 입시제도와 비리사학을 이용한 부정한 축재입니다. 지난 대선 때부터 나는 서민들은 도저히 이용할 수 없는 입학사정관제도, 스펙을 이용한 수시입학 제도를 폐지하고, 연2회 정도 수능을 봐서 그중 좋은 성적으로 대입시를 보도록 100% 정시로 전환하자고 주장했고, 음서제도에 불과한 특권층의 신분 세습수단인 로스쿨, 의전원제도, 국립외교원제도를 폐지하고, 사시부활과 의과대학만 존치, 외무고시 부활을 주장했었습니다.

한국사회가 기회와 과정의 공정이 지켜지지 않는 것은 변칙이 용인되도록 제도의 허점이 너무 많은데서 출발합니다. 분노가 1회성으로 끝나면 앞으로 제2.제3의 조국이 또 나타나게 될 것이고, 아직도 숨겨진 조국이 너무나도 많이 횡행하는 것이 좌우를 막론하고 한국사회 현재 기득권층들임을 국민들은 알아야 합니다.

2019.08.31(토) 오전 08시 01분

93.4. 슬롯머신 비리수사를 시작할 때 제일 먼저 수사개시를 못

하도록 막은 기관이 대검찰청 수뇌부였다. 연이어 청와대 수석비서관이 서울검사장에게 전화를 걸어 수사를 못하도록 압박했고, 그 당시 검찰 내 비리에 연루된 고위직들이 자신들의 세력들을 총동원해 수사팀을 압박했었다. 그런데 우리가 그걸 돌파할 수 있었던 것은 정의를 향한 일념과 언론의 정론 보도였다. 윤석열 총장의 비리백화점 조국수사는 검찰 조직의 존립 여부를 결정짓는 가늠자가 될 것으로 보인다.

국민만 보고 가라. 큰 권력은 모래성에 불과하다. 정권은 순간이지만 국민의 검찰은 영원하다. 검사는 그만 두어도 변호사를 할 수 있으니 먹고 살수도 있다. 시시하게 굴지마라. 인생은 짧다.

2019.09.01.(일) 오후 05시 12분

문 대통령이 오늘 나가면서 대학입시 재검토 하라고 지시했다는데 한국사회 불공정 분야가 어디 대학입시에만 있나요? 로스쿨·의전원·국립외교원 등 특권층을 위한 음서제도는 그대로 두어도 되는가요? 지난 대선 때 내가 제기했던 입학사정관제, 수시폐지 등 대입시 제도개혁, 사시·외시부활, 의전원폐지 등 모두가 이번 조국사태의 본질이 아닌가요? 좌파·우파를 가리지 않고 기득권층 들은 불공정한 제도를 이용해서 부의세습, 신분세습을 기도하는 잘못된 풍토를 철폐하는 것이 적폐청산이 아닌가요? 이에 관련된 유튜브는 이미 사흘 전에 녹화해서 내일 아침 방영합니다. 그동안 정치보복만 적폐청산이라고 하더니만 이제서야 정신 차렸나 보네요.

2019.09.02.(월) 오전 09시 22분

수시폐지, 입학사정관제 폐지에 이어 수능 성적이외에 학생부 등급제도 폐지하여야 합니다. 학생부는 숙명여고 사태에서도 보았듯이 치맛바람의 원인이 될 뿐만 아니라 우리 학생들이 전교조 교사의 노예가 될 수밖에 없고, 오히려 학교 교육의 이념적 편향만 초래하는 전교조 만능 시대를 열어준 잘못된 제도이기 때문입니다. 대입시는 절대 공정을 위해서 오로지 수능 성적만으로 선발하는 것이 타당합니다. 대입시는 단순 명료해야 기득권층의 편법, 불법 입학이 없어집니다.

2019.09.21(토) 오후 09시 00분

2005.7. 내가 원정출산 방지를 위해 국적법 개정안을 국회에 제출한 것은, 한국사회 특권층들이 1980년대 초부터 2005.까지 미국 LA등지에 원정 출산을 가서 아이를 낳고 미국법은 속지주의 국적 취득이기 때문에 미국 국적을 취득하여 이중국적 상태로 있다가 만18세 이전에 한국국적을 포기함으로써 병역을 면탈해 왔기 때문입니다. 특히 그 당시 양수검사 결과 아들일 경우 병역 면탈을 위해 불법 원정 출산이 대 유행 이었습니다.

그 국적법은 그 당시 본회의에서 한나라당 일부의원들도 자녀, 손자들이 이중 국적자들이 있어 반대하여 부결되었다가, 여론의 거센 질타로 다음 임시 국회에서 재발의 되어 가결된 바 있습니다.

최근 미국 트럼프도 그 규제의 필요성을 말하고 있고, 추신수 선수의 자녀들은 얼마 전 한국 국적 포기를 한 바도 있습니다. 추신수 선수야 사실상 이민 가서 살고 있기 때문에 비난 대상이 될 수 없으나, 정치인의 자녀들은 따가운 여론 때문에 함부로 한국 국적을 포기 하지는 못하지만, 한국의 특권층 들은 아직도 원정출산을 계속하고 있습니다. 이것이 부모가 자녀에게 주는 최상의 선물이라고 그들은 말해 왔습니다. 차라리 깨끗하게 이민 가서 살면 되는데 한국에 살면서 불법 병역 면탈이나 하는 한국 특권층들의 더러운 민낯이 바로 원정 출산입니다.

2019.10.11(금) 오전 09시 06분

윤중천의 별장 성접대사건은 2006-2007년 사이에 윤중천의 원주별장에서 있었던 검찰 고위직들에 대한 성접대 사건이다. 그 사건 연루자에 대해서는 검찰 고위 관계자들이 연루 되었다는 미확인 보도가 그 사이 수차례 있었고, 그 보도 사건은 지금 수억대 민사소송이 진행 중에 있다. 대부분 최소한 차장검사급 이상이었다. 그것도 내 기억으로는 그 차장검사는 원주 관할인 춘천지검 차장검사였다. 윤석열은 91년 임관이어서 그 사건 무렵에는 춘천이나 원주와는 아무런 연관 없는 지방 지검이나 지청의 초임 부장급 검사에 불과한데, 그때 이미 차장검사급 이상의 대접을 받았다는 것인가? 검찰총장 인사 검증 당시 이를 검증한 사람이 조국 민정수석인데, 조국이 이를 무마하고 묵살해 주었다는 것인가?

참 하는 짓들이 꼭 조폭집단을 닮았다. 91.7. 내가 광주지검에서 조폭 수사를 할 때 지역언론이 경상도 검사가 와서 전라도 청년들을 조폭으로 몰아 인권 탄압한다고 사설에 게재해 나를 음해한 일도 있었고, 검찰총장, 법무부 장관에게도 브로커를 동원해서 음해한 일도 있었다. 그래서 91.3. 광주지검에서 조폭수사를 시작하면서 그때부터 나는 여성 접대부가 나오는 술집 출입을 지금까지 28년간 가지 않는다.

조국 수사를 시작하니 한때는 85%나 자신들이 지지했던 윤석열 총장도 상식 밖의 음해를 하고 있다. 백골단을 동원해 조폭집단처럼 윤석열을 압박하고, 법원을 동원해서 수사 방해하고, 이제 좌파 언론도 동원하는 것을 보니 그들은 확실히 조폭 집단으로 보인다. 어쩌다 대한민국이 이 지경까지 되었나?

2019.10.24(목) 오전 11시 16분

워싱턴과 휴스턴의 월드시리즈를 보면서 어느덧 워싱턴의 팬이 되어 버렸습니다. 휴스턴에는 게릿콜, 밸런더 등 막강한 원투펀치에 알투베라는 걸출한 타자가 있고, 올해 메이저리그 최다 승수의 최강팀이어서 월드시리즈 우승은 당연한 것으로 보입니다. 와일드 카드로 디비전 시리즈에서 올라가 막강 다저스를 챔피언 시리즈에서 꺾고 월드 시리즈에 진출한 워싱턴을 보노라면, 마치 흙수저가 금수저를 꺾는 통쾌함을 엿볼 수가 있습니다.

오늘 2차전에서도 워싱턴이 이겨 월드시리즈의 기적이 일어나면, 모처럼 트럼프에 지친 미국민들에게 신선한 청량감을 선사하게 될 것으로 보입니다.

지난 탄핵대선 때 나는 대입시제도를 일 년에 두 번 수능 시험 치루고, 그 중 잘 받은 점수로 대학 가자고 제안한 바가 있습니다. 이른바 입학 사정관제, 수시는 가진 자들의 스펙 쌓기로 극심한 불공정을 초래하고 학생부, 내신성적 반영은 공교육의 정상화가 아니라 학생들을 전교조의 이념 노예화 한다고 보았기 때문입니다.

실제로 조국 사태에서 보았듯이 가진 자, 특권층들의 부정한 자녀들 스펙 쌓기는 여야, 좌우를 막론하고 똑 같이 다를 바 없었습니다. 인헌고 사태에서 보듯이 전교조의 학생들 이념 노예화는 학생부, 내신 성적부를 통해서 자행된다는 것이 실증되었습니다.

이러한 대입시 전면개편은 서민들 자제도 차별없이 대학갈 수 있는 제도로서 평등을 부르짖는 좌파들이 앞장 서야 하지만, 좌파의 상징인 전교조가 오히려 반발하고 있는 것은 그들은 학생부, 내신 성적 평가제도를 이용하여 교육현장에서 학생들을 좌파 이념의 인질로 잡으려고 하고 있기 때문입니다. 공정사회는 공정한 경쟁 룰에서 출발해야 합니다. 로스쿨, 의전원 제도, 국립외교원 제도도 현대판 음서(陰敍)제도에 불과합니다. 법과대학, 의과대학 부활과 사법시험 제도, 외무고시 제도 부활로 서민들에게 희망의 사다리를 복원시켜야 합니다. 가진 자들만의 세상, 특권층들만의 세습 사회는 민주사회도 아니고 골고루 잘 사는 평등한 세상도 아닙니다. 차별없는 세상에 살고 싶다는 좌파들 구호가 무색해지는 요즘 한국 사회의 문 정권입니다.

2019.10.27(일) 오전 09시 11분

우리 헌법상 사정기관장으로는 유일하게 검찰총장을 헌법에 명시하고 있습니다. 국정원장도 경찰청장도 헌법기관은 아니고 그 하위법인 법률기관일 뿐입니다. 이렇게 검찰총장을 헌법기관으로 명시하고 법률에서 법무부장관과 동격으로 장관급으로 격상하고 있는 것은, 검찰 총장을 국가의 사정기관을 총괄하는 위치로 헌법이 인정하고 있기 때문입니다.

그런데 헌법상 국가 최고 사정기관인 검찰총장을 무시하고, 법률로 검찰총장 위에 차관급 공수처장을 임명하여 검찰총장의 수사지휘권을 배제하는 공수처법은 그래서 위헌이라는 겁니다. 헌법 개정 후에 공수처법이 논의되는 것은 별 문제가 되지 않을 수 있으나, 현행 헌법체제 하에서 공수처법 논의는 그래서 안된다는 겁니다. 정치적인 문제를 차치 하고서라도 헌법상 위헌적인 공수처법 논의로 더 이상 국정혼란을 초래해서는 안됩니다. 검찰 인사와 예산의 독립을 통해 검찰을 정권의 수호자가 아닌 정의의 수호자로 만드는 것이 검찰 개혁입니다. 문 대통령도 변호사 출신이어서 잘 아실턴데, 이제 그만 억지 부리십시오.

2019.10.28(월) 오전 11시 00분

DJ정권 시절 정권을 뒤 흔들었던 옷로비 사건에서 부인의 잘못을 대신해서 책임지고 구속된 사람은 김태정 법무부 장관이었다. 결국 그 사건은 대법원까지 가서 김태정 장관은 무죄가 되었지만 김태정 법무부장관은 사내 중 사내였다. 김장관의 부부 사연을 잘 아는 나로서는 그 당시 김태정 장관을 전혀 비난하지 않았다. 그가 검찰에 있을 때나 아내에 대한 무한 책임을 지는 그 모습은 남자로서 참으로 본받을 만했다.

내가 조국에게 화가 난 이유는 어떻게 사내가 부인에게 책임을 떠밀고 뒤에 숨느냐에 있다. 혹자는 이것을 젠더감수성 운운하면서 나를 비난하기도 하지만, 나는 그것이 남자의 인생이고 남편의 아내에 대한 무한 책임으로 본다. 사내는 사내로서 도리를 다하고, 여자는 여자로서 도리를 다하는 것이 제대로 된 사회를 만드는 것이라고 나는 보고 있다. 거기에 차별은 있을 수가 없고 각자의 도리를 다하는 것이 가정의 평화를 가져 온다고 나는 믿고 있다. 그런 점에서 조국은 남자로서 파산을 한 것이다. 아울러 그런 사람이 정의와 공정의 화신인양 행세를 하게 한 한국 사회가 더 문제다.

2019.10.31(목) 오후 07시 29분

와일드카드 단판 승부에서 이기고, 디비젼 시리즈에서 이기고, 챔피언 시리즈에서 이기고 대망의 월드 시리즈에 진출해서, 미국 최강의 팀인 휴스턴 아스트로스를 적지에서 4연승하여 월드 시리즈를 최초로 제패한 워싱턴 내셔널 팀의 기적은 두고두고 회자될 겁니다. 처음 시작할 때 흙수저 워싱턴이 금수저 휴스턴을 이겼으면 좋겠다고 포스팅 했는데, 그 꿈이 현실이 되었습니다. 오늘은 흙수저가 금수저를 이긴 날, 참 즐거운 날입니다.

2019.11.04(월) 오후 08시 39분

공안검사가 모두 비난의 대상이 되는 것은 아니다. 공안검사도 체제유지 공안검사가 있었고 정권유지 공안검사가 있었다. 내 기억으로 체제유지 공안검사의 대표적인 분은 오제도 검사, 고영주 검사였고 우리가 검사시절 비난한 것은 정권유지 공안검사였다. 그래서 내가 검사 하던 시절에 "저 검사는 검사도 아니다."라고 폄하한 공안검사는 정권유지 공안검사였다. 그래서 공안검사라고 해서 모두 비난해서는 안된다는 것이다.

2019.11.21.(목) 오전 10시 03분

히틀러의 광기를 독일 국민이 안 것은 10년이 지난 후 2차 대전에서 패망한 뒤였다. 괴벨스의 라디오를 통한 국민 현혹 정책에 미혹된 독일 국민은 나라가 나락으로 가는 지도 모르고 따라 가다가 패망한 것이다. 2016.10.부터 2017.3까지의 대한민국의 탄핵 상황도 나는 그러한 히틀러의 광기로 보았다. 어쨌든 그들은 히틀러처럼 국민들의 선택을 받았고 우리는 적폐로 몰렸다.

그들은 집권 후 괴벨스 전략으로 국민들을 현혹하기 시작했고 그것은 지방선거까지 이어졌다. 지금의 야당은 지리멸렬하기 때문에 총선까지 그 상황이 계속될 수도 있다. 그러면 나라는 어디로 갈 것인가? 지금처럼 소통 수단이 다양화 된 IT시대에 히틀러의 괴벨스 전략이 그토록 오래 지속 될 수 있다고 보는가? 나는 지난 10월 항쟁을 거치면서 우리 국민들이 히틀러의 광기에서 벗어나고 있다고 보았다. 우리도 이제 새롭게 태어나야 한다. 탄핵의 폐허 위에서 이제 모든 것을 허물고 새로 시작해도 늦지 않다. 다 버리고 새 출발하자. 내가 아닌 우리가 중심이 되어 새 출발하자. 그게 나라를 살리고 우리도 살 수 있는 유일한 길일 수도 있다.

2019.11.29.(금) 오전 10시 52분

김성태 의원 사건도 그렇다. 나는 애초부터 김성태 의원 사건은 드루킹 특검에 대한 정치보복으로 보았다. 실제 재판을 해보니 청탁을 했다는 식사자리는 김 의원의 딸이 대학 3학년 때인 2009년으로 밝혀졌고, 2011년 식사자리는 협박에 넘어간 KT사장의 거짓 진술에 불과했다. 이석채 회장을 구속하고 사장도 구속한다고 협박하지 않았겠나? 어이없는 검찰 행태가 어제 오늘 일도 아니지만, 이 사건은 그 정치 수사의 의도가 너무나 명확한 사건임이 증거로 밝혀졌다. 박근혜 정권의 성완종 사건 때도 내가 사전에 만나

지도 않은 성완종을 호텔에서 만났다고 증거를 조작하더니 그 사건 TF팀장은 나중에 검찰총장이 되더라. 그때 그 버릇 그대로 김성태 의원에게도 하는 것을 보니 검사라고 해서 다 같은 검사는 아닌 것이다. 검찰 모두를 비난하는 것은 아니지만, 권력의 주구 노릇하는 검사는 옛날에도 있었고 지금도 있다. 그 사람들이 검사라고 으스대는 세상이 되었으니 정의가 사라진 문 정권 시대가 된 것이다.

2020.01.01.(수) 오전 07시 51분

경자년(庚子年) 새해가 밝았습니다. 올해는 흰쥐의 해라고 합니다. 쥐는 다산(多産)다복(多福)의 상징으로 행운의 동물이고, 특히 올해는 황금돼지 해와 같이 행운을 가져다주는 흰쥐 해라고 합니다. 국민 여러분들의 가정에 건강과 행복만 깃들기를 새해 아침에 축원합니다. 새해 복 많이 받으십시오. 새해에는 희망찬 미래만 포스팅 하기를 기대합니다.

2020.01.01.(수) 오후 12시 22분

소리에 놀라지 않는/사자와 같이/그물에 걸리지 않는/바람과 같이 흙탕물에 더럽히지 않는/연꽃과 같이/무소의 뿔처럼/혼자서 가라! 불경 수타니타파에 나오는 시(詩)라고 합니다. 올 한해는 나라나 개인이나 모두 굴기의 한해가 되었으면 합니다.

2020.02.05.(수) 오전 09시 53분

오늘은 조계종 종정 예하 스님께서 탄생하신 날입니다. 부산 해운정사에 가서 예하 스님께 인사드리고 창녕으로 갑니다. 내 고향 창녕은 1억 4천만년 전 중생대 신비를 간직한 우포늪이 있고, 들판에 우뚝 솟은 화왕산이 있는 유서 깊은 고장입니다. 우리나라에 산 정상이 칼데라 호수처럼 둥글게 움푹 파인 곳은 백두산 천지연, 한라산 백록담, 울릉도 성인봉, 그리고 화왕산뿐입니다. 모두 화산 폭발로 생긴 산이고 그중 화왕산은 평지에서 우뚝 솟은 기묘한 형태의 명산입니다.

그래서 그런지 화왕산 기슭에는 예로부터 기개 높은 인물이 많았습니다. 대표적인 분이 사육신중 한분인 성삼문입니다. 꿋꿋하고 올 곧은 정신도 화왕산에서 비롯된 것일 수 있지요. 중앙은 한없이 시끄러워도 내 고향은 평온합니다.

2020.02.14.(금) 오후 12시 45분

오늘 영남 불심의 중심인 양산 통도사를 찾았습니다. 우리당에 대한 불자들의 오해를 풀기 위해 통도사 방장 큰스님을 뵙고 인사드렸습니다. 방장 큰스님으로부터 저를 위한 친필과 손수 만드신 목도리를 받았습니다. 큰스님의 깨우침을 받고 온 오늘은 참 기쁜 날입니다. 내일은 영남 불심의 또 다른 중심지인 해인사를 찾아 갑니다.

2020.02.15.(토) 오전 08시 02분

천재설소(千災雪消) 만복운흥(萬福雲興) 여의길상((如意吉祥) 모든 재앙은 눈녹 듯 사라지고 만복이 들어오고 구름처럼 일어난다. 모든 것을 뜻대로 이루니 좋은 일만 있고 상서롭도다. 어제 통도사 방장 성파 큰스님이 주신 글입니다. 오랜만에 뵈었는데 저를 위해 좋은 깨우침을 주셔서 거듭 감사드립니다. 오늘은 흐트러진 영남 불심을 잡기 위해 해인사에 왔습니다.

2020.02.27.(목) 오전 08시 57분

코로나 사태는 문 정권의 방역실패로 코로나 발원지인 중국으로부터도 입국제한을 받는 등 세계 각지로부터 코리아 아이솔레이션(isolation)을 당하고 있습니다. 그럼에도 불구하고 문 정권은 코로나 사태를 특정종교 탓을 하거나 오히려 중국에서 입국한 우리 국민 탓을 하고 나아가 애꿎은 TK지역 봉쇄만 이야기하고 있습니다.

참으로 후안무치한 정권입니다. 정권 초부터 경제, 외교, 북핵 등 모든 문제를 지난 정권 탓을 하더니, 이제 와서는 감염병 방역도 남 탓하는 어처구니없는 핑계 정권이 되고 있습니다. 핑계로 성공한 사람은 가수 김건모 씨 밖에 없다고 일전에 제가 한 말이 있었는데, 국가적 재앙을 앞두고 제발 핑계로 모면할 생각 말고 이제부터라도 철저한 방역에 만전을 기하십시오. SNS에서는 진작부터 이 정권은 재앙 정권이라는 말이 떠돌았습니다. 문 대통령은 총리 뒤에 숨지 말고 직접 나서서 총력전을 펴 코로나 확산을 막고 국민의 생명과 안전을 지키십시오. 그것이 국가의 책무입니다. 무능 부패정권을 만나 지금 우리 국민들은 고통에 처해 있지만, '이 또한 지나가리로다.' 라는 솔로몬의 잠언을 나는 굳게 믿고 있습니다.

2020.02.28.(금) 오후 07시 55분

만약 제가 정책 결정권자였다면 코로나 사태는 몽골처럼 발생 초기에 대중국 전면 차단을 하고, 철저히 조사해서 오염원으로 밝혀진 신천지교회를 강제조치 했을 겁니다. 중국 눈치 보느라 머뭇거리다가 오히려 오염원인 중국으로부터 거꾸로 제재 당하고 신천지교회 탓하느라 오염확산 방지 기회를 놓치고 이제 와서 무대책으로 쇼만 하고 있습니다. 세계로부터 제재 당하는 이런 무능하고 무대책인 정권이 어디 있습니까? 대통령은 총리 뒤에 숨고, 총리는 대구가서 현장지휘 한다고 쇼나 하고 있으니, 코로나가 무섭게 번지고 있지 않습니까? 경찰력을 동원하던지 안되면 군인들이라도 동원해서 국민들의 불안을 막으십시오. 그리고 대통령이 직접 나서십시오. 대통령이 감염이 두려운지 숨고 있으니 국민들이 더 불안한 겁니다.

오늘 처음으로 덕계 상설시장에 나가보니, 손님은 한사람도 없고 상인 분들도 자리를 비운 텅빈 상가였습니다. 거리나 상가가 폭격을 당한 것처럼 텅 비고 온 나라가 불안에 떨고 있습니다. 즉시 대통령 주재로 전 각료를 모아 놓고 코로나 긴급대책회의를 열어야 합니다. 돈이 없어 코로나가 무섭게 확산되고 있습니까? 추경 탓만 하시지 말고 전시에 준한 상황으로 긴급대책을 세우십시오. 그것이 국민의 생명과 재산을 책임진 대통령의 책무입니다.

2020.02.29.(토) 오후 01시 42분

대통령 주재로 비상 국무회의라도 열어야 합니다. 마냥 쇼만 하지 마시고 대통령이 직접 나서십시오. 대구에 총리가 상주해 본들 코로나 확산을 막을 수가 없습니다. 대통령이 대구에 내려가서 대구에서 비상 국무회의를 열어 행정각부가 분담하여 정부의 결연한 코로나 퇴치 의지를 보여 주셔야 혼돈에 빠진 국민들이 그나마 안심을 하게 됩니다. 가장 기초적인 방역 대책인 마스크 대란도 해결 못하는 문 정권의 무대책, 무책임을 한탄합니다. 대구 전 도시와 전국 신천지 교회, 교인들의 집과 감염자 주변에 대해 대대적인 방역 작업부터 하십시오. 내가 정책 결정권자였다면 시급한 위와 같은 조치부터 했을 겁니다. 도대체 이게 나라입니까?

2020.04.18.(토) 오전 09시 34분

부모님 산소에 다녀 왔습니다. 아버님은 46년전에 돌아 가셨는데 친가가 워낙 가난해서 선산이 없었습니다. 그래서 남지 공동묘지에 안장을 했는데 오늘 가보니 다른 데는 없는 할미꽃이 묘소에 가득했습니다. 어머님은 24년전에 돌아 가셨는데 외가 선산에 모셨습니다. 저는 풍수지리를 믿지 않기 때문에 경남지사 시절에 많은 분들이 공동묘지에 있는 아버님 묘소를 이장하라고 강권했으나 하지 않았습니다. 사후세계가 있다면 공동묘지가 가장 친구들이 많을 거라는 생각도 작용했습니다.

2020.04.22.(수) 오후 08시 52분

오늘 동화사에 가서 회주 큰스님, 종정 예하 큰스님 모시고 점심 공양하고 왔습니다.

2020.04.23.(목) 오후 02시 27분

오늘 초등학교 동창생들과 오찬 했습니다.

2020.04.27.(월) 오후 07시 05분

비록 지금은 텅 빈 광장에서 나 홀로 부르는 노래일지라도, 그것이 시민들의 노래가 되고, 모든 국민들이 같이 부르는 노래가 될 때까지 나는 부르고 또 부를 것이다. 그것이 당랑의 꿈이고 이 땅에서 힘겹게 살아온 우리 서민들의 꿈이다. 침묵은 금이 아니고 침묵은 비겁함이다. 좁은 세상으로 다시 들어가기 앞서 좀 더 큰 세상 더 넓은 세상으로 나가야겠다. 전국을 돌며 국민들의 목소리를 듣고 국민들만 보면서 유랑극단처럼 정치 버스킹에 나서야겠다.

2020.04.27.(월) 오후 02시 51분

태조 왕건의 전설이 서려 있는 앞산 공원 전망대에 올라 왔습니다. 어릴 때 올라 왔던 앞산 공원 보다 주변 정비가 참 깨끗하게 되어 있습니다. 대구시 전역이 다 보입니다.

2020.04.30.(목) 오전 08시 20분

오늘 부처님 오신 날입니다. 비록 코로나 사태로 석탄일 행사가 한 달 연기되었지만, 부처님 가피(加被)가 온 세상에 널리 퍼지기를 기원합니다. 평화가 온 세상에 밝게 비치기를 기원합니다.

2020.04.30.(목) 오후 04시 29분

내일 서문시장 야시장을 개장합니다. 코로나에 지친 대구 시민들의 활력을 북돋우기 위해, 저도 내일 서문시장 야시장 개장행사에 저녁 7시 30분경에 참석할 예정입니다. 여건이 되면 4월 16일

당선 축하연 때 약속했다가 세월호 6주기 때문에 부르지 못한 노래도 할 생각입니다. 서툰 노래이지만 대구 시민들이 즐겁다면 기꺼이 해 볼 생각입니다.

2020.05.01.(금) 오후 06시 52분

오늘 서문시장 야시장 개장은 코로나에 지친 대구가 다시 활기를 찾는 중요한 축제일 입니다. 축제일 노래를 한번 부르려고 했더니 곳곳에서 자중해 달라고 합니다. 이천 화재사건에 지리산 헬기 추락에 보수 우파가 선거 참패로 초상집이니 자중해 달라고 요청합니다. 그래서 서문시장 야시장 축제에서 노래하는 것을 다음 기회로 연기하기로 했습니다. 대신 우리가 기획하고 있는 전국 순회 정치 버스킹 행사 출발을 대구 서문시장에서 하기로 하겠습니다. 정치하기 참 어렵네요. 양해 바랍니다.

2020.05.02.(토) 오전 11시 12분

코로나 대책의 중심에서 고생 하고 계시는 대구 동산 병원 코로나 대책 의료진을 격려 방문했습니다. 동산병원은 코로나 사태 극복의 중심 병원으로 이제 세계적인 감염병 대책 병원이 되었습니다.

2020.05.04.(월) 오후 12시 28분

46년전 1974.4~5. 긴급조치로 대학 문을 닫았을 때 두 달 동안 기거했던 칠곡 동명 도덕암 암자에 왔습니다. 그때는 송림사에서 한 시간 산길을 걸어올라 갔는데 이젠 차로 올라가는 길이 생겨 편하게 올라 왔습니다.

2020.05.06.(수) 오전 11시 40분

경북대학교를 방문하여 총장님과 대학간부 여러분 모시고 대구 지역 현안을 논의했습니다.

2020.05.07.(목) 오전 09시 07분

양산 통도사 방장 스님이신 성파 큰스님께서 이번 선거를 앞두고 통도사를 방문했을때 써주신 글입니다. 모든 재앙은 눈 녹듯 사라지고 만복이 구름처럼 일어나는 구나. 모든 것이 뜻대로 되고 좋은 일, 상스런 일만 있을 것이다. 오늘 큰형님 같은 성파 스님을 모셨습니다.

2020.05.13.(수) 오후 09시 58분

세상이 어지러워도 장윤정의 초혼이 내 가슴을 맑게 하고, 남상규의 추풍령에서 18살 때 밤기차 타고 추풍령을 넘던 때를 회상하고, 요요미의 어깨춤에서 하루의 피로가 말끔히 씻겨지고, 김용임의 꺾어지는 트로트와 마이진의 신나는 메들리를 들으며 또 하루가 지나갑니다. 용지봉을 바라보고 수성못을 바라보면서 내 나라를 다시 세우는 꿈을 나는 꿉니다. 그렇습니다. 대구의 봄날은 그렇게 속절없이 흘러갑니다.

2020.05.18.(월) 오전 08시 29분

91.5. 광주는 참으로 뜨거웠습니다. 당시 광주지검 강력부에 근무하면서 전남대 뒤편 우산동에서 살았던 관계로 그해 광주의 분노를 온몸으로 체험했던 뜨거운 5월이었습니다. 택시 운전사의 분신, 보성고 고등학생의 분신, 전남대 박승희 양의 분신 등 그해 유난히 분신 열사 사건이 많아 우리는 분노하는 시위대의 눈을 피해 전남대병원 뒷문을 드나들면서 검시를 할 수밖에 없었습니다. 오늘은 한국 현대사에 가장 비극적인 사건 중 하나로 기억될 광주 5.18민주화 운동을 기념하는 날입니다. 지난 탄핵 대선 때 추념 방문했던 망월동 국립묘지에서 그날의 함성을 되새기면서 아직 공적 활동이 시작되지 않아 올해는 대구에서 추념으로 그치지만, 내년부터는 광주 추념식에 참석하도록 할 것입니다. 5월 영령들의 명복을 빕니다.

그 옛날 대홍수 때 용이 날아올라 앉았다는 전설이 있는 수성 못의 용지봉(龍池峰) 정상에 왔습니다. 해발 629미터로 수성구를 지키는 우뚝 솟은 봉우리입니다.

해발 1001미터 비슬산 대견사(大見寺)입니다. 지리산 법계사, 설악산 봉정암에 이어 세 번째로 높은 곳에 위치한 큰 깨달음의 사찰입니다. 일제시대 영남 인물의 맥을 끊기 위해 폐사(廢寺)를 시켰는데 100년 만인 5년 전 다시 중창한 명산 고찰 입니다. 삼국유사의 저자인 일연 선사님이 수도한 절이라고 합니다. 부처님의 진신사리를 모신 법보(法寶) 사찰이기도 합니다. 예부터 비슬산 기슭에서 왕이 네 사람 나온다는 전설이 있습니다. 그래서 일제시대에는 그 맥을 끊기 위해 비슬산 대견사(大見寺)를 폐사(廢寺)하기도 했습니다.

윤미향 사건을 보면서 parasite라는 단어가 떠올랐습니다. 얼마 전에 아카데미 상까지 받았던 동명의 영화도 있었지요. 좌파는 뻔뻔하고 우파는 비겁하다. 작년에 제가 한 말입니다. 최근의 일련의 사태를 보면서 정말 그 말이 맞다는 느낌을 지울 수가 없네요.

2020.05.26.(화) 오후 02시 01분

달성군, 청도군, 창녕군에 걸쳐 있는 영남 명산 비슬산(琵瑟山,1084미터) 정상 천왕봉(天王峰)에 올라 왔습니다. 임금 王 자가 네 개나 들어 있는 특이한 산 이름입니다. 천왕봉은 지리산 정상에도 있지만 영암 월출산 정상에는 천황봉(天皇峰)도 있습니다. 예부터 비슬산 기슭에서 왕이 네 사람 나온다는 전설이 있습니다. 그래서 일제시대에는 그 맥을 끊기 위해 비슬산 대견사(大見寺)를 폐사(廢寺)하기도 했습니다.

2020.05.28.(목) 오전 09시 11분

경남지사 시절에는 출근의무가 창원 도청에 있어서 창원 도지사 관사가 본가였고 서울 잠실 집은 별장 같은 느낌이 들었는데, 이번에는 출근의무가 여의도 국회에 있어서 잠실이 본가이고 대구 수성의 전세 집은 별장이 된 듯한 느낌입니다. 그러나 수성의 전세 집에서 생각이 더 맑아지고 정리가 더 잘 되고 더 차분해 지는 것은 대구 생활이 서울 생활 보다 더 좋다는 것일 겁니다. 곧 다가올 여름이 올 해는 유난히 덥다고 합니다. 대구는 분지 지형이라서 대프리카라고 할 만큼 더운데 올 여름은 대구에서 무척 고전 할 것 같습니다.

2020.05.30.(토) 오후 01시 25분

오늘이 부처님 오신날입니다. 대구 동화사에서 열린 불기 2564년 석가탄신일 기념 행사장에 왔습니다. 부처님의 가피(加被)가 온 누리에 펼쳐지기를 기원합니다.

2020.06.06(토) 오후 12시 18분

오늘은 현충일입니다. 호국 영령을 기리고 추모하는 현충일을 맞이하면서 우리가 호국 영령들의 후손들을 제대로 돌봐 왔는지 다시 한 번 돌아 볼 때입니다. 오늘 오후에 대구 현충탑으로 가서 추모할 생각입니다. 정권이 바뀌니 현충일의 의미도 바뀌는 세상이 된 것이 아닌지 심히 우려됩니다.

2020.06.12(금) 오후 10시 39분

야들아 일어 나거라. 한밤중에 잠결에 눈을 비비고 일어나 보니 마당까지 성난 강물이 몰려와 곧 바로 우리 초가집을 삼킬 형세였습니다. 내 초등학교 6학년 7월 중순경 삶의 터전을 찾아 대구와 동부 경남 지역을 떠돌다가 간 합천 산골 마을 낙동강 변 오두막 집에서 있었던 일입니다. 해마다 여름이 오면 장마 뒤에 반드시 찾아오는 홍수로 우리 집은 늘 강물에 잠겼습니다. 잠자다가 집 뒤

뚝으로 피난 가서 물이 빠질 때까지 며칠이고 축축한 뒤 뚝 방에서 노숙을 해야 했던 그 시절을, 나는 여름 장마철이 되면 악몽처럼 떠올리곤 합니다. 김소월의 시 '엄마야 누나야 강변 살자'는 그 아름다운 서정시도 싫었던 시절이었습니다.

올해도 어김없이 장마가 오고 있습니다. 지금이야 각종 하천 정비가 잘 되어 있고 4대강 정비 사업으로 장마철이 되어도 홍수 걱정없이 보내는 좋은 시절이 되었지만, 그때 그 시절 여름은 온 가족의 생계를 단번에 앗아 가 버리는 장마와 홍수로 두려움에 떨던 공포의 시간이었습니다. 곧 장마철이 시작됩니다. 농촌에서는 농작물 피해를 조심하시고 도시에서는 축대 붕괴 등 서민 주거지 안전 대책에 관계자 여러분들은 만전을 기해 주시기 바랍니다.

2020.06.25(목) 오전 09시 46분

전우여 잘 자라. 오늘만이라도 목 터지게 불러 봅시다.

2020.06.25(목) 오후 11시 43분

국회 제 집무실에 걸려 있는 '창녕 우포늪 따오기의 비상'이 있습니다. 멸종되었던 따오기의 번식 사업이 우포늪 방사에 성공하여 이제 따오기는 우포늪 텃새가 되었습니다.

2020.07.02.(목) 오전 09시 21분

사형집행 의무화 법안을 극우 포퓰리즘이라는 비난을 한 분을 봤습니다. 극우란 대체로 전체주의를 통칭할 때 쓰는 말입니다. 사형집행을 하고 있는 미국 30개주 주지사는 모두 전체주의자들이고 매년 사형집행을 실시하고 있는 일본은 전체주의 국가인가요? 그 분이 자주 쓰는 ×개는 시도 때도 없이 짖고 피아를 가리지 않고 물어버립니다. 오판가능성을 반대 이유로 삼는 것은 일견 타당성이 있으나 극우 포퓰리즘이라는 것은 지성인답지 않습니다. 자중 하십시오.

2020.07.03.(금) 오전 07시 51분

추미애 장관, 윤석열 총장의 영역싸움 치킨게임을 보면 이 더운 여름 장마철에 짜증난 국민을 더 짜증만 나게 하게 합니다. 소위 장관이 수사지휘권을 발동했다는 그 사안이 그럴만한 사안이었는지, 총장은 수사결과를 보고만 받으면 되지 자기 측근 보호를 위한다는 의심을 받는 전문수사단 소집을 왜 했는지, 속이 뻔히 보이는 두 사람의 상식 밖 행태는 국민들의 눈살을 찌푸리게 하지 않을 수 없습니다. 각자 맡은 책임과 역할을 다하면 될 것을 장관은 총장을 부당하게 압박하고, 총장은 자기 측근 보호를 위해 무리한 수사 압력을 가하는 듯한 지휘권 행사는 둘 다 옳지 않습니다.

그래도 법무부의 특성상 장관과 총장의 관계는 상하관계는 아니라는 점에 유의해서 서로 각자가 자기 영역에서 책임과 의무를 다해 주시기 바랍니다. 공직사회는 동물사회처럼 서열 싸움하는 곳이 아닙니다.

해방 직후 자유당 정권 때 검찰총장이 서울지검장 최대교 검사장에게 상공부 장관 임영신을 불기소 하라고 직무명령을 내리자 최 검사장은 이를 거부하고 임영신 상공부 장관을 불구속 기소를 한 일이 있었습니다. 그 이후 93.5. 슬롯머신 사건 수사 당시 검찰총장으로부터 직무명령이라면서 정덕진 형제중 불구속 수사 중인 동생인 정덕일을 구속하라는 지시가 있었습니다.

그러나 그 지시대로 하면 향후 있을 검찰 내부 비리 수사에 정덕일이 입을 닫아 버릴 가능성이 농후하고 가족 공범자중 형인 정덕진을 구속한 이상 동생인 정덕일을 같이 구속한다는 것은 관례에 반하므로 그 직무 명령에는 따를 수 없다고 거부를 했습니다. 총장을 비롯한 당시 검찰수뇌부의 의도는 정덕일을 구속함으로써 검찰 내부 비리 수사를 막으려고 한다고 우리는 판단했기 때문에 우리 수사팀은 이를 감연히 거부했던 것입니다. 장관이나 총장이 불순한 의도로 실체적 진실을 은폐하기 위해 직무 명령권을 발동 했다면 검사는 당연히 이를 거부해야 합니다.

이번 추미애 장관의 직무명령이 어느 경우에 해당하는지 당사자들이 더 잘 알 겁니다. 윤석열 총장의 대응을 보면 어느 경우인지 국민들이 판단할 수 있을 겁니다. 윤총장의 대응을 주목해 봅시다.

2020.07.03.(금) 오후 08시 53분

  93.5. 검찰총장의 정덕일 구속 지시 직무명령을 거부할 당시 수사검사였던 제가 사표를 내겠다고 했으나, 송종의 당시 서울 지검장께서 자신이 책임지겠다고 하시면서 사표를 들고 검찰총장을 면담했고 검찰총장께서는 절차가 맞지 않는다고 하시면서 김유후 서울고검장에게 사표를 제출하라고 반려했습니다.

  송종의 서울지검장의 사표는 김유후 서울고검장에게 제출되었으나 김유후 서울고검장께서 그 사표를 자신의 책상 서랍에 넣고 대검찰청에 제출하지 않음으로써 검찰총장의 직무명령 파동은 종료되었고 정덕일은 불구속 수사를 계속하여 검찰 고검장들의 비리를 밝힐 수 있었습니다. 이 직무명령 파동은 그 후 철저하게 비밀에 부쳐져 지금까지 어느 언론에도 공개된 일이 없지만 당시 송종의 서울 검사장의 의로운 결단은 그 후 당시 수사팀 강력부 검사들에게는 두고두고 사표(師表)로 회자 되고 있습니다. 지금 검찰에 그러한 의로운 검찰 간부가 단 한명이라도 있기나 합니까?

2020.07.10.(금) 오전 08시 59분

  그렇게 허망하게 갈 걸 뭐 할라고 아웅다웅 살았나? 박원순 시장의 비보는 큰 충격입니다. 고향 경남 창녕 후배이지만 고시는 2년 선배였던 탓에 웃으며 선후배 논쟁을 하면서 허물없이 지냈지만 서로의 생각이 달라 늘 다른 길을 걸어 왔습니다. 차기 대선이 창녕군수 선거가 될 수도 있다는 세간의 농담이 있기도 했고, 최근 활발한 대선 행보를 고무적으로 쳐다보기도 했습니다.

그런데 허망하게 갔습니다. 더 이상 고인의 명예가 실추되는 일이 없었으면 합니다. 편안하게 영면하십시오.

2020.07.10.(금) 오전 11시 52분

검사의 논고문이나 항소이유서에 기재한 양형에 대한 의견은 그야 말로 의견일 뿐이고 판사가 구속되는 사안이 아님에도, 검사가 무죄에 대한 항소 이유만 있고 양형에 대한 이유가 없다는 것을 이유로 이를 파기한 대법원 판결은 전형적인 내편무죄 네편유죄 판결이라고 아니할 수 없습니다. 검사의 구형보다 더 높은 실형을 판사가 선고 했을 때 그것도 위법인가요?

이번 성남시장 대법원 봐주기 판결은 곧 있을 이재명 사건과 김경수 사건을 어떻게 판결하라고 지침을 제시한 내편 무죄 네편유죄 판결의 전형입니다. 형사절차는 민사절차 같이 변론주의, 처분권주의가 아님에도 초보적인 그것조차 무시한 것은 몰라서 그런 건가요 알고도 그런 건가요? 양형은 검사의 주장이 있건 없건 간에 판사의 직권 판단 사항입니다. 사법부도 이젠 베네수엘라 사법부로 가고 있습니다. 이를 지적하는 사람도 없고 항변하는 사람도 없으니 사법부도 눈 꼭 감고 이런 판결을 하는 겁니다. 통탄할 일입니다.

2020.07.13.(월) 오후 10시 26분

성추행의 주범은 자진(自盡)했고 유산이 없다고 해도 방조범들은 엄연히 살아 있고 사용자인 서울시의 법적책임이 남아 있는 이상 사자(死者)에 대해서만 공소권이 없을 뿐이고 피해자에 대한 법적 보호를 위해 이사건 과정에 대한 실체적 진실은 명명백백히 밝혀져야 합니다. 피해자가 한명만이 아니라는 소문도 무성하고 심지어 채홍사 역할을 한 사람도 있었다는 말이 떠돌고 있습니다. 이런 말들을 잠재우기 위해서라도 검·경은 더욱더 수사를 철저히 하고 야당은 TF라도 구성해서 전 서울시장의 성추행 의혹에 대한 진상 규명에 적극 나서십시오. 더 이상 권력자들에 의한 여성들 성추행을 막으려면, 이번 사건을 마지막으로 철저하게 진상 규명이 되어야 할 것입니다.

2020.07.14.(화) 오전 08시 13분

박시장에 대한 포스팅 내용이 달라진 것이 아니라 사건 추이를 따라가 보면 일관되어 있습니다. 사망 당일은 애도했지만 그 후 장례절차와 수사는 잘못되어 가고 있다는 것을 지적하는 것뿐입니다. 실체적 진실 규명 요구도 그 후 눈덩이처럼 온갖 소문이 난무하고 또 피해자들이 복수로 있다는 말도 떠돌고 있어 2차 피해를 막고 더 이상 권력자들에 의한 성추행 피해 여성들 보호를 위해서 이 사건이 마지막이 되어야 한다고 보기 때문입니다. 안희정, 오거돈에 이어 박원순의 이번 사건은 그 외 민주당 인사들의 성 추행

사건과 더불어 민주당 전체에 대한 여성들의 혐오의 출발이 될 수도 있습니다. 이해찬 당대표의 단순 사과로 수습되지 않을 겁니다. 진실을 알리기 위한 야당의 적극적인 역할을 기대합니다.

2020.07.14.(화) 오전 08시 42분

7월 17일 금요일 19시 대구 수성못 수상 공연장에서 대구 매일신문 유튜브 미녀와 야수와 함께 생방송으로 정치버스킹을 진행하기로 했습니다. 수성구, 대구시, 대한민국의 현안 등 어떤 주제라도 자유로이 묻고 즉석에서 답변하는 정치버스킹 현장에 꼭 마스크를 착용 하시고 오십시오. 여름날 밤 수성못에서 펼쳐지는 재미있는 정치쇼 현장에 국민 여러분들의 많은 참여 바랍니다.

2020.07.15.(수) 오전 09시 21분

오늘의 단상(斷想)

1. ×개의 특징
   시도 때도 없이 짖는다. 피아 구분없이 아무나 문다.

2. 좀비의 특징
   아무런 생각이 없다. 죽은 것 같은데 영혼이 없어도 살아 있다.

3. 좌파 운동권의 특징
   성(性) 공유화를 일상화한다. 자기가 하는 일은 무얼 해도 정의다.

4. 한국판 뉴딜정책
   자신의 임기도 망각한 채 국고 탕진만 노리는 사람 밑에서 한 번도 경험하지 않은 나라에 살고 있는 우리 국민들만 불쌍하다.

대구·경북을 행정 통합해서 거대 특별자치도를 만들자고 합니다. 제주도처럼 특별자치도가 되면 위임된 권한도 많아지고 교부금도 늘어난다고 합니다. 그런데 대구 경북이 행정통합 되면 행정의 효율성을 제고 하고 통합의 시너지 효과를 극대화하기 위해서 제주특별자치도처럼 기초자치 단체장은 임명직으로 모두 전환하고 제주도는 아니지만 중복 산하 공기업, 산하단체 등은 통폐합하고 공무원수 대폭 구조조정하여 통합의 시너지 효과를 극대화할 준비는 하고 그걸 추진하고 있습니까? 단순한 행정 통합만으로 두 광역 단체가 하나가 된들 달라질 것이 무엇이 있습니까? 오죽 답답하면 그런 안을 내어 놓았겠습니까 마는 제가 보기에는 현실성 없는 대안으로 보입니다.

오히려 전국의 광역 단체를 모두 다 없애고 대한민국을 40여개 기초단체로 통폐합하여 기초, 광역, 국가 3단계 행정 조직을 기초, 국가 2단계 행정조직으로 개편하고 기초·광역 의원도 지방의원으로 통합하여 지방조직을 대개혁을 하는 것이 지난 100년간 내려온 8도 3단계 지방조직 체제를 선진화하는 것이 아닐까 하는 생각입니다. 제가 경남지사를 할 때 느낀 것이지만 과거와는 달리 3단계 행정 조직을 2단계로 대개혁 해야 한다는 필요성을 절감했습니다. 한번 곰곰이 생각해 보시지요.

역사적으로 우리 민족이 한반도에 갇히게 된 계기는 고구려 20대 장수왕의 남하정책에서 비롯됩니다. 장수왕은 만주와 요동을 호령하던 대륙을 향한 기개를 남하정책을 펴면서 수도를 국내성에서 평양성으로 옮겼고 그리하여 우리 민족을 한반도에 갇히게 된 계기를 만든 고구려의 기상을 계승하지 못한 가장 고구려답지 않은 왕이었습니다. 그 후 삼국통일은 한반도 동쪽 귀퉁이에 있던 신라가 이루었지만 우리 영토는 한반도에 갇히게 되었고 고려의 재통일로 수도가 개경으로 갔다가 조선조에 들어와 한양으로 다시 옮겨 우리는 서울 정도 600백년을 보냈습니다.

최근 또다시 민주당이 대선전략으로 세종시 천도론을 들고 나온 것을 보고 참 어처구니없는 짓을 또 하고 있다는 생각이 들지 않을 수 없었습니다. 충청표를 노리고 획책하고 있는 세종시 천도론에 대해 더 이상 우리 국민들은 속지 않았으면 합니다. 통일을 앞두고 천도를 구상한다면 수도는 통일 후 평양으로 가고 서울은 경제수도로 해서 한반도 미래 전략을 세우는 것이 통일 한국의 미래비전으로 맞지 서해안으로 수도를 옮기자는 것은 통일을 포기하고 영원히 분단국가로 살아가자는 것 밖에 되지 않는 것 아닌가요?

웅대한 대륙을 향한 기상은 포기하고 통일도 포기하고 또다시 남쪽으로 내려가자는 세종시 천도론은 한반도 미래 전략에는 전혀 맞지 않는 잘못된 정책입니다. 이참에 야당은 세종시 천도론을 반대만 하기 보다는 통일 후 평양 천도론으로 대응하면 어떨까 하는 생각이 들었습니다.

2020.07.28.(화) 오전 08시 14분

지난 30여 년 동안 한국 사회에서의 교육현장은 알게 모르게 이념 교육화의 무대가 되어 버렸습니다. 안토니오 그람시의 진지전 무대가 되어 버린 한국의 교육현장을 이젠 정상적으로 되돌릴 시점이 되었다고 저는 생각합니다. 교육은 가치중립적인 교육으로 우리 아이들이 건전하게 판단을 할 수 있게 만들어야 되는 장(場)인데 교육현장이 특정 이념의 선전장으로 전락하면 한국사회 전체가 한쪽으로 기울어집니다. 곧 이념 교육 방지 3법을 발의합니다. 이로써 지난 탄핵 대선 때 국민들과 약속했던 공약을 좋은 세상 만들기 입법발의로 대부분 지킬 수 있게 되었습니다. 앞으로도 좋은 세상 만들기 운동은 계속될 겁니다.

2020.08.11.(화) 오후 08시 34분

하상계수라는 것이 있습니다. 유럽의 경우는 하상계수가 2가 넘지 않지만 우리나라는 옛날에는 390이 대부분 넘었지만 댐 건설로 지금은 보통 100정도가 되고 섬진강의 경우 한때는 730이 될 때도 있었습니다. 우리나라 하천 중 섬진강이 하상계수가 가장 높지요. 하상계수는 갈수기의 수량과 만수기의 수량의 차이를 비교하는 수치로 유럽처럼 일년내내 강수량이 일정한 나라들과는 달리 몬순 기후인 우리나라는 장마철에 강우량이 집중되기 때문에 장마철에 물을 가두어 두었다가 갈수기에 물을 흘려보내는 방식으로 수량 관리를 하고 있습니다.

우리나라 하천의 하상계수대로 보면 갈수기보다 장마철 수량은 보통 100배가 넘는 거지요. 그래서 4대강의 보도 그런 목적으로 건설했고 4대강 보로 인해 금년처럼 기록적인 폭우 외에는 낙동강 유역의 홍수피해는 단 한 번도 없었습니다.

섬진강과 낙동강 뚝이 터진 것은 적기에 수량관리를 잘못한 탓일 가능성이 큽니다. 폭우가 예상되면 미리 댐이나 보의 물을 비우고 수량관리를 해야 하는데 그걸 잘못한 탓에 둑이 터졌을 가능성이 큽니다. 그런데 그걸 두고 또 4대강 보 탓을 하는 대통령과 민주당의 무지(無知)는 가히 놀랍습니다. 하기사 대선 때 토론 해보니 녹조발생 원인도 모르고 4대강 보 탓을 하고 있었으니 그런 무지한 말도 할 수 있지요. 이제라도 지류, 지천 정비를 해야 합니다. 기후 변화로 점점 올해 같은 기상 이변이 자주 올겁니다.

2020.08.12.(수) 오후 01시 45분

하상계수를 말하니 법을 공부한 사람이 어떻게 하상계수를 아느냐고 의아해 하시는 분들이 있습니다. 25년 정치하면서 법사위에서 법무 행정을, 정보위에서 정보의 흐름을, 외통위에서 외교와 통상을, 국방위에서 국방과 대북정책을, 기재위에서 예산과 경제를, 정무위에서 금융을, 환노위에서 환경과 노동정책을, 행안위와 경남지사를 하면서 경찰행정과 지방행정을, 교육위에서 입시제도를 각 공부했고, 국토위는 경쟁이 치열해서 못갔지만 잠실과 동대문에서 대규모 재개발, 재건축을 해본 경험이 있습니다. 아마 그동안 제가 돌아다닌 상임위가 10여 곳이 넘을 겁니다. 하상계수는 환노위 위원장을 하면서 물관리 정책을 몇 년간 다루어 보았기 때문에 익히 알고 있는 것이지 인터넷이나 찾아보고 습득한 지식이 아닙니다.

문 대통령이 국회 경험이 많았다면 이번처럼 경제상황이나 부동산 혼란, 물난리 정국에 뜬금 없는 말을 하지 않았을 겁니다. 대통령의 말은 천금처럼 무거워야 합니다. 말씀하시기 전에 참모진들과 반드시 상의하시고 대국민 메시지를 내시기 바랍니다. 유체 이탈 화법은 국민들을 혼란스럽게 할 뿐입니다.

2020.08.15.(토) 오전 10시 23분

8월 5일 영남 민심을 듣기 위해 대구로 내려 왔다가 11일 만에 다시 서울로 올라갑니다. 오늘은 일제 치하에서 해방이 된지 75년이 되는 해이고, 1948.8.15.나라를 세운지 72년이 되는 광복절입니다. 광복절이 되어도 즐겁지 않은 것은 한줌도 안되는 세력들이 나라를 차지해서 대한민국의 정통성을 송두리 채 부정하려는 시도가 지난 문 정권 3년 동안 계속 이어져 왔고 지금도 계속하고 있다는 겁니다. 이제 2년도 안남은 정권이 전 정권 모두를 부정하면 퇴임 후 그 부메랑을 어떻게 감당하려고 그런 패악을 계속 부리는지 이해하기 어렵습니다. 역사는 과거와 미래와의 끝없는 대화라고 했는데, 폐허 속에서 일군 대한민국 75년 역사를 이렇게 단시간에 허물어버리려는 만행을 저지르고도 반성 없이 그들은 계속 국가를 허물고 있습니다. 이젠 자랑스러운 내 나라를 지키고 다시 일으켜 세워야 할 때입니다. 9월이 오면 부동산 사태를 시발로 문 정권은 붕괴된다고 예측 한바 있습니다. 예측한대로 문 정권은 이젠 반등 요인 없이 계속 붕괴의 길로 갈 겁니다. 그래서 우리가 다시 세울 이 나라는 그들만의 나라가 아닌 대한민국이어야 합니다. 모두가 하나 되는 대한민국이어야 합니다.

2020.08.21.(금) 오전 10시 13분

애국가를 작곡한 안익태 선생을 친일분자라고 주장하면서 애국가를 바꾸자고 하는 자칭 광복회장을 보면서 참 어이없는 사람이 광복회장이 되니 나라가 이젠 산으로 가고 있다는 생각이 들었습니다. 좌파진영에서 가장 배격하는 인물은 친일보다 그들이 말하는 소위 5공 부역자들 입니다. 그들이 가장 배격하는 대표적인 소위 5공 부역자 출신이 자신의 출신을 숨기기 위해 카멜레온 행각으로 문 정권에 빌붙어 연명해 보려고 몸부림치는 모습이 참 딱하게 보입니다. 우리나라 애국가에 무슨 친일 요소가 있고 가사 어느 부분에 친일 요소가 있는지 되물어 보고 싶습니다.

지금 대한민국을 열광케 하고 있는 트로트 열풍도 원류가 엔카라고 금지해야 한다고 왜 주장하지는 않습니까? 예술에도 잘못된 역사 인식을 주입하는 자칭 광복회장을 보면서 이젠 광복회도 그 사람으로 인해서 이상한 단체로 전락하지 않을까 하는 기우마져 드는 광복 75주년입니다. 깜도 안되는 집단들이 나라를 통째로 허물고 있습니다.

감염병 예방법에는 특정해서 감염자·감염 의심자에 대한 과거 위치정보를 임의로 조사할 수는 있으나, 이번처럼 광화문 집회에 참여한 모든 사람들의 위치정보를 법원의 압수·수색 영장 없이 마음대로 강제 조사하는 것은 위법입니다. 나아가 우리 법제상 그러한 포괄영장제는 그 자체가 아예 없습니다. 오늘 예결위에서 정부의 답변은 스스로 불법을 자행 했다는 자백이나 다를 바 없었습니다. 물론 감염병 예방차원에서 저지른 불법이라고 양해해 달라고 할 수도 있으나, 민노총 집회는 자기들 편이어서 방관하고, 부동산 정책에 대한 국민들의 분노는 정적들이라고 보고 탄압하려는 시도로 볼 수밖에 없는 이번 오로지 반대편에 대한 인권 침해는 선뜻 용납하기 어렵습니다.

그러니 국민들이 정치적 방역이라고 비난하고 있는 겁니다. 국민들의 생명이 걸린 방역 문제를 정치적으로 이용하는 것은 참으로 해서는 안되는 짓입니다. 더구나 대통령까지 나서서 국민을 협박하는 행위는 옳은 처사가 아닙니다. 정상적인 방역 활동을 하십시오. 그리고 더 악화되기 전에 부동산 문제도 정상으로 돌리십시오.

3류의사 양산하는 의료 포퓰리즘에 저항하는 것은 의료인들의 당연한 권리라고 봅니다. 법조인 증원과는 달리 국민의 생명을 다루는 의사 증원은 막무가내로 밀어붙일 것이 아니라 의료계의 의견을 충분히 경청하고, 우수한 의료인력 확보를 위해 시행 되어야 함에도, 부동산 파탄 대책을 밀어붙이듯이 3류의사 양산 대책을 밀어붙이는 것은 180석만 믿는 무모한 결정입니다. 코로나 혼돈정국에 서로 대화하여 타협점을 찾으시기 바랍니다. 의료계의 주장이 일리가 있습니다.

2020.08.29.(토) 오전 11시 11분

열심히 공부하고 열심히 일해서 남보다 잘나고 남보다 잘사는 사람을 인정 하지 않고 어느 사람들처럼 부모덕에 스펙 쌓아 뒷문으로 대학 가고, 로스쿨 가고 의전원 가서 판검사 되고 의사가 되는 세상이 사람 사는 세상이 되는 이상한 나라가 되어 가고 있다. 그래서 나는 로스쿨도 반대하고 의전원도 반대하고 입학 사정관제도 반대하고 수시도 반대했지만, 좌파들은 그것이 평등한 세상인양 모두를 하향평준화 하는 몰지각한 세상으로 만들고 있다. 그것이 문 대통령이 말하는 한 번도 경험하지 못한 나라인가. 이제 의사도 능력도 안되는 3류들이 좌파 시민단체의 추천으로 되는 3류국가가 된다면 이 나라는 희망 없는 나라가 된다. 그들만의 폭주는 여기서 멈추도록 해야 한다. 이번 의료계 파업이 그 시발점이 될 것이다.

2020.08.31.(월) 오전 11시 20분

옛날 코메디 프로에 퀴즈 대항전 프로가 있었다. 기본점수 모두에게 100점을 주고 틀리면 10점 감점, 맞으면 20점을 더 주는 프로였는데 우승자는 끝까지 단 한 번도 벨을 누르지 않고 가만히 자리를 지켰던 사람이 기본점수 100점으로 우승하는 웃지 못할 코메디 대행진이 있었다. 그러나 현실 정치에서는 정권은 저절로 오지 않는다. 치열한 투쟁 끝에 오는 것이다. 우리가 힘이 딸리면 반문재인 모두 힘을 합쳐 연대라도 해야 한다. 공공의대 타도 전선에 감연히 나선 의료계 파업을 다시 한 번 적극 지지한다.

2020.09.04.(금) 오전 11시 12분

이번 의료계 파동에 빛난 것은 최대집 의협 회장을 비롯한 의협 지도부의 지도력입니다. 망설이는 의료계를 하나로 뭉치게 하고 문 정권의 폭정, 폭주에 감연히 맞선 그들의 강단과 용기는 참으로 대단했습니다. 여론의 눈치나 보는 야당과 손잡지 않고 오로지 내부의 단합된 힘만으로 문 정권의 폭주를 막아낸 것은 참으로 대단한 일이었습니다. 하나가 되면 이길 수 있다는 확신을 심어준 것도 크나큰 성과입니다. 의협 지도부 여러분! 수고 많으셨습니다. 이제 모두 본업으로 돌아가 코로나 퇴치에 전력을 다해 주시기 바랍니다. 감사합니다.

나는 여론의 역풍에도 불구하고 의료진 파업을 처음부터 옳다고 보고 적극 지지했던 사람입니다. 의협 회장단의 정부·여당과의 합의를 파기하고 다시 거리에 나가야 한다는 주장도 일리가 있습니다만 지금은 의료계가 하나로 뭉칠 때라고 봅니다. 일단 합의된 안이 지켜지지 않을 때 그때는 대대적으로 대정부 투쟁을 해도 늦지 않습니다. 한 번에 모든 것을 다 얻을 수도 없고 상대방을 완벽하게 굴복 시킬 수도 없는 것이 세상사입니다. 그래도 문 정권 출범 후 좌파정권의 패악을 최초로 굴복시킨 것은 야당이 아닌 바로 여러분들입니다. 여러분들이 아니었으면 의료개악이 지난번 부동산 정책 개악처럼 무댓보로 국회를 통과 했을 겁니다. 모두 하나로 뭉쳐 의료개악을 저지합시다. 저도 계속 여러분들을 지지하겠습니다.

청주지검 초임 검사 시절 당시 전두환 전 대통령에게 밤에 청와대로 불려가 대작을 할 정도로 실세였던 법무부 장관이 있었습니다. 그 법무부 장관의 유일한 사돈을 검찰간부들이 없는 토요일 밤에 전격적으로 변호사법 위반으로 구속한 일이 있었습니다. 당연히 월요일 아침에 검찰청이 발칵 뒤집힐 정도로 법무부 장관의 부인이 검사장을 찾아와 난리를 쳤고, 나는 아주 곤혹스러웠지만 다행히 검사장께서는 별다른 질책없이 넘어갔습니다. 그 사돈을 20

일 꽉 채워 구속 기소하고 나는 울산지청으로 갔고, 그 뒤로는 청주에서 그 사돈의 행패가 사라졌다고 합니다.

추미애 법무부 장관 아들의 탈영 문제는 일주일만 수사하면 결론이 날 텐데, 왜 검사가 8개월이나 미루고 있는지 나는 도무지 이해하기 어렵습니다. 검사의 결정 장애가 사건의 난해함 때문은 아닐진데, 왜 그 문제 때문에 대한민국이 시끄러운지 이해하기 어렵습니다. 검사가 바로서야 나라 법질서가 바로 섭니다. 대한민국 검사가 그런 처신을 하니 공수처가 힘을 받는 겁니다. 검사답게 처신하십시오.

2020.09.20.(일) 오전 10시 54분

어머님 산소에 왔습니다. 경남지사 때는 매달 왔는데 서울로 올라가고 나서는 드문드문 오게 되어 참 면구스럽습니다. 25년 전에 심은 배롱나무가 제법 컸습니다.

2020.09.27.(일) 오후 08시 29분

드라이브 스루 집회가 코로나와 무슨 상관이 있나? 그 차량시위 집회가 왜 면허 취소 사유인가? 법학통론 기초도 모르는 총리 발표를 보니 정권도 저무는 모양이다. 그렇게 겁날 걸 왜 좀 잘하지 천방지축 날 뛰었나? 김정은 사과문도 아닌 통전부 연락을 받아 적은 것을 김정은 사과문이라고 왜곡 발표하고 그걸로 국민의 생

목숨을 묻어 버리려는 정권이 대한민국 정부인가? 정말 그런 연락이라도 왔는지 참으로 의심스럽다. 어이없는 문 정권의 행태를 국민과 함께 분노하는 휴일 밤입니다.

2020.09.29.(화) 오후 01시 07분

중국 최초로 통일제국을 이룬 진(秦)나라가 15년 만에 망한 중심에는 호해(胡亥)와 조고(趙高)가 있었습니다. 허수아비 호해를 등에 업고 조고가 만행을 부리다가 진나라는 건국 15년 만에 망했습니다. 중국 최대의 간신으로 지목 되는 조고는 지록위마(指鹿爲馬)라는 고사성어를 만들어낸 희대의 간신이었습니다. 최근 추방부, 추법부, 우리국민 살해 소각 사태를 보면서 과연 지금 한국의 호해는 누구이고 조고는 누구인지 누가 작당해서 지록위마를 만들어 내는지 이번 추석 국민들의 밥상에서는 그것이 중점적으로 회자될 것입니다.

한번 맞추어 보십시오. 지금 한국의 조고는 누구이고 호해는 누구인지 우울한 추석이지만 명절만큼은 모든 것 잊고 즐겁게 보내시기 바랍니다. 이런 나라가 되게 하여 국민 여러분들에게 다시 한번 사죄드립니다.

2020.10.01.(목) 오후 12시 34분

80대 노정객의 당 개혁은 찬성하고 60대 중신(重臣)은 반개혁적이라는 어처구니없는 일부 초선들의 사고에는 참으로 동의하기 어렵습니다. 나는 당 개혁에 단 한 번도 반대한 일이 없고 오히려 내가 당을 운영할 때 하지 못했던 일을 지금 당이 하고 있는 것으로 알고 그냥 지켜보고만 있을 뿐입니다.

영남을 기반으로 한 당이 영남 출신 중진들을 배제하고 어찌 정권을 되찾아 올수가 있겠습니까? 이미지 정치로 나락으로 떨어져 막장까지 간 당이 어찌하여 아직도 문재인의 프레임에 갇혀 허망한 이미지 정치에만 안주하려 하십니까? 몇몇 이해관계 상반된 초선 의원들의 의견이 당 전부의 의견일 수 있습니까? 나라는 이 꼴로 몰락해 가고 있는데 아직도 우리는 하나가 되지 못하고, 소아(小我)에만 집착해 지리멸렬한 야당으로 가고 있는 것 같아 유감입니다. 나는 오로지 나라를 바로 세우는 일에만 관심이 있지 당권에는 전혀 관심이 없습니다. 즐거운 추석날 이런 글을 올려서 죄송스럽기 그지없으나 더 이상 잘못된 오해를 불식하기 위해서 불가피 했다는 것을 양해 바랍니다. 편안한 명절 되십시오.

2020.10.05.(월) 오후 08시 42분

나훈아 선생이 말씀하신 위정자는 爲政者가 아닌 僞政者로 나는 들었습니다. 허위와 위선으로 정치하는 사람을 우리는 僞政者라고 하지요. 신곡 테스형은 제 자신도 모르는 僞政者를 "너 자신을 알아라."라고 꾸짖는 말로 들었고 "애인이 생겼어요, 명자"는 저의 청년 시절을 되돌아보게 하는 뭉클한 감동을 주었습니다.

진정한 예인(藝人)의 감동을 준 그의 무대는 요즘 한참 뜨는 트로트 스타들과는 격이 다른 감동이었습니다. 〈님 그리워〉, 〈천리길〉을 처음 들을 때가 중학생 때였으니 벌써 50여년이 지났네요. 세월도 비켜가는 그 분이 참 부러운 추석이었습니다. 건강하시고 우리들의 가황(歌皇)으로 영원히 남아 주시기를 기원합니다.

2020.10.16.(금) 오전 10시 28분

산야(山野)의 초목들이 가을색으로 물들어 간다. 어지럽던 한해도 또다시 저물어 가는 구나. 육십갑자 겨우 넘긴 세월인데 동방삭은 삼천갑자를 어찌 살았을까? 세상이 왜이래 세상이 왜 이렇게 힘들어. 나훈아 선생의 절규가 아니더라도 내가 보낸 세상은 늘 그랬다.
그래도 공정한 세상 만들어 본다고 동분서주 하는 모습들이 가없다. 곧 눈 내리는 혹독한 겨울이 지나면 꽃 피는 새 봄은 반드시 온다.

2020.10.25.(일) 오후 11시 02분

오늘의 한국 경제를 있게 해준 삼성 이건희 회장의 영면을 애도합니다. 하나뿐인 아들이 곤경에 처해 있어서 편안하게 돌아가시지는 못했을 것으로 보입니다만, 갈등 없는 하늘나라에서 이젠 편히 쉬시기 바랍니다.

2020.10.28.(수) 오후 04시 08분

智異山이라고 쓰고 지리산으로 읽는다. 지난 한달 동안 40여 년 전 대학 시절에 읽었던 지리산 파르티잔을 주제로 한 이병주 선생의 장편 실화 소설 지리산에 푹 빠져 살았습니다. 지금의 좌파·우파의 대립상과 흡사했던 일제 말부터 6.25 동란기의 좌익·우익 대립상을 다시 한 번 리마인드하면서 지금의 극명한 좌우 대립상을 극복할 길을 찾기 위함이었습니다.

처음 그 소설을 접했던 시절은 반공주의가 철저 했던 유신시대였는데, 그 서슬 퍼렇던 시절에 금기사항이었던 좌익에 대해 담담하게 기술한 이병주 선생의 딜레땅트한 모습에 반해, 나는 그 후 이병주 선생의 책은 모두 구입해 읽곤 했던 기억이 새록새록 납니다. 자기 자신이 한 선택의 실패에 대해 끝까지 자기 자신을 용서하지 못하고, 지리산 마지막 빨치산으로 죽어간 박태영의 삶에서, 마지막 순간까지 자기 잘못을 죽음으로 책임지는 그런 사람이 과연 지금도 있을까요? 해방 전후 좌익·우익 대립상에 버금가는 지금의 좌파·우파 대립상의 접점을 찾는 것이 지금 정치인들의 도리가 아닐까 하는 생각을 다시금 해 봅니다.

2020.11.08.(토) 오후 04시 30분

정치판에서는 '테스형'을 좋아합니다만, 나는 나훈아 선생의 신곡 중 '내게 애인이 생겼어요', '명자야'를 더 명곡으로 생각합니다.

'내게 애인이 생겼어요.'를 따라 부르면서 집사람을 처음 만날 때를 생각하고, '명자야'를 따라 부르면서 돌아가신 아버지, 어머니를 생각합니다. 어쩌면 그렇게 우리 시대의 젊은 시절을 그렇게 잘 묘사하고 있는지, 요즘 남자의 인생과 함께 나훈아 선생이 왜 가황(歌皇)인지 새삼 느끼게 해 줍니다. 앞으로 이십년 더 대한민국의 가황으로 남아 주시기 바랍니다.

chapter
07

언 론

TV홍카콜라, 정치버스킹

2018.11.14.(수) 오전 10시 19분

세상이 변했습니다.

아침에 조간신문을 보고 저녁에 TV 뉴스를 보면서 세상을 판단하던 아날로그 시대를 살아온 우리로서는 상상 하지도 못할 IT혁명의 시대에 살고 있습니다. 스마트 폰 하나로 세상의 모든 정보를 다 볼 수 있고, 유튜브로 세상의 모든 진실을 보고 들을 수 있는 1인 미디어 시대가 되었습니다. 제도권 언론의 편향성이 신문과 방송을 외면하게 만들었고 무지와 탐욕의 대의 민주주의는 직접 민주주의로의 회귀를 만들어 냈습니다.

내가 페이스북을 일기처럼 매일 쓰는 것은 국민과의 직접 소통하는 방법이기도 하지만 더 중요한 것은 제도권 언론의 편향성 때문입니다. 트럼프는 트위터 하나로 반 트럼프 진영의 모든 언론을 상대합니다. 이제 우리도 그런 시대가 도래했음을 곧 알게 될 겁니다.

TV홍카콜라를 개국하는 것도 이 나라 방송을 믿지 못하기 때문입니다. 한때 시청률 40%에 이르던 공영방송의 뉴스가 10% 이하로 떨어지고 어느 공영 방송은 뉴스 시청률이 1%라고도 합니다. 신문 구독 부수도 날로 떨어지고 있고 어느 신문은 구독자 수가 절반으로 떨어져 사실상 경영상 어려움을 겪고 있다고도 합니다. 세상이 변했다는 거지요.

내가 페이스북과 TV홍카콜라를 통해서 팩트와 정보를 국민들에게 직접 전달하려고 하는 이유도 변하고 있는 세상의 흐름에 부응하기 위해서입니다. 매일같이 일기처럼 쓰는 페이스 북은 내 인생의 기록이자 내 생각을 정리하여 후대에 남기는 개인 실록입니다.

지난번 〈꿈꾸는 로맨티스트〉에 이어 이번에는 〈꿈꾸는 옵티미스트〉라는 제목으로 두 번째 페이스북 기록을 책으로 발간합니다. 앞으로도 내가 꿈꾸는 세상에 대한 희망과 비전을 모아 시리즈로 계속 발간할 것입니다.

자유 대한민국을 위하여! 프리덤 코리아를 위하여!

2018.11.16.(금) 오후 06시 40분

수구초심이라는 뜻도 모르고 그것을 종북이라고 제 마음대로 해석하여 색깔론 운운하는 기자 수준이나, 외신이 보도하면 비난이라고 쓰고 같은 말을 내가 하면 악담이라고 제목다는 것이 일부 기자와 언론의 현주소입니다. 쯔쯔쯔 그래서 국민과의 직접 소통이 필요한 겁니다.

2018.11.24.(토) 오후 12시 53분

나는 언론 기사 밑 댓글을 보지 않습니다. 드루킹 사건에서 보듯이 반대 진영의 여론 조작이 극심하기 때문입니다. 드루킹 사건 이후 아직도 1000여명의 댓글 조작팀들이 활동하고 있지만, 그럼에도 불구하고 요즘 댓글 보고를 받아 보면 확연히 달라진 민심을 볼수 있습니다. 지난 5.11자 연합뉴스 댓글에서 남북 평화쇼라는 내주장에 대한 비난이 무려 89퍼센트나 되었는데, 최근에는 문통 관련 기사에 대한 비난이 80~90퍼센트에 이르고 내 주장에 동조하는 댓글이 70~80퍼센트에 이르고 있습니다. 내 말이 거짓인지 한번 확인해 보시지요. 민심이 달라졌다는 겁니다. 이제야 문 정권의 본질을 국민들이 알기 시작했다는 겁니다.

일부 어용 방송에서는 마치 내가 지지자의 댓글만 보고 그런 주장을 한다고 허위 방송을 하고 있으나, 달라진 민심이 이젠 그런 허위 방송에 속지 않을 겁니다. 그러니 뉴스 시청률이 1~2퍼센트도 안되는 가짜뉴스 방송으로 전락했지요. 앞으로 TV 홍카콜라를 통하여 이런 어용방송 추방운동에도 나설 겁니다.

2018.11.29.(목) 오후 07시 44분

TV홍카콜라.COM이 12월 초순에 시험방송을 거쳐 12월 중순에 개국합니다. 지난 7월 미국으로 가기 전부터 4개월을 기획하여 이번에 시작합니다. 기울어진 언론 환경을 타개하기 위하여 처음 시도하는 뉴스 브리핑 코너에서는 어용방송, 어용언론에서 자행되고 있는 왜곡되고 부당한 편파뉴스, 가짜뉴스를 바로잡는 샤크 언론이 될 것입니다. 미국의 변호사 업계에서는 변호사 잡는 변호사를 샤크 변호사라고 합니다. 그것을 벤치마킹해서 추진 하고자 하는 것이 뉴스브리핑, 샤크 언론 코너입니다.

가능한 한 일방적인 원맨쇼 형식을 탈피하고, 공중파나 종편의 뉴스 형식으로 유튜브를 만들고자 합니다. 일주일에 두 번 화·금에 방송하는 것을 원칙으로 하고 필요할 때는 생방송 중계도 예정하고 있고, 좌파 정권의 잘못된 국정 운영을 각계 전문가들과 함께 수준 높게 진단하고 국민들에게 알릴 것입니다. 새롭게 출발하는 TV홍카콜라.COM에서 속 시원한 청량감과 진실을 보시기 바랍니다.

2018.12.04.(화) 오후 12시 23분

TV 홍카콜라 12월 18일 개국합니다

2018.12.11.(화) 오후 06시 17분

오늘 오후 TV홍카콜라 첫 녹화를 했습니다. 오프닝, 뉴스브리핑, 전문가 대담, 클로징으로 나누어지는 방송에서는 전문가 대담은 목요일 녹화하기로 하고 우선 나머지 세 파트는 녹화를 끝냈습니다. 뉴스 브리핑에서는 체코는 왜갔나, 백두칭송위원회는 어떻게 해야 하나, 탈원전 전기료 인상 어떻게 보나, 자살 공화국을 분석한다, 영화 블랙리스트 이래도 되나? 등 5개 분야를 분석 정리했습니다. 녹화로 했지만 내용 편집은 하지 않고 전문 그대로 생방으로 방송합니다. 흥미로운 내용이 많을 겁니다. 자료 화면이 필요하여 불가피하게 녹화를 했습니다. 다음주 18일부터 업로드합니다. 유튜브 특성상 전문가 대담 빼고는 10~15분씩 쪼개어 업로드 한다고 합니다. 제 페이스북 표지에 홍카콜라로 가는 홈페이지가 링크되어 있습니다. 많은 시청 바랍니다.

2018.12.15.(토) 오전 09시 54분

유튜브 구독자수가 1,000명 이상이고 시청한 시간이 4,000시간에 이르면 구글로부터 정식 방송으로 인정을 받는다고 합니다. TV홍카콜라는 개국하기 전임에도 불구하고 오늘로서 구독자수가 10,000명을 돌파할 것으로 보이고 예고 방송 시청 시간만으로도 4,000시간을 넘어설 것으로 보입니다.

앞으로 TV홍카콜라는 100만 명의 구독자를 목표로 이 땅의 왜곡되고 편향된 좌파 언론을 바로 잡는 향도가 될 것입니다. 구독하는데 돈이 필요한 것이 아니고 그냥 봐 주시는 것이 보수·우파 시민 운동의 출발이고 또 한 채널뿐만 아니라 다른 채널도 같이 구독하더라도 아무런 제한이 없다고 합니다. 무너지는 나라를 바로 세우는 일은 여러분과 정보를 공유하고 한 방향으로 같이 나가는 길만이 그것을 이룰 수 있습니다.

모두 함께 갑시다. 자유 대한민국과 자유 시장경제를 지킵시다.

2018.12.17.(월) 오전 11시 47분

언론을 흔히들 사회적 공기(社會的 公器)라고도 합니다. 그런데 요즘 일부 언론은 사회적 공기(社會的 公器)가 아닌 사회적 흉기(社會的 凶器)가 되어 버렸습니다. 지난 탄핵 때 무수히 쏟아낸 허위 과장 기사가 사회적 흉기(社會的 凶器)가 되어 한국 사회 전체를 헤집어 놓고도 그 못된 버릇을 고치지 못하고 여전히 가짜기사로 도배

하고 있는 일부 언론을 보노라면, 암담한 대한민국이 되어간다는 느낌을 지울 수가 없습니다. TV홍카콜라는 이러한 사회적 흉기로 변한 일부 사이비 언론을 한국사회로부터 추방하는데 전력을 다할 것입니다. 어느 자리에 있더라도 저런 악습이 타파될 때까지 TV홍카콜라는 계속할 겁니다. 내일 본 방송을 시작합니다. 자유대한민국을 위하여 우리 모두 함께 갑시다.

2018.12.18.(화) 오전 11시 29분

오늘 첫 방송을 시작했습니다. 우리는 저작권 시비를 걸지 않을 테니 출처만 밝히시고 마음대로 인용하시고 비판하시기 바랍니다.

숨겨진 진실을 파헤치고 제도권 언론에서 하지 못하는 주제를 속 시원하게 다루고 사이비 언론을 척결하며 내 나라 내국민을 지키는데 진력을 다 하도록 할 것입니다. 구독자 수도 중요하지만 조회수가 더 중요합니다. 더 많은 국민들이 볼 수 있었으면 하는 바램입니다. 자유대한민국을 위하여! 프리덤 코리아를 위하여!

2018.12.18.(화) 오후 07시 11분

첫 방송에서 각 당의 논평을 보니 내가 겁나긴 겁나는 모양입니다. 팩트가 드러나니 아프긴 아픈 모양입니다. 1년에 400억 가량 정부 지원을 받는 언론기관을 대표로 내세워 비난 일변도로 기사를 작성하는 것도 참 가관입니다. 또 검증되지 않는 주장을 한다는 기사를 보니 어처구니없다는 생각이 들 수밖에 없는데 만약 그 대북 거래사실이 검증되면 이 정권 담당자들은 즉시 감옥행이고 정권은 바로 끝이 납니다. 그걸 비난 기사라고 만들고 있으니 그것도 참 가관입니다. 사실과 의견도 구분 못하는 사람들을 보면 참으로 딱하다는 생각을 합니다. 기무사 문건 하나에 대통령이 나서서 내란 운운 했던 황당한 정권에 대해서는 한마디도 못했던 일부 언론들이 내 유튜브 한마디에 발끈 하는 것을 보니 어용은 어용인 모양입니다. 하는 짓들이 하지도 않은 막말 프레임을 덮어씌울 때와 똑같습니다. 아무튼 관심을 가져 주셔서 고맙습니다. 앞으로도 계속 관심을 가져 주시기를 부탁드리겠습니다.

2018.12.19.(수) 오전 07시 09분

TV 홍카콜라가 어제 첫 방송 나간 이후 구독자수가 4만에 이르고 조회수가 60만을 넘어 섰습니다. 순조로운 첫 출발에 감사드립니다. 앞으로 구독자수 100만, 조회수 1,000만을 목표로 세상을 바꾸는 힘으로 만들겠습니다. 야당 당 대표, 대통령 후보까지 지낸 제가 그 동안 오죽 당했으면 직접 유튜브 방송이라도 해서 기울어진 언론 환경을 개선해야겠다고 생각했겠습니까? 국민과 직접 소통한다는 원칙은 앞으로 제가 정계 은퇴하는 날까지 TV홍카콜라를 통하여 계속하겠다는 약속을 드립니다.

이제 세상은 1인 미디어 시대입니다. 트럼프가 트위트 하나로 미국의 반트럼프 전 언론을 상대하듯이 저도 TV홍카콜라, 페이스북을 통하여 이 땅의 기울어진 언론 환경을 반드시 바로 잡도록 하겠습니다. 사이비 언론은 구독 금지, 시청 거부 국민 운동도 할 것입니다. 그것도 네이션 리빌딩 운동의 한 방법입니다. 자유 대한민국을 지키는 첨병이 될 것을 다시 한 번 여러분들에게 약속드립니다.

2018.12.20.(목) 오후 06시 52분

유튜브 조회수가 방송 시작 사흘 만에 현재 100만 조회수를 돌파 했습니다. 연말까지 1,000만 조회수가 되도록 할 것입니다. 국민들과 직접 소통하는 유튜브가 되도록 하겠습니다. 감사합니다.

2018.12.20.(목) 오후 08시 32분

오늘 ≪당랑(螳螂)의 꿈≫을 집필 완료하고 출판사로 원고를 넘겼습니다. 이번 달 초에 나왔던 꿈꾸는 옵티미스트에 이어 연말에 출간될 당랑의 꿈은 총 4편으로 쓰여 졌고, 제1편은 진충보국(盡忠報國), 제2편은 이전투구(泥田鬪狗), 제3편은 수가재주(水可載舟)역가복주(亦可覆舟), 제4편은 유정천리(有情千里)로 구성되어 있습니다. 저의 전 인생을 정리한 책입니다.

지난 5개월 동안 책 2권 직접 만들고, 유튜브 준비하고, 프리덤 코리아를 조직하는데 한동안 분주했습니다. 금년도 일은 대강 매듭을 지었습니다. 이제 좀 쉬면서 천천히 가겠습니다. 감사합니다.

2018.12.21.(금) 오후 06시 40분

어제는 방송 시작 사흘 만에 100만 조회수를 기록하였고, 오늘은 만 하루 만에 351,000 조회수를 기록하여, 웬만한 일간 신문 조회수를 넘겼습니다. 조회수가 일간 100만이 되면 메이저 언론 못지않은 여론 전파력이 생깁니다. 정권 보위 방송으로 전락하여 시청률이 폭락한 어용 방송들도 압도할 수 있을 겁니다. 어제 녹화에는 샤크 언론 1호 내용도 녹화하고, 모래시계 탄생 과정과 비사를 공개하는 내용도 녹화했고, 사찰 정국과 선거제도 추진 비판, 정권이 무너진다 경무대 대통령도 녹화했습니다. 수시로 녹화하고 있으나, 아직 기술력이 부족하여 즉시 송출하지 못하는 어려움이 있습니다. 곧 해결 될 것으로 봅니다. 그러나 매일 아침 한두 편씩 업로드하도록 노력할 것입니다. 계속 시청해 주시기 바랍니다.

2018.12.22.(토) 오후 12시 17분

TV홍카콜라에 대해 힘 있는 세력이 코카콜라에 압력을 넣어 시비를 걸어온다는 보고를 받았습니다. 만약 코카콜라에서 압력에 굴하여 이름을 가지고 시비를 걸어온다면, TV홍시콜라로 바꿀 수도 있습니다. 그러면 펩시콜라가 뜰 겁니다. 우린 아무래도 상관없습니다.

2018.12.22.(토) 오후 06시 38분

여의도의 정치인들 틈 속에서 매일 매일 속 썩이다가, TV홍카콜라 진행하면서 내 나라 국민들과 매일 직접 만나는 요즘 나는 무척 행복합니다. 그 예로 여의도에 있을 때 탈모로 빠졌던 머리카락이 누구처럼 심지도 않고, 약 한알 먹지 않았는데도 모두 새로 다 났습니다. 뻔뻔한 좌파들 안 봐도 되고, 비겁한 우파들 안 봐도 되는 요즘 나는 가수 윤항기 선생처럼 '나는 행복합니다.'를 매일 매일 부릅니다.

2018.12.23.(일) 오전 09시 04분

TV홍카콜라가 지난 12월 18일 첫 방송 이래 6일이 되는 오늘 구독자 10만을 돌파할 것으로 봅니다. 구독자가 10만을 돌파하고 조회수가 300만을 돌파할 즈음에 '무엇이든 답한다. 홍준표에게 묻는다.'라는 생방송을 기획하고 있습니다. 생방송 장비가 준비되면 날짜, 시간을 공지하고 바로 생방송으로 찾아 가겠습니다.

이렇게 유튜브에 열광하는 것은 나라가 거짓말 공화국, 괴벨스 공화국으로 가고 있기 때문입니다. 조작된 여론, 기울어진 언론에다가 통계까지 조작하는 나라가 되었기 때문입니다. 나라를 바로 세웁시다. 정상적인 나라를 만듭시다.

2018.12.23.(일) 오후 08시 58분

구독자수가 10만을 돌파했습니다. 18일 첫방송 이후 6일 만에 10만입니다. 22시 50분 현재 조회수도 200만을 돌파했네요. 방송 3일 만에 100만 조회수를 돌파하고 방송 6일 만에 조회수 200만을 넘어 섰습니다. 약속대로 조회수가 300만을 돌파하면 '무엇이든 묻는다 홍준표가 답한다.'를 생방송으로 진행하도록 하겠습니다.

거짓말 정권, 괴벨스 공화국이 TV홍카콜라를 불렀습니다. 우리의 목표는 100만 구독에 하루 조회수 100만입니다. 그러면 거짓말 정권, 괴벨스 공화국을 타도할 수 있습니다. 국민 여러분! 감사합니다. 자유 대한민국을 위하여! 프리덤 코리아를 위하여!

2018.12.24.(월) 오전 08시 03분

어제 밤 구독자 10만이 넘었고, 조회수가 200만이 넘었습니다. 한 꼭지마다 수천 개의 댓글이 달리면서 많은 의견을 주고 계십니다. 현재 TV홍카콜라는 초창기라서 방송 작가도 없고 글을 써주는 사람도 없고, 더구나 제가 프롬프트 보고 읽는 방송이 아니라 즉석 멘트로 원고 없이 하는 방송입니다.

그러다 보니 가끔 놓치는 부분도 있습니다. 녹화로 하지만 처음부터 논스톱으로 찍어서 제 말은 편집없이 바로 내 보냅니다. 그래서 1인 미디어 이지요. 앞으로 전문가인 자원 봉사자가 더 많이 모이면 방송의 품질이 보다 나아질 것입니다. 3류패널 데리고 시사 농단이

나 하는 어용 방송들 보다 TV홍카콜라가 이들을 압도하는 날이 올 겁니다. 진실이 거짓을 이기는 날이 올 겁니다. 감사합니다.

2018.12.24.(월) 오후 12시 57분

TV홍카콜라가 폭발적인 반응을 보이기 시작하니 좌파 매체들이 긴장 하긴 긴장 했나 봅니다. 벌써부터 음해와 비방을 일삼는 것을 보니 참으로 가관입니다. 그래도 나는 상관치 않습니다. 그런 기레기 언론은 건전한 상식을 가진 국민들과 보수·우파들은 이젠 읽지도 시청하지도 않고 청취 하지도 않습니다. 개가 짖어도 기차는 간다. 우리는 자유 대한민국을 향해서만 갑니다.

2018.12.25.(화) 오전 07시 57분

TV홍카콜라에서 연말 민심을 알아보기 위해 무작위 여론 조사를 실시합니다. 9가지 사항에 대한 투표입니다. 커뮤니티에 들어가시면 투표절차가 있고 순서는 투표 참여자가 많은 순서로 배열되어 있습니다. 누구든지 접속하시는 분은 무작위 투표로써 의견을 제시할 수가 있습니다. 최근 하루 접속 건수가 40만에 이르고 있습니다. 며칠 만에 100만 명 여론 청취도 가능합니다. 모두 참여하여 주십시오. 감사합니다.

2018.12.25.(화) 오전 07시 57분

내일 발족할 네이션 리빌딩 프리덤코리아는 애초부터 기존 정치인들인 현역 의원들이나 당협위원장은 배제하고 출발합니다. 기자 여러분들은 그걸 아시고 기사를 작성해 주시기 바랍니다. 괜히 흠집 내기 위해서 현역의원이 있다 없다 하시기 말기를 거듭 부탁드립니다. 앞으로 전문가 그룹들이 여의도 정치인들과는 무관하게 자유 대한민국과 자유주의 시장경제 정착을 위해 활동할 겁니다. 프리덤코리아는 홍준표의 개인 조직이 아니라, 이승만, 박정희, 김영삼, 이명박, 박근혜 전 대통령을 잇는 한국 보수·우파의 중심축이 앞으로 될 것입니다.

홍준표는 원 오브 뎀에 불과합니다. 프랑스 마크롱은 소속 의원 한 명 없이 홀로 대통령 선거에 나가 집권에 성공한 일이 있었고, 2014.4. 경남지사 당내 경선에서 경남 국회의원들이 거의 모두 친박 후보를 지원 했어도 내가 이긴 일도 있습니다. 국회의원 수가 아니라 민심입니다. 프리덤 코리아가 좌파정권을 끝내고 이 땅의 자유 민주주의와 자유주의 시장경제를 꽃피울 주체세력이 될 것을 굳게 다짐합니다. 자유대한민국을 위하여! 프리덤코리아를 위하여!

2018.12.26.(수) 오전 09시 45분

언론에서 기사를 쓸 때마다 홍준표는 당내 기반이 약하다고 쓰고 있는 것을 보고 기자들 수준이 참 낮다고 늘 생각하곤 했습니다.

2011.7. 당대표 선거 때 친이·친박이 서로 똘똘 뭉쳐 선거에 임했어도 당 대표는 내가 압도적 득표로 이겼습니다. 2012.11. 경남지사 보궐선거 때와 2014.4. 경남지사 경선 때 경남 국회의원들이 똘똘 뭉쳐 친박후보를 밀었어도 두 번 다 내가 도지사 경선에서 이겼습니다. 2017.3. 대통령후보 당내 경선에서도 국회의원 한명 없는 내가 압도적 표차로 당선되어 대통령 후보가 되었고, 2017.7 당대표 선거 때 국회의원 한명 없어도 책임당원 73퍼센트가 홍준표를 지지했습니다. 그런 실증적 측면에서 보면 내가 당내 기반이 가장 튼튼하지요.

나는 계파 정치를 하지 않습니다. 헌법기관인 국회의원을 일개 계파의 대리인으로 전락 시키는 것은 옳지 않다는 소신 때문입니다 패거리 정치는 이미 사라졌는데 언론에서만 패거리를 기준으로 기사를 쓰고 있는 것입니다. 나는 당원과 국민들을 보고 정치를 하고 있는 것이지 소속 국회의원들에게 매몰되어 정치하지는 않습니다. 국회의원들도 당원과 국민들의 뜻을 외면하고 계파보스만 바라보고 정치를 한다면 그 사람은 21대 국회에는 다시 들어오지 못할 겁니다. 앞으로 그런 무식한 기사는 쓰지 마십시오.

2018.12.26.(수) 오후 01시 10분

TV홍카콜라 조회수가 200만 돌파 3일 만에 300만을 돌파했습니다. 오늘 중으로 구독자 수도 13만에 이를 것으로 봅니다. 금년 중으로 20만 구독자에 500만 조회수를 목표로 합니다. 기레기 신문,방송들은 구독자, 조회자들을 모두 자유한국당 당원들이나 극우들이라고 폄하하고 있으나 TV홍카콜라 시청자들은 보수·우파, 좌파, 중도를 가리지 않고 시청하고 있고 특히 청·장년들이 대거 들어오고 있습니다. 한번 구글에 의뢰해서 알아보십시오. 지금 TV홍카콜라 커뮤니티에 들어가시면 정국 현안에 대해 투표를 진행하고 있습니다. 모두 들어가시어 자기 의견을 표명해 주시기 바랍니다. 괴벨스 공화국이 TV홍카콜라를 불러낸 것입니다. 말 못하는 언론을 대신하여 국민들의 등불이 될 것입니다. 국민 여러분들께 감사드립니다.

2018.12.26.(수) 오후 07시 07분

어느 종편 3류 패널들이 내가 국회의원 수를 200명으로 축소하자고 한 것을 유튜브 흥행을 위해 했다고 음해를 했습니다. 그래서 3류 패널 데리고 시사 잡담이나 한다고 내가 그랬지요. 국회의원 200명으로 축소 공약은 나의 지난 대선 공약입니다. 어느 신문 기자도 비슷한 말을 한 것을 봤습니다. 그래서 3류 신문, 3류 방송이라는 겁니다. 참 딱한 기레기 언론입니다.

2018.12.27.(목) 오전 06시 56분

어제 프리덤코리아 출범식에 오셨던 전국의 동지 여러분! 진심으로 감사드립니다. 연말이라 바쁘실 텐데 직접 오시어 자유대한민국을 지키기 위한 대장정에 동참해 주신 것에 대해 거듭 감사의 말씀을 드립니다. 앞으로 프리덤코리아는 전국 17개 광역단체에도 지부를 설치하여 자유 대한민국을 지키는 구국운동을 거국적으로 펼칠 것입니다. 모두 함께 갑시다. 자유대한민국을 위하여! 프리덤코리아를 위하여!

2018.12.27.(목) 오전 10시 11분

바른 말, 옳은 말, 맞는 말도 독설이라고 쓰는 기레기들이 있습니다. 독설의 개념도 모르는 무식한 기레기들입니다. TV홍카콜라는 이미 그런 아류의 기레기 언론은 넘어 섰습니다. 하루 조회수만 따지면 MBC, MBN을 넘어 섰고, 메이저 언론에는 못 미치지만 허접한 기레기 언론들은 이미 넘어 섰습니다. 언론들이 말 못하는 비겁한 그런 세상을 바꾸어 나가겠습니다. 국민들에게 진실을 알리고 올바른 판단을 할 수 있도록 적극적으로 노력할 것입니다. 감사합니다.

2018.12.27.(목) 오전 11시 52분

탄핵 때 떳떳한 사람 있나? 나빼고 라는 좌파들의 성지 오마이 뉴스 기사 마저도 지금 현재 공감율이 75.8퍼센트입니다. 그것을 모르는 사람들은 자유한국당 의원들 뿐입니다. 모두 반성하고 서로 손가락질 하지 마십시오. 배신파와 비겁파들을 보는 국민들은 두 집단이 똑 같다는 시각입니다. 지금은 힘을 모아 문 정권과 투쟁할 때입니다.

2018.12.27.(목) 오후 11시 40분

다음 홍크나이트는 교육 문제, 대학 입시 문제, 유치원 문제를 두고 성대 양정호 교수님과 대담이 방송됩니다. 뉴스콕은 정치 사찰 이야기2, 대통령의 거짓말, 사형제 폐지 문제, 소위 양심적 병역 거부 문제, 정치 장군 문제, 문 정권의 블랙리스트, 민주당 김의원의 공항갑질, 일자리 대란, 내년도 경제 전망, 대통령의 휴가 편 등이 방영될 예정입니다. 많이 시청해 주시기 바랍니다.

2018.12.28.(금) 오후 01시 16분

TV홍카콜라가 성공적인 론칭을 했기 때문에 이를 운영할 법인을 곧 설립할 것입니다. 주식회사 형태로 법인을 설립하고 본격적인 방송을 시작하도록 하겠습니다. 많은 성원 부탁드립니다.

2018.12.28.(금) 오후 10시 35분

TV홍카콜라 제작자로 배현진 전대변인이 참여하는 것을 두고 일부 종편들이 3류 패널들을 동원하여 아직도 구시대 계파적 시각에서 헐뜯는 것을 보니 3류는 3류 방송인 모양입니다. 이미 TV홍카콜라는 3류인 이런 종편과 MBC보다 하루 조회수가 두 배 이상이나 넘어 섰기 때문에, 수천억 들여 하루 종일 편파 방송하는 일부 3류 종편과 MBC보다 사회적 전파력이 더 커졌습니다.

전문가들이 모여 불과 여섯 명의 자원봉사자들만으로 수천억 들인 전파 낭비 일부 종편과 MBC를 넘어서는 것은 참으로 통쾌한 일입니다. 계속 그렇게 헐뜯어 주고 유시민 유튜브가 나오면 우리는 또 한 번 폭발적으로 비상할 계기를 마련하게 될 겁니다. 계속 그렇게 도와주시기 바랍니다. 감사합니다.

2018.12.29.(토) 오후 03시 52분

TV홍카콜라 홈페이지 커뮤니티란에 들어가시면 지금 국정 현안에 대해 무작위 투표를 하고 있습니다. 9가지 사항에 대한 투표인데 그중 김정은 답방 찬반도 있고 가장 불공정한 방송이 어디인지도 있습니다. 자유롭게 방문하시어 투표해 주십시오. 자기들 임의대로 하는 1,000명 내외 여론조사가 아니라 현재 어떤 항은 5만 2,000명이 투표한 현안도 있습니다. 연초에 특집으로 투표 결과를 공개하기로 하겠습니다.

2018.12.31.(월) 오전 11시 53분

왜 소위 가짜뉴스가 범람한다고 보십니까? 답은 일부 신문과 방송이 제 역할을 안하고 정권 호위 언론을 하고 있기 때문에 국민의 바램을 이야기 하면 그걸 가짜 뉴스로 매도하고 있는 겁니다. 자신들을 되돌아보면 될 일을 TV홍카콜라 유튜브 탓을 하고 있는 겁니다. 그래서 괴벨스 정권이라는 겁니다. 진실을 말하면 막말로 매도하고 독설이란 사전적 의미도 모르는 기레기들이 설치는 세상이 지금입니다. 국민들의 기를 살리고 흥을 돋우는 신명나는 사회를 만드는 것이 아니라, 증오하고 분노하는 쏘시오 패스 사회를 만들어 가고 있습니다. 새해에는 모두 깨어나야 합니다. 깨어 있는 국민이 자유 대한민국을 지킵니다.

2018.12.31.(월) 오후 02시 11분

유튜브는 구독자 수보다 조회수가 더 중요합니다. 구독자 수는 안정적인 조회수를 확보하기 위함이고 조회수는 일반에게 널리 퍼지게 하는 가늠자입니다.

지금 TV홍카콜라는 1일 조회수가 평균 30만을 넘겨 40만에 이르고 있고 우리의 목표는 1일 조회수 100만입니다. 100만이 되면 공중파 3사와 맞먹는 사회적 전파력을 가집니다. 국민 여러분들의 적극적인 성원을 기다립니다. 새해 복 많이 받으십시오.

2019.01.01.(화) 오전 10시 21분

새해 첫날 1일 조회수가 처음으로 50만을 돌파했습니다. 매일 22시를 기준으로 계산을 해보니 어제는 4,722,000회였는데, 오늘은 5,230,000회를 기록해 1일 조회수를 50만을 훌쩍 넘겼습니다. 공중파 KBS, SBS, MBC 각 조회수를 훌쩍 넘었습니다. 1일 조회수 100만이 되면 공중파 3사 조회수 합계를 넘어 섭니다. 그만큼 국민들이 방송을 불신하고 있다는 반증이지요. 냉정하고 차분하게 분석하고 방송하겠습니다. 그리하여 국민 여러분들의 믿음과 신뢰를 얻어 공중파와 종편방송이 정상화되는 계기를 만들겠습니다. 감사합니다.

2019.01.02.(수) 오전 10시 43분

TV홍카콜라 구독자 층은 여태 일반 국민들, 특히 2.30대 계층이 많았습니다. 지금부터는 자유한국당 당원들도 들어 왔으면 합니다. 반좌파 연대를 하기 위해서는 우리당 당원들과 정보와 인식을 공유하는 것이 무엇보다 중요하기 때문입니다. 우리당 당원들은 300만에 이릅니다. 우리당 당원들이 모두 뭉치면 좌파 광풍시대를 끝내고 친북좌파 정권을 타도할 수 있습니다. 모두 합심하여 자유 대한민국을 지킵시다. 감사합니다.

2019.01.02.(수) 오후 02시 58분

TV홍카콜라가 개국이래 2주째 유튜브 채널 한국 1위를 기록하고 있습니다. 복잡한 시사 문제를 뉴스콕을 통하여 간명하게 설명

드리고, 복잡한 현안을 홍크나이트를 통해 시원하게 해설해 드리고, 앞으로는 좋은 세상 만들기 코너도 신설하고, 문화예술 코너도 신설해서, 종합 미디어 채널을 만들어 편파방송에서 보지 못하는 통쾌한 진실을 보내드릴 예정입니다. 1인 미디어 시대를 실감할 수 있도록 하겠습니다. 정계 은퇴하기 전까지 TV홍카콜라를 계속할 것을 약속합니다. 국민 여러분! 감사합니다.

2019.01.03.(목) 오전 11시 19분

TV홍카콜라는 사안과 현안에 대해 즉각 반응하지 않습니다. 좌시천리 입시만리(坐視千里 立視萬里)라는 말이 있습니다. 그것은 냉정하고 철저하게 분석하고 판단할 때 가능한 일이라고 생각합니다. 가능하면 그렇게 할 수 있도록 생각을 정리해야 할 시간이 필요하기 때문입니다.

같이 흥분을 하게 되면 판단이 흐려집니다. 그래서 다소 시의성이 늦더라도 천천히 가고자 하는 것입니다. 시청자 여러분들께서 이런 사정을 양해해 주시기 바랍니다. 감사합니다.

2019.01.04.(금) 오전 10시 28분

지난 연말까지 계획했던 TV홍카콜라 개국, 프리덤코리아 출범, 꿈꾸는 옵티미스트, 당랑의 꿈 책 출간이 오늘 당랑의 꿈이 출간됨으로써 새롭게 시작할 준비를 마쳤습니다.

자유 대한민국을 지키고, 부국 강병한 나라, 선진 강국을 만들어 가는 긴 여정을 시작 합니다. 봄으로 가는 긴 여정에 여러분의 동참을 기대합니다. 감사합니다.

2019.01.05.(토) 오후 01시 54분

청와대, 민주당, 친북좌파들이 위기감에 똘똘 뭉쳐 문 정권의 국정 홍보처장을 거국적으로 밀어준 결과가 그 정도라면 한번 해 볼 만합니다. 21세기 대한민국에서도 괴벨스가 통한다면 대한민국은 희망이 없는 나라가 되지요. 우리는 보수·우파가 분열되고 자유한국당이 계파 싸움으로 손을 놓고 있어도 우리 혼자 힘으로 여기까지 왔습니다.

괴벨스는 오래 가지 않습니다. TV홍카콜라 혼자만으로도 청와대, 민주당, 친북좌파들 모두를 이길 수 있다는 것을 한번 보여 주겠습니다. 1대 100의 싸움에서도 이기는 것을 한번 보여 주겠습니다. 기대해도 좋습니다.

2019.01.07.(월) 오전 11시 37분

세상과 직접 소통을 시작한지 18일이면 한 달이 됩니다. 여러분들의 성원으로 하루 구독자 수가 만 명씩 늘고 있고, 하루 조회수도 60만을 훌쩍 넘기고 있습니다. 공중파 3사 조회수를 훨씬 넘기는 조회수를 기록하고 있습니다.

TV홍카콜라 개국 한달이 되는 1월 18일 15시부터 이번에는 스튜디오를 떠나 오프라인 생방송으로 시청자 여러분들을 만나러 갑니다. 추운 날씨 관계로 홍대 젊음의 거리 실내 카페를 하나 빌려 생방송으로 기획하고 있습니다. 더 다양한 주제로 여러분을 찾아갑니다. '무엇이든 묻는다. 홍준표가 답한다.' 제2차 생방송에 여러분의 많은 참여를 기대합니다.

2019.01.10.(목) 오후 09시 26분

KBS 공정방송을 위한 촉구 운동으로 '신의 한수' 신혜식 대표께서 저를 지목하셨습니다. 그 운동에 동참하면서 저도 세분을 지목하겠습니다. 페친이신 유홍준 씨, 박종훈 씨, 오전영 씨를 지목합니다. 더 많은 분을 지목하고 싶은데 세 분만 하라고 합니다. 공정방송이 될 때까지 릴레이 수신료 거부 운동에 저도 동참합니다.

2019.01.11.(금) 오전 09시 41분

오늘 오후 3시에 TV홍카콜라에서 문 대통령 신년 기자회견에 대한 긴급대담을 황태순 TV 소장과 함께 생방송으로 진행할 예정입니다. 많은 시청 바랍니다.

2019.01.11.(토) 오후 01시 53분

TV홍카콜라가 민주당과 청와대도 뒤흔드는 야당의 가장 주요한 국민 소통 수단이 되었습니다. 대통령이 연초 수석 비서관 회의에서 TV홍카콜라등 보수·우파 유튜브를 겨냥해 유튜브 가짜뉴스 대책 운운 하더니, 이번에는 정부·여당 청와대 연석회의에서 우리도 유튜브 정치 운운 하는 것을 보니 다급하긴 다급했나 봅니다. 우리는 하루하루 달라지는 민심을 바라보면서 오로지 국민과 민생 속으로만 갈 것을 약속합니다. 이제 차츰 언론의 비판기능이 돌아오고 있고 세상이 정상으로 돌아오고 있습니다. 그것이 자유 대한민국 국민의 힘이라고 저는 생각합니다. 같이 갑시다. TV홍카콜라와 함께!

2019.01.13.(일) 오전 10시 00분

TV홍카콜라 개국 25일 만에 1,000만 조회수를 돌파했습니다. 전 국민과 함께 호흡하고 소통하는 TV홍카콜라가 되도록 앞으로 포맷을 다양화 하도록 하겠습니다. 국민 여러분! 감사드립니다.

2019.01.21.(월) 오전 09시 17분

밥지어 놓으니 숟가락만 들고 덤비는 사람들을 보니 기가 막힌다.

2019.01.21.(월) 오전 11시 32분

TV홍카콜라가 개국이래 5주 연속 1위를 기록했습니다. 정치 사이트가 모든 사이트를 제치고 1위를 기록한 것을 보고 구글 본사에서도 세계적으로 보기 드문 이례적 사례라고 합니다. 그것은 우리 나라 언론이 제 역할을 못하고 있다는 것이고, 문 정권의 언론탄압을 피해 국민 여러분들이 TV홍카콜라로 몰려든 덕분이라고 생각합니다. 국민 여러분! 거듭 거듭 감사의 말씀을 드립니다.

2019.01.21.(월) 오후 08시 52분

이번 주 금요일부터 TV홍카콜라 지방 구독자층 확장을 위해 지방 순회 게릴라 콘서트를 시작합니다. 이번 주 금요일 대구를 시작으로 토요일은 부산에서 생방송으로 진행합니다. 장비와 여건이 갖추어지면 울산, 창원, 안동, 대전, 천안, 청주, 수원, 인천, 춘천, 강릉, 제주, 광주, 전주까지도 계획하고 있습니다. 당랑의 꿈을 향하여 떠나는 전국 일주 TV홍카콜라 생방송에 국민 여러분들의 많은 참여 바랍니다. 감사합니다.

2019.01.25.(금) 오전 12시 54분

손석희 사장이 곤경에 처한 것을 보고 안타까운 마음에 한 자 적습니다. 지금 세상이 그렇습니다. 음모와 배신이 난무하고 가짜뉴스가 진짜뉴스로 둔갑 하는 그런 세상입니다. 정치판에 24년을 있으면서 그 숱한 가짜 뉴스에 당해 본 나도 그 소식에는 참 황당했습니다. 부디 슬기롭게 대처 하시어 국민적 오해를 풀고 맑고 깨끗한 손석희의 본 모습을 되찾기를 기원드립니다. 차분하게 대처 하십시오.

2019.01.28.(월) 오전 08시 42분

TV홍카콜라가 개국이래 6주 연속 한국 유튜브 랭킹 1위를 달리고 있습니다. 국민 여러분! 거듭 감사드립니다.

2019.01.29.(화) 오전 11시 26분

어릴 때부터 순탄한 인생을 살아본 일이 단 한 번도 없었습니다. 저의 책 제목이 당랑(螳螂)의 꿈인 이유도 바로 거기에 있습니다. 늘 고생은 했지만 언제나 운외창천(雲外蒼天)을 생각했습니다. 1월 30일 14시에 출판기념회를 여의도 K타워에서 합니다. 내 인생 마지막 책이 될지 한 번 더 쓸 수 있을지는 모르나, 지난 내 인생을 요약한 책이라서 애착이 갑니다. 축하해 주시기 바랍니다.

2019.01.31.(목) 오전 08시 48분

오늘 아침 kbs라디오 8시 시사대담에 인터뷰를 했습니다. 6년 만에 그 프로에 출연하는 것이라서 당에서 kbs수신료 거부 운동을 하고 있음에도 불구하고 출연한 것인데, 대본에도 없는 것을 기습 질문을 하는 것 까지는 받아줄 수 있으나 김경수 지사 재판을 옹호 하면서 무죄 판결 받은 내 사건을 거론하는 것은 참을 수 없는 모욕이었습니다. 그러니 kbs가 국민 방송이 아니라 좌파 선전매체에 불과하다는 거지요.

그런 방송에 우리 국민들이 수신료를 낼 필요가 있을까요? 그래서 저도 수신료 거부 운동에 이미 동참한 것입니다. 앞으로 한번 봅시다. 좌파매체들이 계속 갑질 방송을 할 수 있는지.

2019.02.06.(수) 오후 03시 55분

서울시 선관위에서 제가 마치 TV홍카콜라를 운영하면서 정치후원금을 모금하는 것으로 오해하고 슈퍼챗을 잠정 중단하라는 공문을 보냈는데, 저는 TV홍카콜라의 출연자에 불과하고 수익은 방송 운영자들이 모두 가집니다. 나는 단 한 푼도 수익을 받지 않고 다만 TV홍카콜라에 출연료도 받지 않는 출연자에 불과하다는 것을 다시 한 번 말씀 드립니다. 오해 마시기 바랍니다.

2019.02.08.(금) 오전 08시 41분

TV홍카콜라가 개국이래 7주 연속 한국 유튜브 시장 전체 1위를 기록했습니다. 오늘은 18시 창원 게릴라 콘서트 생방송을 위해 창원으로 내려가고 있습니다. 한국 사회 모든 문제에 대해 즉문 즉답하는 TV홍카콜라 생방송을 많이 시청해 주시기 바랍니다.

2019.02.25.(월) 오후 05시 07분

TV홍카콜라가 개국 이래 10주 연속 한국 유튜브 시장 1위를 기록했습니다. 국민 여러분들과 구독자 여러분들의 성원 덕분입니다. 다음 주부터는 포맷을 다양화해서 뉴스콕, 홍크나이트, 좋은 세상 만들기에 이어 홍검사의 수사일지를 연재하기로 했습니다.

청년 검사 시절 한국 사회의 정의를 바로 세우기 위해 활동했던 기억을 토대로, '홍검사의 수사 일지'를 매주 한 번씩 연재하기로 했습니다. 많은 시청과 성원 바랍니다. 감사합니다.

2019.03.04.(월) 오후 12시 04분

유시민 알릴레오는 되고 홍카콜라는 안된다고 합니다. 군사정권 때도 이런 후안무치한 짓은 하지 않았습니다. 나는 홍카콜라 운영자로부터 단돈 1원도 받지 않는 단순한 출연자에 불과합니다. 돈이 수수가 되어야 정치자금 수수 혐의를 뒤집어씌울 수 있는데, 단 돈 1원도 받지 않는 나를 정자법 위반 운운하고 있는 것을 보니 벌써 정권 말기 같습니다.

오늘부터 홍카콜라 운영자들이 선관위의 협박에 굴복하여 슈퍼챗 기부금은 변호사의 자문대로 동영상을 만드는 데만 사용한다는 자막을 명시하던지 슈퍼챗을 중단한다고 합니다. 이기붕의 자유당 말기 현상입니다.

2019.03.06.(수) 오전 11시 13분

선관위의 편파적인 압력으로 TV홍카콜라 운영자가 어제 부로 교체되어 비정치인으로 바뀌었습니다. 배현진 위원장도 나와 마찬가지로 단순 출연자로 바뀌고, TV홍카콜라는 곧 자율 구독료를 받는 체재로 전환한다고 합니다. 슈퍼챗을 할 때는 반드시 그 자금은 동영상 제작에만 쓴다고 자막에 명시한다고도 합니다.

만약 제가 방송에 정기적으로 출연해서 출연료를 받는다면 위법이 안 되듯이, 나는 TV홍카콜라에 단돈 1원도 받지 않고 무상 출연을 하고 있는데도 이런 짓을 하고 있습니다.

유시민 이사장이 지금 하고 있는 방송 내용 그 자체가 정치행위인데, 그것은 허용되고 나는 허용 안된다는 괴이한 논리로 홍카콜라를 탄압하고 있다는 것은 참으로 어이없는 일입니다. 그만큼 문정권에 위협적이라는 거지요. 입법·사법·행정을 장악하고, 이제 국민의 입과 생각도 장악하려 하고 있습니다. 괴벨스 정권입니다.

2019.03.11.(월) 오전 10시 32분

오늘부터 TV홍카콜라 유튜브에서 홍검사의 수사 일지 녹화를 시작했습니다. 기억이 더 바래지기 전에 1985.1부터 1995.10. 만 11년 동안 있었던 청년검사 시절에 내가 겪었던 사건들의 수사 뒷이야기를 풀어내기로 하였습니다.

이미 책으로 출간하기도 하고 드라마화 되기도 하고 신문 지상에 비화로 소개되기도 했지만, 잘못된 부분도 있었고 그간 말하지 않았던 부분도 있었고 말하지 못했던 부분도 있기에, 더 기억이 희미해지기 전에 정확하게 기록해 두기 위해 섭니다. 매주 한 두 편씩 방영할 예정입니다. 잘못된 부분이 있으면 알려 주시기 바랍니다. 감사합니다.

2019.03.17.(일) 오후 01시 50분

시장이 살아나면 경제도 살고 서민도 삽니다. 그러나 문 정권의 국가 갑질 경제 정책을 보고 있노라면 도대체 어느 정도 망가져야 정책을 바꿀지 알 수가 없습니다. 박정희의 국가 주도 경제 정책으로 나라의 기반을 마련하고 거대해진 민간의 힘으로 선진국에 이르게 되었다면, 이제는 국가 지원 경제 정책을 펴 민간 주도의 자유 경제로 선진 대국으로 가야 할 때인데, 이미 역사적 평가가 끝난 평등을 지상 목표로 하는 사회주의 배급 경제로 되돌아가는 것은 이 나라의 불행입니다. 저들은 정책을 바꾸지 않을 것이고 원죄가 있는 야당도 이를 저지할 동력이 없으니, 나라의 앞날이 참으로 암담하기만 합니다.

2019.03.19.(화) 오전 09시 44분

2/8 창원에서 TV홍카콜라를 생방하고 귀경하는 KTX속에서 나는 같이 간 동료들에게, 이재오 고문에게는 전화로 MB는 곧 보석으로 석방될 수도 있다고 말을 한 일이 있습니다. 그건 MB재판은 사실상 무죄이기 때문에 김경수를 항소심에서 보석으로 석방하기 위하여 MB를 여론 물타기로 먼저 석방할 것으로 예측한 것입니다. 예측대로 MB는 석방되었고, 오늘 김경수 항소심 재판에서 김경수의 보석 심리를 합니다. 문 정권으로서는 지난 대선에서 여론 조작의 일등 공신을 감옥에 계속 두기에는 부담이 너무 크고 또 그렇게 하기에는 김경수가 너무 많은 것을 알고 있다는 겁니다. 그래서 나는 코드 사법부가 김경수의 보석을 허가 하리라고 봅니다.

지난 성완종 사건 때 나의 예를 들어 합리화 하겠지만, 나의 경우는 친박들을 살리기 위해 증거를 조작해 나를 엮어 넣은 사건으로 항소심에서 증거 조작이 밝혀져 무고함이 명백했던 경우이고, 김경수의 경우는 국민 여론을 조작한 민주주의 파괴 사범인데 이를 같이 취급할 수는 없지요. 사법부도 코드화되어 있는지 이번 김경수 사건의 보석 여부를 우리 한번 지켜봅시다.

2019.03.22.(금) 오전 07시 45분

오늘 오후 17시 30분부터 TV홍카콜라에서 생방으로 4대강 보 해체 저지 투쟁위원회 위원장인 이재오 전 장관과 대담을 합니다. 4대강 보 현장을 직접 방문하고 4대강 전도사 역할을 해온 이재오 전 장관과 문 정권의 국가 시설 파괴 실태를 온 국민에게 고발하는 생방송입니다. 오늘 오후 17시 30분부터 생방송으로 진행되는 홍크나이트 쇼에서 뵙겠습니다. 많은 시청 바랍니다.

2019.03.25.(월) 오전 08시 42분

오늘 아침 조간신문에 김기현 전 울산시장의 인터뷰를 보았습니다. 압도적인 지지율로 낙승이 예상되던 지난 지방선거에서 울산 경찰청장의 어처구니없는 선거 개입으로 낙선한 그는, 최근 TV홍카콜라에서 저와 대담 방송을 녹화한 일도 있습니다. 지난 지방 선거의 억울함은 어찌 김기현 전 시장만의 일이겠습니까? 문 정권이 주도한 남북 평화쇼로 국민의 70프로가 속아 넘어가 묻지마 투표를 했던 지난 지방선거가 아니었던가요? 그 지방 선거에서 대국민 위장평화쇼로 억울하게 낙선한 우리 자유한국당 후보들은, 내년 총선에는 당당히 주역이 될 것으로 나는 굳게 믿습니다.

인간만사 세옹지마라고 했습니다. 참지 못할 경우에도 참아 내는 것이 인내라고 했습니다. 참고 기다리는 미학도 배워야 봄이 옵니다. 한반도의 진정한 봄을 기다리는 월요일 아침입니다.

2019.03.25.(월) 오후 12시 33분

TV홍카콜라가 개국 이래 14주째 연속 한국 유튜브 시장 1위를 기록했습니다. 좌파 언론들은 이를 흠집 내기 위해 모략을 하고 있지만, 국민들의 관심도가 그만큼 높다는 반증이 아닐까 생각됩니다. 언론이 제 기능을 못하는 한국 현실이다 보니, 국민들의 관심이 유튜브로 이동하고 있는 겁니다. 냉철한 분석, 정확한 판단, 포맷의 다양화로 국민과 함께 가는 방송이 되도록 노력 하겠습니다. 국민 여러분, 시청자 여러분! 감사합니다.

2019.04.09.(화) 오후 05시 20분

오늘부터 TV홍카콜라를 통해 매주 한편씩 시청자분들의 요청으로 수사일지를 방영합니다. 그동안 못다 한 말, 글로 쓰지 못했던 이야기를 풀어 놓으면서 오늘의 정치검찰 현실을 개탄합니다. 평생 검사로써 한국사회에 공헌하고자 했으나, 뜻하지 않았던 일로 정치권으로 들어 오게 되었습니다. 아울러 대한민국의 미래를 그릴 국가 혁신 프로젝트 방영도 준비하고 있습니다. 다양한 포맷으로 여러분을 찾아 갑니다. 많은 시청 바랍니다.

유시민 전 장관하고 맞짱 토론을 하는데 알릴레오와 TV홍카콜라가 공동으로 중계를 한다는 것이지, 마치 합동으로 방송하는 것처럼 언론에 나오고 있는 것은 잘못된 겁니다. 별개의 각자 유튜브를 통해 맞짱 토론을 중계한다는 것이라는 것을 말씀 드립니다. 유시민 전 장관측의 제안을 우리가 수락한 이 토론이 대한민국을 위해 정쟁이 아닌 이 암담한 현실을 진단하고 대안 제시를 할 수 있는 생산적인 장이 되기를 기대합니다.

지금 민주당과 그 위성정당들이 추진하고 있는 준 연동형 비례대표제를 막지 못하면 보수·우파정당은 분열되어 내년 총선을 치르게 될 겁니다.

TV홍카콜라에서 이 제도를 분석해보니 군소정당들이 약진하고 거대 양당은 몰락을 하게 됩니다. 독일식의 군소정당이 난립하는 다당제가 된다는 것입니다. 좌파 연합은 언제라도 결집할 수 있지만 보수·우파는 지금보다 더 분열되는 최악의 사태가 올 수도 있습니다. 아울러 이 제도를 막지 못하면 자유한국당은 유신 잔당처럼 친박 잔당으로 내몰릴 수도 있습니다. 자유한국당이 당의 존폐를 걸고 투쟁하지 않으면 내년 총선은 좌파 연합이 개헌선을 돌파할 수도 있다는 것을 명심하십시오.

2019.05.04(토) 오후 09시 30분

지난해 6월 지방선거 패배로 당 대표직을 물러난 이후 처음으로 5.8 15시에 강원도 원주 상지대에 특강을 나갑니다. 정대화 총장님의 초청으로 자유대한민국의 미래에 대해서 특강 후 자유토론의 시간을 갖습니다. 강원도에서 맑은 공기 마시며 이 찬란한 봄날의 오후를 보내고 오겠습니다.

2019.05.20.(월) 오전 10시 55분

유시민 이사장과 토론회를 개최하는 것을 비난하는 분들이 있는데 이는 전적으로 이해 부족에서 비롯된 것입니다. 우선 언론에서 합동방송이라고 하는데 그것은 오해입니다. 각자 유튜브가 녹화를 해서 각자 방영 하는 절차이고 우리는 무삭제 방영을 합니다. 반대 진영의 이론가와 토론을 통해 국민들에게 판단의 자료를 제공하는 것은 나는 아주 유익한 기회라고 봅니다.

12년 전 유이사장이 맞짱 토론을 제의한 일이 있었는데, 그때는 성사되지 못했고 이번에는 유이사장의 제의를 수락한 것입니다. 좌우가 극심한 대립을 하고 있는 이 시점에 양 진영 유튜브 논객이 거대 담론을 두고 토론하는 것은 한국 사회 발전에 큰 도움이 될 것으로 기대합니다.

2019.05.26.(일) 오후 09시 15분

며칠 전 녹화하여 어제 방영한 TV홍카콜라 영상이 마치 조진래 정무부지사의 참극을 예고한 듯한 영상이 되어 버렸다. 마산 청아병원에 문상 갔다 왔다. 좌파는 돈 받고 자살하면 영웅되고, 우파는 근거없이 시달리다가 자진하면 침묵해야 하는 이상한 세상이 되어 버렸다. 우리가 정권을 반드시 다시 잡아야 할 이유가 하나 더 생겼다.

2019.05.27.(월) 오후 12시 30분

문 정권이 한미 동맹을 망가뜨릴 때 한마디도 못하던 전직 외교관들이 다투어 나서서 대미굴욕 외교를 폭로한 강효상 의원을 비난하는 것을 보니, 그 사람들이 그동안 과연 국가를 위해 일했나 하는 의구심이 들지 않을 수 없다. 정권이 겁나거든 그냥 조용히 여생을 보내는 것이 옳은 태도가 아닌가? 무슨 미련이 남아서 그런 짓까지 하는가?

2019.05.27.(월) 오후 09시 04분

내가 유튜브를 시작한 것은 한국 언론이 워낙 편향 보도를 하기 때문에 올바른 판단 자료를 제공하기 위해서였습니다. 그래서 그것에 충실하고자 하는 것이지 다른 유튜브와 경쟁하기 위해서는 절대 아닙니다. 그런데 최근에 와서 일부 유튜브들이 특정세력의 지원을 받기 위해 의도적으로 TV홍카콜라나 나를 근거없이 비방하는 일이 잦다는 말을 듣고 더 이상 용납해서는 안되겠다는 판단이 들었습니다. 여태까지는 용서합니다. 쏘시오패스가 아니라면 이제 그만 하십시오. 그렇지 않으면 사법처리 될 겁니다. 엄중 경고합니다. 적은 밖에 있습니다. 충고와 내부 총질도 구분 못하는 그런 식견으로 저질 유튜브를 계속한다는 것 자체가 자질 부족입니다. 스스로 유튜브 품질을 올리고 더 이상 쏘시오패스 같은 짓은 삼가 하십시오.

2019.06.02.(일) 오후 10시 01분

내일 유시민 이사장과 일단 10여 가지 주제를 놓고 상호 토론을 합니다. 해방직후 좌우익 대립상에 버금가는 좌우파 대립이 극한까지 와 있는 한국의 현 상황을 타개할 방안은 없는 것인지, 날로 침체되어 가고 있는 한국 경제를 살릴 방도는 없는 것인지, 북핵 문제 타개 방안은 무엇인지 등 한국 사회가 직면하고 있는 위기 상황에 대해 허심탄회한 대화를 통해 풀어가 보고자 합니다. 내일 밤 10시에 TV홍카콜라에서 방영할 예정입니다. 많은 시청 바랍니다.

2019.06.04.(화) 오전 08시 30분

어제 유시민 전 복지부장관과 대한민국의 현재에 대해 폭넓은 의견교환이 2시간 25분 정도 있었습니다. 서로 반대 진영을 증오와 분노로만 대하지 말고 대화를 통해 이견을 좁혀갈 수 있는 계기가 되기를 바랍니다. 달라진 유시민 전장관의 모습에서 문 정권도 이제 좀 달라졌으면 좋겠다고 생각했습니다. 다음 기회가 생기면 대한민국의 미래에 대한 방향 제시도 한번쯤 논의해 봤으면 합니다. 유시민 전 장관님 수고하셨습니다.

2019.06.04.(화) 오전 10시 27분

상대에 따라서 대하는 방법이나 태도도 달라져야 합니다. 깡패를 상대할 때는 더 깡패처럼 해야 상대를 제압할 수 있고, 잡놈을 상대할 때는 더 잡놈이 되어야 하고, 점잖은 사람을 상대할 때는 최대한 예의를 갖추어 점잖게 해야 합니다. 깡패나 잡놈을 상대할 때는 품위를 지킬 필요도 없고 품위를 논할 필요도 없습니다. 가끔 품위 논쟁을 말하는 사람들을 보면서 어찌 그런 이치도 모르고 함부로 사람을 논하는지 안타까울 때가 있었습니다. 어제 유시민 전 장관의 태도는 참 품위가 있었습니다. 나도 최대한 그를 존중하면서 토론을 했습니다. 참 유익한 시간이었습니다.

2019.06.07.(금) 오전 11시 48분

홍카레오 방송이 400만을 넘어서 500만을 향해 가고 있다고 합니다. 전국민의 10%가 시청했다는 거지요. 유권자로만 따지면 10%를 상회 하지요. 좌·우 대립을 떠나 상호 존중하는 가운데서 대한민국의 미래를 만들어 갈수 있다는 것은 참으로 바람직한 일입니다. 증오와 분노를 넘어서서 화해와 협력의 시대를 열어 달라고 하는 것이 국민들의 바램이라는 것을 현역 정치인들도 자각을 했으면 합니다. 그동안 우리는 좌·우 대립 속에서 증오와 분노의 정치만 해 왔습니다. 말로만 하는 정치가 아닌 정말로 나라와 국민을 위한 정치로 거듭났으면 합니다.

2019.07.02.(화) 오전 07시 25분

올해 초부터 한일관계 경색이 한국 경제에 큰 위험 요인이 될 것이라고 수차례에 걸쳐 유튜브를 통해 경고해 왔고, 좌파 갑질 정책이 수출과 내수 모두 치명적인 타격이 될 것이라고 예측해 왔는데, 그것이 현실화된 이 시점에 문 정권은 트럼프나 불러 들여 판문점 쇼나 벌리고 있고, 일부 언론들은 마냥 들떠 환호하고 있으니 참으로 안타까운 대한민국입니다. 북핵마저 폐기 대신 동결로 결말나면, 한반도 재앙은 참담하게 시작됩니다. DJ, 노무현 정권이 북핵 개발 자금을 제공했다면, 문 정권은 북핵을 완성시키는 여적죄를 범했다는 비난을 받을 수도 있습니다. 네이션 리빌딩(nation rebuilding)운동에 나서야 할 때입니다.

2019.07.15.(월) 오후 10시 27분

나를 성희롱 했다고 오늘 인터넷에 악의적으로 보도한 세계일보 기자에 대해서는 민.형사 사법절차를 취할 것입니다.

허위사실에 대해서는 지난번 MBN에 대응하듯이 용서치 않을 것입니다. MBN에 대해서 똑 같은 사실로 승소 확정이 되었음에도, 또다시 거짓기사로 나를 성희롱범으로 모는 것은 이제 더 이상 용서치 않겠습니다. 그동안 담대함으로 이런 문제는 무시하고 지나갔지만 이제 더 이상 용서치 않겠습니다.

2019.07.16.(화) 오전 10시 42분

방금 뜬 헤럴드경제도 악의적인 오보입니다. 앞으로 확인 취재 없이 자행하는 이런 류의 악의적인 오보는 용서치 않을 겁니다. 지난 대선 때도 나와 아무런 상관없는 발정제 논란 허위 기사로 얼마나 치명상을 입었습니까? 이제 더 이상 이런 악의적인 허위 기사에 대해서는 철저하게 바로 잡고 그 책임을 물을 것입니다.

2019.10.29(화) 오후 05시 09분

오늘 TV홍카콜라 사무실을 광화문에서 송파구 삼전동 9호선 전철 삼전역 근처로 이전했습니다. 삼전도는 인조가 청에 치욕을 당하고 굴복했던 삼전도 비석이 있는 동네입니다. 출퇴근 길이 복잡하고 시간이 많이 소요되어 오늘부터는 사무실을 잠실집 근처인 삼전동으로 이전하여 접근성이 훨씬 좋아졌습니다. 많이 놀러 오시기 바랍니다.

2019.10.29(화) 오후 07시 17분

〈MBC 100분토론〉 출연을 계기로 공식적인 활동을 재개하면서, 나는 당내에서만 머물지 않고 좌파 진영의 사람들도 만나서 대화하고 중도나 우파 진영의 사람들도 폭넓게 만나 대한민국의 미래를 논의하고자 합니다. 좌파진영 사람들도 내 나라 내국민이기 때문입니다. 나는 공천에 연연해서 숨죽이고 움츠리는 정치를 해본 일이 없습니다. YS로 인해 정치를 시작했지만 YS정권의 잘못도 비판했고, 이회창 황제적 총재시절에도 이총재를 비판해서 미움을 산 일도 있었습니다. MB정권 때는 개인적으로 MB와는 형님·동생하고 지냈지만 MB정권의 잘못도 공개적으로 비판함으로써 MB정권 내내 견제를 받기도 했고, 박근혜 정권 때는 두 번의 경남지사 경선 때 새누리당 사무총장, 청와대 비서실장이 개입하여 국회의원들을 공천으로 협박하면서 친박 후보를 적극적으로 지지해도 철저하게 나 혼자만의 힘으로 두 번의 당내 경선을 돌파하기도 했습니다.

24년 정치를 하면서 계파에 속해 본 일도 없고, 계파를 만든 일도 없습니다. 선거 때마다 공천에 연연해 본 일도 없고 낙선이 두려워서 선거에 나서는 것을 머뭇거려 본 일도 없습니다. 정치 인생을 마무리 하는 내년 총선도 그 기조에는 변함이 없습니다. 3류 평론가들의 논평이나 당내 일부 세력들의 농간에도 나는 개의치 않고 내 길을 갈 것입니다. 국회의원을 4번이나 한 내가 국회의원 한 번 더 하기 위해 출마하는 것이 아니라 대한민국의 미래를 위해 내가 할 일이 아직 남아 있다고 보기 때문에 출마하는 겁니다. 내가 나머지 내 인생을 걸고 하는 마지막 정치적 선택은 내가 결정합니다.

2019.11.06(수) 오후 04시 20분

작년 7월 당대표직을 사퇴하고 잠시 미국으로 떠나면서 모 언론사와 인터뷰를 한 일이 있었습니다. "이런 식으로 무기력한 야당으로 흘러가면 내후년 총선을 앞두고 제대로 된 강성 야당이 출현할 수 있고, 이 당은 1985.2.12 총선에서 망해버린 민한당이 될 수도 있다." 그런 내용의 말을 작년에 한 일이 있습니다.

1985.2.12. 총선을 23일 앞두고 창당한 신민당은 돌풍을 일으키면서 그 당시 관제 야당 역할 밖에 못하던 민한당을 압도적으로 제치고 제1야당이 된 일이 있었고 민한당은 바로 소멸되었습니다.

야당으로서는 그 좋은 호재인 조국 파동에도 제 역할을 못하고 헛발질이나 하고, 총선 앞두고 또 박근혜 정권을 망하게 한 십상시들이 날뛴다면, 1985.2.12.총선의 재판이 될 수도 있다는 것을 이 당은 명심해야 합니다. 불편한 순간을 모면하기 위해 내용도 없는 보수 대통합을 발표하기 보다는 보다 진심을 갖고 열정으로 난국을 헤쳐 나가야 합니다. 그것이 야당이 살 길이고 국민들에게 희망을 주는 길입니다. 당 대표를 누가 자문하는지 참 안타깝습니다.

최근 H일보에서 내가 황대표를 저격한다고 쓴 기사를 보고 하도 어이가 없어 반박할 가치도 없지만 기자의 무지를 일깨워 주기 위해 한마디 한다. 이것은 그야 말로 기자의 수준을 의심케 하는 악의적인 막말이다. 저격이란 상대방에 있는 당의 책임자나 상대방 대통령을 공격할 때나 쓰는 말이다. 내가 현역의원 시절 DJ 저격수, 노무현 저격수를 할 때처럼 정치판에서 저격이란 그럴 때 쓰는 용어이다. 스나이퍼(sniper)라는 말이다. 황대표는 우리당 대표이고 적이 아니다. 그리고 나는 황대표의 정치 대 선배다. 따라서 황대표는 당연히 저격의 대상이 아니다. 내가 황대표에게 하는 말은 당을 위한 충정에서 나온 말이지 그런 관계를 저격 운운 하는 것은 격에 맞지 않는 아주 부적절한 용어 사용이다. 나는 황대표가 당을 맡아 있을 동안 늘 잘해 주기를 간절히 바란다. 지난 24년 동안 당을 위해 무한 헌신한 내 입장으로서는 누가 당을 맡더라도 잘해 주기 바라는 마음에서 때로는 격려하기도 하고 비판하기도 한다. 다시는 같은 편을 악의적으로 갈라치기 하는 못된 짓은 하지 말기를 부탁드린다.

MBC 백분 토론에 이어 이번에는 KBS로 무대를 옮겨 유시민 전 장관과 수회에 걸쳐 정치·경제·사회·문화·대북·국방·외교 등

한국사회의 문제점을 좌·우의 시각에서 토론 해보는 시간을 가지기로 했습니다. 혹자는 이걸 두고 비난하시는 분들도 계시는 줄 압니다만, 국민들에게 즐겁고 쉽게 대한민국의 좌파와 우파의 생생한 모습을 전달하고 이를 중립적인 입장에서 판단하는 계기를 만들기 위한 정치 토론 이라는 점에서 널리 이해해 주시고 많이들 시청해 주시기를 기대합니다. 감사합니다.

2019.11.16(토) 오후 12시 18분

어제 오후 KBS에서 유시민 전 장관과 '정치합시다' 라는 제목으로 토크쇼를 녹화했습니다. 방영은 11/22 밤 10시 50분에 한다고 합니다. 유시민 전 장관의 예측은 내년 총선은 탄핵 당한 세력들 마지막 청산 작업을 하는 총선이 될 것이라고 단정했습니다.

우리당의 주축을 이루고 있는 탄핵 당한 세력들 청산 작업을 하는 마지막 청산 작업이 내년 총선이라는 겁니다. 그게 맞는지 여부를 떠나 민주당은 현재 치밀한 전략으로 당 쇄신도 하고 총선 전략도 짜고 있는데, 우리는 아직도 탄핵의 늪에서 허우적거리고 말 갈아탄 이들이 중심이 되어서 총선 보다는 당권 수호에만 골몰하고 있으니, 참으로 걱정스럽습니다. 총선에서 지면 당권도 허공으로 날아가 버리는데 자기 개인이 국회의원 재당선 되어 본들 무슨 의미가 있습니까? 모두가 하나 되어 쇄신에 동참하고 모두가 하나 되어 총선 전략을 수립하십시오. 비상한 시국입니다. 내년 총선이야 말로 체제선택 전쟁입니다.

2019.11.25.(월) 오후 06시 48분

'KBS 정치합시다'는 한번 출연으로 더 이상 출연 안하기로 했습니다. 생방이 아닌 녹화 방송은 내 의도와는 다르게 편집되는 부분이 있기 때문에 더 이상 출연 안하기로 결정했습니다. 녹화 방송 때보다 유튜버에 편집없이 방송한다고 했으니, 그걸 시청해 주시면 감사하겠습니다.

2019.11.26.(화) 오후 10시 36분

애초부터 나경원 의원이 강행처리를 막을 아무런 제도적 장치 없이 연동형 비례대표제, 공수처법 등을 정개특위 등에 올리는 크나큰 실책이 있었고, 그 전의 원내대표가 소수당인 심상정 의원을 정계특위 위원장에 합의해 준 그 자체가 또 실책이었습니다. 그것이 지금의 혼란을 초래한 원인입니다. 지금부터라도 둘 다 막을 방법이 없다면 더 중한 선거법을 막자는 것이 내가 말하는 취지입니다.

공수처법이야 우리가 집권하면 폐지할 수 있지만 한번 고친 선거법은 절대 변경이 불가 합니다. 저들이 야당이 된들 자기들에게 유리한 선거법을 고쳐줄 리가 있습니까? 저들의 패악질을 경험해 보지 않았습니까? 그걸 말해준 것인데 또다시 막을 방법도 없이 면책을 위하여 둘 다 걸고 극한 투쟁을 해본들 뻔뻔한 저들이 우리 당만 빼고 강행처리 안할 것 같습니까? 이를 막기 위해 정기국회 거부, 의원직 총사퇴를 했다면 이해가 가지만 강행처리 후 의원직 총사퇴가 무슨 실익이 있습니까? 사퇴한 김에 전원 불출마 하라고 조롱만 당할 겁니다. 합리적인 해법을 찾으십시오.

실제로 걱정되는 일은 여권의 타켓이 된 나경원 의원이 임기 말에 또다시 엉뚱한 협상안을 밀실에서 합의해주지 않나하는 우려입니다. 잘못 끼운 단추가 있다면 지금이라도 바로 잡아야 합니다.

2019.11.26.(화) 오후 01시 02분

86년 6월 청주지검에서 헤어진 이후 33년 만에 단식장에서 처음 만나본 황대표는 참으로 처절했습니다. 당 의원들은 황대표에게만 모든 짐을 떠 넘기지 말고 서둘러 해결책을 찾기 바랍니다. 지금 여러분들이 하고 있는 무대책 행보는 마치 탄핵 당시 박근혜 전대통령을 무방비로 방치해서 비극을 초래한 것과 같은 모습입니다. 합리적인 해결책을 찾으십시오.

2019.11.27.(수) 오전 07시 43분

좌파들이 작당해서 진주의료원 폐업을 직권 남용으로 고발했다고 한다. 참 어처구니없는 일이다. 직권 남용죄의 범죄 구성요건도 모르는 무식한 자들이 나를 고발하다니 좌파들 세상이 되니 벼라별 일이 다 생긴다. 진주의료원 관련 소송은 대법원까지 가서 세 번이나 승소했었다. 직권 남용죄는 무지로 원전을 일방 폐기한 문재인 대통령에게나 적용될 범죄다.

지난 대선 후 1년6개월 동안 경남지사시절 온갖 것을 샅샅이 뒤지더니 겨우 찾아낸 것이 그거냐? 그래 너희들 마음대로 해 봐라. 정당한 정책결정을 그런 식으로 뒤집어씌우면 너희들 태양인 문 대통령은 퇴임 후 민생 파탄죄로 정말 오랫동안 징역가게 될 거다.

2019.11.28.(목) 오전 09시 36분

유시민 전장관과 방송토론을 한다고 비난 하는 사람들을 보면서 참 철없는 사람들이라고 생각했다. 그런 생각으로 살고 있으니 탄핵 당하고 궤멸 당하는 거다. 도대체 보우·우파 진영에서 유시민의 토론 능력과 요설을 당해낼 사람들이 누가 있느냐? 그들의 세상이 지금인데 그들의 생각도 모른 체 어떻게 총선 준비를 하느냐? 소수파로 전락하고 갈갈이 흩어진 우리끼리만 뭉치면 총선을 이기고 정권이 저절로 굴러들어 오느냐? 아직도 값싼 탄핵 동정에 휩싸여 앞날을 내다보지 못하는 사람들을 바라보면 한숨이 절로 나온다. 생각부터 바꿔라. 세상이 바뀌었다. 이제 이 나라는 친북 좌파의 나라로 가고 있다. 먹물깨나 든 사람은 방관하면서 냉소나 하고 생각있는 사람들은 아직도 탄핵의 감정에서 헤어나지 못하고 그 늪에서 허우적대고 있으니, 좌파들의 조롱거리가 될 수밖에 없지 않느냐? 그래서 저들은 좌파 집권 20년이라고 호언장담 하고 있는 거다. 아직 멀었다. 더 당해 봐야 정신을 차릴 거다. 그러나 정신 차릴 때는 이미 늦었다.

언론이 제 기능을 못하니 유튜브가 활성화 되어서 보수·우파들 입장에서는 위안이 되고 좋긴 하나 저질, 페이크 뉴스가 너무 많아 요즘은 유튜브 PARASITE 라는 말까지 듣는다고 합니다. 자기 생각과 다르더라도 모두들 논평은 품격 있게 하여 최소한 유튜브 PARASITE 라는 말은 듣지 않도록 합시다. 소위 언론인 출신이라는 사람들도 그러니 다른 사람들이야 오죽하겠습니까? 언론의 자유를 빙자하여 내가 보기에는 얄팍한 정보와 지식으로 그게 진실인양 말하면서 가짜 뉴스를 모욕적인 말로 전파하는 것은 죄악입니다. 그건 나중에 그 업을 반드시 치르게 될 겁니다. 명심 하고 정도로 가십시오.

12월 23일 11시 프레스센타 20층에서 국민통합연대 창립식을 한다고 합니다. 문 정권의 경제파탄, 외교파탄, 국방 파탄, 친북 좌파들 세상 만들기를 강력히 저지하고, 정상적인 국가 만들기를 목표로 친북좌파들만 뺀 대한민국 국민들이 모두 모여서 새롭게 국민통합연대를 발족하기로 했다고 합니다.

국민통합연대는 4분5열된 보수·우파들 뿐만아니라 친북이 아닌 좌파들도 같이 할 생각이라고 합니다. 모두 참여해서 대한민국 살리기에 앞장서 주시기 바랍니다. 저도 평회원으로 참여하기로 했습니다. 많은 성원 바랍니다.

2019.12.24.(화) 오후 11시 03분

국민통합을 추진하자고 하여 국민통합 연대가 출범을 하니 무지한 유튜버와 맹목적인 특정세력 추종자들은 이분들을 분열세력이라고 매도를 하고 있다는 말을 들었습니다. 분열하는 국민들을 통합하자고 추진을 하고 있는데 그 분들을 분열세력이라고 매도하는 것을 보니 자신들이 국민분열에 여태 앞장을 서 왔는지 찔리는 데가 있기는 있는 모양입니다.

유튜브 만들어 코인 장사나 하는 생계형 사이비 유튜버들이 이렇게 난립을 하고 있는 판이니 이제 유튜브 시장도 거짓만 난무하고 있고, 팩트도 아닌 낚시성 페이크 뉴스로 국민들을 현혹하는 유튜버들도 활개를 치고 있는 기막힌 요즘 유튜브 시장입니다. 참으로 안타까운 일입니다. 시청자들의 힘으로 정화가 되었으면 합니다. 그래도 오늘은 성탄절입니다. 메리 크리스마스!

2019.12.26.(목) 오전 10시 55분

지난 탄핵 대선후 당원들의 요구로 당대표가 되어 한국 보수 언론의 성지를 방문했을 때, 그 언론사 간부가 나에게 탄핵과 같은 비상 상황과 대선 당선 불능 상황이 아니었으면 당신에게 그런 기회를 주었겠냐고 하면서 마치 나를 한국 보수 집단의 아웃사이더 취급을 하고 한번 쓰고 버리는 카드 정도로만 말하는 것을 듣고 나는 참으로 깜짝 놀랐습니다. 20년 이상 한국 보수집단에서 헌신과

봉사를 했어도 일부 한국 보수 집단들 눈에는 나는 한낱 1회용 이용물에 지나지 않았다는 자괴감이 들어 한동안 참으로 황당하다는 생각도 들었습니다. 그러나 그래도 나는 괘념치 않고 내가 추구하는 대한민국을 위해 마지막 정치에 전념하기로 했습니다.

지금도 그렇습니다. 세모를 앞두고 내 나라에서 벌어지고 있는 막장 정치를 보면서 나는 다시금 각오를 다지게 됩니다. 이런 나라를 만들자는 네이션 리빌딩 운동을 새해부터 TV홍카콜라를 통해서 캠페인을 벌리고자 합니다. 더 이상 내 나라가 망가지는 것은 막아야 합니다. 새해에는 국민 모두가 희망을 갖고 행복한 한해를 보낼 수 있도록 배전의 노력을 다 할 것입니다. 감사합니다.

2019.12.27.(금) 오후 01시 26분

일각에서 음해성 모함을 하듯이 국민통합연대는 절대 신당으로 가는 조직이 아닙니다. 보수우파 통합이 첫째 목표이고, 두 번째로 친북좌파 문재인 집단을 뺀 국민들이 모인 시민단체라고 저는 들었습니다. 단체 회원들이 개인적으로 선거에 나가는 일은 막을 수 없지만, 정당 조직이 되어 국민분열을 지향 한다면 우선 저부터 탈퇴를 하겠습니다. 더 이상 대한민국을 걱정 하면서 모이신 분들을 음해하는 일은 삼가 하시기 바랍니다. 특히 사이비 유튜버들에게 경고합니다.

2020.01.23.(목) 오전 10시 12분

오늘 조간신문에 게재된 대로 한국당, 유승민당만 선거 연대를 하게 되면 그것은 통합(統合)이 아니라 야합(野合)에 불과합니다. 지분 나누어 먹기에 불과한 야합이지요. 우리공화당, 전진당, 20여개 보수우파 시민단체를 모두 끌어안는 대통합을 하십시오. 기득권을 내려놓으면 할 수 있습니다. 만약 그렇게 하지 않고 야합만 추구한다면 이번 선거는 기대 난망입니다. TK에서도 대 혼란이 올 겁니다.

2020.02.01.(토) 오후 04시 37분

어느 인터넷 언론 모 기자가 어제 쓴 기사를 보니 당에서 나를 양천갑에 제안했다고 거짓말로 썼는데, 나는 당대표 사퇴이후 지금까지 선거 관련으로 당으로부터 단 한 번도 연락 받은바 없는데, 양천갑 제의를 받았는지 여부를 우리 측에 단 한 번도 확인도 하지 않고 그것도 기사라고 썼는지, 요즘 기자들은 기사가 아니라 소설을 쓰고 있네요. 양천갑은 우리당 김승희 의원이 잘하고 있는 곳으로 알고 있습니다.

또 그 거짓말 기사를 미끼로 유튜브에서 가짜 방송을 하는 사람도 있다고 하니 참 어이가 없네요. 유튜브 가짜 방송 하는 사람은 나중에 엄중히 처단될 겁니다. 그 사람의 행적은 알 만한 사람이면 다 압니다. 참 딱합니다. 거짓말로 소설 쓰는 사람들에게도 이렇게 일일이 해명을 해야 되니 별 해괴한 일도 다 있네요.

2020.02.02.(일) 오후 04시 29분

내가 고향 출마를 하는 것을 종편 방송의 3류 평론가들과 사이비 유튜버들이 비난하고 있지만, 지난 탄핵 대선과 위장평화 지선을 거치면서 당의 일부 못된 세력들이 선거를 도와주기는커녕 방관하거나 오히려 선거 방해만 하는 것을 똑똑히 경험한 일이 있습니다. 여태 지금까지 험지출마에 대해 당이 단 한 번도 연락한 일도 없었지요. 만약 이번에도 내가 수도권 험지 출마를 한다면 그들은 나를 제거하기 위해 나를 낙선 시키는데만 주력할 것으로 나는 봅니다.

그래서 최악의 경우 당의 힘을 빌리지 않더라도 내 힘만으로도 돌파가 가능한 고향 출마를 결심한 겁니다. 당이 선거 전략상 나에게 힘을 실어 준다면 부·울·경 40석 확보에 전력을 다할 것이고 그 반대라면 나는 내 고향 지역구에서만 자력으로 헤쳐 나갈 수밖에 없습니다. 어차피 총선 후에 야권 대개편이 있을 수밖에 없으니, 그때 야권 대통합의 중심에서 활동할 생각입니다. 그게 내가 고향에 갈수 밖에 없는 이유입니다.

2020.02.03.(월) 오후 09시 09분

오늘 밀양 삼문동으로 결혼한 후 12번째 이사를 왔습니다. 남천강이 둘러싼 여의도 축소판 같은 삼문동은 아름답고 좋은 동네입니다. 예비후보 등록도 하고 밀양 유지분들과 선거 준비 사무실에서 첫 상견례도 가졌습니다. 내일 밀양 현충탑 참배를 시작으로 창녕·함안·

의령 등지로 본격적인 선거 활동을 시작합니다. 내 고향을 풍패지향 (豊沛之鄕)으로 만드는 첫 출발입니다. 나는 페이스북을 시작한 이래 이렇게 정치 일기를 매일 씁니다. 그동안 〈꿈꾸는 로맨티스트〉, 〈꿈꾸는 옵티미스트〉에 이어 페이스북 정치일기 제3권도 출간할 예정입니다. TV홍카콜라 방송도 가능한 한 계속할 것을 약속드립니다.

2020.02.04.(화) 오후 05시 23분

웬만하면 그냥 넘어 가려고 했는데, 황대표 측근으로 행세하면서 자유한국당 공천 브로커질하는 어느 유튜버의 행태가 도를 넘었다. 오죽 당이 허술하고 부실하면 저런 정치 브로커가 설치겠는가? 꼬리가 길면 밟힌다고 했다. 오래가지 않을 거다. 검찰이 바보가 아니다. 악행은 언젠가 그에 상응한 대가를 받을 거다.

2020.03.23.(월) 오후 12시 14분

한때는 한국에서 가장 영향력 있는 매체였지만, 이젠 니들의 영향력은 내가 알기로는 3%도 안된다. 그 동안 참고 참아 왔지만 더 이상 참지 않는다. 2006.3. 서울시장 당내 경선 때도 조작질에 당한 일이 있었는데, 그 버릇 아직도 못 고쳤구나. 더 이상 언론 갑질 대상이 되지 않겠다. 더 이상 니들의 취재 대상도 되지 않겠다. 니들 아니라도 수많은 매체들이 있고 유튜브도 있다.

2020.04.22.(수) 오전 08시 25분

이번 압박과 설움의 총선을 거치면서 외롭게 광야에서 나 홀로 총선을 치루던 저를 도와주신 정규재 TV, 황장수 TV, 김거희 TV, 홍카TV, 이큐 채널, 강우나라TV, 뗏다 송만기 TV, 장준호TV, 상도TV, 에타몽TV TV, 채널300 TV 등에 감사드립니다.

반면 선거기간 내내 홍준표 비방 방송을 일삼던 내친구 K TV, 대구까지 내려와 상대후보 지지 방송을 하던 신의 한수, 박철언장관 보좌관 출신이 운영하는 유튜브, 내가 보기에는 FALSE에 불과한데 FACT라고 우기는 TV에는 심심한 유감을 표합니다.

어떤 유튜버는 공천 관련 유착 의혹도 있다고 들었습니다. 나도 아는데 글쎄 검찰, 경찰이 이를 모르고 있을까요? 유튜브가 객관적인 근거를 가지고 방송되고 운영되어야 하는데, 거짓 낚시성 선정성 기사로 조회수나 채워 코인팔이로 전락하는 모습은 앞으로 정치 유튜브 시장의 몰락을 초래할 수도 있습니다. 유튜버들의 각성이 없으면 앞으로 격심한 회오리바람이 몰아쳐 올지도 모른다는 느낌을 요즘 갖습니다.

2020.04.24.(금) 오전 08시 06분

이번 일요일 오후 4시부터 생방송 라이브쇼로 TV홍카 콜라에서 '대한민국이 묻고 홍준표가 답하다.'라는 주제로 즉문 즉답을 방송할 예정입니다. 서울 스튜디오에서 진행될 생방송 라이브 쇼에서 정치 버스킹 형식으로 무제한 질문을 받을 예정이오니 많은 참여 바랍니다.

2020.05.09.(토) 오후 09시 33분

TV홍카콜라가 제작진도 바뀌고 운영 형태도 바뀝니다. 시즌 2를 준비하고 있습니다. 들뜨지 않고 과장된 썸네일로 낚시성 유튜브 내용을 퍼뜨려 세상을 어지럽게 하지도 않고 차분하고 냉정하게 세상을 보는 유튜브 방송으로 계속 남기 위해서 TV홍카콜라가 새롭게 준비를 하고 있습니다. 곧 다시 만나겠습니다.

2020.05.20.(수) 오전 08시 01분

방송 섭외가 올 때마다 컨셉 잡는데 고심 할 수밖에 없는 점이 재미있게 방송할 것인가 점잖고 품위 있게 할 것인가 하는 점에 있습니다. 다소의 위선을 가미 하더라도 품격 있는 방송을 해야 한다는 주문이 있는 반면 있는 그대로 바르고 정직하게 방송 하면서 재미있게 해야 한다는 주문도 있습니다. 어떤 분은 그래도 향후 이미지를 고려해서 품격을 내세우지만 나는 어쩐지 위선적인 냄새가 나서 품격 있는 척 하기가 몸에 배지 않았습니다.

지금 야당은 지난 1년 동안 품격 찾다가 망하지 않았습니까? 지금 대한민국이 처한 현실이 한가하게 품격을 찾을 때인가 되묻고 싶은 요즘 입니다. 다시 거친 광야에 나설 수밖에 없는 내 입장으로서는 야당의 품격 보다는 국민의 마음을 얻을 수 있는 현실적인 방안을 채택할 수밖에 없습니다. 그렇지만 품격을 강조하는 분들의 마음도 헤아릴 수밖에 없어서 요즘 참 어렵습니다.

2020.05.28.(목) 오전 08시 03분

전국적인 정치 버스킹 행사에 나서기 전에 6월 초에 sbs플러스 케이블 방송에 나가 70분간 패널 들과 무작위 질의응답 시간을 가져 보기로 했습니다. 대본 없이 원고 없이 사전 조율 없이 현장에서 즉문 즉답으로 시도 해보는 방송 버스킹 행사를 가져 본 후, 전국 순회 현장 정치 버스킹을 가질 예정입니다. 코로나19 사태로 사람이 모이는 것이 부담스러워 현장 버스킹이 제대로 진행될지 의아스럽긴 하지만 코로나19 사태의 추이를 보아가며 실시 시기를 조절하도록 하겠습니다.

2020.05.30.(토) 오후 10시 00분

TV홍카콜라 시즌 2를 준비하기 위하여 TV홍카콜라 운영사인 BH커뮤니케이션스에서는 이를 책임 경영할 팀을 공모하기로 했다고 합니다. TV 홍카콜라의 새로운 도약을 위해 이를 책임지고 경영하실 의향이 있으신 분은 TV홍카콜라 홈페이지를 참조하시어 제안서를 보내주시면 감사하겠습니다. 저는 단지 무상 출연자일 뿐이고 경영에는 일체 관여하지 않을 뿐더러 수익에도 일체 관여치 않습니다. 독립채산제로 운영해 볼 의향이 있으신 분들의 많은 참여 바랍니다.

2020.06.22(월) 오전 08시 25분

작년 총선을 앞두고 TV홍카콜라를 통해 책임정치 구현 차원에서 총선에서 과반수를 넘기는 정당이 미국처럼 모든 상임위원장을 독식하는 것으로 하자고 제안한 적이 있었습니다. 그렇게 하려면 총선 전에 여야가 이를 합의해야 하고 국회 결정도 지금의 소위 선진화법처럼 5분의 3 결정이 아닌 과반수로 결정을 하는 국회법 개정이 다시 이루어져야 한다고 했습니다. 그래야 파행이 없는 국회가 되고 여야 협치니 2중대 정당이니 하는 시비도 없어집니다.

사실 다른 정치 이념을 가진 정당이 협치라는 허울 좋은 미명 아래 억지 동거를 강요 당하는 모습은 정상적인 정당 정치는 아닙니다. 자신들이 집권한 시기에는 자신들의 뜻대로 책임정치를 할 수 있는 체제가 되어야 국민들의 선택이 보다 이성적이고 보다 합리적 일수 있고 책임 소재도 분명해지기 때문입니다. 전례에 어긋나게 일방적으로 국회 상임위원장 선출이 되었고 야당이 전 상임 위원장을 모두 가져가라고 한 마당에 굳이 나눠 먹기 상임위 배분에 집착할 필요가 있을까요?

이참에 책임정치 구현 차원에서 새롭게 국회법을 바꾸고 과반수

넘긴 정당에게 모든 책임을 지게 하는 전통을 만들어 봅시다. 그래야 개원 협상이라는 이상한 한국식 전통도 없어지고 상임위 나눠 먹기 협상도 없어지고 책임 정치가 정착되는 것이 아닐까요? 아울러 원내 대표 이외에 당대표도 있는 변칙적인 정당 제도도 이젠 고쳐야 할 때가 아닌가요?

2020.11.02.(월) 오후 08시 00분

지난 총선 때 약속한대로 두 번째 정치버스킹이 11월 7일 15시 대구 동성로 대구백화점 앞에서 대구 매일신문 문화 행사로 개최됩니다. 동성로 만민공동회 "세상이 왜이래?"라는 주제로 공연합니다. 모두 마스크 착용 하시고 파카 입고 따뜻하게 오셔서 세상이 왜 이렇게 돌아가는지 이 잘못된 세상을 바로 잡는 길은 무엇인지 난상 토론해 봅시다. 그날 동성로에서 뵙겠습니다. 세상을 바꿉시다.

2020.11.08.(토) 오후 08시 24분

어제 대구 동성로에서 대구 매일신문 유튜브 미녀와 야수 주관으로 열린 문화 행사인 정치 버스킹 만민공동회 "세상이 왜이래" 편에 참여해 주신 2,000여명의 대구 시민, 전국에서 오신 지지자 여러분 정말 고맙고 감사합니다. 특히 광주에서 오신 고교생 여러분들에게도 감사드립니다.

코로나인데도 불구하고 모두 마스크 착용 하시고 질서 정연하게 두 시간 동안 자리를 지켜 주신 여러분들 덕에 힘이 납니다. 저는 전국적인 순회 버스킹 행사를 하고 싶지만 코로나 사태와 날씨 관계로 여의치 못한 점 양해해 주시기 바랍니다. 여건이 허락되면 곧 국민 여러분들에게 직접 찾아가는 정치 버스킹 행사를 계속할 것을 약속드립니다. 감사합니다.